HUMANITIES AND SOCIETY

弱者的武器

James C. Scott

[美国] 詹姆斯 · C. 斯科特 著 郑广怀 张 敏 何江穗 译 郭于华 郇建立 校

译林出版社

图书在版编目（CIP）数据
弱者的武器／（美）斯科特（Scott, J. C.）著；
郑广怀，张敏，何江穗译．—2版．—南京：译林
出版社，2011.4（2020.4重印）
（人文与社会译丛／刘东主编）
书名原文：Weapons of the Weak
ISBN 978-7-5447-1725-0

I.①弱… II.①斯… ②郑… ③张… ④何…
III.①农民运动－研究 IV.①D42

中国版本图书馆CIP数据核字（2011）第042600号

著作权合同登记号　图字：10-2003-133号

弱者的武器：农民反抗的日常形式［美国］詹姆斯·C.斯科特／著
郑广怀　张　敏　何江穗／译

译　　校　郭于华　郇建立
责任编辑　陈　叶
责任印制　单　莉

原文出版　Yale University Press, 1985
出版发行　译林出版社
地　　址　南京市湖南路1号A楼
邮　　箱　yilin@yilin.com
网　　址　www.yilin.com
市场热线　025-86633278
排　　版　南京展望文化发展有限公司
印　　刷　江苏凤凰扬州鑫华印刷有限公司
开　　本　880毫米 × 1230毫米　1/32
印　　张　15.875
插　　页　2
版　　次　2011年4月第2版　2020年4月第9次印刷
书　　号　ISBN 978-7-5447-1725-0
定　　价　82.00元

主编的话

刘东

总算不负几年来的苦心——该为这套书写篇短序了。

此项翻译工程的缘起，先要追溯到自己内心的某些变化。虽说越来越惯于乡间的生活，每天只打一两通电话，但这种离群索居并不意味着我已修炼到了出家遁世的地步。毋宁说，坚守沉默少语的状态，倒是为了咬定问题不放，而且在当下的世道中，若还有哪路学说能引我出神，就不能只是玄妙得叫人着魔，还要有助于思入所属的社群。如此嘈嘈切切鼓荡难平的心气，或不免受了世事的恶刺激，不过也恰是这道底线，帮我部分摆脱了中西"精神分裂症"——至少我可以倚仗着中国文化的本根，去参验外缘的社会学说了，既然儒学作为一种本真的心向，正是要从对现世生活的终极肯定出发，把人间问题当成全部灵感的源头。

不宁惟是，这种从人文思入社会的诉求，还同国际学界的发展不期相合。擅长把捉非确定性问题的哲学，看来有点走出自我囿闭的低潮，而这又跟它把焦点对准了社会不无关系。现行通则的加速崩解和相互证伪，使得就算今后仍有普适的基准可言，也要有待于更加透辟的思力，正是在文明的此一根基处，批判的事业又有了用武之地。由此就决定了，尽管同在关注世俗的事务与规则，但跟既定框架内的策论不同，真正体现出人文关怀的社会学说，决不会是医头医脚式的小修小补，而必须以激进亢奋的姿态，去怀疑、颠覆和重估全部的价值预设。有意思的是，也许再没有哪个时代，会有这么多书生想要焕发制度智慧,这既凸显了文明的深层危机,又表达了超越的不竭潜力。

于是自然就想到翻译——把这些制度智慧引进汉语世界来。需要说明的是,尽管此类翻译向称严肃的学业,无论编者、译者还是读者,都会因其理论色彩和语言风格而备尝艰涩,但该工程却绝非寻常意义上的"纯学术"。此中辩谈的话题和学理,将会贴近我们的伦常日用,渗入我们的表象世界,改铸我们的公民文化,根本不容任何学院人垄断。同样,尽管这些选题大多分量厚重,且多为国外学府指定的必读书,也不必将其标榜为"新经典"。此类方生方成的思想实验,仍要应付尖刻的批判围攻,保持着知识创化时的紧张度,尚没有资格被当成享受保护的"老残遗产"。所以说白了:除非来此对话者早已功力尽失,这里就只有激活思想的马刺。

主持此类工程之烦难,足以让任何聪明人望而却步,大约也惟有愚钝如我者,才会在十年苦熬之余再作冯妇。然则晨钟暮鼓黄卷青灯中,毕竟尚有历代的高僧暗中相伴,他们和我声应气求,不甘心被宿命贬低为人类的亚种,遂把迻译工作当成了日常功课,要以艰难的咀嚼咬穿文化的篱笆。师法着这些先烈,当初酝酿这套丛书时,我曾在哈佛费正清中心放胆讲道:"在作者、编者和读者间初步形成的这种'良性循环'景象,作为整个社会多元分化进程的缩影,偏巧正跟我们的国运连在一起,如果我们至少眼下尚无理由否认,今后中国历史的主要变因之一,仍然在于大陆知识阶层的一念之中,那么我们就总还有权想象,在孔老夫子的故乡,中华民族其实就靠这么写着读着,而默默修持着自己的心念,而默默挑战着自身的极限!"惟愿认同此道者日众,则华夏一族虽历经劫难,终不致因我辈而沦为文化小国。

一九九九年六月于京郊溪翁庄

目 录

前　言

任何研究领域的局限性在与其相关研究的共有定义中最能突显出来。大量的关于农民的近期研究——包括我本人的和其他人的——都关注反抗与革命的问题。平心而论，除了关于亲属关系、仪式、耕作和语言方面一贯的标准民族志描述之外，更多的关注集中于有组织的、大规模的抗议运动，因为它们尽管只是昙花一现，却显然对国家造成了威胁。我可以想到对此类运动重要性的共同理解得以盛行的原因在于一系列相互强化的因素。对左派而言，对农民起义的过度关注显然受到越战和现在已经开始消退的左翼学术界对民族解放战争的迷恋的刺激。绝对以国家利益为中心的历史记录和档案鼓励了这种迷恋，它们从不提及农民，除非农民的行动对国家构成威胁。另一方面，农民只是作为征召、粮食生产、税收等方面的匿名"贡献者"出现在统计数字中。这种视角下的每项研究强调了不同的侧面。一些研究只能是强调外来者——预言家、激进知识分子、政党——在动员通常懒散、无组织的农民的过程中的角色。另一些研究关注的只是西方社会科学家最为熟悉那些运动——那些拥有名称、旗帜、组织机构和正式领导阶层的运动。还有一些研究，只是在精确考察那些可能在国家层面推动大规模的、结构性变迁的运动方面有所贡献。

我认为,这种视角所忽视的是这样一个简单的事实:贯穿于大部分历史过程的大多数从属阶级极少能从事公开的、有组织的政治行动,那对他们来说过于奢侈。换言之,这类运动即使不是自取灭亡,也是过于危险的。即使当选择存在时,同一目标能否用不同的策略来实现也是不清楚的。毕竟,大多数从属阶级对改变宏大的国家结构和法律缺乏兴趣,他们更关注的是霍布斯鲍姆所称的"使制度的不利……降至最低"[①]。正式的、组织化的政治活动,即使是秘密的和革命性的,也是典型地为中产阶级和知识分子所拥有;在这一领域寻找农民政治大半会徒劳无功。并非偶然,这也是走向结论的第一步:农民阶级在政治上是无效的,除非他们被外来者组织和领导。

xv 就其真正发生时的重要性而言,农民叛乱是相当稀少的——更不用说农民革命了。它们大多被轻而易举地粉碎,即使非常罕见地成功了,令人悲哀的是其达到的结果也很少是农民真正想要的。无论是哪种革命的成功——我并不想否认这些成果——通常都会导致一个更大的更具强制力的国家机器,它比其前任更有效地压榨农民以养肥自己。

鉴于上述原因,对我而言更为重要的是去理解可以称为农民反抗的日常形式的斗争——农民与试图从他们身上榨取劳动、食物、税收、租金和利益的那些人之间平淡无奇却持续不断的斗争。此类斗争的大多数形式避免了公开的集体反抗的风险。在此我能想到的这些相对的弱势群体的日常武器有:偷懒、装糊涂、开小差、假装顺从、偷盗、装傻卖呆、诽谤、纵火、暗中破坏等等。这些布莱希特式——或帅克式——的阶级斗争形式有其共同特点。它们几乎不需要协调或计划,它们利用心照不宣的理解和非正式的网络,通

① Eric Hobsbawm, "Peasants and Politics, "*Journal of Peasant Studies*, no.1 (1973): 3—22.

常表现为一种个体的自助形式，它们避免直接地、象征性地与权威对抗。了解这些平凡的反抗形式就是理解农民长期以来为保护自己的利益对抗或保守或进步的秩序所作的大多数努力。我猜想长期以来正是这类反抗最有意义和最有成效。因而，研究封建主义的历史学家布洛赫指出，相对于“农村社区顽强进行的坚韧的、沉默的斗争”而言，伟大的千年运动也只是“昙花一现”；这类斗争旨在避免对他们的生产剩余的索要和维护他们对生产资料——如耕地、林场、牧场等的所有权[①]。这一观点肯定也适用于对新大陆奴隶制的研究。对奴隶与其主人关系的分析不能仅仅去寻找纳特·特纳或约翰·布朗式罕见的、英雄主义的、注定失败的举动，而必须着眼于围绕工作、食物、自主权、仪式的持续不断的琐碎的冲突——即反抗的日常形式。在第三世界，农民很少会在税收、耕作模式、发展政策或繁琐的新法律等问题上去冒险与当局直接对抗；他们更可能通过不合作、偷懒和欺骗去蚕食这些政策。他们宁愿一点一点地挤占土地而不是直接侵占土地；他们选择开小差而不是公开发动叛乱，他们宁可小偷小摸也不去抢公共的或私人的粮仓。而一旦农民不再使用这些策略而是采取堂吉诃德式的行动，这通常是大规模铤而走险的信号。

这种低姿态的反抗技术与农民的社会结构非常适合——农民阶级分散在农村中，缺乏正式的组织，最适合于大范围的游击式的 xvi
自卫性的消耗战。他们的行动拖沓和逃跑等个体行动被古老的民众反抗文化所强化，成千上万地累积起来，最终会使得在首都的那些自以为是的官员所构想的政策完全无法推行。反抗的日常形式不需要名目。但是，就像成百上千万的珊瑚虫形成的珊瑚礁一样，大量的农民反抗与不合作行为造就了他们特有的政治和经济的暗

① Marc Bloch, *French Rural History*, trans. Janet Sondheimer (Berkeley: University of California Press, 1970), 170.

礁。在很大程度上，农民以这种方式表明了其政治参与感。打个比方说，当国家的航船搁浅于这些暗礁时，人们通常只注意船只失事本身，而没有看到正是这些微不足道的行为的大量聚集才使失事成为可能。仅此而言，理解这些无声的匿名的农民行动的颠覆性就是十分重要的。

为了这样一个目标，我在马来西亚的一个村庄里度过了两年（1978—1980）时间。这个村庄被我称为塞达卡，这并不是它的真名。它是吉打州水稻主产区一个以种植水稻为主的小村落（有70户人家），该村在1972年开始引入双耕。[①]与其他许多“绿色革命”一样，它使得富人更为富有，而穷人仍然贫穷甚至变得更穷。1976年大型联合收割机的引进或许更是致命的一击，它使得小土地所有者和无地劳动者失去了三分之二挣工资的机会。在这两年当中，我设法收集了大量的相关资料。我在关注反抗实践本身的同时也关注村庄内的意识形态斗争——它为反抗写就了脚本。在本书中，我试图讨论反抗和阶级斗争的重大主题，以及赋予这些主题以实践和理论意义的意识形态支配问题。

在塞达卡，贫富之间的斗争不仅是关于工作、财产权、粮食和金钱的斗争，它也是关于占有象征符号的斗争，是有关过去和现在如何被理解和被分类的斗争，是确认理由、评价过失的斗争，也是赋予地方历史党派意义的斗争性努力。这一斗争的细节并不光彩，通常包括背后诽谤、流言蜚语、人身攻击、给人起绰号、肢体语言和无声的蔑视等，这些大部分都局限在村庄生活的“后台”。而在公共生活中——亦即在负载权力的情境中——经过精心算计的遵从是普遍和经常的状态。阶级冲突的这一方面的显著特征是它在多大程度上需要一个共同的世界观。例如，如果没有关于什么是越轨、

① “double-cropping”在本文中通常被译为“双耕”，也可翻译为“双作”、“二熟制”。在本书中，“双耕”是指“双季稻的耕种”。——校注

什么是可耻和无礼的共同标准，那么任何流言蜚语和人身攻击就是毫无意义的。在一定意义上，争论的强烈程度基于这样的事实：人们所主张的共同价值观遭到背离。人们争论的不是价值观本身，而是这些价值观适用的事实：谁富、谁穷、何以致富、何以贫穷、谁吝啬、谁逃避工作等。这些斗争除了可以视做动员社会舆论的约束性力量以外，还可视为这一小共同体中穷人为抗拒他们所遭受的经济和仪式上的边缘化并坚持最低限度的公民的文化尊严而进行的努力。这种视角含蓄地肯定了“以意义为中心”的阶级关系分析的价值。在本书最后一章，我将就更广泛的意识形态支配和霸权问题进行说明和探讨。 xvii

在塞达卡度过的14个月中，我有时兴高采烈，有时万分沮丧，有时手足无措，有时辛苦乏味，这些是每个人类学家都能够体会到的。由于我并非正式的人类学家，因而所有这些经验对我来说都是全新的。如果没有贝利给予我的实用的田野研究讲座，我将不知如何去做。即使是在这些明智的建议的指引下，我仍然对人类学家从早上起床到晚上入睡一直处于工作状态的基本事实缺乏准备。在最初的几个月里，我去室外活动大半没有目的而是为了自己独处。我发现需要保持一种审慎的中立——亦即保持缄默，这是明智的，但同时也是巨大的心理负担。随着我自己的“隐藏的文本”（参见第七章）的增多，我首次认识到琼·杜韦格纳德的评论的正确性：“在多数情况下，村庄会向外来研究者做出让步，而研究者通常求助于隐藏。”[①]我同样发现邻居们总是原谅我难免犯的错误，在每一点上容忍我的好奇心，他们对我的不适当行为并不在意，并允许我在他们身边工作。他们有着既嘲笑我同时又与我友好相处的非凡能力，他们具备划分界限的尊严和勇气，他们善于社交，经常在非收获季

① Jean Duvignaud, *Change at Shebika: Report From a North African Village* (New York: Pantheon, 1970), 217.

就感兴趣的话题与我彻夜长谈。他们的友善表明,相对于我适应他们来说,他们更好地适应了我。和他们在一起的时光对我的生活和工作的意义是言辞的感谢不足以表达的。

尽管我努力删减原稿,但它依然很长。主要原因在于许多特定故事的讲述对于揭示阶级关系的结构和实践是绝对重要的。既然每个故事都至少有两面,因而有必要考虑社会冲突所产生的"罗生门效应"的存在。努力讲述这些故事的另外一个原因在于,要将一种贴近底层的阶级关系的研究提升到一个相当的高度。我认为这些更为宏观的思考需要有血有肉的详细实例来呈现本质。因而,一个实例不仅是将一般概括具体化的最成功途径,而且它具有比归
xviii 纳出的原则更为丰富和复杂的优势。

在马来语很难直译的地方,或马来语表达本身很有意思的地方,我都将其加在正文或脚注里。除了对那些外来者所做的正式演讲,我从不使用磁带录音机进行记录。我的工作是依靠谈话时片断的笔记或事后马上进行追记来完成的。由于许多句子中只有一些比较容易记住的片断可以忆起,结果使得我所记录的马来语有某种类似电报的性质。刚到时,我听不懂吉打州农村的方言,相当多的村民用他们在市场上所用的更简单的马来语对我说话。

我觉得,本书的写作还有一个特殊缘由。与其他乡村研究相比,它更多是研究对象的产物。在我开始研究时,我的想法是展开我的分析,将研究写出来,并准备一个关于我的发现的简短的口头版本,然后回到村民中去收集他们对此的反应、意见和批评。这些反应将收集在最后一章——作为"村民的回应"的部分,或者,如果你愿意,也可以将其视为那些应该知晓本书内容的人所做的"书评"。事实上,在塞达卡的最后两个月中,我的确花了更多的时间用于从大多数村民中收集这些意见。在各种各样的评论中——这些评论通常反映了评论者的阶级立场——充满着一系列针对我所忽视问题的富于洞见的批评、修正和建议。所有这些在改变原有分析的同时也提出了一个问题。我是否应该将我较早的愚钝的分析交

给读者而只在最后才呈现村民提出的见解呢？这是我最初的想法，而当我动笔时，我发现把我现在已经知道的当做不知道来写是不可能的，于是我逐步把这些洞见融入到我自己的分析中。其结果就是去理解在何种程度上塞达卡的村民既是形成分析的原因，也是研究的原始素材，并因此使得那些复杂的谈话更像是一种独白。

最后，我要强调这是一个非常自觉的地方阶级关系的研究。这意味着农民—国家关系可能为很多反抗提供解释，但在本书中，除非它们影响了地方阶级关系，否则不会被涉及。这也意味着那些在任何政治危机中都相当重要的族群冲突、宗教运动或抗议也基本上没有被涉及。本书也不去分析这里所考察的细微阶级关系的经济起源，这些源头不难一直追溯到纽约和东京的董事会议上。这还意味着处于省或国家层面的正式的政党政治也将被忽略。从一个角度看，所有这些省略都很可惜。但从另一个角度看，这里的努力是要表明地方阶级关系是多么重要、多么丰富和复杂，还表明不以国家、正式组织、公开抗议、民族问题为中心的分析视角将给我们带来的潜在发现。

下面这些过于冗长的谢辞意在表明为了进行研究我必须学习的许多东西，同时也表明那些教导我的人的耐心和大度。对于塞达 xix
卡的那些家庭——出于显而易见的原因他们的名字被隐去——我所欠甚多，这笔债之所以沉重，原因在于我所写的内容让不止一个人感到他们的友好被滥用了。当然，对一个专业的外来者而言，那是一种人性的困境，而我只能期待他们将会发现我是以诚实的努力和自己有限的学识来公正地对待我的所见所闻的。

我的接待单位是位于槟榔屿州的马来西亚理科大学（Universiti Sains Malaysia）比较社会科学院。作为客人或学者，我是非常幸运的。我要特别感谢学院的Mansor Marican，Chandra Muzaffar，Mohd Shadli Abdullah，Cheah Boon Kheng，Khoo Kay Jin，Colin Abraham及副校长兼院长Kamal Salih和院长助理Amir Hussin

Baharuddin，感谢他们的建议和友善。Nafisah bte. Mohamed作为吉打州方言的特别辅导老师,帮助我为田野工作进行准备。马来西亚理科大学政策研究中心对吉打州的穆达工程和与之相关的农业政策进行了许多出色的研究。该中心的Lim Teck Ghee 和David Gibbons不仅帮助我制订研究计划，而且还成为我弥足珍贵的朋友和批评者，他们的功劳在书中随处可见——即使在我决定自行其是的时候。我还要感谢Sukur Kasim，Harun Din，Ikmal Said，George Elliston，当然还有中心主任K. J. Ratnam。位于亚罗士打附近Teluk Chengai的穆达地区农业发展局总部的官员们总是非常慷慨地贡献他们的时间、他们的统计数据,尤其是他们的丰富经验。任何发展项目中要找到这样一些有知识、严格而坦率的官员都不是件容易的事。Affifuddin Haji Omar和S. Jegatheesan，以及时任穆达地区农业发展局总经理的Datuk Tamin Yeop，都给予了很多帮助。

与我的研究路径互有交叉、对马来西亚乡村社会进行研究并著述的“无形学院”的成员们,对于我的理解和分析贡献良多。由于他们人数众多,我无疑会有所遗漏。他们中的一些人或许宁愿不被提及，而我还是必须提到这样一些名字，他们是Syed Husin Ali，Wan Zawawi Ibrahim，Shaharil Talib，Jomo Sundaram，Wan Hashim，Rosemary Barnard，Aihwa Ong，Shamsul Amri Baharuddin，Diana Wong，Donald Nonini，William Roff，Judith 以及 Shuichi Nagata，Lim Mah Hui，Marie-André Couillard，Rodelfe de Koninck，Lorraine Corner和Akira Takahashi。两位来耶鲁做毕业论文的马来西亚理科大学的教师Mansor Haji Othman和S. Ahmad Hussein给我提出了重要的建议和批评。最后,我要特别感谢东京发展经济学研究所的掘井健三的慷慨，他在1968年对塞达卡的土地所有制进行了研究并得出可以利用的结果,如此我才能确定十年间的变化究竟意味着什么。

xx 最后的手稿在同事们细致的批评指正下有了很大改观。我忍痛割爱，不再争论那些他们认为荒谬或无关紧要——或两者兼是——的论题，同时增加了他们认为必要的历史性和分析性的内容。即使我拒绝他们的看法,我也总是尽量通过加强或改变我的立场来减少直接的打击。然而,到此为止吧。如果完全遵从他们的想法,我可能还在改稿子并努力调整他们无意造成的混乱。我迫不及待地要回报他们的厚爱。感谢Ben Anderson,Michael Adas,Clive Kessler,Sam Popkin(对,就是他),Mansor Haji Othman,Lim Teck Ghee,David Gibbons,Georg Elwert,Edward Friedman,Frances Fox Piven,Jan Gross,Jonathan Rieder,Diana Wong,Ben Kerkvliet,Bill Kelly,Vivienne Shue,Gerald Jaynes和Bob Harms。还有一些未提及姓名的人,他们同意甚至请求阅读原稿,或许他们看到书稿之巨后又改变了想法。他们知道他们是谁。真是遗憾!

自1978年以来,许多机构的资助使得我和这项研究事业得以持续。我要特别感谢约翰·西蒙·古根海姆纪念基金会(John Simon Guggenheim Memorial Foundation)、国家科学基金(批准号SOC 7802756)和耶鲁大学对我在马来西亚研究的支持。最近,由麻省理工学院"科学、技术与社会项目"授予的埃克森基金(Exxon Fellowship)使本书的终稿和大多数修订工作得以完成。Carl Kaysen容忍了我对书稿倾注过多的精力,并且与Martin Kreiger,Kenneth Kenniston, Charles Weiner, Peter Buck, Loren Graham, Carla Kirmani, Leo Marx和Emma Rothschild一起,帮助我保持智识上的收获。由日本大阪的国家民族学博物馆主办、Shigeharu Tanabe和Andrew Turton安排的"东南亚的历史与农民意识"研讨会,有助于使我的观点更加明晰。由社会科学研究委员会帮助组织的在海牙社会研究所举行的另一个有着更多争论的工作讨论会,对本书第七章有关反抗的分析起了重要的作用。尽管我不清楚这两次会议的参与者是否完全认同我所提出的论点,但他们至少应该知道他们的著述和批评对本书具有何等重要的价值。

应当感谢的还有下列对本书早期的部分内容给予发表的出版物:《国际政治科学评论》(1973年10月);《东南亚的历史与农民意识》(Andrew Turton和Shigeharo Tanabe编,《山崎民族学研究》第13

期；大阪：国家民族学博物馆，1984）；《政治人类学》（1982）；《马来西亚研究》1:1（1983年6月，马来文）。

本书的出版倾注了许多打字员、排版员和编辑的心血，他们高兴地看到这一出自他们之手的书稿。其中我特别要感谢的是
xxi Beverly Apothaker，Kay Mansfield和Ruth Muessig出色的工作。

本书与我的家庭生活的相互交融已经足以免除任何通常在此要说的常规套话。在此我可以说，尽管我努力了，但从未能够哪怕
xxii 稍微让路易丝和孩子们相信，他们也在为我写作本书出力。

第一章
阶级战争中的短兵相接

严格地说，这并不是主张“道德”是人类选择和意志的某种“自治领域”，独立地出现在历史过程之中。这样一种关于道德的观点从来就不够唯物主义，它通常将强大的惯性——有时是强大的革命性力量——简化为一个充满希望的理想主义的虚构。这就是说，与之相反，每一种矛盾都既是价值的冲突，也是利益的冲突；每一种“需求”在它成为“应然”的过程中，都含有情感和“要求”(反之亦然)；每一种阶级斗争同时也是关于价值观的斗争。

E. P. 汤普森：《理论的贫困》

拉扎克

这是一个种植水稻的小村庄，作为村庄通道的那条狭窄的小路在那个早晨显得比平时繁忙。成群的妇女正赶着去插秧，男人们则骑自行车载着他们的孩子去邻近的凯帕拉·巴斯塔镇上的学校上早课。我的孩子们像往常一样围在窗边观望，而每一个路过的人也同样注视着我们，从我住的房子进入他们的视野直到从其视野中消失。这一情景在几个星期内成为每日的仪式。塞达卡的村民正在满足对生活在他们当中的陌生家庭的好奇心。另一方面，我的孩子们也在满足一种更为不怀好意的好奇心。他们开始温和地抱怨自己如同缸里的金鱼一样的处境，而且确信迟早有人会因探头观望而不留神走进或骑进路旁的沟渠。这种喜剧般的可能性引起了他们的想象，当它不可避免地发生时，他们希望亲眼目睹。

但事情似乎有点不对头。一小群人静静地站在隔壁的房子前面，一些过路的人停下来和他们交谈。哈姆扎、他的哥哥拉扎克和嫂子阿齐扎，还有村里的产婆托[1]·沙赫·比丹[2]都来了。他们说话的语调压抑而低沉，时断时续。往常这个时候，阿齐扎已经和其他贫穷人家的妇女与她的插秧组一起出发去工作了。在我准备离开前，
1 和我同住这栋房屋的富有地主哈吉[3]·卡迪尔走进来告诉我所发生的一切，“拉扎克两个季前出生的小孩死了”，“这是她的命，她运气不好”。

情况简单明了：两天前，小孩发烧病倒了。在吉打州，发烧在旱季的末期是常见的，但是这一次看起来要比通常的发烧严重，有人认为也许是麻疹。昨天她被送到勒拜·萨卜拉尼那里，他是一个受人尊敬的布道者和传统的治病术士，住在邻近的双溪通港村。他为孩子诵读《古兰经》中的诗篇，并在她的额头上敷了膏药。拉扎克后来告诉我，我才知道自己也牵涉其中。如果我不去访问另一个村庄，他就会请我开车把孩子送到州府亚罗士打的诊所或医院。因为我不在，他才去求沙姆苏尔，沙姆苏尔是村里除我之外唯一有车的人，沙姆苏尔告诉他需要15马元的油钱。拉扎克身无分文，我猜想，他对医院也没有足够的信任。而他的女儿在第二天的黎明前就夭折了。

我本能地走向拉扎克的住处，它位于哈姆扎家房屋的后面，尸体通常要在那停放。拉扎克叫住了我：“她不在这儿，我们把她放在

[1] 托(Tok)在马来语中是“长老”、“族长”的意思。——校注

[2] 本研究所涉及人名列表、塞达卡村及其周边的地图，参见第四章。

[3] 哈吉(haji)是对那些去麦加朝圣过的男性伊斯兰教徒的称呼。——校注

哈姆扎家，那里比这好。”他的尴尬可以从他避开我的目光中显现出来。

拉扎克是村里的“贫困户”，他的房子不仅仅对他而言是一种
尴尬，对大多数塞达卡人来说也是一种集体的耻辱。我到达村庄的
时候，拉扎克和他的家人可以说是住在房子下面，而不是房子里
面。两面竹木墙已经倾斜，大部分的屋顶也已经坍塌。村里人嘲笑
说：“他们像小鸡住在鸡窝里一样，房子是单坡屋顶，和马来人的不
一样。”不久以后，执政党的当地领导人巴塞尔了解到拉扎克加入
了他所在的党派，而且对他来说，村里任何马来人像畜牲一样露宿
是非常尴尬的，于是他让村长从他可支配的资金中拿出适当的钱
购买木材来修复这房子。一小群全部来自执政党的志愿工作者修
好了房子的三面墙，留下最后一面墙和屋顶让拉扎克来完成。毕
竟，拉扎克和阿齐扎得在那屋顶下生活。然而，屋顶依然如故，而且
用来修最后一面墙的木板也不见了，拉扎克把它们卖了两次——
一次是卖给罗吉娅，另一次卖给了卡米勒，但只有卡米勒得到了木 2
材；罗吉娅把拉扎克称做“老骗子”，还说他连自己的孩子也会卖
掉。她发誓说她再也不会从他那买任何东西，除非她先拿到货。

当我爬上梯子进入哈姆扎家时，我意识到这是我第一次真正进入他家人生活起居的房间。此前我从未进过拉扎克的家或村里其他最贫穷的6户人家。他们总是在屋外接待我，我们要么蹲着，要么坐在简陋的长凳上。我们之所以留在外面是因为他们对自己房屋的状况感到尴尬，而且实际上进屋意味着有一定的款待（如咖啡和小点心），那将使他们原本匮乏的生活更为紧张。在可能的情况下，我尽量在公共场合去见他们，比如，在稻田里、路上、村里两个小店中的某一个或者每周两次在市场旁边相见。在这些地方，我可以合理地扮演主人的角色。对村里的富人来说，这从来不是问题；他们从来不进穷人的家。拜访总是沿着地位阶梯向上进行的，只有地位相等的除外，尤其是在穆斯林斋月结束后的仪式性访问中。事实上，访问模式服务于确定村庄的地位等级。这种模式只有在穷人

家发生严重疾病和死亡的情况时才会破例，这时，待客的通常规则暂时停止，以表达对更普遍的人生礼仪的尊重。

这就是玛兹娜（拉扎克的女儿）的夭折使得哈姆扎的家门得以向我和其他人开放的原因。女孩躺在小床垫上，被从房椽上垂下的蚊帐包围着。她的身体裹在一块新白布里，她的小脸由于被那种妇女祈祷时所戴的花边头巾覆盖，几乎看不见了。在蚊帐旁边燃着一炷香，放着一个锡盘。每一个新来的访问者在掀开蚊帐看一眼女孩后，都会在盘子里放点钱，少则5角，多则2马元[1]。这笔捐款将用做葬礼的开支，称为“救急款”或“紧急捐助”，由于拉扎克和其他许多非常贫穷的村民都未参加能够支付丧葬费用的死亡抚恤金会，这些捐助就尤为必要。一天下来，盘子里的钱至少可以支付最小的礼仪费用。

大约25个村民，大部分是女人，坐在这间破屋的地板上轻声地相互交谈着。几个男人自己聚在一起交谈，但大多数迅速离开加入到屋外的其他男人中。坐在地板上的拉扎克被忽视了，但是他被孤立并非表达对他个人悲痛的一种集体尊重。在筵席上，在其他葬礼上，在村庄的店铺中，甚至在市场的货摊上，其他男人总是与拉扎克保持一定距离。他无法使自己加入其中，即使他女儿的死亡也不
3 例外；那些起身离开的男人们从他身边不慌不忙地走过，好像他只是一件家具。当他被提起的时候，人们的语调是明白无误的。有时，一群男人坐在村子的一家店铺中边喝冷饮边抽烟，看见他来了，人们会以“敦[2]·拉扎克来了”作为招呼，随之而来的是周围心照不宣的笑声。敦·拉扎克是马来西亚第二总理的贵族头衔，这一称谓用在这个贫贱的、虚弱的、谄媚的最下等村民身上是要说明他的地位。那天如果谁做东谁就会付他的饮料钱，而拉扎克则吸着自己用烟草和切碎的聂柏榈叶做成的农民式香烟。他被给予了最低程度

① 马来西亚的货币单位为“林吉特”（Ringgit），简称“马元”（M$）。——校注

② “敦”（Tun）是马来西亚最高级别的封号，只有国家元首才有权授予“敦”这种荣誉称号。——校注

的礼遇，但在其他方面被忽略了，就像今天村民在埋葬他的女儿，而他本人最好还是被视而不见。

直接穿过村中的小路，在集中了村庄会所、伊斯兰学校[1]和祈祷场所的建筑外面，几个年轻人开始丈量他们收集来的不多的木板，准备做一具棺材。雅各布觉得木板太长了，于是村长的儿子达乌德被派回哈姆扎家拿绳子去丈量。这时，巴塞尔带来了热茶和用来垫在棺材下面的特制帆布。如同经常发生在咖啡店里的一样，话题变成了有关拉扎克的许多可笑的故事的交流，这当中大部分构成了村里流言蜚语的来源。阿明讲了最近的与政府资助的房屋改造和建设永久性室外厕所[2]有关的分期付款的事情。拉扎克连同其他执政党的成员（只有他们）是一种瓷制抽水马桶的受益者。尽管已经被明确告知这一物资不许买卖，拉扎克还是拿它和阿明的塑料马桶进行了交换，并换回一些现金，而后又将塑料马桶以15马元的价钱卖给了诺尔。雅各布开玩笑地问道，拉扎克甚至连房子都没有，为什么要建一个厕所呢？

雅各布接着问有没有其他人看见拉扎克两天前在罗吉娅女儿的婚宴上大口猛吃咖哩饭，而这场筵席并没有邀请他。沙赫依补充道，就在昨天，当拉扎克来到集市的咖啡店时，他请拉扎克喝咖啡，这意味着由沙赫依买单。接下来他注意到拉扎克不但喝了咖啡，还带走了三块蛋糕和两支香烟。部分由于我的提醒，其他一些人回忆起拉扎克是如何从卡米勒那里拿到买屋顶木材的钱而不交货，以 4
及卡米勒是如何把买特种稻种的现金付给他，因为拉扎克说他可以从邻村的一个朋友那儿拿到这些种子。可一个星期以后，他说他朋友和种子都不在家里。又过了一个星期，他说他朋友已经把种子

① 这座大约15年前在政府帮助下建成的两层楼一般被称做伊斯兰学校，因为它的第一层被定期用做宗教班上课和村庄会议的场所。第二层则是专用的祷告室，特别是在斋月期间。

② 称为村庄改进计划（RPK），这一计划在全国范围内选择村民进行资助。在塞达卡，资助严格按照党派来分配，有关细节参见第六章。

卖了。而这笔钱却从未退还。在不同的场合,人们还说到拉扎克经常以播种的名义讨要稻种,以养家糊口为由要饭,而每一次村民的施舍都被他换成了现金,既没有耕种也没有吃掉。加扎利指责他未经允许私自使用他房屋后面的聂柏树做房顶,而且甚至在收割季之前,他就开始讨要伊斯兰教每年一次的稻谷施舍(扎卡特[①])。在许多人不停地摇头时,他补充道,“我发脾气了”。

当富人们不断地抱怨他们所雇用的田间劳力变得越来越懒惰和独立的时候,拉扎克总是现成的例子。尽管他们也有其他的例证,但拉扎克到目前为止是最适用的。他们说有许多次,拉扎克提前拿了工资(现金或稻米的形式)却不出来工作。对于他的贫穷他们心存怀疑,毕竟他有半里郎[②](0.35英亩)地,但他却像地主一样租了出去,而不是自己耕种[③]。对拉扎克的普遍看法是他简直不成器。当村长阿布杜尔·马吉德向我谈及穷人不再愿意工作并要求不切实际的工钱时,他援引了拉扎克的例子,“他使自己陷入困境,那是他自作自受”。

现在简易棺材差不多做成了,村里最好的木匠阿明开始做一些小装饰添加上去。阿里芬提出,“没有必要添加装饰”,于是阿明停了下来。当他们把棺材运到停放玛兹娜的哈姆扎家中时,有人察看了棺木的做工后说,“太破了”。

在回住所的路上,我碰到一群帕克·哈吉·卡迪尔妻子的朋友在议论孩子的亡故。她们似乎都觉得这很大程度上是拉扎克和阿

① 扎卡特(Zakat)为伊斯兰教“五功”之一,中国穆斯林称为“课功”,即伊斯兰教法定的施舍,或称“奉主而定”的宗教赋税,又称“济贫税”。——校注

② 马来西亚的土地面积单位是“relong”,这里音译为“里郎”。1里郎约等于0.71英亩。——校注

③ 拉扎克说自己体弱多病,不能种地,这在一定程度上符合事实。无论如何,他确实没钱支付农机、化肥或种子的费用。

齐扎的过错。毕竟，前天他们把生病的女儿带到了罗吉娅的筵席上，喂她不该吃的东西，而且让她一直待到深夜。“他们吃得很差，”托·卡西姆的妻子说，“他们只能吃些其他人筵席的剩饭。”在我的追问下，她们向我透露了这个家庭饮食匮乏的细节。比如早餐，如 5
果家里有点钱，就是咖啡和木薯或者是前一天剩下的一点冷饭。如果没有钱，就只有水。有人补充说拉扎克家里的饮用水和洗浴用水来自同一个沟渠。早餐很少有粥，从没有牛奶，而且几乎没有糖，除非从阿齐扎在杜兰村的亲戚那儿拿来一点。同他们相比，村长哈吉·加法尔则经常在镇上的咖啡店吃早餐，在那里他喝粥或者吃加糖或咖喱的油炸面包片，还有各种蛋糕、用糯米做的甜点和加甜浓缩牛奶的咖啡。中餐在村里是正餐，拉扎克一家人经常吃的是米饭和从村里免费采集到的蔬菜①，如果经济状况允许，会有一些从市场上买回来的干鱼或最便宜的小鱼。没有人见过拉扎克买过蔬菜。当他们吃新鲜鱼的时候，通常是直接放在明火上烧烤，因为他们几乎买不起最少卖3角钱的最便宜的烹调油。而在另一方面，哈吉·加法尔的中餐则表现出他的富有和更是奢侈的偏好：用市场里买来的蔬菜和最贵的鱼做成的美味的咖喱饭，每周至少吃两次肉，这是拉扎克从未有过的奢侈。

拉扎克的家庭用品和他家的食物一样，所拥有的比所缺乏的少得多。这对夫妇没有蚊帐，他们的孩子手臂和腿上经常带着蚊虫叮咬的痕迹。他们大概一年才买一条最便宜的肥皂。他们吃饭的时候只能共用三个锡盘和两个杯子。他们甚至缺少睡觉用的传统的席子，只能用一块拉扎克从市场上捡来的被丢弃的旧塑料布替代。至于他们的衣服，阿齐扎结婚后就没有买过一件纱笼，穿的是巴塞尔的妻子给她的破旧衣服。拉扎克的一套衬衣和裤子是三年前买

① 拉扎克和他妻子偶尔也用鱼线和鱼钩钓水田里的鱼。然而，由于双耕的引入和更多地使用杀虫剂，鱼的数量越来越少，并且实际上可能会给那些继续食用这些鱼的穷人的健康带来严重的长期损害。

的，当时是典当行把没有被赎回的二手衣服拿出来销售。就像吉·普泰赫所指出的，拉扎克一家的悲惨状况完全应由他自己负责，“他有田却不去耕种”，“他总是想不劳而获”，“他拿了工钱却不出
6 来打谷”，“现在这些穷人变得聪明了，现在欺骗也越来越多了”。

隔壁的摩托车发动声提醒我们尸体安葬已准备就绪，送葬的队伍要出发了。通常在成人的葬礼中，棺木会送到两英里外的清真寺，后面跟随着步行、骑自行车或摩托车的送葬行列。由于玛兹娜又小又轻，她叔叔哈姆扎便把她裹在一块新的蜡染布里，像背子弹带一样背在他的肩膀上，坐在巴塞尔的本田70摩托车的后座。加尼·勒拜·玛把简易的棺材横放在阿明的摩托车上。加上拉扎克和我，只有11个男人。这是我第一次看到完全由摩托车组成的送葬队伍。村民和凯帕拉·巴斯塔镇的华裔店主们停下来看着我们经过。

在清真寺附近的墓地里，托·西亚卡（清真寺的看守人）和他的助手仍在挖墓坑。玛兹娜在棉制裹尸布的覆盖下被轻轻地从蜡染布中取出，并侧放在棺木里，这样可以使她朝向麦加。墓坑中的一大块黏土垫在她的背后以防止发生移动。托·西亚卡正用一个旧陶罐从墓坑往外排水。埋葬地点是在开垦的稻田里，而雨季已经开始了。在勒拜·萨卜拉尼的带领下，祈祷者做了不到十分钟的祷告就结束了。此时，大部分男人进到清真寺里为玛兹娜的灵魂祈祷。当他们进来时，巴塞尔按照当地风俗递给他们（每人）一个装着一元钱的信封。[1]有六个参加祈祷的男人返还了信封。村民相信这些祈祷有助于减轻（死者）罪孽的负担，使灵魂尽快升入天堂。他们祈祷得越多，死者的灵魂就上升得越快。在回村的路上，我问阿明为什么参加葬礼的人这么少。他回答说，既然玛兹娜这么小，她的罪孽就少，因而是否有很多人为她祈祷并不那么重要。但这是个敏感的问题，我们两人都记得一个月前在托克·沙赫小孙女的葬礼上，有

① 这种葬礼之后的祈祷称为Doa Talkin，祈祷者得到的礼物取决于死者的地位。伊斯兰原教旨主义者反对这种传统的习俗，他们试图通过禁止前伊斯兰的宗教习俗来净化马来人的宗教习俗。在邻近的玻璃市州，Doa Talkin是被官方禁止的。

两到三倍的人去了墓地。

当天晚上，也是在哈姆扎的家里，举行了一个小型的葬礼筵席[1]，来了不到15个人，还有哈吉·卡迪尔带领的“临时的”祈祷者和唱圣歌的人。购买咖啡、加糖的不发酵面包和制作农民式卷烟的费用总 7
计不超过12马元，其中部分是用那天的小额捐款来支付的。拉扎克像往常一样，被忽略了，不见了。后来，我和雅各布沿着村庄的小路回家，他问我是不是注意到烟草短少了，因为拉扎克藏起来一部分打算以后抽。“真差劲。”他总结说。

三四天后的一个早晨，拉扎克出现在我的台阶前等着我叫他上来。他每次来看我时都很早，因而没有其他人过来。如果碰巧有人经过，他就会陷入沉默，然后找个机会马上离开。尽管村里关于他的传言一直都引起我的好奇心，我还是发现自己在避免与他在公开场合过多地交谈，因为我感到这只会使村里的议论更加喋喋不休。我当时在想，他是想利用我吗？他会告诉我什么样的流言和诽谤呢？我实际上认可这个“一无是处”的人么？

拉扎克是来感谢我为葬礼开支捐助的一大笔钱。他女儿死的那天我谨慎地把捐款直接交给拉扎克。我知道如果我把20马元直接放到尸体旁的锡盘中，我会遭到许多指责。[2]

不久以后，我和村民近期的交谈转移到如下话题：8年前引进的双耕给塞达卡带来的巨大的变迁。对拉扎克而言，显然现在的状况比灌溉之前变得更糟。“以前很容易找到工作，现在村里无工可

---

① 家里有人去世后，葬礼筵席通常在第一天、第二天、第三天、第七天、第十四天、第四十天和第一百天举行。它也可以在其他时间举行（通常是收割季后），有时也和感恩节的筵席一起举行。这类筵席很像印度尼西亚的Selametan，它显然是伊斯兰教早期的风俗，并且同伊斯兰教彻底地整合在一起。

② 我需要说明的是我捐的这些钱主要是良心钱，因为我对玛兹娜的死感到愧疚，如果那天我在村里，我就可以开车送孩子去医院。另一个考虑在于，我觉得如果我公开地把这么一大笔钱捐出去，就会使其他捐得少的人感到难堪，因为对其他人来说，这笔捐款大得多，而且还会使拉扎克公开地向我欠下永久的人情债。

做，种植园（主要种植橡胶和油椰子）也不再要人了”，“贫者愈贫，富者愈富”[1]。他补充说。困难主要是联合收割机造成的，它一次操做就可以完成收割和脱粒。以前，他妻子收割水稻一个季可以挣到超过200马元，而他打谷也可以挣到150马元，但是这个季节，他们两人一起只拿到了150马元。[2]“联合收割机到来时，人们很不高
8 兴”，“你甚至连稻穗也拾不到了”[3]。机器使他感到痛苦的原因在于它使村里的钱落入了外来者手中。那些原本付给稻谷收割者和脱粒者的钱，进而部分地用于塞达卡内部的当地办筵席的钱，现在却直接付给了这些昂贵机器的所有者。正如拉扎克所说：“他们拿走了钱办他们自己的筵席去了。”

现在，不仅薪资工作越来越难以获得，而且几乎找不到土地来租种了。拉扎克说，过去地主想让你租种，而且很少在租金上纠缠。现在，所有地都由他们自己耕种了，或者通过长期租约把大片土地租给富有的、拥有机器的华裔承包者经营。“他们不愿意把地租给自己人”，“他们甚至不会拿出5分钱给穷人”。

拉扎克开始热衷于表达他最经常的抱怨，这也是他和村里的许多穷人共同持有的想法：富人变得越来越傲慢和吝啬。这可以从他所看到的富人们对慈善的态度中反映出来。拉扎克理所当然应该是慈善救济的对象——他只有很小一块地，四个（现在是三个）年幼的孩子和一个虚弱的身体（很多人说他是不愿意工作）。按照官方的贫困标准，像拉扎克这种规模的家庭的收入是2400马元[4]，

[1] 进一步讨论见第五章。

[2] 由于联合收割机引起的工资下降的数字参见第三、四章。毕竟，拉扎克身体虚弱（许多人会说这也是懒惰），当他打谷以获取计件工资时，速度只有他弟弟哈姆扎的一半。

[3] 拾稻穗对那些地少或无地（租种的或自己拥有的）的村民来说是一种传统的方式。他们会对第一次脱粒以后仍残留在稻秆上的稻穗进行再次脱粒。采用机器收割后，稻秆散落在田野各处，从前手工收割时常常堆放在打谷桶旁边的稻秆全都不见了。

[4] 贫困线定义为“可以满足一个家庭衣食住行及家务管理等方面最低需要的收入”。引自International Bank for Reconstruction and Development, *Malaysia: Selected Issues in Rural Poverty*, World Bank Report 2685-MA,vol.2 (Washington, D.C.: World Bank,1980),4.

但他们的实际收入（慈善救济不计算在内）上一年度只有800马元，是目前为止村里最低的。他们已经不能勉强度日，玛兹娜的夭折就证明了这一点。如果他们没有得到小额的慈善救济，如果在食物匮乏时不带着孩子逃往杜兰村阿齐扎父母的村庄，或许如果没有拉扎克招致村民反感的“小偷小摸”，很难想象他家庭中的其他人能够生存下来。

如果其他人指责拉扎克的处境是由于他自身的道德过失造成的，他会愤慨地予以反驳。“许多马来人都不够诚实”，“现在，甚至那些拿着三四百块工资的马来人都变得傲慢起来”，“他们不帮助 9
别人解决困难。在村里，他们甚至连一杯咖啡也不给你”。这种指责严格说来并不正确。根据我对一年的大致计算，拉扎克一家获得了大约够他们吃三个月的稻谷和大米的馈赠。在斋月结束时，每个穆斯林都有义务准备一份稻米作为宗教礼物，称为*施舍*。除了按照惯例把稻米捐赠给清真寺、阿訇和村庄的祈祷场所外，通常还要施舍给贫穷的亲戚和邻居，特别是那些在收割季为他们工作的人们，每次大约一加仑。拉扎克大约获得了十加仑的稻米*施舍*，尽管其中不乏不太好的残米。拉扎克不是有礼貌地等待别人招呼他去按照惯例收集他的礼物，而是挨家挨户地去讨要*施舍*。只有少数人拒绝他[1]；毕竟，每个家庭在主要的伊斯兰教节日中应该能够吃上米饭，而且，这种施舍也被视为净化自我心灵的一种方式。一个月以后，在第二个主要的伊斯兰节日里，拉扎克以同样的方式获得了少量的施舍。[2]获得宗教施舍的第三次机会是在收获季，届时所有的穆斯林都被征收他们收获的十分之一的什一税（扎卡特）。尽管事实上征收扎卡特的官方责任最近已经由省政府来承担，但非正式的扎卡特支付仍然沿用传统的方式。它以稻谷而非大米的形式交付，而且成为对贫困的无地家庭收益的重要补充。拉扎克从他住在燕镇

---

① 有人会想，如果拉扎克不那么主动地讨要，他能获得多少施舍？我怀疑会更少，但实际究竟会怎样我也无从知晓。

② 当朝圣者前往麦加时，通常会获得1/4加仑的稻米捐赠。

的最年长的哥哥那里得到一麻袋稻谷，他曾经给他打过谷。拉扎克还以他通常使用的主动出击的方式在本村获得了四五加仑的稻谷。他还时不时地从那些有可能施舍的人那里讨要少量的大米施舍。通常，他把这说成是预付的工资，使用掩饰其交易性质的语言，但这个谎言只是一层一捅就破的窗户纸。那些被他纠缠的人说他“正在乞求施舍”[①]。

这种积极讨要是有回报的，拉扎克获得了比村里其他穷人多得多的食物——比曼苏尔、杜拉、“瘦骨嶙峋的”玛、帕克·亚赫和塔伊布都多。而他声誉上的额外成本却是最小的，他的地位实际上已经确定在最低点了。[②]另一方面，他的表现不如他弟弟哈姆扎那么好，哈姆扎经常被当做是值得赞扬的穷人的典范。他是公认的辛勤劳动者，他的妻子也是。他担任了伊斯兰学校的管理员，还经常出现在筵席上协助烹饪，帮助别人搬家，或者帮忙修建村路。在上一季的收获之后，部分是由于对哈姆扎生病一个月不能像往常一样工作的同情，他获得了村民和亲戚捐给他的八麻袋稻谷，巴塞尔称他为“扎卡特冠军”，这与拉扎克采用进攻性方式却只得到较少的回报形成了鲜明对比。“我们不想接济拉扎克，他是个骗子——我们只给像哈姆扎那样诚实的穷人救济。”另一个有影响的村民法齐勒也表达了类似观点。“很多穷人说谎、骗人、懒惰”，“他们想找棵树乘凉”，“他们想向富人贪婪地索取”。然而在沉思片刻后，他注意

---

① 对拉扎克行为的社会定义是重要的。正如齐美尔所指出的：“直到个人获得救助时，他在社会意义上才是贫穷的……这具有一般意义上的正确性：从社会学意义上讲，并不是先有贫穷后有救助……而是获得救助的人才被称为穷人。”*Georg Simmel on Individuality and Social Forms*, ed. Donald N. Levine (Chicago: Univ. of Chicago Press,1971), 175. 同样，在塞达卡，在别人认为一个人是在请求施舍之前，没有人是乞讨者。

② 艾尔温·戈夫曼注意到人在失去羞耻心时会产生的一种不同寻常的力量。“太少的感知力，太少的应变力，太少的自尊心和体谅，在这种条件下，人将失去感知自身及示意他人避免尴尬的能力……这种人将成为对社会的真正威胁；我们对他无能为力，他经常按自己的方式行事。”*Ritual Interaction: Essays in Face-to-Face Behavior* (Garden City: Anchor Books，Doubleday, 1967)，40.

到了潜在的“恶性循环”的存在。“如果我们因为他们偷窃而不给他们救济，他们也许会一直偷窃下去。”这是我听到的最清楚地认识到为了对穷人进行社会控制而对其进行慈善施舍的重要性的言论。

在政治态度上，拉扎克做了一个谨慎的穷人为保护自己及家庭的利益可能做的一切。四五年前，他交纳了一马元的费用加入了执政党的村庄支部，它支配着村庄政治和所有进入村庄的重要物质利益。“如果你和多数人在一起，你可以得到很多。而与少数人为伍是很困难的。我经过考虑，要站在多数人一边。”拉扎克的逻辑也
为一些穷人所共有并为他们带来预期的收益，但这并不意味村里 11
所有的穷人都赞同这一逻辑。一年前的一场干旱使得季节性的水稻灌溉不得不取消，政府为此开展了一项以工代赈计划。由于在挑选工人的过程中，政治的分量很重，拉扎克成为一个胜出者。当地的农民协会办公室雇他照看家禽，每天4.5马元，工作40天。同时，他还获得了一份帮助清理一段灌渠中杂草的工作，工资为50马元。而那些在政治上站错队的贫穷村民是无法获得这些机会的。使拉扎克的房屋得到部分修复的木材也是通过巴塞尔的政治影响获得的，被拉扎克卖掉的多余的免费木材和马桶也是救助计划的一部分，至少在塞达卡村，这些安排只有执政党的追随者才能利用。如果这种语言表述不那么适合马来人的口味，那么也可以说，拉扎克知道哪一边可以使他的面包涂上黄油。

作为地方性保护和有些勉强的慈善施舍的受益者，人们可能期待拉扎克对村里的“社会性长者”抱有好感，但他并非如此。他也意识到人们在背后的议论，“我不去富人的家里，他们不叫我进去。他们认为穷人是低贱（粗俗）的。他们认为我们去就是为了要钱。他们说我们懒惰，说我们不想工作，这是他们的诽谤”①。让拉扎克感到最为愤怒的莫过于同样是这些富人在其需要帮助时就去召唤穷

① 拉扎克用来表述“低贱”、“粗俗”的词是lekeb，这和人们描述玛兹娜的棺木和拉扎克的行为时用的是同一个词。此处用来表述“诽谤”的词是mengumpat。

人，但是在需要互惠时什么都不付出，“他们叫我们抓住逃跑的水牛或帮他们搬家，却不叫我们参加他们的筵席”。

同样没逃过他的注意的是，他和许多与他类似的人是被视而不见的人。“富人很傲慢，我们和他们打招呼，他们却不搭理。他们不和我们说话，甚至不看我们一眼！如果富人听到我们谈论这些，他们就会发火。”[①]拉扎克在一些方面是独特的，但他并不是唯一
12 的。他所说的话与安达卢西亚农业工人的诗歌可做比较：

> 我由富变穷
> 看尽世态炎凉；
> 可叹现在已经无人
> 再看看穷人的脸庞。[②]

葬礼后的一周，我从市场回到住所，看见哈姆扎房前的路上停着一辆越野汽车，车门上的标志是“卫生部”。不久，从哈姆扎屋后拉扎克住的地方走出两个护士，她们说受到指派来对小孩的死亡进行调查，并给这个家庭提供营养方面的建议。她们留下了一些奶粉，但是所见所闻似乎让她们非常泄气。当她们登上越野车准备返回首都时，自问道：“对这样的人你能做什么呢？”

① 我无法确定拉扎克在此使用kita一词是仅指他本人还是希望将其他像他一样的穷人也包括进来。拉扎克的话中隐含着富人对穷人深深的羞辱，富人对他们不屑一顾，对他们的招呼置之不理，这是黑格尔自我意识辩证法的核心。正是像打招呼一样的平凡的行为澄清了这一点：个体的自尊依赖于他者的认可。即使是这种招呼，正如黑格尔所举的关于决斗的著名例子那样，也必须以生命为代价才能换取。例如，Hans Georg Gadamer, *Hegel's Dialetic: Five Hermeneutical Studies*, trans. Christopher Smith (New Haven: Yale Univ. Press, 1972), chap.3。

② From Juan Martinez Alier, *Labourers and Landowner in Southern Spain*, St. Anthony's College, Oxford, Publications, No.4 (London: Allen & Unwin 1971), 206.

哈吉·“布鲁姆”

在讨论拉扎克对于塞达卡村阶级关系的重要性之前，有必要引入他象征性的“镜像”，那就是和他一样为社会最上层所抛弃的哈吉·布鲁姆。尽管我所讲述的关于他的故事都是二手的，因为在我到塞达卡村五六年前，他就已经去世了，但关于他的故事很多。

我到塞达卡村不久，勒拜·侯赛因就邀请我参加他儿子塔哈的婚宴，新娘来自距燕柯奇镇南6英里的一个村庄。为了招待众多的客人，新娘一家在屋外搭建了一个大帐篷，供男宾们就座。席间的话题主要有两个：一是当前农忙季的收成；二是由于干旱人们取消了种植前一灌溉季作物，这推迟了许多婚礼的举行，直到农忙季作物成熟后婚礼才得以操办。

我发现地平线上矗立着一座巨大的新仓库，于是便漫不经心地问我旁边的人那是什么。他告诉我那是哈吉·拉兹和哈吉·安尼兄弟开办的大米加工厂。当提到这两个名字的时候，帐篷里突然变得鸦雀无声。非常明显，我不经意地开启了一个引人注目的话题。在接下来的大约一个小时的时间里，人们兴致勃勃地互相谈论着关于这两兄弟尤其是他们的父亲哈吉·阿尤布的故事。事实上，正如我立即意识到的那样，有关哈吉·阿尤布的传闻是所有聚会中固定的交流话题，这足以引发一次小的故事风暴。 13

哈吉·阿尤布生前是吉打州（也许是马来西亚）最大的稻田所有者，这一点几乎毋庸置疑。他去世时，以拥有600多里郎（426英亩）的稻田（他的橡胶园和果园不计算在内）而闻名遐迩。在那时，中等人家拥有的土地数不超过3里郎，拥有20里郎土地的农场主算是相当富裕了。相比之下哈吉·阿尤布拥有的广阔土地就显得非常突出。吉打州的稻田以惊人的速度向哈吉·阿尤布手中聚集，这引起了州议会的警觉，实际上他们曾一度禁止他获得更多的土地。

然而，在涉及这位吉打州的土地大亨的生涯和业绩的众多故事中，关于他拥有惊人的土地和财产这一事实本身的故事相对较少，而更多的是关于其生活方式和他建立自己王国的方式。哈吉·阿尤布之所以成为众人谈论的主要话题是因为他的吝啬具有传奇色彩。从那天下午众多村民的观点来看，这位吉打州最富有的土地所有者，他自己选择的维持生活的方式几乎和拉扎克毫无二致。像拉扎克一样，他住在一间破旧的从未修缮或重建过的房子里。[1]他不买加工而成的纸烟，他一生抽的都是自己卷成的“农民式香烟”，吸的是最便宜的烟叶，卷烟用的树叶也是他从自己栽种的聂柏榈上摘下来的。[2]和最穷的人一样，哈吉·阿尤布每年只买一块仅够做一件围裙的布料。如果你从他旁边经过，你很可能把他当成是村庄里的乞丐。据说他除了斋日外，只吃干鱼，在这方面他甚至“超过了”拉扎克。虽然他买得起豪华轿车，家旁也有平整的马路通过，但他都只是步行或骑自行车。哈吉·阿尤布曾骑在他那辆“古董”般的蓝玲（Raleigh）车上，用手势指挥着哈吉·卡迪尔把别人的房子推倒。他不断地徘徊着，锈迹斑斑的自行车发出响亮刺耳的噪音。这就是那位吉打州的土地大亨从不按期交租的佃农那里收租的办法。他生活的方方面面都充斥着克己精神，只有一方面除外：他允许自己娶了三个老婆。[3]

当然，与其拥有的巨大财富相比，哈吉·阿尤布行为方式的吝
14 啬更显滑稽。他代表了富有守财奴的典型，他为其他富有的吝啬鬼树立了无法企及的标杆，因此，他无疑成为了传奇人物。从这个意义上讲，他的确刚好是拉扎克的“对立面”。但是拉扎克的名声纯粹

① 说到哈吉·阿尤布，经常最先提到的是他房子的状况。与哈吉·阿尤布相反的是，随着1971年双耕的首次引入，即使是最节俭的农民也将修理房屋或建设附属建筑作为第一笔开销。

② 在塞达卡，只有真正贫困的农民，才不舍得花一角钱到市场上去买一捆聂柏榈树叶来卷烟抽。

③ 守财奴是纯粹积累的象征，他会把获取金钱和财产本身当做最终目的，而不是将其视为获得愉悦的手段。在这方面，哈吉·阿尤布的三个老婆——比《古兰经》允许的最大数目少一个——也许仅代表了另一种形式的积累。关于这个主题，参见Simmel的文章“Miser and Spendthrift”, in *Gerog Simmel*, 179—186。

是地方性的，而哈吉·阿尤布不说是全州闻名也是全区闻名。

当谈到哈吉·阿尤布是如何获取所有这些土地时，村民的描述虽然依旧栩栩如生却远非轻松愉快。他广为人知的绰号哈吉·“布鲁姆”（Haji “Broom”）可能最准确地体现了他获取土地的整个过程。村民在这里宁愿使用英文单词“Broom”[①]，我猜测这意味着一种单一的、强劲的扫荡力量。完全从字面意义上讲，哈吉·“布鲁姆”以自己的方式横扫了一切土地。这个词的力量也暗含着某种类似“横扫牌桌”（即赢得牌桌上所有筹码）或“使对手输得精光”的意思。正因为前面冠有“哈吉”，“布鲁姆”一词才显得力量更强，因为“哈吉”是对那些到麦加的朝圣者的敬称。所以，“哈吉·布鲁姆”这个绰号或多或少与“敦·拉扎克”这个绰号有些相似。

就在我向一些聚集在帕克·亚赫家的村民询问关于双耕前借贷的事情后不久，哈吉·布鲁姆这个名字就出现了。诺尔在向我解释Padi kunca这种声名狼藉的借贷体系时，头一句便说：“这就是哈吉·布鲁姆的行事方式。”Padi kunca是指农民在收获前约6个月借用的现金在收获时以定额稻谷偿还。一般而言，实际的年利率会接近150%。至少在半个世纪以来（直到1960年），这是店主、大米加工者、高利贷者和相当多的富有地主把持（沿用）的按季借贷的标准利率。事实上，所有水稻种植的研究者都引用过这一例子，认为它既是水稻主产区持续贫困的一个主要原因，也是农民拖欠贷款的原因，而农民拖欠贷款又将导致土地所有权的进一步集中。[②]而且，

---

① 出于行文的方便，我们把“Broom”音译为“布鲁姆”。——校注

② 例如，可参见Unfederated Malay States, *Annuel Report of the Advisor to the Kedah Government*, December 11, 1912, to November 30, 1913, W. George Maxwell (Alor Setor: Government Printer, 1914) 23; *Annual Report of the Advisor to the Kedah Government*, 1914, L. E. D. Wolferston (Alor Setor: Government Printer, 1915) ,14; and Government of Malaysia, *Report of the Rice Production Committee*, 1953 (Kuala Lumpur: 1954), vol.1, p.82。水稻生产委员会对该借贷体系进行了如下描述：“在种植季，如果某农民借了50马元，那么他就要承诺在收获时偿还1 kunca（160加仑）稻谷。这些数量的稻谷按照当时政府规定的最低保护价是102马元，而通常的市场价是140马元。”在此需要指出的是，放高利贷者的所得与借贷者的贫困并没有必然的对应关

15 显而易见的是，在这个地区，哈吉·布鲁姆和吝啬鬼几乎是同义词。

如果padi kunca的实际运作愈演愈烈，违反了针对利息的伊斯兰律令，那么似乎哈吉·布鲁姆也变成了一个十足的高利贷者。“瘦骨嶙峋的”玛说，哈吉·布鲁姆定期放贷，通常是100马元贷6个月，要求偿还130马元或140马元。“他的儿子，哈吉·拉兹和哈吉·安尼也这么干。这是一种罪恶。他们祖宗七代都放高利贷，他们只关心这个。”村民说，这些借贷中的一部分是二手的，即哈吉·布鲁姆从大的华裔放贷者那里以40%的利息贷款，再以80%的利息放贷给农民，从中赚取差价。在这些村民看来，他与镇上的华裔债主密切合作这一事实，要比自己单独放贷更加违反伊斯兰的律令。另一方面，华人为赚取利息而放贷的行为实际上不会招致任何指责，它被认为是理所当然的，毕竟，这是他们正常的商业活动，而且其宗教也未禁止这种活动。但是，对一个马来人而言（作为所处村庄和宗教中的一员）——尤其是在此例中还是哈吉——不顾《古兰经》的明确禁令放高利贷必定会招致最强烈的谴责。[①]

但是，哈吉·布鲁姆的财富主要来源于他人无法偿还债务（jual janji，其字面意义是潜在的出售[②]），正是通过这一途径大部分土地落入其手。诺尔、克·亚赫和“瘦骨嶙峋的”玛都能够轻而易举地列举出本地因债务而使自家的土地落入哈吉·布鲁姆之手的家庭的名字。过程是这样的：哈吉·布鲁姆可以借一大笔钱给某个农民，但那个农民要将其全部或部分的土地所有权转让给哈吉·布鲁姆作为抵押。书面的买卖合同上写道：如果在规定日期前，借款者能够

系。东南亚乡村的高利率通常反映了货币的实际价值和借债者无力偿还的高风险。因此，这些利益协议对于小农来说可能是巨大的负担，但不意味着它对放贷者来说就是巨大的收益。

① 在《古兰经》众多相关的章节中，有一节这样说道：“吃利息的人，会像中了魔的人一样，疯疯癫癫地站起来。这是因为他们说：‘买卖恰像高利贷’。真主准许买卖，却禁止高利贷。奉到主的教训后，就遵守禁令的，既往不咎，他的事归真主判决。那些再犯的人，是火狱的居民，他们将永居其中。”Surah, II: 275, *The Koran*, trans. J. M. Rodwell (London: Everyman's Library, 1977), 369。

② 在东南亚的殖民地，各处都可以发现类似的做法，如菲律宾、越南和缅甸。

偿还最初的借款(几乎总是低于被抵押土地的市场价值),他就可以重新获得土地。[1]对借款者来说,抵押的土地是可以赎回的,至少从原则上讲是这样。当然,在实践中,吉打州大多数的大土地所有者通常是以这种方式获取土地的。诺尔补充说,哈吉·布鲁姆和少 16
数的另外一些人想出了一个新的变通的办法。在最后期限来临前的几天,他会把自己藏起来,这样一来那些足够幸运的能凑足现金赎回土地的农民就找不到他了。最后期限一过,他就立即要求法庭将未归还借款的农民所抵押的土地判给他。[2]通过这种策略,哈吉·布鲁姆几乎将他所有的抵押借贷变成了土地买卖。似乎是为了更加形象地描绘从哈吉·布鲁姆那里借贷的后果,帕克·亚赫说道,前往这个土地大亨家的拜访者,会看到他就坐在一个从上到下堆满地契的大柜子前。

诺尔、帕克·亚赫和"瘦骨嶙峋的"玛三个人兴高采烈地抢着向我讲述哈吉·布鲁姆最令人无法容忍的事情。在谈话的最后,诺尔描述了哈吉·布鲁姆是如何对待自己的儿子的。诺尔说,哈吉·布鲁姆到他儿子哈吉·安尼家做客,带了一袋(一百个)人心果(一种便宜的褐色水果,它是能产树胶的热带常青树人心果树的果实),从表面上看是送给哈吉·安尼的礼物。但离开前,他要求哈吉·安尼给他一百个鸭蛋作为回赠。"哪一个更贵?"诺尔一字一顿地问我。这不单纯是关于哈吉·布鲁姆"精明交易"的又一个故事,还表明他违反了礼品馈赠的精神,他用礼物馈赠来谋利。他实际上要求回报。最重要的是,他为了个人获益而"剥削"他自己的家庭。"瘦骨嶙峋的"玛把他的行为总结描述为"预先谋利策略"。

当我评论说我从未听说过有人如此"吝啬"时,帕克·亚赫纠正我道,"不是吝啬,而是贪婪"。借此,他要强调的是,与其说是哈吉·

① 关于正式财产转移的实际时间选择和"抵押"土地的使用权存在一定差异。但是基本的安排仍然一致。

② 尽管在理论上借款者可以将偿还款项存入第三方的账户并通知法庭,从而赎回土地,但是很少有农民知道这一点,更不用说去做了。

布鲁姆节省不如说他是在掠夺别人。“他毫不知耻”。在某种意义上,“毫不知耻”是对他最强烈的谴责,人们也是这样评价拉扎克的。因为,说某人有羞耻心,这是邻居和朋友对他好的评价,意味着他的行为还没有超越由共同价值观建立的道德边界。说某人毫不
17 知耻,则意味着他无所不为。①

诺尔最后表明,不是哈吉·布鲁姆的财富本身令人憎恨,而是他获取及随后处置财富的方式令人憎恨。“不管一个人是不是富人,只要他是好人,村民会帮他。如果他办筵席,即使他的谷仓里已经有一百麻袋稻谷,村民仍会送他稻谷作为礼物。但是如果他心肠不好,我们就根本不会理他。”②哈吉·布鲁姆和拉扎克之所以会如此声名狼藉并不是因为哈吉·布鲁姆的富有和拉扎克的贫穷,而是因为他们行为的“无耻”,这种“无耻”违背了所有的规则,使他们实际上成为被排斥的人:一个成为贪婪富人的象征,另一个成为贪心穷人的象征。

但是,只有对哈吉·布鲁姆的谴责才带有几分神话的、宗教的色彩。我不止一次地被告知,当哈吉·布鲁姆生病时,他的身体非常烫,以致必须把他移到房子底下,那里凉快一些。当他的遗体被抬往墓地时,他们说,刚掘好的墓穴中已经开始冒烟(有人说是火)。我曾经故作天真地问加扎利是不是真有这回事, 他回答说:“也许

① 正如摩洛哥农民的简便说法:“那些毫不知耻的人为所欲为。”Paul Rabinow, *Reflections on Fieldwork in Morocco* (Berkeley: Univ. of California Press, 1977), 158. 这种民间智慧拐弯抹角地进入到社会科学中就成了如下表述:“排斥一个人就是使其脱离社会控制……他不会因遵从而失去什么, 甚至有可能因不遵从而有所得。”George C.Homans, “Status, Conformity, and Innovation,”in *The Logic of Social Hierarchies*, ed. Edward O. Lauman et al. (Chicago: Markham, 1970), 599.

② 这里可与伊曼纽尔·拉迪里对13世纪法国南部阿比尔村庄的描绘作个对比:“财富本身不是攻击的真正对象,蒙塔尤人所憎恨的是不良的富人、牧师和僧侣不合理的谋利方式。他们从村庄抽取资源,却不提供任何宗教上的帮助作为回报,甚至也不提供任何一贯是由富有的牧师和有钱的当地贵族提供的救济性、保护性的服务。”*Montaillou: Promised Land of Error*, trans. Barbara Bray (New York: Braziller, 1978), 341.

有吧，但也可能是编造的。”当然，重点不在于这些说法的真实性，而在于这样一个社会事实：甚至是在哈吉·布鲁姆被安葬之前，村民就希望用咒语召唤地狱之火来吞噬他。

大多数富有的土地所有者都是哈吉，而哈吉·布鲁姆是他们当中最明目张胆的，因而也是最可资谈论的。换言之，他们也是通过到麦加朝圣完成了伊斯兰修行的第五“支柱”的人。事实上，有些已经超越了纯粹朝圣的范畴。根据现有证据，宗教地位与土地财富的关系模式源于19世纪末。那时，在受人尊敬的宗教教师的带领下，移民开垦了吉打州大片的水稻平原。政府赠与、自愿施舍和伊斯兰的什一税使得这一阶层中的许多人在某种意义上成为拥有大量地产的乡绅，他们通过与官员和低等贵族的策略性联姻巩固了自身地位。[1]到1916年，代理英国顾问已经开始抱怨一些大土地所有者的 18
欺诈行为，他们用假名申请若干小规模的土地转让以避免公开向州议会申请大规模的土地转让的风险。[2]但是正如哈吉·阿尤布的案例所表明的，阶级的界线仍然是比较容易打破的，该地区很多富有的哈吉都是比较新近的成员。

大部分较大的马来土地所有者、稻米商人、大米加工者和农业机械所有者也是哈吉。[3]这一事实使他们得以积聚充足的资金去麦加朝圣，从而为这一头衔赋予一种模糊不清的身份。一方面，朝圣行为本身会受到虔诚的崇敬，同时朝圣者因朝圣而获得的神圣超凡能力也会受到虔诚的崇敬。另一方面，相当多的朝圣者仅仅是通过一系列的“苦心经营”（例如放高利贷、占有抵押的土地、以尽可

---

① 参见Afifuddin Haji Omar, *Peasants, Institutions, and Development in Malaysia: The Political Economy in the Muda Region*, MADA Monograph No.36 (Alor Setor: MADA, 1978), 50—56。

② Unfederated Malay States, *Annual Report of the Acting Advisor to the Kedah Government, 1916*, G. A. Hall (Alor Setar: Government Printer, 1917), 2.

③ 反之则不一定成立。换言之，很多哈吉都收入不多，他们为去麦加朝圣做出了相当大的牺牲，包括出售土地等。一些人从此在经济上一蹶不振。

能高的租金出租土地、对亲戚和邻居吝啬、最小化仪式费用等——大部分村庄对这些行为是非常憎恶的)积累了朝圣的必要资金。因此，村民对那些以他们的土地、劳力和租金为经济支撑、从麦加朝圣归来的哈吉决不会完全崇敬也就不足为奇了。

这也许就是为什么哈吉这个词在大众的谈话中经常和绝非恭维性的形容词连用的原因了。Haji Sangkut字面上指那些戴着无边帽穿着长袍然而还未到麦加朝圣的人，但是这个词的隐含意也指某些真正到过麦加的朝圣者，这些人朝圣后的行为继续与村庄对信徒的期待背道而驰。Haji Merduk和Haji Karut[1]指“虚假的”或“冒牌的”哈吉，他们到麦加朝圣，其行为却绝不圣洁。因为在村民的概念中，到麦加朝圣的主要目的之一就是洗清自己的罪孽，等待真主的审判，所以，继续坚持罪孽深重的行为方式就是极其严重地违反戒律(这是一种不忠的表现)。正如巴塞尔所说，“真主不会接纳像哈吉那样的人，他们朝圣也是白费钱，既无益也无用。”法齐勒补充说，他们的罪孽比普通穆斯林更深重，因为“他们明知故犯，虚伪的朝圣最可恶，他们到麦加想洗清自己的罪孽……但真主不喜欢那
19 样的朝圣”。

一次，我们几个人围坐在萨马特的村庄小店外，我问托·卡西姆，哈吉·安尼像不像他父亲。由于我们刚刚谈论过一位著名的部长(他已经被解职了，表面上看他被解职的原因是腐败)，于是托·卡西姆把部长和哈吉·安尼进行了类比：“一个有欺骗和掠夺行为的哈吉就与有同样行为的部长一样。穆斯林的惩罚（比世俗的惩罚)更严厉。原因在于真主训诫富人要帮助穷人，不照做的人对真主没有敬畏，他们只想索取(不想给予)。如果是一个穆斯林这么做，惩罚可能最严重。”

据说，哈吉这个词还经常和其他形容词连用，其中大多数都与吝啬有关。就像爱斯基摩人拥有众多描述雪的种类(这在其他文化

① Merduk意指“毫无价值的财富或事物”，karut意指“虚假或不真实的”。

中被忽略）的词汇一样，马来人的语言中也有大量描绘各种不同程度和类别的吝啬的词汇。几乎所有我曾经听到过的关于吝啬的形容词都是用来修饰名词哈吉的。最常见的词是Haji Kedekut和Haji Bakhil，它们意指吝啬的或贪婪的哈吉。一位马来作者还回忆起她和她孩提时代的伙伴以前常用来嘲弄吝啬的哈吉的一首童谣：

> 吝啬的哈吉晚上爬起床
> 偷偷地数着他的钱粮
> 但他只以盐下饭
> 还睡在没有床垫的地板上。

经过一段时间，我才知道我所居住的房屋的主人——富有的地主哈吉·卡迪尔——也是类似的玩笑的笑柄，那些玩笑在民间广为流传。我曾随塞达卡的农民足球队到邻村踢过一场球。[1]比赛结束后，有些邻村村民问我住在哪，当我告诉他们我住在“帕克”·哈吉·卡迪尔房子的前半间时，他们满脸困惑茫然地看着我，不知道他是谁。我尽力地给他们描述房屋的位置，我想他在这一带肯定非常有名，但是，村民仍不明白。直到有人说，“哦，那一定是高利贷者 20
卡迪尔（Kadir Ceti）”，村民这才露出会意而又带着尴尬的笑容。Ceti是指南印度声名狼藉的切蒂亚尔放债者阶层，从1900年到二战期间，在马来西亚和东南亚的一些地区，他们给农业生产提供了大量的金融资本。由于这一种姓专门从事《古兰经》禁止的职业，他们成了高利贷剥削和债务奴役的持久象征。

虽然哈吉·卡迪尔是塞达卡唯一拥有“高利贷先生”（Pak[2] Ceti）绰号的人，但邻近的其他村庄也有人被冠以这种绰号——

① 1979年旱季球队的战绩如下：胜两场输五场平一场——这一成绩仅仅部分可以归功于我的守门。

② “pak”在马来西亚语是“伯伯”或“父亲”的意思。——校注

Haji Lah Ceti和Pak Ali Ceti就是其中两个。[①]当村民获知我已经知道自己的房东的绰号后，他们打破了沉默，关于他的故事接踵而至。哈吉·卡迪尔在本地拥有的将近20里郎的稻田大部分都是从未能按期支付借款的农民那里获取的，即通过抵押的方式。他以这种方式得到了哈桑父亲的3里郎稻田，这可以解释为什么哈桑的父亲有时侯会要求赎回稻田，尽管这样做徒劳无功。村民说，跟哈吉·布鲁姆一样，哈吉·卡迪尔用从一个凯帕拉·巴斯塔镇富有的华裔店主那儿借来的钱再放贷给农民。他贫困的邻居哈姆扎抱怨说，到他的院子摘一个椰子要收2角钱，而这在别人那里可能仅是作为礼物赠送。他还抱怨说，因为期望在收获后得到稻米的施舍，上一季他作为田间劳力替哈吉·卡迪尔干的活比替村中其他任何人都多，然而他从哈吉·卡迪尔那儿绝对是一无所得，倒是他为之干活的、远没有哈吉·卡迪尔富裕的农场主表现得十分慷慨。

高利贷者卡迪尔的饮食也是公众嘲笑的对象，就像童谣中吝啬的哈吉一样。他不从市场里买鱼吃，而是和最穷的村民不得已的做法一样，吃稻田里那些又瘦又小的鱼。甚至于他的连襟帕克·卡西姆也认为他朝圣后丝毫未变，“连镇里的华人都叫他高利贷先生，他总坐在同一把椅子上，怎么可能改变呢？”

在塞达卡村民的议论中，哈吉·布鲁姆和高利贷者卡迪尔的故事占了关于哈吉吝啬的故事的大多数，但是这里也不乏关于其他活着的与死去的哈吉的故事。村民对他们的谩骂如同激流一样迸发，以致最终我都有些厌倦了，而他们却不厌其烦、乐此不疲。他们说有的哈吉曾经偷过水牛；有的曾经不付钱从商店里明目张胆地拿东西；有的曾经抢割其佃农老老实实种的庄稼；有的曾经把土地

① 看起来这个词(Ceti)至少在马来西亚东北部是广为流传的。在穆赫扎尼列出的玻璃市州(北与吉打州接壤，是同一水稻平原的组成部分)马来裔放高利贷者的名单中，有一半都被冠以Ceti的绰号。Mokhzani bin Abdul Rahim, *Credit in a Malay Peasant Society* (Ph. D. diss., University of London, 1973), 393—394。

全部租给华人而不租给自己乡亲；有的曾经要求佃农缴扎卡特（把通常的布施颠倒过来了）；而且，至少曾有一个哈吉在一位妇女祷告时用脚踢了她。当然，还有很多善良的、虔诚的、正派的哈吉（也许是大多数），他们的行为和朝圣都是伊斯兰教的荣誉。但是，依然存在的一个事实是，在村庄社区遭人憎恨的富有地主中大多数也是哈吉。我们不可能判断此类故事如此众多仅仅是由于原始材料本来就丰富，还是在于其社会价值——作为对尚未误入歧途的富人和可能致富的人的劝诫。我想，两者兼而有之。 21

尽管如此，有两点是清楚的。首先，虽然几乎所有人都认为，富人（从总体上看）和富有的哈吉（具体地看）的无耻、贪婪程度，与过去相比有过之而无不及。连富有的哈吉们也同意这一点，但他们不认为自己就是被指责的对象。苏库尔说："过去的哈吉是真正的哈吉。现在他们不是了。他们只不过穿着长袍。他们只不过到麦加走了一趟（而不是真正朝圣）。当他们回来时，他们本应变成真正的哈吉，他们却发放高利贷。他们只想要钱，他们的心比天还高。"他这是说出了大多数人的心声。其次，还有一点明确的是，当这些哈吉死后，他们对伊斯兰教义的违背会招致真主为他们准备的最严厉的惩罚。尽管惩罚的具体内容是什么只是一种猜想，但阿布杜尔·拉赫曼抓住了这种猜想的要点，他说，"当他们下地狱时，他们将在血泊中游泳"。

权力的象征性平衡

关于拉扎克和哈吉·布鲁姆的故事——它们被恰到好处地添油加醋、修饰加工和重新讲述——已经远远超出了纯粹的消遣意义。在塞达卡富人与穷人之间的象征冷战中，这些故事构成了一次小交火、一场小冲突。和大多数争战一样，这场争战中的冲突双方通常是在复杂的情境中相遇，其中有众多的中立者、旁观者和忠于不同派别的犹豫不决的参与者。至少，暂时看来，冷战状态会继续维持。因为，一方面，极端对抗会威胁到很多潜在参与者的重要共享利益；另一方面，穷人很难想象直接对抗所导致的后果。这样一来，“战争的消息”就几乎全部由口头争论、制造假象、揭穿谎言、恐吓威胁、一两次小冲突和宣传攻势组成，其中宣传攻势是最重要的。

在这种意义上，广为流传的关于拉扎克和哈吉·布鲁姆的故事或许可以理解成一种宣传攻势。如同有效的宣传一样，它们表明了——显现了——这个小地方正在发生的全部争论。富人只要一提到拉扎克的名字，就会联想到一个贪心、不诚实、违背了应共同
22 遵守的村庄规则的穷人形象。在富人看来，拉扎克是负面典型，唉，总体上穷人都在向其方向发展。而穷人们只要一提到哈吉·布鲁姆的名字，就会联想到一个贪婪的、吝啬的、同样违背了共同遵守的村庄规则的富人形象。在穷人看来，哈吉·布鲁姆也是负面典型，总体上富人都在向其方向发展。

哈吉·布鲁姆和拉扎克代表了富人和穷人行为的样本，他们由此都获得了相应的象征力量。每个村民都可以观察到拉扎克的行为，因为每天他都给关于自己的故事添砖加瓦。关于哈吉·布鲁姆行为的经验仅仅是稍微不那么直接。因为几乎每个人都见过或接触过哈吉·布鲁姆，而且每个成年人都听过关于他攫取土地和放高利贷的第一手故事。由于这些故事的可感知性，村民可以把地方性的故事与自己的经验相对照，因此这种宣传攻势不必太过于依赖事物的实际情况。至于人们选择如何利用这些现存的活生生的故事——更确切地说是他们如何表述这些现存的活生生的故事——则是另外一回事了。但是它们源于社会事实。

然而，哈吉·布鲁姆和拉扎克作为社会标志的价值，既源于他们的可感知性，也源于他们越轨的行为。这种越轨行为不仅使他们的故事引人入胜，[1]而且使他们成为有效的宣传工具。即使是塞达

① 在文学作品中，奇异的和邪恶的事物总是比普通的和圣洁的事物更为引人入胜，在交谈中也是如此。不然如何解释大众报纸的内容？丑恶总是比善良更吸引人，恶魔总是比天使更吸引人。

卡的穷人也认为拉扎克的过分顽劣使其行为越轨。即使是高利贷者卡迪尔也认为哈吉·布鲁姆获得财富的手段违背了真主的训诫和村庄社会规则。穷人和富人恰恰都利用一些极端的例子以便更好地为自己的立场服务,这些例子是双方都不得不承认的。

关于这两人的故事还应当被看做是正在建构的意识形态大厦的基石。作为意识形态，它们包含了对现实的批判和对理想的展望。它们试图构建和维持一种观点,即得体的、受欢迎的人类行为应该是怎样的。对越轨行为的社会制裁有助于界定什么是正常的、恰当的和受欢迎的行为。这些故事作为完全不受欢迎的行为的负面案例,也达到了同样的目的。因此,这些故事可以被看成是一种关于人类行为的社会文本。正因为既定的象征秩序的维持和这一秩序的变迁一样,经常成为问题,这些故事就显得尤为必要了。意识形态的修复和革新永无止境。

这些竞争性的意识形态的深层目的不仅在于说服，还在于控制;更确切地说,其目的在于通过说服进行控制。就其成功地形塑了人们的行为来说,它们也实现了一种阶级目的。如果富人会从哈 23
吉·布鲁姆的故事中吸取教训,他们就不会再放高利贷,不会再算计别人的土地,他们会在宗教救济和筵席上表现得慷慨大方,他们会雇用更多的佃农和劳力。这样一种安排会给穷人带来明显的利益。另一方面,如果穷人会从声名狼藉的拉扎克事例中吸取教训,他们就不会再强求富人的施舍,不会再参加未被邀请的筵席,他们将成为忠诚的劳力,做到言行一致。这样一种安排同样会给富人带来明显的利益。这就是一种象征的平衡。富人得到的教训是,如果他像哈吉·布鲁姆一样行事,就会遭到同样的贬斥;穷人得到的教训是,如果他像拉扎克一样行事,就会遭到同样的鄙视。如果愿望成为现实,如果意识形态成为实践,塞达卡就将变成由慷慨的、充满同情的地主和诚实的、辛勤工作的佃农和劳力构成的小乌托邦。

但是,这种均衡也仅仅是象征性的。毕竟,这些告诫性的故事要求穷人和富人为了维护自己的名声放弃眼前的物质利益。然而,好名声有多重要呢？换言之，坏名声的代价有多大呢？不幸的是，问题的答案很大程度上取决于你是谁，因为坏名声代价的大小直接取决于对坏名声的人施加的社会和经济制裁的轻重。从阶级的观点来看，人们必须思考穷人在多大程度上依赖于富人对其的好评，反之亦然。由此观之，关于名声的政治有点“一边倒”的意味。[①]可归结如下：富人通常拥有将其认可的适宜行为强加给穷人的社会权力，但穷人却很难以同样的方式来要求富人。对于穷人而言，好名声的作用有点像社会保险政策，使他们得以应对不计其数的农业生活中的不测风云。好名声由穷人恭顺行为的记录所构成，包括在筵席和房屋搬迁中帮忙、积极肯干又不斤斤计较工资以及对村庄领袖的默默支持。好名声会在找工作和慈善救济时带给他们切实的回报，在生老病死时带给他们帮助，并借此获取所有由村庄中执政党进行分配的补贴。好名声也在非正式的玩笑和乡村生活的仪式方面带来了切实的回报。已经声名狼藉的拉扎克也因而获得了打破村庄生活规则的一定自由。[②]但是，他为这一自由付出了沉重代价——他得不到工作并受到公众的嘲弄。他唯一的让步就是经过精心算计后加入了执政党。相反，哈姆扎确立并维持了一个好名
24 声。其代价是他花费在村庄项目、筵席烹饪、照看村庄的祈祷室及村庄集会场所方面的时间和劳力。另外一个代价，正如我们所看到的那样，就是尽管他有时并不觉得那些社会地位比他高的人值得尊敬，但为了佯装恭敬，他不得不忍气吞声。但是他的好名声使他在雇佣、扎卡特礼物、病时救助方面获利并赢得了村民的尊重和体谅。这些回报是非常重要的，它们足以使塞达卡村除三四个穷人以外的几乎全部穷人在大多数方面选择遵从由村庄精英界定并强加给他们的适宜行为的标准。

---

① 对“名声政治”的分析和经验研究，参见F. G. Bailey, *Gifts and Poison: The Politics of Reputation* (New York: Schocken, 1971)。

② “自由不过是一无所有的代名词”，这句话在这个例子中非常恰当。亦参见A. Solzhenitsyn, *The First Circle*, trans. Thomas P. Whitney (New York: Bantam, 1968), 96。

在塞达卡这个小地方，"哈吉·布鲁姆"们和"高利贷者卡迪尔"们由于名声不好而深受排斥。而他们几乎或完全不用从穷人那里获得什么。这是一种讽刺：一方面，只有违背对人慷慨和体谅他人的原则，他们才能获得土地、收入和权力；另一方面，只有遵守对人慷慨和体谅他人的原则，他们才能获得好名声。现在，他们实际上不受制裁约束。

但有一点是例外的。尽管富人相对来讲或许可以不受物质制裁的影响，但他们无法逃脱象征制裁，比如诽谤谣言、背后议论、人身攻击等。并且，即使在这个小范围内，竞争也是不平等的。这在下述事实中体现得最为明显：人们对拉扎克是当面的斥责，而对哈吉·布鲁姆和高利贷者卡迪尔则总是背地里贬损。因此，高利贷者卡迪尔总是被当面称呼为"Pak Haji"（"哈吉伯伯"）。如果他知道了自己广为流传的绰号，我都会感到惊奇。人们对他的嘲笑永远无需传到他的耳朵里或使他寝食难安。

当然，大部分对哈吉·卡迪尔的公开遵从都是"虚假遵从"。[①]贫穷的村民，也包括其他人，选择佯作遵从，因为他们完全知道任何其他举动可能招致的惩罚。因此，当一位年老的村民伊沙克斗胆以贬抑的口吻谈论哈吉·布鲁姆后，由于害怕报复，他在最后要求我不要向住在燕镇或明关村的任何人透露半句。我们在此处观察到的是"台前"与"幕后"行为的差异：在"台前"权力负载的情境中所表现出来的遵从，在相对安全的"幕后"的私秘空间中发生了逆转，从这个意义上讲，我们可以明确地说虚假遵从存在。

然而，即便是虚假遵从，也是对富人的社会权力的明确无误的展示。毫无疑问，村庄精英继续控制着公开的"舞台"。公开的象征秩序通过表面的遵从得以维系，它不会遭到公然挑战。与物质交换

---

① 此处关于"遵从"的简短讨论得益于霍华德·纽拜的分析。Howard Newby, "The Deferential Dialectic", *Comparative Studies in Society and History* 17, no.2 (April 1975): 139—164, and Erving Goffman, "The Nature of Deference and Demeanor," *American Anthropologist* 58 (June 1956):473—503。

领域一样，在这一很大程度是象征的层面上，社会权力的失衡允许
25 对拉扎克的公开辱骂，却禁止对哈吉·卡迪尔或哈吉·布鲁姆的公
开攻击。

村庄中掌握权力的人并非完全控制了整个“舞台”。虽然他们为“表演”写好了脚本，但在此限制内，好斗者或造反者仍有足够的运作空间来巧妙地表达他们对事件的蔑视和不满。台词和表演姿势是事先确定的，但清楚无疑的是许多“演员”只是装装样子，并非在真心“表演”。有一个司机和行人都熟悉的老套例子可以说明“表演”中的此种行为。行人经过十字路口时恰好走到一半，这时交通灯由绿变红，只要行人未面临即将开近的车辆的迫切威胁，接下来发生的事就如同小戏剧一样。行人会稍稍抬高脚走一两步，装做匆忙的样子，从而暗示司机他要先通过。实际上，在几乎所有的此类场合，如果我没记错的话，行人过十字路口的实际速度并不比他原来的步伐快。这给人以遵从的印象，却没有实质内容。但是象征秩序，即司机的通行权，并未遭到直接挑战；实际上，行人表面上表现出的匆忙便是对象征秩序的认可和巩固。①几乎可以认为，将象征遵从最大化恰是为了使实际遵从最小化。

贫穷村民就是采取了类似最低限度的遵从的形式，使他们虚假的“表演”得以巧妙地进行。他们会去参加富裕村民的筵席，但迅速吃完饭马上就走。他们会遵循习俗，接受邀请，但其遵从行为常打“擦边球”。他们也会以实物或现金作为礼物赠送，虽然数量比预期的要少，但也不至于少到被视为公然不敬的地步。按照“要求”，他们会问候走在村中路上的大土地所有者，但这种问候是缩水的，而且也不够热烈。所有这些和其他形式的勉强遵从，避免了公然违抗的不利，并且至少符合了富人通常所要求的礼貌和遵从的最低

① 相反的情况也时有发生，行人甚至会公然拒绝装做着急的样子（或实际上他们是放慢了速度）。这就是对司机通行权的直接挑衅，对象征秩序的公开违背。行人们实际上是在宣告他们拥有道路的优先通行权。这种公开挑战会引发一场胆量的较量的游戏，但一般而言，唉，都是司机更有优势获胜。

标准。同时,这还代表穷人也为"表演"本身加入了"幕后"的态度,虽然微不足道,但它足以将其意义传达给"导演",但又不会极端到冒公开对抗的风险。① 26

我们在此分析的此种类型的冲突非常普遍,它在以下三个层面进行。首先是围绕公平的定义展开的斗争,旨在掌握评价当下经验的概念和符号。其次,是当既定的公平定义用于特定的案例、特定的一套事实和特定的行为时,围绕其适用性展开的斗争。例如,假定富人应该慷慨,如果某个地主拒绝给穷人施舍,那么他是否违背了慷慨的原则。又如,如果一个人仅是装穷或者其行为已使他丧失了接受慈善救济的权利,此时拒绝救济他是否合理。最后,当然是在农业革命带来的巨大变迁中围绕土地、工作、收入和权力展开的斗争。

各方在这场斗争中所使用的资源很难放在一起比较。在村庄的经济生活中,地方精英几乎总是有其特有的行事方式。倘若他们掌握了物质资源,他们在很大程度上也能控制公共仪式生活——即控制村庄中大多数穷人的"台前"行为。只有"后台"才能不受精英掌控。在那里,充满了背后议论、流言蜚语、言语攻击和匿名的暗中嘲讽,以及对公共仪式秩序的否认。打个军事上的比方,只有在这里,地形才相对有利于武器装备较差的处于不利地位的一方。

有人也许会问:为什么我要选择这样一个不特别重要的村庄来考察少数历史上的失败者的抗争呢?这毫无疑问是有缘由的。用巴灵顿·摩尔的话来说,塞达卡的穷人差不多都必然是"即将被前进的滚滚大潮辗过的阶级"的成员。②而且,国家强大的军队、农业

---

① 正如人们所想,奴隶制下此种形式的"遵从中的抗议"得到了大量的关注。有两个例子,参见Eugene Genovese, *Roll, Jordan, Roll: The World the Slaves Made* (New York: Pantheon, 1974), 和Lawrence W. Levine, *Black Culture and Black Consciousness* (New York: Oxford Univ. Press, 1977)。

② Barrington Moore, Jr., *Social Origins of Dictatorship and Democracy* (Boston: Beacon, 1966), 505.

资本主义生产关系和人口本身的增长都使他们举步维艰。我们几乎没有理由相信，他们在村庄中能从本质上改善其前景，相反，我们有足够的理由断定他们会像他们数以万计的先辈一样面临失败的命运，至少在短期内是这样。

确定这样一项研究计划的理由恰恰在于它的平凡——事实上，这才是历史上所发生的阶级冲突的常规情境。通过近距离、严密地考察这些情境，我们便可能发表一些关于常态的阶级意识、日常的反抗和平常的阶级关系的有意义的言论，因为在通常的情况
27 下，公开的集体反抗或叛乱都不太可能发生。

第二章
常规的剥削，常规的反抗

由于难逃失败和最终被屠戮的命运，大规模起义一般被迅速瓦解而不会取得任何持久的成效。然而，农村社区中经年累月的坚韧的、沉默的顽强抗争将比大规模起义的昙花一现更为有效。

马克·布洛赫，《法国农民史》

正如《田园》的编者曾经说过的，大人物总是不受普通人欢迎，大众不能理解他们，大众认为所有这些事情都是不必要的，甚至是英雄主义的。小人物不会给大时代留下任何影响，他所需要的只是偶尔走进酒吧，吃上一顿红烧牛肉的晚餐。政治家自然对这些不思进取的人嗤之以鼻，在教科书中将其描绘成卑贱的可怜虫。对大人物而言，普通人是一种累赘。就像巴洛恩在这里所表达的他的嗜好：最美妙的事情就是吃一小截匈牙利香肠作为晚餐。我对那些开始射向我们的齐鸣的枪炮声充耳不闻。

帅克，载贝尔托·布莱希特，《二战中的帅克》第一幕

未被书写的反抗史

本研究的主旨(其关注点和方法)源于对近来众多的关于农民反抗和农民革命研究——包括我自己和其他人的研究——不断增加的不满。①非常明显的是,至少在北美,在越南战争和左翼学术界对民族解放战争的迷恋的刺激下,学者们对大规模的农民起义给予了不寻常的关注。学术利益与原始资料是相互强化的。历史和档案记录对于那些农民发动起义对国家和既有的国际秩序构成威胁
28 的时刻的记载最为丰富。而在其他时候,或者说大多数时候,农民在历史记录中不是作为历史行动者而出现,而是或多或少地作为征召、税收、劳动力流动、土地所有和粮食生产的统计数字而默默无闻地存在。

事实上,就其发生时的重要性而言,农民反叛也是稀少罕见的,更不用说农民革命了。不仅促使大规模农民起义发生的环境相当稀少,而且当他们真的起义时,也几乎总是被轻易地镇压。固然,即使是失败的反抗也会取得成果:国家或地主少许的让步,在新的令人痛苦的生产关系中获得的暂时喘息的机会,②以及关于反抗的记忆和潜伏下来以待未来的勇气。但这些成果都是不确定的,而屠杀、镇压和失败后的消沉却是确定而实在的。值得回忆一下那些特殊的历史时刻——农民背景的革命成功地获取了政权,而即使是最好的结果,也不全是对农民的福音。无论哪种革命的成功,几乎总是造就出更为强迫性的霸权的国家政体——靠农民而养肥自

---

① 关于例子,参见Barrington Moore, Jr., *Social Origins of Dictatorship and Democracy* (Boston: Beacon, 1966); Jeffrey M. Paige, *Agrarian Revolution* (New York: Free Press, 1975); Eric R. Wolf, *Peasant Wars of the Twentieth Century* (New York: Harper & Row, 1969); James C. Scott, *The Moral Economy of the Peasant* (New Haven: Yale Univ. Press, 1976);Samuel L. Popkin, *The Rational Peasant* (Berkeley: Univ. of California Press, 1979)。

② 关于此类临时性的反抗成果,参见霍布斯鲍姆和鲁德出色的研究。E. J. Hobsbawn and George Rude, *Captain Swing* (New York: Pantheon, 1968), 281—299。

己，与此前并无不同。很多时候，农民发现自身处于一个非常具有讽刺意味的位置上，他们帮助统治集团获得了权力，但统治者推行的工业化、税收制度和集体化却与他们所想象的为之抗争的目标大相径庭。[①]

鉴于上述原因，我认为农民反抗的研究重点被误置了。而理解那些我们可以称之为农民反抗的日常形式——平常的却持续不断的农民与从他们那里索取超量的劳动、食物、税收、租金和利益的那些人之间的争斗——要重要得多。这种斗争的多数形式避免了集体性直接挑衅的弊端。这里我所能想到的无权群体的日常武器包括：行动拖沓，假装糊涂，虚假顺从，小偷小摸，装傻卖呆，诽谤，纵火，破坏等等。这些布莱希特式的阶级斗争具有共同特点，它们几乎不需要协调或计划，它们通常表现为一种个体的自助形式，避免直接地、象征性地与官方或精英制定的规范相对抗。了解这些平凡的反抗形式就是理解大多数农民尽其所能为维护自身利益而进行的"经常性反抗"。

如同以前对农民反抗的研究一样，如果将"弱者的武器"过度
浪漫化会导致很大的失误。它们仅仅能对各种剥削农民的方式产 29
生边缘性的影响。而且，这些武器也并非为农民所专有，人们在观察中不难发现，官员和地主也经常抵制和破坏那些于己不利的国家政策。

另一方面，这些布莱希特式的反抗也并非微不足道。在东南亚，征兵和强迫劳役中的开小差和逃避就无疑限制了许多统治者的勃勃野心。[②]而在关于欧洲的类似研究中，对此种反抗过程与潜

① 关于这些议题的一些讨论参见James C. Scott, "Revolution in the Revolution: Peasants and Commissars", *Theory and Society* 7, nos.1—2 (1979): 97—134。

② 参见麦克尔·亚德斯出色的的解释和分析。Michael Adas, "From Avoidance to Confrontation: Peasant Protest in Precolonial and Colonial Southeast Asia", *Comparative Studies in Society and History 23*, no. 2 (April 1981): 217—247.

在影响的分析无人比科布对法兰西帝国早期与后革命时代征兵中的开小差和反抗的分析更为出色：

> 从第五年到第七年，各部门纷纷递来报告说……在某区每一个被征召入伍的人都回家了，而且自由自在地生活着。更有甚者，很多人根本无须回家，因为他们从未离开过……在第七年，右手断指——最常见的自残方式——开始在统计数据中显现出来，其范围之广足可以视为一场集体共谋的大运动，参与者包括家庭、教区、地方当局和整个行政区。
>
> 即使是拥有大量的可靠的乡村警察的帝国政府也未能暂时减缓这类流血事件的发生速度……从1812年开始，断指者的数量再次达到灾难性的比例。对一个普遍不受欢迎的专制政体而言，任何全民公决都不如断指事件更具有说服力。对历史学家而言，任何事件都不如下述景象更为激动人心：一个民族决定不再为统治政权战斗而不慌不忙地回到家乡……从这个意义上讲，普通人至少在推翻法国最恐怖的政体中发挥了相当的作用。①

美国南北战争期间南部邦联在军事和经济上的失败进一步证
明了沉默和不公开反叛的决定性作用。据估计，约有总共25万名合
30 乎条件的白人开小差或逃避兵役。②其原因显然来自道德和物质两
个层面。贫穷的白人，特别是来自非蓄奴制的山区的人们，对政府

---

① R. C. Cobb, *The police and the People: French Popular Protest*, 1789－1820 (Oxford: Clarendon, 1970),96—97. 埃米尔·左拉对通过自我伤害来躲避兵役的行为进行了引人入胜的分析，参见Emile Zola, *The Earth*, trans. Douglas Parmee (Harmonds Worth: Penguin,1980。

② 参见奥姆斯德·罗宾逊的出色研究。Armstead L. Robinson, "Bitter Fruits of Bondage: Slavery's Demise and the Collapse of the Confederacy, 1861—1865" (New Haven: Yale Univ. Press, Forthcoming), chaps. 5,6.

的免服兵役法案将其排除在主要受益人之外非常不满，不愿为之战斗。[①]军事上的失败和“1862年的生存危机”促使许多人从部队开小差，返回处境艰难的家中。就种植园本身而言，白人监工的短缺和北部联邦对奴隶的自然吸引使得大规模的逃离不断增加。与法国的情形一样，我们可以说南部邦联被社会中微小的反抗行动构成的雪崩式力量所击败，这些反抗是由奴隶与自耕农的不可靠的合作而实施的，即一种没有名称、没有组织、没有领导、而且其背后肯定没有列宁主义式合谋的联合。

类似地，偷税漏税一直限制着第三世界国家的雄心和权力范围——不论是前殖民的、殖民的还是独立的国家。在塞达卡，我们可以看到，在官方征收稻谷形式的伊斯兰什一税的过程中，农民实际上所交纳的只占规定交纳的一小部分，这是由于共同行动的网络和虚报数字削弱了政府的征税力量。因而毫不奇怪的是，第三世界国家的税收主要来自于进出口税；以上模式作为从属群体抵制税收的能力不可小觑。只要随便翻阅有关农村发展的文献就不难发现，一个不受欢迎的政府规划或项目带来的高收益可以被农民的消极反抗销蚀殆尽。有学者以罕见的笔墨详细描述了东非农民如何历经数十年成功地消除了和规避了国家政策的威胁：

> 在这种情境中，发展过程经常简化为一场零和博弈，这是不难理解的。正如本研究所表明的，统治者绝非总是那些游戏的胜利者。虽然非洲农民并不是当下发展思想启蒙的先驱，但是他们用欺骗的技巧多次挫败了当局。[②]

---

① 这主要集中在对“二十黑人法案”（Twenty-Nigger Law）的不满上。该法案规定，达到征兵年龄的白人，如果拥有二十名或以上的奴隶需要看管，就可以免服兵役。加之当时富裕家庭常雇用他人代服兵役，因而“富人的战争是穷人在为之战斗”的说法广为流传。

② Goran Hyden, *Beyond Ujamaa Tanzania*, (London: Heinemann,1980), 231.

有时，这种反抗会变得主动积极，甚至走向暴力，但更多的时候，它以消极不服从、暗中破坏、逃避和欺骗的形式出现。马来西亚
31 殖民当局阻止农民种植和出售橡胶的持续性努力与种植一方扩大种植面积和市场的努力之间形成的对抗关系就是明证。①从1922年到1928年，以及整个20世纪30年代，政府出台了多种限制性规划与土地使用的法律，但由于广大农民的抵制，这些限制收效甚微。在那些自称为社会主义的国家中，农民抵制进而减少或消除不受欢迎的农业集体化形式的努力就是处于困境中的农民有效使用防御性技术的有力证明。此类斗争更多的不是大规模地公开挑战，而是平静地逃避，其效果与前者相当，而且通常更为有效。②首先悄然的零散行动过程经常为那些农民用以蚕食耕地和国家林地；而另一种方式则是公开挑战财产关系的公开占领耕地。

我们所讨论的反抗类型或许最好以反抗形式的对比方式加以描述，它们或多或少都指向同一目标。第一种是我们所说的“日常”的反抗；第二种则表现为公开挑战性质的反抗，其在关于农民与工人阶级政治的研究中占据着主导地位。举例说明，前一种情况是农民以不知不觉的方式蚕食种植园和国家林场的静悄悄的不起眼的过程；而另一种情况则是农民通过公开挑战财产关系的方式公开侵占土地。就土地的实际占有和使用而言，悄悄蚕食比公开挑衅的

---

① 林泰歌对此做了最出色最完整的分析。参见Lim Teck Ghee, *Peasants and Their Agricultural Economy in Colonial Malaya*, 1874—1941 (Kuala Lumpur: Oxford Univ. Press, 1977)。也可参见唐纳德·诺尼尼等充满说服力的讨论。Donald M. Nonini, Paul Diener, and Eugene E. Robin, “Ecology and Evolution: Population, Primitive Accumulation, and the Malay Peasantry” (Typescript, 1979).

② 简·奥伊对1978年农村改革前农民必须出售给国家的“剩余”粮食的定义如何受到生产队和生产大队的影响进行了细致而引人入胜的分析。Jean C. Oi, *State and Peasant in Contemporary China: The Politics of Grain Procurement*, (Ph. D. diss., Univ. of Michigan, 1983). 几乎所有这些反抗都被那些反抗者称为“软反抗”，反抗者的行动也表明，只有保持“公开表现”的遵从，反抗才能成功。

土地侵占更能达到目的，虽然前者从未向法定的产权配置提出过公开挑战。又比如，如果是日常反抗，士兵会通过集体开小差的方式削弱军队的力量；如果是公开反抗，士兵们则会发动公开兵变以消灭或取代指挥官。正如我们所指出的，开小差会达到某些兵变所无法达到的结果，其原因恰恰在于开小差旨在自助和退出，而非制度性的对抗。而且，就某种意义而言，大规模地拒绝服从对军队制度的潜在影响比替换指挥官更为根本。最后一个例证是，日常反抗表现为在公有或私人粮仓中的小偷小摸，而旨在改变粮食供给的再分配关系的对市场或粮仓的公开袭击则是公开反抗。

反抗的日常形式与那些更为激进的公开对抗方式的共同之处当然在于它们旨在减少或拒绝来自上层阶级的索要或者对上层阶级提出自己的要求。这些要求通常与阶级斗争的物质层面联系在 32
一起——对土地、劳力、税款、租金等的占有。此处日常反抗与其他形式的反抗最明显的不同在于它不承认有公开的和象征性的目标。如果制度化的政治是正式的、公开的、关注于系统的权利变化，那么日常反抗则是非正式的、通常是隐蔽的，并且以关注直接的实际的物质获取为主。①

非常清楚的一点是，实际的反抗取得成功的可能性经常与表面上的象征性遵从的程度成正比。几乎在任何情况下，公开的反抗都比日常的反抗更易招致迅速而残酷的镇压，因为后者虽然很普遍，却从不冒险挑战等级制度与权力的正式定义。对大多数从属阶

① 在一些对农民社会的女性主义研究中有一个有趣的类似情况。在许多农民社会中(但不是所有)，男人通常掌握着正式的、公开的权力。偶尔有人指出，女人也可以掌握相当的权力，前提是她们不对正式的男权神话进行公开挑战。换言之，只要大的象征秩序不受质疑，女人就可能取得“实际”的成果。同理，我们可以看到，农民阶级经常会发现，当他们希望追求那些可能永远不会符合正式认知的政治目标时，不触动正式秩序不仅是一种适宜的战术，而且十分必要。有关女性主义在这些问题上的讨论，参见Susan Carol Rogers, “Female Forms of Power and the Myth of Male Dominance”, *American Ethnologist* 2, no. 4 (November, 1975): 727—756。

级而言，几乎在整个历史过程中，他们都很难获得改善自身状态的机会，此种形式的反抗成为其唯一选择。在这种象征的束缚下，从属阶级的反抗所能达到的只是证明了人类坚韧性和创造力的存在，下面关于印度下等种姓反抗的分析就证明了这一点：

> 与主人签有终身契约的仆人最典型地表达其对主仆关系不满的方式是工作马虎和办事低效，他们有意无意地假装生病、无知或无能，分散其主人的注意力。虽然主人可以通过拒绝给予仆人额外的好处而进行报复，但只要主人不想投资完全付诸东流，他就必须保证仆人最低限度的生存。**这种没有表现为公开挑战的消极反抗的方式几乎是不可战胜的。**它证实了哈维克（Havik）等人关于下等种姓的固有看法，但同时也限制了他们的行动能力。①

此种形式的顽强反抗在大量的美国农奴制研究的文献中得到了充分证明，而公开的反抗在当时通常只是一种愚勇之举。南北战
33 争前美国南方反抗农奴制的历史在很大程度上是行动拖沓、虚假遵从、逃跑、假装无知、暗中破坏、小偷小摸的历史，甚至够不上文化反抗的历史。这些做法，虽然几乎从不对奴隶制进行公开质疑，但以其秘而不宣的、有限的、粗野的方式比那些被历史详细记录的极少的英雄主义的和短暂的武装起义取得了更多的成果。农奴们自身显然已经意识到，在大多数情况下，他们的反抗只有在公开顺从的掩护下才能取得成功。不难想象，那时农奴父母对其子女的忠告与当代印度尼西亚种植园里的雇佣劳动者从他们父母那里听到的忠告并无二致：

---

① Edward B. Harper, "Social Consequences of an Unsuccessful Low Caste Movement", *Social Mobility in the Caste System in India: An Interdisciplinary Symposium*, ed. James Silverberg, Supplement No.3, *Comparative Studies in Society and History* (The Hague: Mouton, 1968): 48—49. 着重标记为本书作者所加。

我让他们（年轻人）记住：你们是在出卖劳动力，而买它的人要看到他能从中有所收益，所以当他在旁边时就干，他一走开就歇，但是记住当监视者在场时你们一定要看上去是一直在工作。[①]

由此观之，我们可以得出两点明确的结论。首先，反抗的性质在很大程度上受制于现存的劳动控制形式和人们所相信的报复的可能性与严重程度。由于可能面临永久解雇或监禁，公开罢工的结果可能是灾难性的，因而工人可以采取降低工作速度和质量的方式进行反抗。通常这些行动因其不公开和匿名的特点使资方追究责任或进行制裁变得异常困难。在工业中，这种减缓工作进度的方式被称为"意大利式"罢工；当镇压非常严酷时（如1983年波兰实行戒严法时[②]），这种方式经常被采用。当然，资本家通常会以计件工资取代计时工资，从而限制工人此种形式的反抗。当计件工资在19世纪德国的丝织和棉纺织业开始盛行后，反抗不再以降低工作速度的形式表现出来，因为那成为一种自我损害，取而代之的是成品布匹的缺斤短两、工艺缺陷和盗取原材料。[③]任何一种劳动控制或工资支付方式，与其他事物一样，都可能会导致其特有的安静的反抗方式和"反占有"的方式。 34

① Ann Laura Stoler, *Capitalism and Confrontation in Sumatra's Plantation Belt, 1870—1879* (New Haven: Yale Univ. Press,1985), 184.

② 参见*New York Times*, Aug. 18,1983, p.A6, "Polish Underground Backs Call for Slowdown", 该文提到"降低工作速度的策略在波兰被称为意大利式罢工，由于它能减少遭到报复的风险，工人过去曾使用过这种策略"。

③ 参见Peter Linebaugh, "Karl Marx, the Theft of Wood, and Working-class Composition: A Contribution to the Current Debate", *Crime and Social Justice* (Fall-Winter, 1976):10。亦可参见匈牙利工人诗人米克罗斯·哈那茨对计件工资的出色分析。Miklós Haraszti, *A Worker in a Worker's State*, trans. Michael Wright (New York: Universe,1978).

其次，反抗并不必然地直接要求占有资源。由于通常反抗者的目标是这些紧迫的需求——人身安全、食物、土地和收入，且他们行动时必须比较安全，他们只是遵循风险最小的原则。19世纪30年代普鲁士的农民和无产者，因为受制于没有财产和生存线以下的工资水平，只能采取移民或大范围内盗伐木材、偷窃饲料以及赌博的方式做出反应。“森林犯罪”的速度与工资下降的速度、生活品价格上涨的幅度和移民的困难程度同步增加。在1836年，普鲁士大约有207000件起诉案件，其中150000起是由于“林场偷窃”。①这类偷窃为群体共谋所支持，这种共谋源于自由进入和使用林场的早期传统；然而，偷窃者并不关心他们盗取的野兔或木柴具体归哪个雇主或地主所有。在此情境下，对一种占有方式的反抗可能致使其受害者采取较少公开的方式，而这或许是更为可行和更少危险的方式。②

此种反抗技术极为适合农民阶级的特点。作为一个“阶级性弱”的分散的阶级，他们散布在广大乡村，通常缺乏形成有组织反抗的纪律约束和领导层。对农民而言，最合适的形式就是广泛的游击式的消耗战，那很少或不需要事先协调。同时，他们个人的怠工和逃跑行为经常因为古老的民众反抗文化而得以强化。从支持性的亚文化角度和人们对法不责众（其广度表现为整个社区的参与）的认识角度来看，上述反抗似乎可以视为一种社会运动。但奇特的

① 在1984年，巴登每4个居民中就有1个因此获罪。在英格兰，3个世纪以来，偷窃可能是农村犯罪最常见的形式，同时也是法律约束的主要对象。The selections by Douglas Hay and E. P. Thompson in *Albion's Fatal Tree: Crime and Society in Eighteenth-Century England* by Douglas Hay , Peter Linebaugh, John G. Rule, E. P. Thompson, and Cal Winslow (New York: Pantheon, 1975).

② 显然，这一时期德国的木材失窃案很少发生在公社林场。不言而喻，在此种情景下，如果穷人只是通过偷窃他人的财物来维持生存，我们就不能再称其为反抗。对任何从属阶级而言，一个核心问题在于它能在何种程度上通过内部制约，阻止只对剥削阶级有利的自相残杀式的内部竞争。

是，这是一种没有正式组织、没有正式领导者、没有宣言、没有预期、没有名目和旗号的社会运动。由于这种社会运动在制度上的不可见性，其小规模活动即使被注意到，也很难引发社会性关注。

农民发起的形式多样、数量众多的小规模反抗，最终会使自诩高明的大人物们在首都构想的政策陷入全然混乱之中。国家会采取多种措施予以应对，它可能调整政策以符合更现实的期待，也可 35
能通过积极鼓励自愿顺从来维持或强化既有政策，当然，国家还可能直接采取更为强制性的方式。无论国家如何应对，我们不能忽视这样一个事实，即农民的行动改变或减少了国家可用的政策选项。正是以这样一种非叛乱的方式(更非合法的政治压力)，农民经典性地表现出其政治参与。因而，对任何历史或农民政治学的理论而言，若想证明农民作为历史行动者的正当性，就必须掌握我所提出的反抗的日常形式。仅仅为了这个原因，对这种看似杂乱的人类活动予以记录并赋予其概念体系就是非常重要的。

反抗的日常形式不会成为头条新闻。[①]正如成千上万的珊瑚虫杂乱无章地形成的珊瑚礁一样，成千上万的以个体形式出现的不服从与逃避行动构建了其自身的政治或经济屏障。这些反抗没有激进的公开对抗，也不具显著的新闻价值。如果使用比喻的说法，当国家的航船搁浅在这些礁石上时，人们的注意力被典型地吸引到船只失事本身，而不会看到正是这些微不足道的行动的大量聚集才是造成失事的原因。正是从事这些细微活动的人们自身不想引起注意，他们的安全系于他们的匿名性。而且，政府官员也极少愿意公开这些反抗，这样做无异于承认他们的政策不受欢迎，而更

① 正如霍布斯鲍姆和鲁德所指出的，不仅保守的精英忽视了这种形式的反抗，连城市中的左派也是如此："社会运动史家的反应看起来与其他城市中的左派（社会运动史家中大多数传统上属于这一群体)的反应极其相似，直到反抗以十分引人注目的方式出现或反抗规模大到足以引起城市媒体的关注时，他们才会注意到这些反抗。"

为重要的是，这暴露了他们在农村权力的软弱无力，所有这些都不符合至高无上的国家的利益。[①]这些反抗行动本身的特点及其对手为保自身利益的默不作声造成了一种共谋的沉默，从而几乎将这些日常反抗形式从历史记载中全然抹去。

历史与社会科学由于是知识分子用文字书写的，它们在很大程度上也是被有文化的官员所创造的，因而不可能很好地用以揭
36 示那些沉默的、匿名的、代表农民的阶级斗争形式。[②]这些记录者和研究者也暗中加入了参与者的共谋，与他们一样“发誓保守秘密”。在多方参与下，这种不太可靠的共谋造成了铭记于文学和历史中关于农民的刻板印象：作为一个摇摆不定的阶级，他们要么处于长期的可怜卑微、消极被动的状况，要么是短暂的、暴力的，却是徒劳无益的愤怒的爆发。

> 在经历了长久的畏惧和屈从后，他的肩膀变得可堪重负，他的精神也被制服，以致不能认识到自身不断恶化的状况。你可以打他，让他挨饿，抢夺他的一切。如此日复一日，在他放弃胆怯和愚蠢之前，他的头脑中一直被各种他不能真正理解的思想所充斥，直到不公正和痛苦的累积使他如同遭到过多鞭打的家畜发怒一样，猛地掐住主人的咽喉。[③]

在左拉的观点中有一点启示（但也是唯一的启示），当农民忍气吞声时，他们的“台上”行为表现为服从、畏惧和谨慎。与之相反，

---

① 当区级官员试图向他们在首都的上级解释一些事情时——比方说解释税收额或征兵数不够的原因，并不是所有地区层面的记录都是有利的。我们还可以想象，非正式的、口头的记录是很多的，例如在非正式的内阁或部长级会议上要求对因农村反抗导致的政策失败进行处理。

② 一些例外来自于人类学的研究——原因在于它坚持对田野、奴隶史和苏联集体化的密切观察。

③ Zola, *The Earth*, 91.

农民的暴动却像是一种盲目愤怒的本能反应。那种认为农民通常是消极被动的观点忽视了农民与地主之间有关租金、收成、劳力和税收的缓慢的、琐碎的、平静的斗争，在这里遵从和愚钝只是一种姿态——一种必要的策略。那种只看到农民反抗周期性爆发的观点则忽视了他们所获知的公正的潜在形式和他们实际上非常理性的特定的目标和对象。①爆发本身通常是一种信号，它表明常规的和大量的隐秘的阶级斗争形式正走向失败或已经到达危机时刻，而可能带来致命风险的公开反抗的宣言通常只有在不同地区长时间的斗争后才会出现。

作为思想和象征的反抗

至此，我还是将农民反抗的日常形式作为只不过是个体行动或行为的集合体。然而，仅仅局限于行为的分析就会遗失许多要点，那会使对人类行动的解释简化到对水牛或狗的行为解释的水平上——水牛如何反抗驱使它的人以达到一个可以接受的工作速 37
度；狗跳到桌上为的是偷吃剩饭。而我试图理解的是有思想的社会存在物的反抗，我不能忽略他们的意识，即他们赋予其行动的意义。他们创造的象征、规范和意识形态形式构成了他们行为的必不可少的背景。然而由于他们对于情境的理解的局部性和缺陷，他们被限定的意图、价值观和目的性又制约了他们的行动。这一点非常明显，若不是因为行为科学中直接从收入、热量摄取、报纸发行量和收音机拥有量的统计数据中解读大众行为这一令人不快的趋势，我们完全没必要重申一遍。我想要做的不仅是揭示并描述作为

---

① 我决不是说源于报复心、憎恶和愤怒的暴力反抗毫无作用——只是正如左拉和其他人所指出的，它未能讲述故事的全部。当然，正如科布(*Police and the People*, 89—90)所指出的，乔治·鲁德[George Rude, *The Crowd in History*, 1730—1848(New York: Wiley, 1964)]过于将暴乱者视为冷静而文明的中产阶级政治行动者了。

具有深远意义的独特行为的日常反抗的模式，而且要通过对这些模式藉以产生并发生作用的意义和价值冲突的分析奠定这一描述的基础。

说得委婉些，思想与行动之间的关系是一个复杂的问题。在此我只强调最直接的两点：第一，无论意图还是行动都不是“不变的原动力”。产生于意图的行动反过来影响意识和随后的意图与行动。因而，反抗的行动和关于反抗的思想（或意义）处于持续不断的交流——持续不断的对话中。第二，目的和意识与物质世界的联系方式不同于行动与物质世界的联系方式。对于人类行动者来说，可能和普遍的情形是，他能够想象在此刻既不现实又不可能的行动方式。因此一个人可以梦想一次复仇或一个永远不会实现的公正的千年王国。而另一方面，由于时过境迁，那些梦想可能实现。意识的王国赋予我们一种预想行动的特权，而行动可能——仅仅是可能——在某一未来时刻实现。举例来说，如果对共享的价值、“幕后的”谈话、反抗之前农民的意识没有了解，我们如何能对任何农民的反叛给予充分的解释？[1]最后，如果不考虑目的、观念和那些行动的当事人的语言，我们又如何理解反抗的日常形式？

就另一个理由来说，对从属阶级的社会意识的研究是非常重要的。这可以使我们澄清在马克思主义和非马克思主义文献中的
38 一个主要争论——它集中于这样一个问题，即在何种程度上，精英能够把他们自己对公正社会秩序的想象不仅强加于非精英的行为，而且强加于他们的意识。

这个问题可以简单地陈述如下：让我们假设这样一种情境，有一个特定的被剥削群体，且这种剥削发生在这样一种背景下，即由精英和（或）国家设置的强制力量使任何不满的公开表达都成为不

---

[1] 认为意识先于行动，在某种意义上产生了行动，这似乎绝对且片面，为了防止这种绝对和片面，我们可以退一步来研究这种意识的构建。这样的研究必然要从行动者在社会中的位置这一社会设定开始。社会存在决定社会意识。

可能。为讨论起见，假设唯一看得到的行为是表面的顺从，对这样一种状态至少有两种相互分歧的解释：一种解释认为，由于霸权性的宗教或社会意识形态的存在，被剥削群体实际上把这种状态作为常规、甚至是社会秩序的合理部分接受下来。这一被动性的解释假设了一种对社会秩序宿命论的接受甚至可能是一种积极的共谋（complicity）——对此马克思主义者会称之为“神秘化”或“虚假意识”。[1]这一解释典型地建立在这样的假设之上，即精英不仅支配了物质的生产方式，也支配了象征的生产方式[2]——而这一象征性霸权使他们可以控制其统治被评价的标准。[3]如葛兰西所论证的，精英控制了社会的“意识形态部门”——文化、宗教、教育和传媒。因而他们可以操纵对他们统治的同意。通过创造和散布与之相配的普适性的话语和概念，以及确立何为正确、美好、道德、公平与合理的标准，他们建立了一种象征环境，防止从属阶级自由地思考。事实上，对葛兰西而言，无产阶级在观念层面的被奴役甚于其在行为层面的被奴役。因此，政党的历史使命就不仅是领导革命，而且更重要的是打破束缚革命思想的象征笼罩。这种阐释被用来说明下层阶级的沉寂，特别是在如印度这样的乡村社会，那里严格的种姓

---

① 相关讨论参见Richard Hoggart, *The Uses of Literacy* (London: Chatto & Windus, 1954): 77—78。

② 在马克思主义的传统中，人们可能会特别引用Antonio Gramsci, *Selections from the Prison Notebooks,* ed. and trans. Quinten Hoare and Geoffrey Nowell Smith (London: Lawrence & Wishart, 1971),123—209, and Georg Luckacs, *History and Class Consciousness*, trans. Rodney Livingston (Cambridge, Mass.: MIT Press, 1971)。在我看来，马克思从未使用“虚假意识”这一术语，虽然“商品的拜物教”可以被这样解读。但商品拜物教主要是使资产阶级神秘化，而不仅仅是使从属阶级神秘化。关于“霸权”概念是否适用于农民阶级的批评性观点，可参见James C. Soctt, “Hegemony and the Peasantry,” *Politics and Society* 7, no. 3 (1977):267—296和本书第七章。

③ 对同一现象的其他解释，可参见Frank Parkin, “Class Inequality and Meaning Systems” in his *Class Inequality and Political Order* (New York: Praeger, 1971): 79—102, 以及Louis Dumont, *Homo Hierarchicus* (London: Weidenfeld & Nicholson, 1970)。

39 分层的神圣体系被宗教约束所强化。低等种姓被告诫要接受他们在印度教等级中的命运以冀来世获得回报。①

对沉默的另一种解释是用农村中的力量关系而非农民的价值观和信仰来解释。②按照这一观点，农村的平静就可能是镇压（记忆的和/或预期的）的平静而不是同意或共谋的沉默。

由这两种不同解释所引发的问题集中在对农民政治的分析以及更广泛的阶级关系研究上。围绕这些问题发生了很多辩论，似乎解释的选择更多地取决于分析者的意识形态取向，而不是实际的研究。我并不想低估这些问题的重要性，但我认为有许多方法可以对这些问题进行经验研究。换言之，一方面强调意识的相对重要性，另一方面考虑到镇压（现实的、记忆的或潜在的）在抑制反抗行动上的作用，是完全可能的。

关于虚假意识的争论最终取决于精英和从属阶级价值观的象征联盟——即取决于这样的假定：农民（无产阶级）确实接受了精英的大部分社会秩序观。如果"神秘化"并不意味着一个群体赞同剥削有理的社会意识形态，那么它意指什么？被剥削群体的观点在实质上与精英价值观的象征联盟达到一定程度时，"神秘化"就得到加强；而当它在一定程度上持有相异的或矛盾的价值观时，"神秘化"则被削弱。对从属群体的亚文化及它与统治精英价值观的联系进行深入研究提供了部分我们所要寻找的答案，而证据并不确定，因为任何群体的社会观点都会含有许多不同的甚至是矛盾的内容。引起注意的反常的亚文化主题并不是简单地存在，它们采取的形式、体现的价值观和激发的情感联系几乎是普遍性的。因而，即使缺少反抗，我们也不会没有探讨虚假意识问题的资源。

---

① 但须注意到低等种姓提升他们的仪式地位的努力，及最近神子族（圣雄甘地称贱民为"harijans"，即"神的孩子"，这里意译为"神子族"）集体放弃印度教而改信伊斯兰教的趋势（这样一来信众之间就没有种姓区别了）。

② 例如，可参见Gerrit Huizer, *Peasant Mobilization and Land Reform in Indonesia* (The Hague: Institute of Social Studies, 1972)。

为了减少争论的抽象性，提供可能直接与此问题有关的证据或许是有益的。例如,关于租种或租赁的“台上的”说法是强调其公平和公正。但再考虑一下,佃农背着地主用以形容这一关系的词语 40
就完全不同了——那是冷嘲热讽的。[①]这难道不是意味着佃农对上述关系的看法被极大地“去神秘化”——即他们不再接受精英对租佃关系表面价值的定义——了吗？当哈吉·阿尤布和哈吉·卡迪尔被称为“哈吉·布鲁姆”、“吝啬的哈吉”或背地里被叫做“高利贷先生”时,难道不是意味着他们对土地、利益、租金和尊严的要求至少是在意识层面上的抗争(如果不是“台上的”的行动)吗？对下层阶级的宗教派别(如17世纪英国的教友会和20世纪爪哇的萨明教)放弃使用敬语，而使用低级别的称谓来称呼其社会上层(social betters),或使用像“朋友”或“兄弟”这样的词来描述每个人,我们又当作何解释？这不是说明精英们为高贵和尊严的等级所写的赞歌并没有被其臣民逐字地唱颂吗？

考虑农民由他们的经验所形成的文化——他们“幕后的”评论和交谈、他们的谚语、民歌、历史、传说、笑话、语言、仪式和宗教——才有可能决定农民实际上在何等程度上和以何种方式接受了精英所宣传的社会秩序观。下层阶级文化的某些因素会比其他因素与此有更多的关联。对任何农业系统来说,一个人可以认同一套关键的价值体系,它使精英所要求的尊重、土地、税款和租金被证明合理。在很大程度上,这样的价值体系是否能在从属阶级的亚文化中得到支持或遭到反对是一种经验性的事实。如果强盗和窃贼转变为民间英雄，那我们可以推断对精英规则的违背博得了间接的赞许。如果公开的顺从私下里受到嘲笑,那可以说明农民很难被一种实际上由人为规定的社会秩序所奴役。如果那些试图拍精英个人马屁的人被他们阶级中的其他人避开和排斥，那我们就有

---

① 菲律宾吕宋岛中部的租佃是很突出的例子。Communcation from Benedick Kerkvliet, University of Hawaii.

证据表明存在着与权力抗衡的下层阶级的亚文化。然而，对精英价值观的拒绝并不是一个包含一切的命题，只有对农民价值观的深入研究才能确定磨擦与调和的要点。就此而言，只有当冲突集中在社会秩序的主要价值观上，并且不断增长和突显的时候，冲突的特点才是可以判断的。

人类行动者的经验与意识

带着上面这些问题，我花了超过一年半的时间在塞达卡与村民生活在一起，倾听、提问、努力去理解他们关注的问题。我希望，研究的结果是对一个正在经历重大变迁（绿色革命：在这里是双季稻的种植）的小村庄（70户，360人）的阶级关系的基础坚实、思路缜
41 密的说明。这些说明的许多内容（虽然并非全部）涉及到一场失败的反对资本主义农业的发展及其代理人的阶级斗争。显而易见，仔细倾听那些我正在研究的行动者——倾听他们的经验、他们的范畴、他们的价值观和对环境的理解是至关重要的。建立这种现象学的研究路径有以下几个理由：

第一个理由与社会科学能够和应该如何进行有关。在新马克思主义的结构主义学派中较为流行的做法是，假定能够直接从一些表征——支配性生产方式、进入世界经济的模式与时机、或剩余占有的方式——推断出非社会主义的第三世界国家中阶级关系的性质。这一过程具有高度简约化的跳跃性，直接从一个或极少的经济指标跳跃到从这些指标中推断出的阶级状况。这里没有了行动者，有的只是机制和木偶。当然，经济条件是至关重要的，它们限定了许多但不是全部的人类行动者所面临的情境；它们也限定了可能的、可想象的反应方式。然而这些限定是宽泛的，人类行动者可以在其中建构他们自己的反应，形成他们自身的阶级经验和他们自己的历史。正如汤普森在与阿尔都塞的争论中提到的：

> 这(对经验的认识论的拒绝)在一个马克思主义者那里是不可原谅的,因为经验是社会存在与社会意识之间的必要中介:正是经验(常常是阶级经验)为文化、价值观和思想增色;正是经由经验,生产模式才对其他活动施加决定性的影响……阶级产生是因为在决定性的生产关系中,人们认识到对抗性利益的存在从而以阶级的方式去斗争、思考和评价:由此阶级形成的过程也是自我形成的过程,尽管这一过程是在给定的条件下进行的。[①]

一种生产方式除非经由人类经验和阐释的中介,否则它如何能影响到阶级关系的本质?只有把握了此类丰富的经验,我们才能对一个特定的经济体系如何影响了构成它、维持它或取代它的事物进行有意义的分析。当然,如果这对于农民阶级或无产阶级来说是正确的,那么对资产阶级、小资产阶级、甚至是流氓无产阶级来说就更是正确的了。[②]在对阶级关系的分析中忽略人类行动者的经验无异于使理论吞食自己的尾巴。 42

将行动者的经验置于分析的中心还有第二个理由,这涉及阶级概念本身。阶级在本质上通常被认为是在与生产方式的关系中占据一个同等位置的个体所构成的集合体。但如果这样一个客观的、结构的定义在那些被认知者的意识和有意义的行动中得不到反响呢?[③]取代简单的"客观"阶级结构和意识之间一一对应的假设,去理解那些结构如何为有血有肉的行动者所理解不是更好的方式吗?阶级,毕竟并不能穷尽社会行动的整个解释空间。在这个

① *The Poverty of Theory and Other Essays* (New York: Monthly Review Press, 1978), 98,106—107.

② 对于我们称为制度的人类行动的规范模式来说,这也是正确的。例如——结构主义者注意到的——国家。

③ 参见詹姆士·布饶在此方面的颇具说服力的讨论。James Brow, "Some Problems in the Analysis of Agrarian Class in South Asia", *Peasant Studies* 9, no.1 (Fall 1981):15—33.

农民的村庄中更是如此，这里阶级可能与亲属关系、邻里、派系、仪式关系等作为人类认同与团结的核心事物发生竞争。超越村庄层面，阶级也会同族群、语族、宗教、地域等争夺认同的中心位置。阶级可能适用于一些情况但不适用于另外一些情况；它可能被其他的关系加强或切割；它可能对一些人的经验非常重要，对另一些人则不那么重要。那些试图摒弃所有与阶级认同相矛盾的人类行动原则，并把它们视为“虚假意识”而去等待阿尔都塞所说的“最后时刻的决定因素”的人，他们可能空等一场。与此同时，多重认同的杂乱现实一直都是产生社会关系的经验。无论农民还是无产阶级都不会直接地或孤立地从生产方式中获得他们的认同，而我们越早关注到活生生的具体的阶级经验，也就能越快地了解到阶级形成的阻碍和可能性。

为阶级关系的深入研究提供进一步证明的是，在农村，而且不只在农村，阶级是在陌生和欺骗性的旗号下传播的。它们并未被理解为幽灵般的、抽象的概念，而是以完全的人的方式、以特殊的个体和群体方式、以特定的冲突和斗争的形式出现的。皮文和科洛沃德把握住了这种工人阶级经验的特殊性：

> 首先，人们是在一个具体的环境中经历剥夺和压迫的，那不是大而抽象过程的最后结果，他们的不满形成了针对特定目标的特定的抱怨，这是具体的经验。工人所经历的是工厂、流水线的快节奏、工头、工贼、保安、所有者和付薪支票，他们不会经验到垄断资本主义。①

马来农民以同样方式经历了地租上涨、吝啬的地主、毁灭性利
43 率的高利贷、取代他的联合收割机、以恶劣态度对待他的小官僚。

① Frances Fox and Richard A. Cloward, *Poor People's Movements: Why They Succeed, How They Fail* (New York: Vintage, 1977), 20.着重标记为本书作者所加。

而他没有经历的是由那些地主、联合收割机拥有者、放债者和官僚（它在一个复杂过程中只是次级环节）所构成的现金体系或资本主义金融体系。因而不足为奇，在村庄里，阶级的语言总是带有其与众不同的出身胎记。村民不会把帕克·哈吉·卡迪尔叫做金融资本代理人，而是称他为“高利贷者卡迪尔”，这是因为正是通过大约1910年到二战时期控制乡村信贷的切蒂亚尔借贷制度，马来农民才更多被动地经验到金融资本。切蒂亚尔这个词对于众多越南和缅甸的农民来说有着相似内涵，这一事实证明了由资本主义渗透东南亚所唤起的这种经验是普遍的。识别一种伪装并揭示其背后的真实关系并不是一个简单的问题。就伪装而言，隐喻是真实关系的一部分。马来人通常把放债者视为一个放债者和一个切蒂亚尔，即作为一个外国人和一个非穆斯林。同样，马来人典型地把店主和稻米收购者经验为不仅是一个债权人和批发商，而且还是另一种族和地区的人。因而，现实中的阶级概念几乎总是包含了基本金属成分的合金概念。它的具体性质、它的使用都是合金的而非其所含纯金属的特性。我们要么如我们所发现的那样认识它，要么放弃对阶级的经验研究。

阶级的经验性概念是植根于社会关系的特定历史中的，这一点很难否认。经验的这种根深蒂固性给了它力量和意义。当广泛的共同经验存在时，体现阶级关系的象征就能够具有超凡的唤起力量。不难想象，在此背景下，个体的不满如何转变成集体的不满，而集体的不满又如何具有了阶级神话的性质，而它总是与地方性经验联系在一起。由此，某个地主的佃农，如果他认为地主很苛刻，他可能会抱怨；他甚至可能幻想向地主诉说他的所思所想甚或是杀人放火的邪恶想法。如果这只是孤立的、个人的不满，那事情只能停留于幻想阶段。但如果许多佃农发现他们在同一条船上，由于他们共有一个地主，或是由于他们的地主以同样方式对待他们，那就会产生集体不满、集体幻想甚至集体行动的基础。农民们随后可能会发现自己在交流坏地主的故事，而由于一些地主比其他地主更

为声名狼藉，他们就成为这些精心制作的故事的焦点和反对这类
44 地主的许多社区集体抱怨的对象。于是我们就有了“哈吉·布鲁姆”的传奇，这已成为对当地大规模地主所有制的一种隐喻式表达。我们还有关于吝啬的哈吉的诗歌，这更多地是关于曾经去过麦加的地主阶级的象征，而不是关于个体的故事。

如果在吉打州曾经有过（实际上没有）大规模的反抗地主的运动，那么可以肯定那些传说的某些精神将在行动中反映出来。其方式早就象征性地准备好了。但核心问题是，阶级概念（如果它已经被建立起来）被发现已编入具体的共同的经验，它表现为文化材料及其承载者的特定的历史内容。在西方，食物这一概念经常被表达为面包，而在亚洲大部分地区它意味着米饭。[①]在美国资本家可以简称为“洛克菲勒”，这是一个有着全部历史内涵的名称；而在塞达卡，坏地主被简称为“哈吉·布鲁姆”，这同样是一个有着全部历史内涵的名称。

基于上述所有原因，研究塞达卡的阶级关系，如同其他地方一样，都需要与研究行为一样多地研究意义和经验。其他方式是不可能的，因为行为从来不能自我解释。引述一个快速眨动眼皮的著名例子即可说明问题，这是由吉尔伯特·赖尔所用并由克利福德·格尔茨详细说明的案例。[②]那究竟是抽动还是使眼色？仅仅看到物理运动得不出什么线索。如果是使眼色，它又是哪一种眼色？是密谋、嘲弄还是引诱？只有一种文化知识，即行动者、观察者及其同伙共

① “人并不仅靠面包活着”，但“面包”可能比食物意味着更多的东西；它可能意指生活或交易的必要资金，例如，“兄弟，你能借我些面包吗？”在马来社会，谚语“不要砸他人的饭碗”意指“不要危及他人的生活来源”。

② Clifford Geertz, *The Interpretation of Culture* (New York: Basic, 1973), 6—9. 对于这种知识分子立场的出色总结参见Richard J. Bernstein, *The Restructuring of Social and Political Theory* (Philadelphia: Univ. of Pennsylvania Press, 1978), 173—236。如伯恩斯坦所说，“这些有意的描述、意义和解释不只是与外在行为相关的心智的主观状态；它们是我们社会和政治生活的行动和实践的根本”（第229—230页）。

同的理解才能告诉我们答案；即便如此，我们还须考虑到可能的误解。知道地主提高了稻田的租金是一回事，而知道这行为对受其影响的人意味着什么是另一回事。可能，仅仅是可能，佃农把租金的提高当做是合理的和早该发生的，也可能他们把这种提高视为压迫和把他们从土地上赶走的企图。观点会有分歧，只有明了佃农的经验和他们赋予事件的意义，我们才有可能获得答案。我说"可能"是因为出于佃农的利益，回答可能不是他们观点的正确表达，或者 45
那种解释只是一种计策。但如果没有那些信息，我们会完全陷入困惑。一个粮食窃贼、一个明显的怠慢、一件显而易见的礼物——除非我们能够从只有行动者才能提供的意义中建构它，否则它们的意义是我们无法理解的。在此意义上，我们既关注行动者的经验，又关注行动本身；既关注人们头脑中的历史，又关注作为"事件流"[1]的历史；既关注阶级如何被认知被理解，又关注"客观的阶级关系"。

这里采取的方法当然很大程度上依赖于被称为现象学或常人方法学的方法，[2]但并不局限于此，因为人们解释自己总比以行为解释行为要真实一些。纯粹的现象学有其自身的弱点。许多行为，包括言说，都是无意识的和非反思性的，建立在意识水平以下的理解上。细心的观察者必须提供对这类行为的解释，而不是仅仅重复对行动者的常识性认识。一种解释必须从它的逻辑标准、系统性及其与其他已知社会事实的一致性来评判。人类行动者也可能提供对他们自己行为的矛盾的解释，或者他们可能打算对观察者或彼此隐瞒他们的理解。因而，尽管这一解释的基础是靠不住的，还是要使用同一的解释标准。此外，在任何情境中都存在着使人类行动者的行动意义得以呈现的要素，但是很难期待它们被意识到。例

① Clifford Geertz, "Blurred Genres: The Refiguration of Social Thought," *American Scholar* 49, no. 2 (Spring 1980): 175.

② 例如，可参见 Roy Turner, ed., *Ethnomethodology: Selected Readings* (Harmondsworth: Penguin, 1974)。

如，一次国际信用危机、世界范围内对粮食需求的变化、内阁中一次平静的影响到农业政策的派系斗争、种子基因结构的微小改变，都可能对当地的社会关系产生决定性的影响，而无论它们是否为与之相关的行动者所知。这种知识其实是局外的观察者添加的对有关情境的描述，是对行动者自己所提供的描述的补充而不是替代。因为即使行动者所经验到的现实是片面的甚或是错误的，这种现实还是为他们的理解和行动提供了基础。最后，并不存在对经验现实的全面解释，也没有对有意识的经验的完整文本。[1]记录文本的完整性既受到记录者的经验和分析偏好的限制，也受到时间和
46 空间的实际限制。

因而，在此所要做的是合理地解释塞达卡的阶级关系，尽可能地依据由当事人自己提供的证据、经验和对行动的描述。在许多地方，我的描述添加了自己的解释，因为我清楚地意识到，意识形态、个人利益的理性化、日常的社会技术甚至礼节如何影响了行动者的解释。但我从不指望用我自己的解释来代替他们的解释。我所努力的是使我的解释更为有效，这是通过显示我的解释如何“在参与者所能提供的最好的描述中消除异常或增加新的信息”而实现的。正如邓恩所言：

> 我们不应当做的就是声称我们比他自己还能更好地理解他或他的行动，特别是在获得他所能提供的最好的描述之前……检验对一个行动的描述或解释是否正确的标准是在对
> 47 行动者所描述的全部内容的处理中所体现出的简洁和准确。

---

① John Dunn, “Practising History and Social Science on ‘Realist’ Assumptions,” in *Action and Interpretation: Studies in the Philosophy of the Social Sciences*, ed. C. Hookway and P. Pettit (Cambridge: Cambridge Univ. Press, 1979), 160.

第三章
反抗的景观

今天，塞达卡村民生活的这个场景，仅仅在很小的程度上是由他们自己造成的。或许在一个世纪之前，也就是说在英国统治之前，这片土地仍是荒芜之地，商品经济和商品活动仅仅是勉强糊口的生存经济的一小部分，国家仅仅是偶尔介入村庄事务。只有那时，我们似乎才能够把塞达卡的开荒者在很大程度上视为他们小世界的创造者。即使从这个意义上讲，塞达卡村也不能称之为自治。①国家已经开始动员劳力开凿灌溉系统，以便开垦大片新的稻田，扩大政府的税收基数。槟城的水稻交易已经使经济充分货币化，从而使它受到了更大的市场力量的影响。除去这些影响他们生活环境的社会力量外，最重要的是，千变万化的自然条件年复一年地决定了他们的生活水平如何，以及能否生活下去。

变化是逐渐发生的，但是，它大到一定程度时就会引发质的变化。这些变化并不在于农业生产风险降低，而是更多地表现在不同

① 更多关于19世纪末吉打州的状况，参见Sharom Ahmat, "The Political Structure of the State of Kedah, 1897—1905," *Journal of Southeast Studies* 1, no. 2 (September 1970): 115—128; and Zaharah Haji Mahmud, "Change in a Malay Sultanate: An Historical Geography of Kedah before 1939" (Master's thesis, University of Malaya, 1965)。

季水稻的收成情况有巨大差别，这种差别主要受远离村庄的外部社会力量的影响。从灌溉水供应的时间及受其影响的插秧和收割的进度到化肥和拖拉机服务的费用、水稻的价格、碾磨的费用、贷款的条件和劳动力的成本，所有这一切受国家政策和宏观经济状况的影响如此之大，以至于地方自治的范围略有缩小。

在此，详细描述塞达卡村的社会历史及影响其发展的外部压力既没有必要，也不可能。然而，我们有必要描述和分析塑造及影响了村庄内部阶级关系的主要因素。这种景观的背景——后殖民主义国家和经济的基本情况——尽管显然是人为的，但实际上，它是一个很少被小行动者注意到的既定事物（这里，这个小行动者就是我们关注的中心）。毕竟，我们不能期望鱼去谈论水，因为水是鱼生存和呼吸的环境。当然，根据村民习以为常的场景的总体特征，我们最终可以预测出绝大部分他们拥有的极其详细的常识性认
48 识。然而，在其他的场合，他们的那些常识不起任何作用。这种基本场景的典型特征显然限制了可能的事物，至少是短期可能的事物；它们也创造了机遇，并对阶级关系的性质产生了明显的影响。例如，恰恰是由于法律上实施的土地私有制，地主—佃农之间的关系才有可能成为并且通常是阶级冲突的焦点。再如，恰恰是由于竞争性选举的活动（尽管受到了严格的限制），政治冲突才能够以特定的方式加以疏导和制度化。土地私有制、政治竞选作为社会的产物不可能一成不变，但是，只要这些因素一直存在下去，它们就会被视为“自然”事实，犹如塞达卡村的黏土和雨季。①

或许我们可以说，这种景观的中间背景（middle ground）就是过去十年的经济和社会事实。在此，最明显的标志就是双耕引入之后，土地所有制、收入、就业、人口流动、社会分层以及整个地区社会结构等方面都发生了变化。在这些巨大的变化中，塞达卡村只不

① 在这种意义上，也只有在这种意义上，人们或许才会提到“虚假意识”。即使在这一领域，农民完全有能力构筑一套不同的财产制度或不进行选举的政治制度，完全有能力就诸如此类的问题表达意见。然而，猜测往往同日常社会行动的背景没有实际的关系。

过是其中很小的一部分。其次是政府活动的范围和性质的变化。这个中间背景十分突出，因为它可以在农民的日常生活中清晰地表现出来；它是农民们必须适应的环境；最后，它也是农民们在拥有不同判断和主张时做出选择的依据。描述中间背景的情况就是去分析基本的社会和经济事实，而这个事实又取决于村民对其内涵的理解。比如说，如果村民哀叹，雇佣劳动收入的下降主要是由于联合收割机，那么，我们就有必要知道，这种模式的普遍程度以及典型的损失又是什么。描述这种中间背景的目的并不在于让事实自己说话（它们从来不会这样做），而主要是依据这些事实建立某种经验基础，以此作为我们分析阶级关系的起点。

景观的前景——过去十年中塞达卡村发生的显著变化——将在第四章加以描述。这两章构成了地方经历与活动的场景。

这里呈现的事实是根据我头脑中的两条筛选原则而选择出来的。首先，在我看来，双耕之后生产技术和生产关系的巨大变化，是塞达卡村阶级关系的核心事实。其次，在对诸多事实进行筛选时，我也受到了村民所关注的事物的影响。如果说地租的水平或者是收割工作收入的损失引起了他们的极大忧虑，那么，我会允许这些忧虑影响我对事实的选择。无疑，我可能忽略了其他很重要的因素，甚至是十分关键的要素。但是，根据他们的经验而不是我的经验去选择事实似乎更可取，毕竟，村民的反应来源于他们的亲身经验。 49

背景：马来西亚和水稻主产区

如果一个人注定要成为东南亚某地区的农民的话，那么，无疑马来西亚从任何角度讲都是最佳选择。马来西亚的优势在于：它拥有一个开放的、很有活力的资本主义经济体系，拥有丰富的自然资源，它拥有相对合理的人地比率，拥有一个虽不是完全民主、但至少能容忍政治反对派的政治体系。另外，同其邻国相比，马来西亚是一个缺少攻击性的国家。在医疗服务、教育、水电供给、交通、洪灾控制和农田灌溉等方面，马来西亚政府确实为其人民做了很多好事，而且，在这些方面，它比任何其他的东南亚国家做得都要出色。[1]过去20年来，马来西亚的经济增长率令它的邻国羡慕，同时也受到了国际借贷机构（如世界银行和亚洲发展银行等）的青睐。从1960年到1976年，马来西亚的人均GNP增长率达到3.9%，这个增长速度远远高于低收入国家的平均增长水平，也高于中等收入国家的平均水平，甚至高于一些发达的工业国家的平均水平。[2]因此，虽然人口增长较快（每年达3%），但到1978年，马来西亚的人均GNP超过了1100美元，这个数据是任何其他东南亚主要国家的2倍，因而使它们都相形见绌。[3]

如果说哪个国家曾经是推行“出口导向型”经济发展模式的典型国家，那么非马来西亚莫属。1980年，马来西亚是世界上热带木材、锡、橡胶和棕榈油最大的出口国，而且1975年以后，马来西亚已经成为一个纯粹的石油出口国。持续的贸易顺差大大增加了政府的税收收入（1966—1976年增长了4倍），从而极大地增加了国家的政策选择和开发经费。至少依据东南亚地区的平均水平，马亚西亚的国库的确是很丰盈。与此同时，马来西亚的经济日益依赖国际市场，因为它出口的主要是初级商品。同过去相比（那时，马来西亚的出口主要是依赖锡和橡胶等原材料），这种依赖现在已经有了很大的改变，但它依旧是明显的依赖。虽然这样的例子很多，但是，进口
50 替代型工业的快速发展并没有减轻马来西亚经济对出口贸易的依赖；这种工业化严重依赖资本货物和半成品的进口（1974年几乎占

① 支持这一论点的其他材料参见Jacob Meerman, *Public Expenditure in Malaysia: Who Benefits and Why*, A World Bank Research Publication (London: Oxford Univ. Press, 1979)。

② Kevin Yong, Willem C. F. Bussink, and Parvez Hassan, *Malaysia's Growth and Equity in a Multiracial Society*, A World Band Country Economic Report (Baltimore: Johns Hopkins Univ. Press, 1981), 24.

③ Far Eastern Economic Review, *Asia 1980 Yearbook* (Hongkong: South China Morning Post, 1981), 10.

到全部进口额的3/4）。外资对经济的控制方式虽然比较温和，但一直持续存在。外企首先在种植业站稳了脚跟，随后在自由贸易区内，它在进口替代商品（如布匹、钢铁、机动车辆等）和出口的工业品（如电器、晶体管等）方面都占据了主导地位。到1974年，马来西亚60%以上的股份公司都由外资控股。

在这种情况下，小农农业的需要，尤其是水稻生产的需要，无论是在殖民时代还是后殖民时代，从来都没有被优先考虑过。作为外汇和政府税收的主要来源，种植园总是优先获得基础设施、劳动力、土地和资本。目前，随着城市劳动力的日益增加，人们试图通过降低国内稻米（主要的食物来源）的价格来尽量降低劳动成本，这已经变得愈加迫切。

如同其他地方，资本主义发展、出口导向型增长、鼓励外国投资进入的模式也导致了日益严重的收入分配不公。尽管总体增长率十分明显，尽管政府出台了治理贫困的方案，这种现象还是发生了。首先，它表现在，从1960年到1970年，传统农业部门平均收入与其他经济部门的平均收入差距日益拉大。1960年，这种差距为1:2.5，1970年超过了1:3。[①]其次，它也表现在，低于和高于官方贫困线的人口之间的收入差距在日益增大。比如，从1960年到1970年，农村贫困人口的实际收入以每年0.4个百分点的速度逐年下降，而其他人口的收入每年以2.4个百分点逐年上升。[②]在其后1970—1978年的8年时间里，农村贫困人口的实际收入以每年2.4个百分点增长，但是这个增长率还不到其他人口收入增长率的一半（5.2个百分点）。在过去将近20年的时间里，不仅不同群体的人们收入差距明显扩大，而且到1978年，农村穷人中的两个主要群体——耕种稻田的小农和

① Young et al., *Malaysia's Growth*, 31. 这里的“传统农业部门”不包括种植园，在1970年，它仅仅吸纳了18%的农村劳动力。相反，3/4的农村劳动力集中在小片的橡胶和水稻地里。

② 这些数据来自International Bank for Reconstruction and Development, *Malaysia: Selected Issues in Rural Poverty*, vol. 2, World Bank Report No. 2685-MA (Washington: World Bank, 1980),3, 13—14。本段的其他数据也都来源于此报告。

橡胶农——的实际收入还不及他们1960年的实际收入水平。事实
51 上，整个资本主义经济增长模式已经导致了巨大的不平等，而且农村穷人从这种发展模式中获益最少。①马来西亚的贫困程度和增长模式之间的关系处于一种畸形的状态，在这种状态下，相当比例的农村人口（占总人口的44%）生活在官方公布的贫困线以下，而在其他国家中，只有人均收入极低时，这种情况才会出现。

水稻种植会受到政府政策的关注，究其原因有三个方面。首先，国家要确保大米供给的稳定。②如果进口的大米价格便宜而且货源充足，而橡胶和锡的价格大幅上涨，这时，国家就可以利用出口橡胶和锡所赚的外汇，从国外进口大米满足市场的需求。然而，政策所基于的假设时常出现问题。比如，在1931年，出口商品价格的大幅度下跌使得政府根本就没钱从国外市场进口国民生活必需的粮食。也是从这一年开始，政府第一次开始重视大米生产的自给自足问题；为了限制土地流入非马来人之手，也为了限制土地用于非种植的其他用途，政府通过了《马来西亚土地保护法》，并且，政府还在1939年建立了水稻最低价的保护机制。虽然政府出台了这些激励措施，但是，马来西亚仍需不断从国外进口大米，而且进口稻米的数量要占消耗总量的一半。即使在经济大萧条时期，割胶也比种水稻更有利可图。二战之后出现了一次大米供给危机，1954年，水稻价格下跌，大大地减少了农民的收入，激起了亚罗士达地区农民大规模的游行示威。这一事件之后，人们又开始重新重视水稻自给的重要性。政府不仅通过了一个小额的借贷项目，资助负债的农民赎回他们已经做了抵押的土地，而且，政府还通过了《水稻种植者法》，试图控制土地租金价格，并确保农民的土地使用权。后

① 如果我们把注意力从收入转向公共基础设施，比如医疗服务和教育等，那么情况会更好一些。因为，在这些领域，政府的政策确实起到了关键的促进作用。当然，我们也必须承认，如果没有政府的贫困治理方案，收入的统计数据甚至会更令人失望。

② 关于大米政策的杰出分析，参见Otto Charles Doering, III, “Malaysian Rice Policy and the Muda Irrigation Project” (Ph. D. diss., Cornell University,1973)。

者直到今天依旧是形同虚设。这些补救措施收效甚微是必然的,因为政府并不愿意大幅提高农产品的价格,他们担心提高农产品的价格会增加种植园和城市劳动力的工资。大米的自足不得不等待着20年之后的新投入和双耕技术。

第二,马来西亚独立之后,政治竞争迫使政府重视水稻生产的需要,这是到目前为止最为重要的因素。宽泛地说,独立后的执政党(马来民族统一机构,简称"巫统")是一个完全由马来西亚人组成的政党,而且其地位的维持主要依靠马来西亚人的选票支持。其中,许多选票来自水稻种植者,而他们又多是马来人。当然,选举体制本身受一系列条件的限制。实际上,整个国家并不存在地方自 52
治,从而确保了大部分唐人街不会落入华裔反对党手中。国内安全法案允许政府以防范性拘留的方式来限制宗教和左翼反对派的活动。最后,根据不同的人口规模确定议会选区的方式,也使马来人的选票要远比其他居民的选票有影响力。1957年以后,马来西亚的选举体制一直扮演着关键的角色,它赋予了马来西亚政治精英和国民阵线统治地位的合法性。

由于调整后的选举体制同开放的、出口导向型的经济(需要指出的是,这种类型的经济加剧了收入分配的不平等)并存,马来西亚的水稻种植者已经成为一支重要的政治力量。请考虑如下事实:首先,1970年,马来人的平均收入仅是华裔平均收入的1/2,华裔是马来西亚社会的另一支重要的族群。①仅以贫困的家庭为例,几乎3/4是马来人,而且4/5以上生活在农村。②同时,水稻种植者内部贫困的发生率远高于从事其他职业的群体,而他们中的大多数是马来人(84%)。贫困人口分布的地区差别也值得注意,主要集中在北

---

① Young et al., *Malaysia's Growth*, 104—105; and Meerman, *Public Expenditure*, 89. 米尔曼文中的数据部分来源于Sudhir Anand, *Inequality and Poverty in Malaysia: Measurement and Decomposition* (New York: Oxford Univ. Press, forthcoming)。

② 同上,第90—91页。在此,贫困的界定并不是指官方的贫困线收入,而是指最低的40%的收入分配。

部诸州，如吉打州、玻璃市州、吉兰丹州和丁加努州等，这些地区是主要的水稻产区，而且农民多是马来人。难怪，收入差距的不断扩大，与众多的、贫穷的、马来乡村人口因素相结合，已经为马来西亚主要反对党伊斯兰教党的攻击提供了最肥沃的土壤。在1969年大选之后，巫统完全有理由担忧它在马来人中的政治霸权；伊斯兰教党实际上赢得了和巫统一样多的马来人的选票，而且，据估计，在两党激烈争夺的43个席位中，伊斯兰教党获得了比巫统还要多的马来人选票。①伊斯兰教党也曾经控制过吉兰丹州和丁加努州的政府，并且1969年以极大的优势在吉打州执政。

第三，执政党之所以被迫去关注贫困问题、关注贫富差距不断扩大的问题，主要是因为这些问题不仅已经威胁到执政党的选举霸权，而且也威胁到公民社会本身脆弱的和平状态。1969年大选之后，发生在吉隆坡市以及在其他城市社区的骚乱，是自国家独立之
53 后最严重的冲突，而且这些事件也让政府开始意识到，上面提到的增长模式不一定能换来社会和平。②1974年，吉打州和其他地区爆发了大规模的小橡胶农的游行示威，这进一步增加了政策调整的必要性。这种担忧——虽说不上是恐慌——的一个主要结果是促使政府出台了现在所称的“新经济政策”。这项政策致力于在本世纪末彻底消灭贫困，重新调整经济结构，以消除种族所具有的经济功能。

对执政党政治霸权的威胁主要来自于贫穷的、由马来人构成的、以种植水稻为主的北部各州，在这些地区，种族具有强大的经

① 当然，巫统最终赢得了更多的议会席位，因为它赢得了非马来人的选票。K. J. Ratnam and R. S. Milne, “The 1969 Parliamentary Elections in West Malaysia”, *Pacific Affairs* 43, no.2 (Summer 1970): 219—220.

② 骚乱确立了重要的政治分水岭，并且，显然主要集中在半岛西海岸的一些城市。恰恰在这些区域，中国人和马来人不仅在数量上十分接近，而且他们都感觉到了经济竞争。农村地区至少以以下三种方式被牵连了进来：首先，来自停滞的农村经济的大规模马来移民，是城市政治风云变化的源泉；其次，稻米业、橡胶业和渔业的贫困似乎不知不觉地增加了农村社区暴力的风险；最后，农村贫困似乎注定要增加马来反对党的魅力，于是马来西亚伊斯兰党（PMIP）应运而生。

济功能。巫统为确保它在这些地区的统治地位作了一系列的努力，这主要体现在那些旨在使马来大米生产者受益的政策上。事实上，所有这些政策都可称为“软方案”(soft options)。之所以说它是“软方案”，是因为巫统既没有试图重新调整基本的财产关系模式，也没有试图去调整与其相连的权利。实际上，对稻田和橡胶园所有权的重新分配从来就没有纳入他们的考虑，虽然这两个部门的不平等都源于无法平等地获得肥沃的土地。土地所有制的改革是最基本的步骤，它虽然被提了出来，但是，现存的法律在实施过程中不仅有效地受到了地主反抗的阻挠，也受到了那些不愿意实施租赁协议登记和最高租金政策的官员的阻挠。这种强硬方案之所以搁浅，是因为它们既不容易实现，而且在某种意义上也没有必要。说它们不容易实现(或者说它们不可能实现)，这是因为，巫统在马来乡村的主要支持者是大农场主和大地主，而这个阶级在重新分配土地和改革土地所有制中必然要遭受重大的利益损失。说它们不必要，是因为整个国家经济增长的收益和商品出口的收入已经为消除非均衡发展的症状提供了必要的资金，以至于潜在的问题至少此时此刻被安全地忽视了。

给人们留下深刻印象的是，政府在推行软方案时投入了大量的财政和行政资源。从1957年国家独立到1975年，政府用于支持农村发展的财政支出实际上增长了六倍多。这部分开支大多投资在同每一个村庄都密切相关的基础设施和集体财产上——如公路、学校、诊所、灌溉水渠、电力、清真寺、祈祷室和社区礼堂等。当然，投资公共基础设施建设与选举政治相联系，而且巫统的候选人会 54
经常让他的选民想起政党在过去给予他们以及将来准备给予他们的好处。尽管这些措施并不是为了重新分配资源，但它们实际上无疑提高了包括穷人在内的马来农民的生活水平。

政府大力追求的一个更深层次的软方案，就是由政府资助的、以橡胶和油棕种植园的形式而出现的重新安置计划。[①]从60年代中期开始,这个安置项目的花费已经接近农村发展支出总数的一半,而且到1975年已经安置了7万户家庭。[②]在这些计划中,尤其是在油棕计划中,移居者的收入远远高于水稻种植者的平均收入,而且在塞达卡村,每一个年轻的村民都梦想入选移民计划。事实上,只有很少一部分人能够被纳入计划,而且被纳入计划的那些人无论如何都不是最贫穷的人,因为对移民的选择是高度政治化的。[③]然而,毫无疑问,该计划已经对减缓贫困产生了影响,它不仅减缓了那些被安置者的贫困,也减缓了那些未被安置者的贫困,因为它的实施至少减少了土地和就业的竞争压力。这种影响同城市地区的工业和建筑业繁荣的作用相类似,它减少了(暂时地或是永久地)农村地区沉重的就业压力。然而,土地计划终究是软方案;因为只有在能为每个移民家庭提供4万马元且拥有大量未开拓耕地的国家中,这种计划才有可能实现。[④]

除了提供公共基础设施和一些可供选择的就业机会之外,国家的水稻政策也试图直接提高水稻种植者的生产率和收入。这种策略的核心就是穆达和凯姆布两个地区的农田水利灌溉项目(分别在吉打州和吉兰丹州实施),从而使大约8万个家庭的27万英亩的土地能种植双季稻。双季稻开始于20世纪70年代早期,在两个项目中实施,迄今为止,其总体结果很显著。二次收成、施化肥、引入新种子等,这些因素加在一起,水稻的产量比过去提高了2.5倍。平

① Colin MacAndrews, *Land Settlement Policies in Malaysia and Indonesia: A Preliminary Analysis*, Occasional Paper Series, No. 52 (Singapore: Institute of Southeast Asian Studies, 1978), 7.

② 同上,第45、47页。

③ R. Thillainathan, "Public Policies and Programmes for Redressing Poverty in Malaysia: A Critical Review," in *Some Case Studies on Poverty in Malaysia: Essays Presented to Ungku Aziz,* ed. B. A. R. Mokhzani and Khoo Siew Mun (Kuala Lumpur: Persatuan Ekonomi Malaysia Press, 1977), 245—260.

④ 这些数据来自MacAndrews, *Land Settlement*, 46(table 3) and 47(table 5)。

均收入实际上也增加了一半以上。[①]尽管马来西亚最穷的两个地区实现了产量提高和收入增加，但软方案这一说法仍然适宜。正如我 55
们观察到的，这场“绿色革命”带来的好处主要流向了拥有稀缺资源——土地和资本——的大农户。最贫穷的农民家庭只是略有收益，而且目前收入的分配状况比以前更加不平等。政府通过农民协会向农民提供化肥、生产贷款等方面的资助，资助的分配主要根据耕地的英亩数，因此，拥有大面积耕地的土地经营者获得了最大的优惠。[②]人们根本不可能期望巫统违背它在农村地区最主要的支持者——富裕农场主——的利益，毕竟，他们才是市面上大部分水稻的来源。

国家干预水稻生产给阶级关系带来的影响不只限于收入分配上。按照政策自身的逻辑，政府不仅取代了私人部门的活动，在某种意义上政府也取代了气候（自然条件）的作用，而两者曾经是影响农民收入的关键因素。1939年以后，政府一直制定水稻收购的最低保护价，但是独立之后，水稻价格却变成了一个很敏感的政治问题，并促发了1954年及其后1980年爆发的大规模的游行示威运动。生产贷款和化肥曾经是几乎由华裔店主专营，然而，从1970年开始，它们变成了农民协会向其成员提供的一种服务。大米加工曾经由私人专营，其后也日益受到大的政府加工厂和烘干厂的支配。对于那些外出找工作的农民来说，这些就业机会以前几乎只能由私人企业提供，而现在政府也是一个可选择的雇主，政府可以通过移民计划或像1978年干旱时那样为农民们提供短期的就业安排实现

① 这个估计主要是针对最大的穆达灌溉工程，因为凯姆布的收入数字目前仍有很大的争议。

② 从理论上讲，1979年实施的化肥津贴每户限制在6英亩（或8.5 里郎）以内。但是，大农场主利用同农会的特殊关系，很快就找到了突破这些限制的途径。如同先前的《水稻种植法》，限制依旧是形同虚设。甚至是在1955年，大米委员会明确规定，由其提供的贷款项目只用于帮助贫困的农户赎回已经做了抵押的农田，但实际上，这些贷款资金更多流向了从事商业经营的农场主，而没有真正帮助那些需要帮助的穷人。参见Doering, “Malaysian Rice Policy”, 65—66。

这一点。最后，水稻种植过去依赖于季风雨的出现，而现在则受制于当局预先规定的灌溉时间表。在与自然条件和私人部门之间的关系上，政府先前主要是一个旁观者或调停者。而现在，几乎在水稻种植的各个环节上，政府都已经成为直接的参与者、决策者、分配者和敌对者。政府与农民之间的大多数缓冲机制消失了，从而不仅极大地增强了政治的作用，也大大增加了执政党与农民直接冲突的可能性。

所有这些至今仍被普通老百姓认可的国家政策——公共基础
56 设施、安置计划、农田水利灌溉项目和双耕的引入——在缓解贫困的过程中一直都扮演着某种角色，虽然这种作用并不大，也可能只是边缘性的。同时，所有这些政策在收入和财产不平等方面充其量也只是扮演了中性的角色，或者说，在实施安置计划和引入双耕种植技术的案例中，甚至还扩大了贫富差距。[①]因此，这些政策被认为是软方案。值得注意的是，这些不平等或许并不是无意的，因为目前政府仍在继续推行这些方案，而且也没有做出任何努力去消除可能出现的消极影响。事实上，最近执政党开始着手推出一系列政策，目标在于培养一个富有的、马来人的、“温室”内的中产阶级。这些政策的推行是在促进马来人参与现代经济部门的名义下进行的。在马来西亚第三个五年规划（1976—1980）期间，用于商业和工业发展的1.5亿财政支出基本上都用于资助和扶持马来企业家或者是政府直接投资于由马来人控制的公司。这项政策的其他方面还包括：以优惠的价格出售私人股份给马来人；为马来人预留一些政府建筑工程项目和必需品供给项目合同；把某种商品交易的特许权以优惠的条件给予马来人，因此，无论从理论上对这些政策如何解释，事实已经证明，这些政策明显偏袒处境优越的马来人，而

① 然而，也许有人会提出疑问说，在这种情况下，这些公共福利设施，比如诊所和小学，事实上具有再分配的性质，因为从某种意义上说，穷人先前被剥夺了享受这些服务的机会，而现在他们成了主要的受益者。

且在短期内产生了更多的股份丑闻。[①]这些政策也促使一个新的马来商人阶层迅速出现，他们利用有保障的国库券，在受保护的市场中，操纵着某些政府特许商品的生产活动，而且通常以固定的价格把他们的商品和服务卖给政府，从而保证了他们的利益。在广大的农村地区，相当多富有的农场主利用了各种机会去获得贷款，用于购买出租车、开办小型水稻加工厂、购买卡车、修建鱼塘等。他们由此变成了一个新的、“受保护的”中产阶级群体。因为这种最近出现的受国家保护的资本家通常与政党结盟，而且他们中的大多数本来就是已经很富裕的群体，所以，在传统农村社会中，以土地所有权为基础的阶级分化的性质具有了新的维度——这种维度充满了新的政治和经济冲突的可能性。

巫统是一个组织严密而且拥有雄厚财力的政治机构，它为个人或集体提供的诱惑渗透到了每个马来村庄。1978年巫统以巨大的优势赢得大选之后，它独自或者同国民阵线中非马来裔人联盟共同控制了整个半岛的每一个州政府，并占据了联邦议会席位的 57
4/5。在大多数农村地区，巫统代表的是占统治地位的富裕的农场主及其亲属朋友，而且，许多富裕的农场主都涉足了其他生意，同时，他们也得到了当地大多数政府官员的支持。

在马来西亚，巫统最主要的反对党伊斯兰教党也尽力争取马来人的大力支持，[②]即便它没有巫统作为执政党的优势，也无法给

① 关于Kerjasama Rakyat银行丑闻和马来人从股权销售中获益的报道，参见Far Eastern Economic Review, *Asia 1980 Yearbook*, 228, 237。

② 比如，至少在吉打州的四个议会选区中——Jerlun-Langkawl, Kuala Kedah,Ulu Muda 和Jerai（塞达卡村就属于这一选区），巫统只获得了极少数的赞成票，这也意味着伊斯兰教党赢得了这几个选区中大多数马来人的选票。这次选举最终以伊斯兰教党的失败而告终，因为华人投赞成票给巫统。尽管在这次选举中伊斯兰教党失败了，但它仍获得了38.5%的支持票，只比1969年大选时少1个百分点，而在1969年大选中，伊斯兰教党离执政只差一步之遥。参见Ismail Kasim, *The Politics of Accommodation: An Analysis of the 1978 Malaysian General Election*, Research Notes and Discussion Paper, No. 10 (Singapore: Institute of Southest Asian Studies, 1978), 73—74。

它的支持者提供大量的物质鼓励。尽管我的研究目标不是探讨政党政治，但值得注意的是，伊斯兰教党作为政治反对派的长期存在表明，大众关于阶级、种族、宗教抗议等问题的看法是混合在一起的。当然，在农村，伊斯兰教党和巫统更像是同一政党的不同派别。许多伊斯兰教党的领导人是富裕的地主和农场主，这一点与巫统相似，但伊斯兰教党的领导人很少有机会获得政府的资助和庇护，他们也不可能去经营那些要求与政府有政治联系的副业。恰如克里夫·凯斯勒的精彩分析，就普通的伊斯兰教党成员而言，这个政党喜欢把阶级问题（涉及到从事种植业、渔业和割胶的马来农民的收入和经济安全）、种族和宗教问题（涉及到土著居民的权利和宗教信仰）与对执政党以及对政府的批评相联系，而且，在伊斯兰教党看来，政府和执政党在两方面辜负了绝大多数马来人民的愿望。① 与巫统不同，伊斯兰教党的组织形式是非正式的，它主要依赖遍及马来西亚农村、受大众欢迎的教长及其核心人物，并且，它有别于通常与巫统结盟的官方的宗教机构。一位伊斯兰教党发言人在1980年吉打州的递补选举大会——在这次选举中，巫统以微弱的多数优势获胜——期间的呼吁表明，阶级问题和宗教问题通常是以某种方式结合在一起的。他说，农民只能从每袋稻谷或每张橡胶中获得微不足道的利润，继而他反问巫统为什么会耗费巨资修建佛教寺院。“如果橡胶的价格是每片2马元”，他继续说：“政府从中
58 拿30分，而中间商能获利70分”，“政府的政策不是基于信仰而是基于财产”。最后，他在演讲中不仅提到了政府官员的奔驰车和豪宅，还提到了他们为了自身的利益而滥用《古兰经》，“他们将是最先下地狱的人”，他补充说。在这种情况下，大众对伊斯兰教的理解自然就延伸到收入分配、就业问题以及其他阶级问题，而且还延伸到了虔诚和宗教法则问题，所有这些都为政治抗议提供了理想的环境。近30年顽强的反抗表明，政治反抗是马来西亚经济发展模式的副

① Clive S. Kessler, *Islam and Politics in a Malay State: Kelantan 1838—1969* (Ithaca: Cornell Univ. Press, 1978).

产品,它阻止了更沉重的压迫,将继续找到某种形式的制度表达。

中层背景:吉打州和穆达地区的灌溉系统

以穆达河为名的穆达地区,至少从14世纪开始,就一直是整个半岛主要的大米出产地。水稻种植主要集中在吉打州和大约500平方英里的吉打/玻璃市(Kedah/Perlis)冲积平原,这块平原拥有大片肥沃而厚实的湿地黏土。在难得的晴朗的日子里,从坐落在南端4000英尺高的日来山山顶(吉打州的最高峰)眺望,我们可以看到西起马六甲海峡、东至中央山脉连绵起伏的山麓的连续40里长的稻田。在这一望无际的稻田中间,只是夹杂着反映了该地区村庄典型的线状分布的林荫路,以及更为少见的像州府亚罗士达这样的大城市。在水稻种植季的不同阶段,我们可以看到不同的景象:在雨季时节,我们会看到一望无际的稻田,犹如同马六甲海峡连成一片的巨大的浅水湖面;在水稻成长的季节,我们会看到变化多端的绿色海洋;在水稻成熟的季节,我们会看到无边无际的金色的稻穗;在水稻收割之后的时节,我们会看到漫天遍野的褐土和林立的稻茬。

地图 1 马来半岛穆达水利灌溉项目区

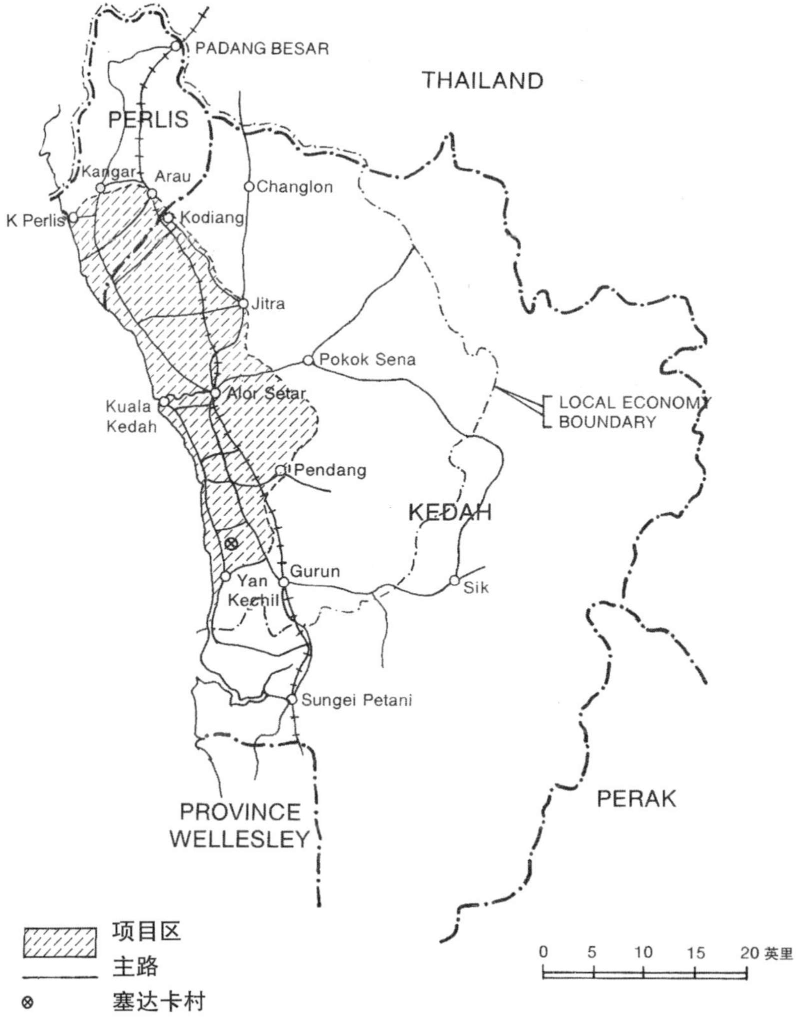

地图 2 吉打和穆达项目区

穆达平原的政治和社会历史至少在两方面显示了现存的阶级关系。我们首先必须记住，我们考察的这个社会直到本世纪都是由大量的拓荒者（入侵者）和移民组成的社会——边疆社会。虽然水稻种植开始于14世纪，但是，穆达平原的大部分土地都是最近才开垦出来的。暹罗人1821年的入侵彻底破坏了那里延续下来的定居，使穆达平原的人口锐减到大约5万人，或者说是入侵前一半的水平。[①]吉打州的人口直到本世纪初才恢复到原来的水平。当时正处于一个相对和平的时期，新的排水灌溉系统建设项目的引入和推
59 广吸引了大量移民的涌入。恰恰是在这段时间（大约1880—1910年），穆达平原上的许多村庄，包括塞达卡村，开始有居民定居下来，而且，在当时，稻田事实上是一种可以买卖的商品。最初，苏丹把殖民地的土地所有权和运河的开掘权授予了贵族阶级，但是这些人很快就被一个非贵族的、资本主义的、商业的土地拥有群体取而代之。[②]这种边疆历史的重要性在于：吉打州农村地区的阶级关系只是一个简单的富人和穷人、大农户和小农户的关系，而没有加入传统封建社会内部的地主和农奴、贵族和平民关系的因素，而这些因素曾广泛而长久地存在于东南亚的其他地区，而且与王室宫廷政治有牵连。[③]

穆达地区历史的第二个显著特征是，国家通常不是剥削农民的一个有效的机器。实际上，这也是马来西亚历史的一个特征。正如古利克在他对前殖民主义时代国家历史研究所总结的那样，“逃

---

① R. D. Hill, *Rice in Malaysia: A Study in Historical Geography* (Kuala Lumpur: Oxford Univ. Press, 1977), 54.

② 同上，第53页。

③ 比如，我们可以把这种形式同凯斯勒（Kessler）对吉兰丹州东部地区进行的杰出的政治分析进行对比。凯斯勒的研究表明，公众对执政党强烈的不满不仅仅是源于阶级问题，还掺杂着州府的公众对权贵家族强烈的怨恨，这些家族根据自身的利益来支配殖民官僚机构。有人发现，吉打州也存在着类似的情况，但是不那么明显。参见Kessler, *Islam and Politics*。

离"（迁徙）是农民对抗压迫最经常的一种选择。[1]由于马来西亚是一个边缘的（处于边疆的）、流动的社会，同时，由于王室的强制性权力有限，这是一种虽充满艰辛但却成功的策略。例如，1864年，王室试图强行调动徭役来修筑一条贯穿整个半岛的公路，这项工程引发了大量的农民向南部地区迁移。再如，苏丹的首相（Menteri Besar）想修建一条从首府亚罗士达开始的万迈萨曼运河（Wan Mat Saman Canal），然而，当这条运河在1885年动工后，大部分工程都是靠雇用中国劳工完工的。直到本世纪末，对外贸易额的增长和华裔人口的增加，为政府提供了另一种税收来源，从而使得政府没有太大的必要来压榨马来农民。事实上，此时吉打州的税收主要通过企业家来征收：政府通过拍卖的方式把收税的权力转让给他们，这些人由于具有专营权和特许种植权，因而他们竭力通过征收比租金更高的税收来获取利润。这样一来，种植鸦片和从事投机活动的农场很容易成为国家税收的主要来源，这种税收是水稻生产和农产品出口税的3倍以上。[2]因此，恰恰是贫穷的华人而不是马来农民， 62
受到了殖民主义的财政政策的冲击。甚至在国家独立之后，正如我们所看到的那样，国家的收入，至少在财政收入方面，很少来自马来农民。在马来西亚，尤其是在大多数农业生产区，国家的经济发展模式在很大程度上避免了国家和农民之间很普遍、很残酷的斗争：国家向农民征收重税，而农民为维持基本生存抵制缴税。甚至到今天，马来西亚整个国家的税收仍然倚重于进出口税收、政府特许产品生产税、借贷收入和商业税收，而非直接来源于稻米生产者的农业税。毫不夸张地说，现代马来西亚政府仅仅在食物供给和政治稳定方面依靠稻米种植者，但政府并不指望着他们提供必要的

① John M. Gullick, *Indigenous Political Systems of Western Malays*, London School of Economics Monographs on Social Anthropology, no. 17 (London: Athlone, 1958), 43. 马来西亚前殖民政府有限的榨取能力不是因为缺乏雄心，而是缺乏推行其意志的手段。

② Sharom Ahmat, "The Structure of the Economy of Kedah: 1879—1905", *Journal of the Malaysian Branch of the Royal Asiatic Society* 43, no. 2(1970): 13.

财政资金，因而，农民上缴的农业税几乎不会影响他们的收入。农民们对政府充满敌意、猜疑、抱怨的情况很少出现，因为马来西亚农民很少有过东南亚其他地区农民那样承受沉重税赋的历史。

到1970年，穆达地区的农村人口已经超过50万人，他们基本上是专门种植水稻的马来人。比重很小的城市人口（112000）分散在19个城镇中，在这些地方，华人和马来人的数量大体相当。即使在推行双耕之前，吉打州的政治家们也喜欢称他们的州是马来西亚的“粮仓”，因为吉打州拥有全国最大的水稻种植面积，而且也一直是国内市场最主要的稻米供应地。[①]吉打州水稻种植业之所有拥有重要的商业地位，是因为在历史上吉打州地区的水稻产量一直很高，而且吉打州的水稻耕地面积相对较大，这两方面优势结合起来，吉打州的农民在维持生活必需之余仍有大量的剩余粮食可以出售。虽然农业收入相对而言要低于其他产业，但是在历史上这里农民的收入水平要远远高于全国农民收入的平均水平。沿用先前的评论说，如果你必须在马来西亚的某个地方做个农民的话，吉打平原应该是首选之地。

穆达地区相对较为优越的生态和社会条件表明，这个地区并非是我们考察严重的阶级冲突的理想场所。在这里你能看到贫困，但不存在巨大的痛苦；你能看到不平等，但没有明显的两极分化；你能看到租金和税收负担，但没有残酷的压榨。在最近几百年中，
63 吉打州一直都存在着农民的迁移和逃离、土地掠夺、对边疆地区的袭扰，而且最近还发生了抗议和政治反抗，但是，这里并没有东南亚其他地方都曾出现过的农民起义。选择这样一个地方作为研究

① 要想了解这一地区的马来村庄和和水稻生产的历史，读者可以参阅Hill, *Rice in Malaysia*; K. K. Kim, *The Western Malay States, 1850—1873:The Effects of Commercial Development on Malay Politics* (Kuala Lumpur: Oxford Univ. Press, 1972); Sharom Ahmat, “The Politics Structure of the State of Kedah, 1879—1905,” *Journal of Southeast Asian Studies* 1, no.2 (1970); R. Bonney, *Kedah, 1771—1821: The Search for Security and Independence* (Kuala Lumpur: Oxford Univ. Press, 1971); Zaharah Haji Mahmud, “Change in a Malay Sultanate”。

阶级冲突的对象，其优势恰恰在于它是一个难得的案例。假设有这样一个地区，绝大多数农村人口都比十年前生活得好，如果我们在这里看到了大量的阶级对抗行为，那么，我们就可以合情合理地推测，在东南亚其他以水稻种植为主的农业地区，也会存在大量的阶级对抗。

虽然拥有肥沃的土地、宜人的气候、相对的繁荣，但吉打平原经济和社会结构的其他层面仍令人忧虑。如果这片土地只适合种植水稻，那么，它就不适合种植其他农作物，而且，这个地区随后将逐渐形成十分脆弱的单作模式。如果农场的平均面积保持稳定（4英亩或5.6里郎），那么，这个地区多数农民就只能在小块土地上分散耕作，这使得他们远远生活在贫困线之下，并且迫使他们在农闲季节涌向大城市和大农场寻找就业机会。如果水稻的产量高于平均水平的话，土地租金也会相应地占到收入的35%，这也意味着很多农民辛苦劳作一年的收入只够维持基本生计。[①]如果说近一半以上的农户都曾经拥有稻田，那么，他们的数量在过去60年的时间里在逐步减少，因为连续不断的债务和农业歉收使许多人失去了手中的土地。[②]

穆达地区稻田灌溉项目始于1966年，完全推广是在1973年。此项目的目标在于解决上述问题中的一部分。总体而言，这个项目不仅包括两条大坝、主体工程、主运河和分支运河，还包括配套的基

① 这篇文章引用的数据来自穆达地区在双耕推广之前有关农业经济的官方消息。S.Selvadurai, *Padi Farming in West Malaysia,* Bulletin No. 27 (Kuala Lumpur: Ministry of Agriculture and Fisheries, 1972).

② 灌溉项目试图消除的土地占有不平等以及穆达地区大部分人口的贫困状态，都是由最初的土地占有造成的历史遗留问题（而且，正是这种连续不断的债务导致了土地丧失的结果）。早在1913年，吉打州的英国顾问乔治·麦克斯威尔（W.George Maxwell）就已经指出，“目前大多数的水稻种植者是受华裔的水稻商人控制的”。参见Unfederated Malay States, *Annual Report of the Advisor to the Kedah Government*, December 11,1912, to November 30, 1913 (Altor Setar: Government Printer, 1914), 23。也可参见Federated Malay States, *Report of the Rice Cultivation Committee*, 1931, H. A. Tempany, Chairman (Kuala Lumpur：1932), 40。

础设施，以便有可能种植26万英亩左右的双耕稻田。犹如其他地方，穆达地区的“绿色革命”和其他措施一并推行，这些措施包括新的生长快、产量高的水稻品种的引入、复合化肥的使用、新技术和机械化、简单便利的贷款，以及新的加工和销售渠道。几乎所有相关的官方负责人——世界银行、马来西亚政府和负责该项目的官员——都相信，截至1974年，该项目取得了成功。在灌溉项目的推
64 广地区，92%的区域都种植了双季稻，新的水稻品种被普遍接受，而且，新的生产动力已经使水稻产量达到了自给的水平。世界银行作为项目的主要资助者，其激情洋溢的成绩报告被广泛引用：

> 这个项目的推广使得农场的平均收入几乎翻了一番。对农场主和农民都是如此……水稻产量从1965年的26.8万吨增加到1974年的67.8万吨，而且有望在1980年达到71.8万吨……项目的推广也增加了大量的就业岗位，这样，无地的农民和其他失业群体将从中受益……目前经济增长率达到了18%，远远超出了当时预期的10%。[①]

从1974年的情况来看，这个项目近乎绝对成功。大量的重要研究都从生产、技术、就业和收入的角度记录下了这种成功。[②]从1980年的情况来看，项目的评估，尤其是根据就业和收入而进行的项目评估，并不十分准确。当然，毫无疑问，如果没有这个项目的话，马来农民在绝对收入和相对收入上都要比现在差很多。

① International Bank of Reconstruction and Development, *Malaysia Loan 434-MA: Muda Irrigation Scheme Completion Report*, no. 795-MA (Washington, D. C.: June 1975), ii , quoted in S.Jegatheesan, *The Green Revolution and the Muda Irrigation Scheme*, MADA Monograph No. 30 (Alor Setar: Muda Agricultural Development Authority, March 1977), 3—4.

② 除了叶加西桑（S.Jegatheesan）的《绿色革命》之外，也可参见Food and Agriculture Organization/World Bank Cooperative Program, *The Muda Study*, 2 vols.(Rome:FAO, 1975), and Clive Bell, Peter Hazell, and Roger Slade, *The Evaluation of Projects in Regoinal Perspective: A Case Study of the Muda Irrigation Project* (Baltimore: Johns Hopkins Univ. Press, forthcoming)。

穆达地区的“绿色革命”直接或间接地引发了土地租赁、就业、收入和制度等方面的主要变化。既然这些变化能够而且已经被记录下来，我们有必要确定这种变化的性质和程度。一旦变化的基本轮廓被描绘出来，我们就可以把它当做行动者在这个小舞台上必须处理的原材料。

从1970年开始推广双耕之后，穆达地区发生了剧烈的变化。从视觉的角度看，这些变化对任何一个熟悉先前吉打州农村情况的人来说都是十分明显的。相当一部分变化并不是由于双耕的推广，而是由于政府为马来西亚农民提供基础设施的协同性的政治努力，包括修建清真寺、祈祷室、诊所、公路、学校和提供电力。其他方面的变化更直接地来自双耕带来的平均收入的增加。曾经萧条的小城镇现在出现了许多新的商店和密集的市场。①曾经几乎被废弃 65
的公路现在又开始充满了卡车、公共汽车、小汽车和出租车，本田70摩托车更是像自行车那样普遍。②许多家庭的房子，曾经是棕榈树的屋顶和墙壁，现在都换成了波状锡制的屋顶和木板墙壁。③屋内也增添了大量的缝纫机、录音机、电视、冰箱和煤油炉等日常生活用品。④

穆达地区发生的这些看得见的变化也许很惊人，但是，一系列并不是很引人注目的变化意义更大。事实上，这些变化可以称之为“有益的缺失”，犹如先前经常发生、但现在很少见的悲惨的事件。

---

① 关于这一项目对地区经济的具体影响，参见Bell et al., *Evaluation of Project*, chap.7。

② 1966年，吉打州和玻璃市登记注册的摩托车数量是14292辆，到1976年上升到95728辆，增长了6倍；在同一时期，私家车的数量增长了4倍多；公共汽车的数量约增长了4倍；商务用车的数量增长了3倍。参见Economic Consultants Ltd., *Kedah-Perlis Development Study: Interim Report* (Alor Setar: December 15, 1977), 90。

③ 请参见粮农组织和世界银行合作项目中关于家具设备和双耕年份的统计数据。*Muda Study*, 1: 26, and 2: tables 19, 20.

④ 同上，第2期，表21。

比如，在推广双耕之前，这个地区1/3的农民不能满足自家的粮食需要。如果他们没有其他机会赚钱，并从市场上购买粮食的话，他们只能被迫靠木薯粉、玉米、木薯根等维持生命，这种窘况至少要延续到来年收获粮食的时候。在一个灾年之后——这个地区有过许多灾年，如1919年、1921年、1925年、1929年、1930年、1946年、1947年、1949年、1959年和1964年——大部分农民同样都面临着饥荒，双耕在这方面发挥了关键作用。即使是只拥有小块土地（0.71英亩）的佃农，他们现在也能收获足够吃的粮食，尽管他们可能严重缺乏现金收入。如今，很少有农民一天不吃两顿米饭了。[①]水利灌溉和化肥的使用，不仅仅提高了水稻的产量，而且使每季的收成有了保障。当然，这种新的农业生产机制也很脆弱，比如，在1978年，由于
66 缺水取消了灌溉季，这使得穆达地区的农民痛苦地想到了昔日的情况。尽管如此，缺粮食闹饥荒的情况，即使对那些最贫穷的农民，也已经很少发生了。

从已有的数据来看，由营养不良及其必然带来的人类（尤其是儿童）死亡，尽管还没有完全根除，但已经大为减少。与营养不良相关的各种疾病以及因为营养不良导致的婴儿和幼童的死亡率也下降了，这种下降与双耕的引入紧密相联。[②]在1970—1976年间，穆达地区的婴儿死亡率几乎下降了一半，而此前，婴儿的死亡率要远高

① 然而，这些益处实际上是要付出相当代价的，一个明显的例子就是，人们日常生活的营养多元化渐渐消失。双耕推广之后，大大减少了两季之间种植各种蔬菜的机会。鸭、鹅和鸡这样的家禽变得越来越少，因为农闲季节可以放牧的草地大大减少了，而且农药的使用也威胁着水鸟。用稻米钓鱼曾经是穷人主要的生计来源，现在变得越来越困难，因为农药污染了水源。对于那些还有能力从市场上购买蔬菜、鱼和肉的人来说，这些影响可以说是微不足道的。然而，对于穷人来说，这些影响却很大，他们吃的食物要么很单一，要么营养不足，甚至有毒。

② Ajit Singh, “Laporan Kesihatan Kawasan Kedah-Perlis, 1970—1977” (Alor Setor: Jabatan Pengarah Perkhidmatan Perubatan dan Kesihatan, October 1978, mimeo). 这些数据不是结论性的，因为它只是考察了3个区，其中之一就是哥打士打（Kota Setar）区，这个区是整个地区中最主要的城镇区域。在哥打士打区，同营养有关的死亡率的下降远比古邦巴素（Kubang Pasu）和燕镇（塞达卡位于该区）更为明显。

于整个国家和吉打州婴儿死亡率的平均水平。对穆达平原的“进步”具有讽刺意义的是，在1970年，贫血和营养不良是第七位导致人类死亡的疾病，而到1976年，它已经降到了前十位之外，然而，交通事故已经从第六位上升到了第二位。

另一个“有益的缺失”是农闲季农民外出的减少，而这种减少很大程度上应归功于双耕的推广。在1970年以前，短期和长期的外出是这个地区经济发展的显著特征。这在下面的事实中也有所反映：穆达地区人口增长率是自然增长率的一半，而农民外出率似乎是水稻主产地区中最高的。[①]此外，在农闲季，小农和佃农家庭必须有一个成年人外出打工赚钱补贴家用，至少也是短暂的外出。双耕在穆达地区的推广暂时减缓了这一趋势，出现了所谓“再农民化”的过程。许多农民第一次很悠闲地一整年都呆在家里。在单耕时不能维持生存的小农户现在看到了希望。这不仅仅是因为同一块土地可以收获两次，而且因为农民有两季获取（田间）劳动工资的机会。由于1969年泰国劳工进入受到限制，以及烟草种植在贫困的、以劳务输出为主的吉兰丹州的盛行，就业竞争的压力大大减小，劳动工资的收入也大大提高。然而，正如我们所看到的，这些只是暂时地缓解了竞争压力。到1978年，联合收割机取消了很多由于水利灌溉创造出来的工作岗位，穆达地区少地的农民再次被抛到了大街上。 67

如果农民在家中专门从事水稻种植的好处只是短暂的，那么，双耕对土地占有的影响显然是持久的。两次收成、稳定的产量、相对稳定的水稻价格在多数情况下有助于打破农民负债的恶性循环。此前，收成不好意味着农民可能要丧失土地。从店主和当铺老板那里得到的按季贷款仍然是穆达地区的农民维持生计的主要方式，但是这些贷款因为连年好收成已经被彻底还清了，而且只有极少数人会采用日后危及土地所有权的借记方式。在这种情况下，农

① Economic Consultants Ltd., *Kedah-Perlis Development Study*, 17.

民阶层相对稳定，而且也减缓了农村地区无产阶级形成的进程。[②]

已经出现的这些变化——基础设施、消费品、大米供给、营养、就业和农户的还债能力等——都是过去十年中穆达地区取得的进展。然而，也有其他方面的信息——这些信息只能被视为模棱两可的信息，因为对它们的评价在很大程度上依赖于评价者所处的阶级立场。这里仅仅是尽力去描述记录下来的基本事实，而把社会的解释留到第五章。为考察整个穆达地区的情况，求助于统计资料还是有益的。不过，一旦我们进入村庄层面（“前景”），这些数据就会变得有血有肉。

土地所有权

就任何一个农业场所而言，人们希望了解的首要事实是，主要生产资料——土地——的所有权是如何分配的。[②]在穆达地区，土地的分配非常不均（基尼系数为0.538），尽管大部分土地并不是被
68 极少数人所控制。而且，并没有任何证据表明，在引入双耕之后，稻田所有权的分配变得更加不均或更为集中。基本的情况见表3.1。[①]

---

① 我们不能提供精确的数据，但是，正如我们将要提到的，从1966年到1976年间稻田所有权分配的数据意味着小块土地数目的激增。这是因为，土地继承方式使大块土地逐渐被细分成多个小块土地。

② 这部分和下一部分引用的数据大多来源于D. S. Gibbons, Lim Teck Ghee, G. B. Elliston and Shukur Kassim, “Land tenure in the Muda irrigation area: Final Report”, Pt. 2, *Findings* (Pulau Pinang: Pusat Penyelidekan Dasar and Universiti Sains Malaysia, 1981)。这些数据也被后来的研究引用，如*USM-MADA Land Tenure Study*。这项研究以1975—1976年穆达地区所有农场的调查为基础，通过同先前在该地区进行的抽样调查进行对比，考察了土地所有权的变化情况。我个人认为，这项研究存在两个缺陷：它没有提供1976年以后的信息，而且调查的范围仅限于土地所有权、农地面积和使用权等问题上。因此，就1976年以后的数据以及这项研究没有涉及的问题而言，我不得不依赖于综合性不强的其他研究。但这项研究报告的数据都经过仔细的整理、核实和解释，引得大家争相效仿。

一定要记住，表3.1的数据只包括拥有稻田的农民，因此，它排除了近14600名雇农和8000户无地的农户（占农业人口的37%）。即使如此，土地分配不均的程度仍然令人吃惊。拥有7—10英亩水稻田的农民只占人口的11%，他们却拥有总土地面积的42%。恰恰是这些富裕的农民阶层，连同一些大土地承租者，是穆达地区商业农场主阶层的核心，他们出售的水稻占整个地区市场上水稻的3/4。[②]另一方面，占人口大多数的农民（61.8%）生活在贫困线之下。事实上，40%的农户只拥有1.42英亩以下的土地，他们获得的收入只是维持生存必需的一半。

表3.1 1975—1976年穆达灌溉工程范围内稻田面积的分布情况

面积大小（英亩）	所有权：频数（人数）	所有权：百分比（%）	面积：频数（英亩）	面积：百分比（%）
0.01-2.83	27898	61.8	32198	21.7
2.84-7.09	12198	27.1	54028	36.3
7.1及以上	5019	11.1	62499	42.0
总计	45115	100.0	148725	100.0

伴随着双耕的推广，稻田价格上涨了大约5倍，远远超过了消费品价格的增长和水稻收入的增长，这也意味着将来可能发生社

① *USM-MADA Land Tenure Study*,145. 这与表3.1中土地面积的数据略有区别，原因在于，原始数据是使用当地的土地测量单位计算的（1个里郎相当于0.71英亩）。因此，0.01—2.83英亩土地相当于0.01—3.9里郎土地；2.84—7.09英亩土地相当于4.0—9.9里郎土地；7.1英亩土地相当于10或10以上里郎土地。

② 目前已有的研究缺少关于穆达地区整体状况的数据，但是我们这里提供的数据来自一项精密的抽样调查，因此，数据很可信。参见Masanabu Yamashita, Wong Hin Soon, and S. Jegatheesen, “MADA-TARC Cooperative Study, Pilot Project ACRBD 4, Muda Irrigation Scheme, Farm Management Studies” (May 1980, mimeo), 5. 下文称为“MADA-TARC Farm Management Studies,1980”。

会流动（农民外出）。1970年以前，这种情况出现得较少，一位勤劳节俭的佃农能买得起一小块土地，从而改善他的处境。随着土地价格的猛涨，佃农已经买不起土地了，只有那些有钱的地主才能通过
69 买卖土地赚取更多的利益，并扩大他们拥有的土地。传统的向上流动的渠道就这样被完全堵死了。

农场规模

考察耕地的分布情况（无论是自己拥有土地还是租种地主土地的农民）是分析基本生产要素一个很好的研究思路。表3.2给出了双耕推广前后农场规模的比较数据[①]。实际上，农场规模的不均，尽管不如土地所有权分配不均表现得那么显著，但它依然十分明显。几乎占穆达地区一半以上的小农户仅仅耕种了17%的稻田，但是，占总农户14%的大农场主却耕种了40%的稻田。处在这两部分人中间的是一个为数众多的、耕种中等农场的农户。在过去十年，最引人注目的变化趋势是小农场的数量不断上升，但与此同时，农民拥有的土地面积却没有相应的增加，因此，平均每个小农场的面积降到了历史的最低水平，只有1.4英亩。

表3.2 1966年与1975—1976年农场规模的分布情况比较

农场规模（英亩）	1966			1975—1976		
	农户数（%）	农场面积（%）	平均农场规模（英亩）	农户数（%）	农场面积（%）	平均农场规模（英亩）
小于2.83	38.1	17.3	1.8	46.7	17.0	1.4
2.84—7.09	46.4	44.9	3.8	38.9	43.2	4.5
大于7.1	15.3	37.8	9.9	14.6	39.8	10.9

① *USM-MADA Land Tenure Study*, 167.

土地使用

最根本的变革首先发生在耕种过程的社会安排中。穆达地区的土地占有和使用不仅复杂，而且也十分灵活。例如，我们经常会见到这样的农民，他们耕作自家的部分土地，同时也会出租小块土地，然后再租种另一小块土地，有时为了赚点儿钱甚至也会为别人收割水稻。尽管如此，我们仍能发现存在着三种主要的土地使用类型：(1)自耕农(owner-operators)，他们耕种自己拥有的土地；(2)佃农(pure tenants)，他们全部租种别人的土地；(3)半自耕农(owner-tenants)，他们既耕种自己的土地，又租种别人的土地。[①]从1966年开始，土地使用模式最明显的变化就是，佃农人数比重急剧下降(见表3.3)。有证据表明，这一趋势甚至在双耕之前就已经出现了，但是1970年以后，这种发展趋势被大大地加速了。[②]佃农在1955年是 70
穆达地区土地使用类别的主要部分，到1976年，这部分农民已经在农民总数中降到了1/4以下，而且他们耕种的土地面积不到总面积的1/4。这些证据表明，我们正亲眼目睹穆达地区的佃农阶级快速消灭的过程。从农场规模到土地使用的数据，所有这些境况都是一个逐步两极分化的过程——仅仅能够维持自身生存的小农（大多是自耕农）的比重正在上升，佃农的数量全面下降，而大规模的商业化的农场在快速增长。这样的结果同东南亚其他地区“绿色革命”导致的结果相似。[③]

---

① *USM–MADA Land Tenure Study,* 164.

② *USM–MADA Land Tenure Study,* 167. 该书也提供了1955年和1972—1973年的比较数据。土地使用模式的变化究竟给先前的农民带来了什么样的影响，尚不清楚。毫无疑问，部分农民变成了无地的劳动者；而另一些农民，尤其是年轻人，暂时或长久地到城市打工以维持生活；小部分农民或许已经变成了佃农，他们中的一些因为年老已经不能再干农活了，而另外的一些还能干些农活。

③ 参见Keith Griffin, *The Political Economy of Agrarian Change: An Essay on the Green Revolution* (Cambridge, Mass.: Harvard Univ. Press, 1974), chap.3。这里有一个例外：尽管绿色革命偶尔导致了小自耕农的迅速减少，但这一阶层在穆达地区仍然存在。不过，从经济的角度来看，它越来越被边缘化了。

表3.3 1966年与1975—1976年穆达地区的土地使用

农户的土地使用状态	1966			1975—1976		
	农户数	农场面积	平均农场规模(英亩)	农户数	农场面积	平均农场规模(英亩)
自耕农	44.5	39.5	3.6	56.1	45.3	3.2
佃农	41.4	38.8	3.8	24.5	22.7	3.7
半自耕农	14.0	21.7	6.1	19.4	32.0	6.6

对这些结构性变迁的解释是复杂的，因为结构性变迁不仅在底层产生了一个为数众多的、边缘化的、普遍贫困的小农阶层，还在上层产生了一个实力强大的、资本主义的农场主阶层，同时还在二者之间产生了一个依然重要的中农阶层。双耕的引入、产量的提高和机械的使用使得继续耕作对地主而言不仅是有利可图的，而且还是可行的。这不仅有助于解释为什么佃农会被取代，也有助于解释为什么自耕农——不管是小的还是大的——会不断增加。人口统计数据也能部分解释其中的原因。虽然持续不断地有农民外出打工，但是在1957年到1976年间，穆达地区的人口几乎增加了30%。截至1980年的十年间，穆达地区的人口增长超过18%，达到了539000人。考虑到这一时期稻田面积是固定不变的，人口增长使得农场主逐渐开始收回出租的土地，并把这些以前由他们自己经营的土地分给众多的子孙后代。这也有助于解释小农为什么会激增，
71 而佃农为什么会被解雇。

所有这些都使我们相信，在1976年以前已经被证明的这些趋势，不仅仍会继续存在，而且很可能加速。更重要的是，1976年以后，技术、生产成本和大米价格的变化为解雇小佃农提供了更深层的动力。联合收割机不仅大大降低了监督成本，还加快了农闲季的收割速度。显然，这有利于大农场的经营。考虑到穆达地区租金的

“刚性”原则，[①]1979年农闲季节以来免费化肥的使用和20世纪80年代后期水稻的农户价格30%的增长，使得自耕比以前更有利可图。最近的迹象也证实了这种观点。[②]

1966年之后，租佃形式出现了另外两种引人注目的变化，而且，这两种变化都倾向于在牺牲小佃农利益的情况下增进拥有资本的大租佃者——尤其是半自耕农——的利益。首先是每季收租的时间和方式。1955年，穆达的佃农3/4以上都是在收获之后交租，形式是交纳固定数量的稻谷，或者是相应的现金。[③]与稻谷数量无

① 在穆达地区，大多数的佃农与出租土地的地主有亲属关系，土地的租金也远低于市场价格。参见穆赫德·沙得利·阿布杜拉所做的杰出的案例研究。Mohd. Shadli Abdullah, “The Relationship of the Kinship System to Land Tenure: A Case Study of Kampung Gelung Rambai, Kedah” (Master's thesis, Universiti Sains Malaysia,1978). 也可以参见明实藤本对同一现象的精彩分析。Akimi Fujimoto, “Land Tenure, Rice Production, and Income Sharing among Malay Peasants: Study of Four Villages” (Ph.D. diss., Flinders University, Australia, 1980). 同提高亲戚必须支付的租金相比，收回出租土地自己耕种要更容易一些，因为村民认为，同远房的亲戚相比，土地的主人及其子孙有权优先使用土地。这样就可以解释，为什么地主不是简单地把土地租给那些无地的亲戚耕种，然后通过收取高额的租金来提高回报。

② 近期，巴纳德对亚罗士打地区附近的村庄进行了研究。研究结果表明，联合收割机的使用对地主出租土地有很重要的影响：在联合收割机使用之后，地主出租的土地变少了。参见Rosemary Barnard, “Recent Developments in Agricultural Employment in a Kedah Rice-Growing Village” (Paper presented at the Second Colloquium of the Asian Studies Association of Australia, James Cook University, August 29—31,1979), 30. 穆达地区农业发展主管部门的阿费夫丁·哈吉·奥马尔也指出了佃农被快速取代的趋势，即联合收割机使用之后，佃农大量减少。参见Afifuddin Haji Omar, in “The Pivotal Role of an Integrated Institutional Reform in Socioeconomic Development of Rice Peasantry in Malaysia” (Paper presented at Conference on Development: The Peasantry and Development in the ASEAN Region, University Kebangsaan Malaysia, Bangi, May 26—29,1980), 12。

③ 关于1955—1976年间谷物地租和现金地租的数据，参见*USM-MADA Land Tenure Study*, 66。一般的研究认为，谷物地租似乎就是缴纳一定数量的水稻作为地租。然而，根据我个人的经验，谷物地租的真实含义是：预先确定要缴纳的水稻数量，具体的租金要根据当年水稻的市场价格来确定，通常佃农交纳的是现金。另外需要特别注意的是：谷物地租是上缴固定数量的水稻，而不是上缴当年收成的百分比，因为水稻产量要受当年实际收成情况的影响。

72 关的现金地租很少，只占所有租金缴纳的12%。到1966年，现金地租已经变得和谷物地租一样普遍了；在1975年，3/4以上的地租都是现金，这似乎彻底改变了20年前的交租方式。然而，谷物地租可以在每季收获之后交纳，因此，通常是可以依据每季水稻的实际产量做适当的调整；现金地租却要在每季耕种之前交纳，而且数目是固定不变的。在地主转向现金地租时，佃农被迫一次性付清两倍的租金，一份是为上季交租，另一份是为下一季的耕种交租。现在还没有人研究这种变化的后果，但是，毋庸置疑的是，相当多贫穷的佃农因交不起租金而被有能力交租的农民取代了。[①]除了子孙从父辈那里租种土地之外，穆达地区大多数的租佃现在已经变成完全食利性的租赁，在此，所有耕种土地的风险都由耕种者承担，因为他们在这一季的耕种之前已经预付了固定的租金。

在土地租佃关系中，另一个更关键的变化是，土地租期越来越长。这种称为pajak的长期租赁方式至少是2季，现实中一般要延长到10 或 12 季。全部租金要一次性付清，而且这些交易都有书面的、经过公证的契约。长期地租这种方式存在已经很长时间了，而且通常是那些中等收入的农民为了某个目的——比如，重要的婚礼、盖房子、去麦加朝圣或者偿还一大笔债务等——而筹集资金的方式。因为这类家庭急需出租土地，他们土地的租金价格一般低于当时市场租金价格。而如今，长期地租的租金已经相当于或者高于市场价，[②]而且，有钱的地主为了投资的目的通常采用这种方式来筹集资金。

---

① 我只有塞达卡的统计数据，在那里，1/7的佃农因交不起租金而租不到土地。而如果整个穆达地区都是这样，那将是十分危险的。

② *USM-MADA Land Tenure Study*的作者研究发现：令人吃惊的是，农忙季的长期租金已经高到122.74马元，而每季的现金地租是112.49马元。他们提供的一个解释是，“这种契约是那些对市场变化很敏感的地主和富裕的佃农（可能也包括那些更难得到土地的非马来人，他们渴望通过长期地租的方式得到土地使用的保障权）之间签订的高度商业化的业务”。第72页。

对地主而言，长期租赁要优于抵押，因为在这种方式下，土地使用权可能出让许多年，但是地主仍保留土地的所有权。但是，对于小的佃农来说，后果则不堪设想，他们会因付不起地租而被排挤出土地租赁市场。这里仅仅列举一个典型的长期租地契约的例子。在1979年，若要租6个季（3年）3里郎的土地，需一次性预付租金2700—4000马元。然而，这个数目是穆达地区农民年平均收入的2—3倍，远远超出了当地大多数农民的支付能力。那些有钱的马米 73
地主和华裔商人越来越多地采用这种长期地租的形式，因为他们拥有资本和现代化机器（拖拉机、联合收割机），而且他们借此来谋求更有利的投资机会。他们愿意付高额租金，而且倾向于租用大面积的稻田。由此，正在出现的是一个富有的、完全商业性的佃农阶层，而他们进入土地租佃市场而取代资本缺乏的小佃农。

我们无法估计，在1976年之前，有多少小佃农在竞争中因缺乏资本而被排挤出了土地租赁市场。然而，很清楚的是，在1976年之后，大农场和长期租地模式都得到了快速发展。在那之后进行的村庄研究几乎都注意到了这种发展趋势，而且还就它给穆达地区贫穷农民可能造成的后果发出了警告。①

---

① 比如，穆赫德·沙得利·阿布杜拉（Mohd. Shadli Abdullah）研究发现，在哲伦·拉姆巴尔（Gelung Rambal）村，大约1/3以上的土地租赁合同都使用长期地租的形式。参见"Relationship of the Kinship System"，110。在黛安娜·王（Diana Wong）对该村作的后续研究中，作者指出："在这个村子，更让人沮丧的是，长期租赁土地的方式仍在快速扩展。"参见"A Padi Village in North Malaya" (1980, mimeo),18。约·达内（Jon R. V. Daane）在他对农民组织的分析中也指出，"甚至一些比较穷的地主也更愿意采用这种长期租地的合约方式，因为这样不仅能增加土地租金收入，而且也可以回绝那些想便宜租地的亲属的要求"。参见*Farmers and Farmers Organizations: A Study of Changing Resource Use Patterns in the Muda Area*, Preliminary Report No.2 (August 1978, mimeo)。阿费夫丁·哈吉·奥马尔也发出了警告，指出了辛迪加的趋势。他们有联合收割机，并且以较高的租金租用了大片土地。参见"Pivotal Role"，12。韦尔斯利省是吉打州南部水稻种植业已经高度商业化的地区。在那里，明实藤本（Fujimoto）也发现，在所有的土地出租合同中，24%的合约是长期租赁的方

机械化

在传统条件下，种植水稻需要投入大量的劳动。大多数的劳动集中在水稻种植的四个阶段：耕地、插秧、收割和脱粒。如果使用雇佣劳动力，他们大多出现在这四种劳作中，因为诸如除草和修堤这样的其他劳动可以一点儿一点儿地做，而且一般是由家庭成员自己完成的。在穆达地区，少地的农民家庭通常要依赖这些劳动机会去获得微薄的收入来维持生计。拖拉机和联合收割机的引进大大
74 减少了这样的劳动机会，因为前者实现了耕地的机械化，而后者则实现了收割和脱粒的机械化。插秧是剩下的唯一没有机械化的田间劳作，它可以为那些贫困的家庭提供一些就业机会——然而，这种劳作现在甚至也受到了威胁。

严格地讲，使用拖拉机耕地，既不是由“绿色革命”引起的，也不是取代人力的新事物。1970年以前，穆达地区大多数的稻田都使用拖拉机耕地，但是在双耕之后，犁地的速度变得至关重要。可以说，至少最初的时候，拖拉机推动了双耕，从而使得每年插秧、收割和脱粒的工作量增加了一倍。由于拖拉机创造的雇佣机会远远多于它减少的机会，因此，拖拉机的使用在当时没有引起太多的关注。①

联合收割机的使用却不一样。1975年，穆达地区所有的稻田都

式，参见“Land Tenure”，80。唯一不同的研究是巴纳德（Rosemary Barnard）关于甘榜·亚森·让（Kampung Asam Riang）地区的再研究，在此，近十年来，长期租赁的方式似乎已经消失了，参见“The Modernization of Agriculture in a Kadah Village, 1967—1968”(Paper presented at Second National Conference of the Asian Studies Association of Australia, University of New South Wales, Sydney, May 15—19, 1978, mimeo), 19—20。

① 然而，需要特别指出的是，拖拉机的应用推动了收入分配方式的改变。在使用拖拉机之前，大农场主通常会雇用适量的当地农民用水牛来犁田和耙地。这略微具有再分配的性质。伴随着拖拉机的应用，这部分钱流向了外地商人和富有农场主的口袋，因为只有他们才有钱去购买拖拉机。

是由人工收割和脱粒的。到1980年的时候，巨大的西式收割机——其价值约20万马元，而且通常为商人辛迪加所拥有——收割了几乎80%的稻田。如果说我们很难想象这种令人吃惊的科技飞跃（从镰刀和打谷桶到叮当作响的拥有32个底座截盘的机器巨人）给农民带来的影响，①那么，计算出其对农村收入分配的影响并不太难。

就耕种2.8英亩以下土地的农户（占到穆达地区家庭的46%）和雇佣劳动者（约占7%）而言，联合收割机的引进对其收入的影响尤其明显。前者的净收入至少有1/4是来自收割水稻，而后者的收入通常是全部来源于此。如果我们计算收割（一般由女人来做）和脱粒（一般由男人来做）在全部的雇佣劳动中所占的比例以及联合收割机的使用频度，我们就会发现，联合收割机的引入减少了薪资劳动收入的44%。②对于那些最贫困的小农阶层来说，他们租种土地 75
的纯收入减少了15%；而对自耕农来说，他们的收入减少了11%。当然，就完全的雇佣劳动者而言，这样的结果无疑是灾难性的，而且很难想象，在新的环境下，他们作为一个阶层如何继续生存下去。

---

① 唉，这似乎并没有发生，以至于联合收割机1975年在该地出现后，没有人去搜集相应的口述史资料。

② 在穆达地区，雇工收入的90%以上都来源于插秧、收割、脱粒和田间运输等劳作。其中，收割和脱粒一般是由机器来完成的，占收入的55%。联合收割机的应用也大大减少了田间运输的机会，因为利用联合收割机可以直接把稻谷送到田埂或者路边。然而，这种损失基本上通过将水稻装入袋中而得以弥补。在1980年，穆达地区80%以上的水稻是用联合收割机收割的。假定这个数据接近正常的水平，那么，我得出的结论是：雇佣劳动收入的净损失是44%（55%中的80%）。1974年，当时联合收割机还没有应用于农业，农民收入的数据表明，小农户（土地面积少于2.84英亩）的雇佣劳动收入约为350马元，如果损失了44%的收入，他们的实际收入将降到196马元。对一个佃农来说，他的收入损失了15%；对一个自耕农来说，他的损失约为11%，而对于那些无地或者是完全靠出卖劳动力生活的农民来说，损失更大一些。因为所有这些阶层的人数占到了穆达地区收入低于官方贫困线以下人口总数的一半以上，所以，这种收入分配的后果是非常严重的。关于联合收割机的应用对农民们收入影响的详细分析，参见“MADA-TARC Farm Management Studies, 1980,” 47—54。

因而，联合收割机在穆达地区的应用意味着，贫穷的农民阶层以前靠出卖劳动力赚取的工资收入减少了几乎一半。尽管现存工作的工资水平提高了，但这无法弥补工作量的减少带来的损失。

机械收割对工资收入的直接影响是巨大的，但是从长远的角度看，其间接的后果将更具有危害性。机械化运作促进了大农场和长期地租的发展，但与此同时，它在很大程度上减少了小块土地租赁的机会。此外，它还取消了拾穗这样的劳动，改变了当地的雇佣模式，减少了插秧劳动者的收入，改变了当地的社会关系。这些变化很少出现在地区的统计数据中，我们将在下一章中详细讨论塞达卡村所发生的这些变化。

从剥削到边缘化

到目前为止，双耕的影响似乎在很大程度上被视为有关获取土地、工作和工资的问题。在此，我们有必要停下来简单地分析它对阶级关系的影响。穆达地区的绿色革命所带来的变化切断了农村各阶层间的经济联系。在双耕之前的穆达地区，在某种程度上甚至直到1975年，富有土地的阶级和缺少土地的阶级是通过工作—工资以及耕种—租金交换而结合在一起的，尽管这种交换具有剥削的性质，但它在水稻耕作中把他们联系在一起。富裕的地主和农场主拥有大面积的土地，他们不可能单靠自己耕作，因此他们在犁地、插秧、收割和脱粒诸方面需要劳动力。而无地或少地的农民尽管没有财富和土地，但他们拥有充足的劳动力，他们可以为地主和农场主提供所需的服务。由于劳动高峰通常出现在水稻耕种过程中，所以，雇主会通过提供一定的物品和贷款的方式来获取及时可靠的劳动力。从更一般的角度来看，地主“经营”的不仅仅是土地，也包括较为贫困的村民，因为地主要想使土地有利可图，他们就是必不可少的。

随着机械化的推进，租种土地变得非常昂贵。除去地主的近亲之外，其余的那部分佃农都要预付固定的市场化的租金，而此租金并不考虑农业歉收的情况，或者说，他们本身就成了大资本家式的土地所有者的承租人。更重要的是，现在水稻种植很大程度上不必依赖雇佣劳动力。除了插秧和一些情形，诸如一小块土地早熟或者倒伏（被风雨刮倒）不得不实行人工收割之外，大农场主很少需要雇用贫苦村民。因此，他们相应地也不再有动机表现出善意。当然，这两个阶级之间的联系不会完全消失，但是无疑比起以前减弱了，而且所有的迹象表明，这种阶级之间的联系纽带正逐步趋于消亡。如果说以前贫苦的村民是通过相互依赖和剥削的纽带同富裕的雇佣者联系在一起，那么，现在他们发现自己被推开了，被边缘化了。如果他们不再被剥削，如果说他们现在拥有了所谓的"自由"，那么，这也只是失业者或多余者的自由。 76

收入

穆达灌溉工程对整个地区收入和收入分配方面的影响最好分两个阶段加以考察：1966年到1974年的初始阶段和随后而来的1974年到1979年的第二阶段。基本的汇总数据见表3.4。这个表包括穆达地区最常见的五种土地使用类型。如同所有的平均数，它们也只是个概括。这种概括隐藏了大量不同的环境和条件，以便建立集中趋势的某种尺度。为了避免低估小农场主的收入，人们总会在必要的时候做出判断。[①] 77

① 例如，我们完全有理由相信，水稻的总收入实际上被夸大了20%左右，因为预先的研究和实际产量之间存在一定的误差，再有，稻米中因含水分较高而导致市场价格降低。对于大多数的农场主来说，所谓的"其他收入"几乎理所当然地也被夸大了，这是因为，只有一小部分农场主在农闲时间拥有稳定的收入来源，平均数由此而变大。我们这里描述的境况也许要比实际情况乐观很多。

表3.4 1966年、1974年、1979年的穆达地区土地使用类型和农场规模对家庭收入的影响

	所有农场									小农场					
	佃农（平均数）			自耕农（平均数）			半自耕农（平均数）			小所有者（平均数）			小佃农（平均数）		
	1966	1974	1979	1966	1974	1979	1966	1974	1979	1966	1974	1979	1966	1974	1979
平均耕地面积（英亩）			3.69			3.20			6.60			1.42			1.42
年净收入	1408	3469	2917	1379	3732	3548	1886	6405	5801	1021	2209	2097	958	1855	1606
实际收入（1996年价格）	1408	2417	1664	1379	2601	2023	1886	4463	3309	1021	1539	1196	958	1293	916
收入指数（1966=100）	100	172	118	100	189	147	100	237	175	100	151	117	100	135	96

78 说明：此表根据附录B中的原始资料和说明简化而成。

双耕在穆达地区最初的影响是，它在广阔的区域内增加了农民的收入——无论是名义上的收入，还是实际收入。然而，这种收益是以收入分配更加不公平为代价的。①租佃类型中最富有的半自耕农，因为拥有最大的农场规模，所以是最大的受益者，其实际收入增长了137%；佃农和自耕农的平均收入分别增长了72%和89%。比较而言，小佃农和小所有者（几乎占穆达地区农户的一半）的收益是最少的，分别为35%和51%。在此，考虑到不同的收入基数，甚至这些百分比也会引起人们的误解，原因在于，典型的半自耕农的

① 实际上，所有关于穆达地区的主要研究在这个问题上的观点非常一致。粮农组织与世行合作项目的报告《穆达研究》的作者就指出，"该地区收入分配本来就很不公平，然而现在这种分配不公的趋势正逐步恶化"，*Muda Study,* 1:2. 也可以参见Afifuddin Haji Omar, "Peasants, Institutions, and Development: The Political Economy of Development in the Muda Region" (Ph. D. diss., Cornell University, 1977), 339—340; and Clive Bell, "Some Effects in the Barter Terms of Trade on a Small Regional Economy" (Washington, D.C.: Development Research Center, World Bank, July 1979, mimeo), 32。

实际收入是2577马元，但小佃农的平均实际收入仅为335马元，二者的比率为8:1。需要补充的是，无论是收入上的差距还是收入分配不公，都不单单是由双耕引起的。除此之外，还有其他方面的原因。1973—1974年全球范围的经济危机和通货膨胀引起的水稻农户价格的成倍增长就是一个重要的因。[①]

从1974年末到1979年的这5年，各类农民的收入（包括名义收入和实际收入）相对而言都下降了。[②]佃农和小所有者的平均损失意味着，到1979年末，他们的实际收入比1966年少了20%。小佃农损失最严重，他们的实际收入还不及13年前的水平。只有半自耕农和自耕农依旧充分保持着1966年的实际收入水平。

这种大范围的收入下降主要是由三个因素造成的。首先，早些时候由双耕带来的水稻产量快速增长的势头已经停了下来，而且，水稻产量在这一时期一直都停滞不前。其次，1974年之后的五年时间里，水稻的价格一直很稳定。再次，随着消费者物价指数上涨了22%，生产投入的成本持续提高，从而抵消了各类土地占有模式的农民收入的增长。[③]农民收入的下降促成了1980年1月大规模的农 79
民游行示威运动——这也是15年来的第一次——在这次游行示威

① 关于这一时期生产和价格的相对影响，叶加西桑（Jegatheesan）做了细致而又精彩的分析，参见Jegatheesan, *Green Revolution,* 31—50。

② 正如叶加西桑指出的那样，"这类估计（即水稻产量、农场规模、土地使用、生产成本和水稻价格的估计）在衡量实际的纯收入时要认真对待，但它足以证明，自1975年到现在，由于水稻产量没有大幅度提高、水稻价格相对稳定以及生产成本不断上涨，穆达地区农民的平均收入（指纯收入）一直在下降。"参见Jegatheesan, "Monitoring and Evaluation in the Muda Irrigation Scheme, Malaysia" (n.d., circa 1979, mimeo),39。贝尔在相关的问题上指出，资本可能会伴随着生产利润而流出穆达地区，同时，据此，他也对该地区经济持续发展的可能性表现出了怀疑。"项目的效果完全是一次性的，这种结论对我们而言似乎是不可避免的"，Bell et al., *Evaluation of Project*,chap.9, p. 35。

③ 在1981年，我的研究结束之后，政府把水稻价格上调了大约1/3。这一举动本身应该能使平均收入水平恢复到1974年的水平或者更高一些。然而，收入分配不公更加严重。政府之所以支持提高价格，这在很大程度上是因为，农民1980年1月在亚罗士打举行了要求提高水稻价格的示威游行。

中,成千上万的农民聚集在亚罗士打,要求提高水稻的价格。

表3.5反映了1966年到1979年间收入分配不断恶化的趋势,该表比较了小农场主的纯收入在这时期占其他类型农民纯收入的比重。显然,所有这些差别实际上源于双耕引入的第一阶段(1966—1974)。具有讽刺意味的是,第二阶段虽然抑止了(并未逆转)这些新的不平等,却以普遍的更低的实际收入作为代价。小佃农在1966年的收入是半自耕农的一半,而现在只占到他们收入的1/4了。更确切地说,有幸残存下来的佃农的收入已经下滑到了半自耕农收入的1/4。更大数目的小自耕农的收入13年前占自耕农收入的一半以上,而现在仅占其收入的大约1/3。穆达地区小农经济地位的下降,一是由于他们的农场规模小,二是由于灌溉工程带来的直接或间接的后果(这一工程并不是有比例地向土地所有者提供稀有的生产要素)。他们一开始就很穷;他们现在依旧很穷,而且相对而言变得更穷了。依据这些数据,我们根本无需去质疑基斯·格里芬对"绿色革命"做出的总体评价:"现在正发生的这些变化倾向于增加相对的不平等。"①

表3.5 1966年、1974年、1979年不同土地使用类型的收入比较

		1966	1974	1979
Ⅰ	小佃农的纯收入占佃农平均收入之比	68	53	55
	小佃农的纯收入占半自耕农平均收入之比	51	29	28
Ⅱ	小自耕农纯收入占土地所有者平均收入之比	74	59	59
	小自耕农纯收入占半自耕农平均收入之比	54	34	36

资本主义式的大农场主提供了当地市场上绝大多数的水稻,他们和众多小农之间的鸿沟现在看来是难以逾越的,而且更为严

① *Griffin, Political Economy*, 73.

重的是，前者已经几乎不再需要雇用后者来种植水稻了。如果我们以1966年作为比较的起点，穆达地区绝大多数的农民家庭确实比以前富裕了很多，但与此同时，收入分配差距也越来越大，而且，相当多的农民——可能要占总人口的35%—40%——已经被远远地抛在了后面，他们的收入和10年前差不多。考虑到国家经济吸纳劳 80
动力的能力是有限的，考虑到机械化带来的工资损失，考虑到贫穷的农民只能耕作小块的土地，如果不进行土地改革，他们的命运就没有改变的可能性。①

贫穷

大型官僚机构的特征就是创建一系列测量的尺度，然后据此界定目标并测量目标得以实现的程度，而国家是这类机构的杰出代表。这样，众所周知的贫困这个人类苦难就能够用一些数据来表示——每个家庭拥有的现金数额、每天摄入的卡路里量等等。尽管我们随后有充足的机会去考察贫困的定义——它是怎样被感受的、怎样被理解的，但是，用数字对贫困进行宽泛地描述仍然为我们的讨论提供了一个基础。

---

① 关于如何划定贫困线的问题尚有很大的争议。一些人认为，农村地区的贫困线要划低一些，因为农村的生活成本要低一些。在此，我不想对这个问题进行评价，但是，我相信，政府把贫困线定得相对较高显然有强烈的政治考虑，这种做法是为了吸引马来人的选票。我们姑且不论什么样的贫困线才是合理的，但应该补充的是，考虑到官方的贫困线，即使我们估计大约30%的人口处于贫困线以下，那么，它还是相当的保守的。这是近期一项关于穆达地区贫困人口最全面的研究得出的结论。研究者对1972—1973年曾经访问过的农户在10年以后进行了跟踪调查，研究结果表明，在穆达地区，一半甚至是一半以上人口的生活水平仍处于官方公布的贫困线以下，而且双耕带来的工作机会大都“流向”了富裕的农户，而不是那些最需要工作的人。参见苏库尔·卡西姆(Sukur Kasim)所作的杰出的前期研究报告。“Evolution of Sources of Income in the Muda Irrigation Project (1972/73—1981/82)” (Paper presented at Conference on Off-Farm Employment in the Development of Rural Asia, Chengmai, Thailand, August 1983, mimeo.).

表3.6中的数据是以官方的贫困线收入为依据的，它表明的是，与这种标准相比，不同的土地使用群体的收入在1966年以后是如何变化的。

表3.6 不同的土地使用类型和农场规模的农户纯收入占农村贫困线收入的百分比

	佃农（平均数）	自耕农（平均数）	半自耕农（平均数）	小所有者（平均数）	小佃农（平均数）
1966	79	78	106	57	54
1974	134	145	248	86	72
1979	91	111	181	66	50

说明：按照农村贫困线的标准，每户每月的收入如下：1966年为148马元，1974年为215马元，1979年为267马元。如果我们根据实际收成、因含水量而导致的稻谷价格降低，以及新肥料和扶持性价格等因素（1981年）对上述数据作一调整，那么，总体而言，小所有者和小佃农的收入依旧远远在贫困线之下（其收入分别是贫困线的72%和52%），而且佃农和自耕农的平均收入也只是略高于贫困线（其收入分别是贫困线的109%和126%）。只有半自耕农的收入高达贫困线的213%。

明显而严峻的现实是，到1979年，1966年到1974年间农民获得的大部分收益基本上已经被消耗掉了。甚至最初的价格提高和产量增加都没有使小农场主——不管是小所有者还是小佃农——生活在贫困线之上，而且，到1979年时，他们再次远远生活在贫困线之下。尽管佃农和自耕农的收入都有明显的增长，但许多人（即便不是大多数人）的收入仍旧在贫困线之下。在1979年的穆达地区，
81 “官方”的贫困农户最少有33000户。[①]这些家庭意味着当地的贫困

① 这个数据是比较保守的说法，它仅仅是在非农的雇佣工人数目之中加上了小农户的数目。当然，一小部分小农户的收入在贫困线以上。然而，出于同样的原因，相当多耕种3英亩土地以上的佃农和自耕农的平均收入也低于贫困线。

问题难以解决。他们依旧是贫穷的，尽管整个地区实施了双耕，尽管穆达地区拥有肥沃的土壤，尽管为服务稻农而建立了一系列的机构，尽管政府推出了消除贫困的项目，尽管政府最近提高了水稻价格并增加了化肥补贴——简言之，尽管这里经历了13年精耕细作型的农业发展。

当然，问题的根源在于在灌溉项目开始时就存在的土地所有权的不平等和农场规模的不平等。新品种、灌溉和双耕带来的收益是根据生产资料的多少分配的。小农缺少的恰恰是土地和资本，因而，他们很难大幅增加收入。土地租期的延长，水稻价格的上涨以及地主对出租土地的回收，所有这些因素都进一步限制了小农获取土地的机会。他们最富有的是劳动力。在联合收割机使用之前，这种资产在很大程度上提高了他们的收入。但是，收割的机械化、生产资料成本的提高以及消费品价格的上涨等因素逐步侵蚀了他们微薄的收益。

制度性进入

连同生产的变化，同“绿色革命”相关的农场规模、土地使用模式和机械化也引发了制度革命。如前所述，其他方面的变革都不如政府对水利灌溉的控制那么显著，也比不上政府对水稻加工、市场、贷款提供和化肥分配越来越多的参与那么明显。这些变革最主要的制度性动力就是穆达农业发展局（MADA）和它的27个地方办事处，每个办事处都有自己的农民协会。这些地方分支机构的主要功能是将贷款分配给其成员，用于租用拖拉机，购买化肥、农药和 82
插秧。多达15000个农场主（约占总农户的25%）从政府提供的这些服务中受益。除去少数人被动地接受服务之外，各地的农民协会都会凭借个人的和集体的力量成为积极的维护水稻农场主利益的代言人。它们实际上发挥了相当于水稻生产者游说团的作用，持续不断地通过年度决议、请愿和授权向政府施加压力，以便制定出对其成员有利的政策。竞争性的政治氛围，尤其是在吉打州，提高了它们的影响力，而且，除了一两个地方机构之外，所有其他的地方团体都由执政党成员有效地控制。

穆达地区的农民约有40%的人曾经参加过农民协会，但这些成员决不能完全代表穆达地区农民的全部情况。表3.7就反映了农民协会成员分布的不均衡性。耕种2.8英亩（4里郎）以下的农场主占农业人口的一半，但是他们在农民协会中的比例只占12.4%。另一方面，耕作5.7英亩以上土地的大农场主只占农业人口的23%，但是，他们却占农民协会成员总数的47%。富有的农场主把持农民协会是第三世界国家类似机构的普遍特征。[①] 之所以如此，并不是由于有计划的官方政策，确切地说，是那些由选举产生的官员的政策
83 导致了这样的结果。[②]

表3.7农场规模的分布、农民协会的会员资格和生产贷款接受者的关系

农场规模（英亩）	占穆达农场的百分比	占农民协会会员总数的百分比	占贷款接受者的百分比
0.1—2.84	46.7	12.4	6.0
2.85—5.6	30.6	40.4	34.8
5.7—7.09	8.3	21.8	29.2
7.1⁺	14.5	25.4	30.3

① 正如诺尔曼·阿霍夫(Norman Uphoff)和弥尔顿·艾斯曼(Milton Esman)指出的那样，"如果这类组织变成了制度化的组织，那么，它们将成为大、中农场主维护权益的工具，而小农场主却不得不依赖传统的方式保护自己的利益，或者他们被迫完全依赖他们拥有的微薄的资源维持生活"。参见*Local Organization for Rural Development: Analysis of Asian Experience* (Ithaca: Rural Development Committee, Cornell University, 1974), 66.

② 最初，会员身份和每年缴纳的会费（3马元）都只是象征性的，但是，新会员需要购买同永久会员拥有的价值相当的股份。目前，会员缴纳的会费不少于30马元，而且通常会高达100马元。对于那些生产贷款少于100马元的小农场主来说，这种规定有效地限制了他们的加入。即使他们加入了组织，每年至少要从他们的贷款中强制扣掉15马元的股份购买费，以至于加入农会的吸引力比不上传统的从店主处获取贷款的吸引力。这方面的资料源于*USM-MADA Land Tenure Study,* 68, 以及Zakaria Ismail, "Institutional Short-term Production Credit Programme in Muda Scheme," MADA Monograph No.38(Alor Setar: MADA, n.d., probably 1977), 24.

贷款的分配更不平衡，获利的更多是有钱人，而非农民协会的会员。耕作5.7英亩以上土地的大农场主只占农业人口的23%，但是他们占贷款人数的60%，而且在追加的实际贷款中，他们所占的份额还要高些。小农场主几乎占穆达地区人口的一半，却只占贷款人数的6%。那些最需要贷款资助的人没有得到贷款，而那些有能力通过银行或金融机构借贷或者自己拥有储蓄的人却得到了贷款。 84
此外，逾期还款人数的日益增加表明，许多大农场主都设法把政府贷款变成直接的补贴。①没有人去追查日益积累起来的坏账，因为债务人大多数是执政党在地方的忠实追随者，因此，他们几乎是难以追查的。从这个意义上讲，穆达农业发展局、执政党和吉打州政府是相对富裕的农场主阶层利益的抵押品，这是"绿色革命"帮助他们建立并巩固的。

随着富人和穷人之间的经济差距不断扩大，特权阶级获取影响力和贷款的能力也在增加。如果说水稻农场主的利益受到了关注，那么，它们越来越是大农场主的利益。在一些问题上，比如保护性的水稻价格和化肥的补贴等方面，他们的利益没有太大的差别，因为穷人和富人的利益在这方面是一致的。但在其他问题上——机械化、农业领域的工资政策、贷款资格、土地租金和土地改革等方面——他们之间的利益有严重冲突。现在，由于大农场主控制着农民协会，穆达穷人的根本利益甚至有计划地被排除在政策安排之外，而那些从"绿色革命"中受益最多的人将继续获益。②

---

① 何乃今（Ho Nai Kin）的研究已经表明，到1977年，逾期债款在快速增长。"Implementation and Supervision Problem of Institutional Padi Production Credit in MADA's Farmers' Association," MADA Monograph No, 35 (Altor Setar:MADA ,1978),app. 2. 另有证据表明，逾期还款的通常是大农场主，而非小农场主，参见Mohd. Noh Samik, "Delinquent Loanees"(Altor Setar: MADA, Bahagian Pertanian, n.d.)。

② 关于第三世界国家的农业政策及其对收入分配、权力和发展的影响的出色分析，参见Robert H.Bates, *Markets and States in Tropical Africa* (Berkeley: University of California Press,1981)。

这些农业“进步”的事实经常出现在对亚洲其他地区“绿色革
84 命”的分析中。正如基斯·格里芬所概括的那样：

> 这种状况（大农场主处于支配地位）的主要原因在于公共政策的倾斜，从而有计划地使稀有资源流向了更大的、更富裕的农场主。虽然政策加重了农村地区的不平等，但从政府的角度说，它也有其优点，不仅促进了农业的商品化，而且还扩大了市场剩余。考虑到城市地区对大量廉价商品的需要……可能发生的最好的事情的确已经发生了：“绿色革命”壮大了农村中与城市统治集团有着天然联盟的那些人，而且，它能够使这些统治集团保证他们的现状在本质上永远不会改变。[①]

在穆达地区也是这样，由于经济、政治和制度因素的相互结
合，目前已经普遍存在的巨大的不平等根本不可能得到重视，更不
85 要说缓和了。

① Griffin, *Political Economy*, 128.

第四章
塞达卡:从1967年到1979年

村庄

我们所看到的图景中最显著的部分是由村庄层面的"事实"构成的。在过去十年里,这些"事实"逐渐明朗化。这是一些被直接体验的"事实",比如在租佃形式、机械化、薪资、土地控制、信贷、慈善赈济等方面发生的变化。我们的焦点因这些"事实"而更加明晰。这些事实并不简单地是对村庄所处的中层背景的复制。从某种程度上说,跟其他特定村庄一样,塞达卡这个村庄是独一无二的。换言之,塞达卡经历了它自己的绿色革命,这一独特的革命是与这个村庄的特定历史、特定人物相关联的。塞达卡村民推动并回应的正是这种特殊的、地方性的绿色革命。

塞达卡村所处的燕镇行政管辖区跨越了穆达灌溉工程的南部边界[①](见地图2)。小镇燕镇位于塞达卡村庄以南大约8英里远的地

① 1982年采集的样本数据显示，双耕以前在穆达地区就相对较穷的燕镇行政区，同其他行政区相比,在过去的十年中受益较少。1982年,燕镇贫困家庭的比例是最高的,燕镇75%以上家庭的收入都在官方的贫困线之下。而其他四个被研究地区中只有一个在减少贫困率方面的进展不理想。到目前为止,尽管燕镇行政区大多数家庭的实际收入有可能

方。这座小镇里坐落着地区行政机构建筑群，其中包括地方土地管理局、警察局，在它们附近还有一家诊所。就像只有在小镇里那些有执照的当铺中才能典当他们的黄金珠宝一样，塞达卡的村民只有到小镇才能使土地长期租佃的交易生效并得到公证。如果说燕镇是塞达卡行政生活的中心，那么邻近的凯帕拉·巴斯塔镇就应该被称为塞达卡商业生活的中心。村民从这里的商店和一周两次（周三和周日）的集市购买他们大部分的食物和其他必需品。这里同时也是信贷和商品交易的中心。这些活动或者是通过提供借贷并收购水稻的那些华人小商店老板进行的，或者是通过农会和水稻专卖局在当地的机构进行的。水稻专卖局在凯帕拉·巴斯塔镇郊区邻
86 近塞达卡村的地方有一座大型的水稻烘干设施。塞达卡村所属分区双溪达汶分区（Mukim Sungai Daun）的主管办公室就坐落在凯帕拉·巴斯塔镇，这里可以处理一些次要的行政事务：比如水牛的登记和买卖。凯帕拉·巴斯塔镇上还有一个由政府护士负责的每周工作一次的产科小诊所。

塞达卡的74户人家直线分布在一条大约一里的土路上（见地图3）。这条土路从连接燕镇和凯帕拉·巴斯塔镇的全天候公路开始，在一片稻田前突然收尾，正是这片稻田把村庄与其东面的邻近居住区双溪布浙村分割开来。像这个世纪在穆达平原上建立的大多数村庄一样，塞达卡的居住模式与当地灌溉渠的线性分布是一致的，正是这些灌溉渠使得在周围的土地上进行农业生产成为可能。这种带状的居住区往往与核心型的或群集的村庄模式形成鲜

增加了一些，但是，多数家庭仍然认为他们经济上很困难。燕镇严重依赖单一作物（水稻）种植的情形使得这一地区人地比率相当高，也使得这一地区在城市就业中相当不积极。这些都可以用来解释这一地区相对不发达的局面。有关细节参见Sukur Kasim, "Evolution of Sources of Income in the Muda Irrigation Project （1972/73—1981/82）"（Paper presented at Conference on Off-farm Equipment in the Development of Rural Asia, Chengmai, Thailand, August 1983, mimeo.）。从这个方面来讲，燕镇和塞达卡可能比穆达灌溉工程中其他更具代表性的地区要贫困一些。

明的对照，社会的和仪式的凝聚力被认为在后面的模式中作用更强。[①]确实塞达卡村民们自己并不非常明确塞达卡村在哪儿结束、主要公路旁边的另一个村庄双溪通港村又从哪里开始。尽管存在这些地理上的反复无常,我们仍然可以看到,塞达卡村不仅仅是一个邻近家庭的集合体。即使塞达卡村的边界划定得很糟糕,除了个别情况之外,所有这些邻近家庭都毫无疑问地归属塞达卡村。所有村民通常都被邀请参与村庄的宗教生活和大型筵席。这些活动的中心是祈祷室。即使村庄可以再细分为几个区域,祈祷室也使村庄在仪式上成为一个整体。从行政角度来说,塞达卡村也通常被当成一个独立的行政单位。当塞达卡村不被视为一个独立的单位时,村民就会试图通过游说使得塞达卡村被确认为一个独立的分支,就像不久以前结束的农民联合会事件那样。最重要的是,塞达卡村作为道义实体(moral existence)是被话语所确认的。当征收伊斯兰什一税的收税人"阿弥尔"(amil)解释他为什么没有告发那些没有交纳全部税款的村民时,他是这样说的:"我们都生活在一个村子。"当一位佃农向我解释为什么他不以高价和当地的另一位佃农竞争土地来扩大他的农场时,他说:"我每天都和他打照面。"当这些规则偶尔被打破时,违规的人也恰恰是因为这样的言语而蒙羞。

---

① Afiduddin in Haji Omar, "Irrigation Structures and Local Peasant Organisations," MADA Monograph No. 32 (Alor Setar: MADA, 1977).

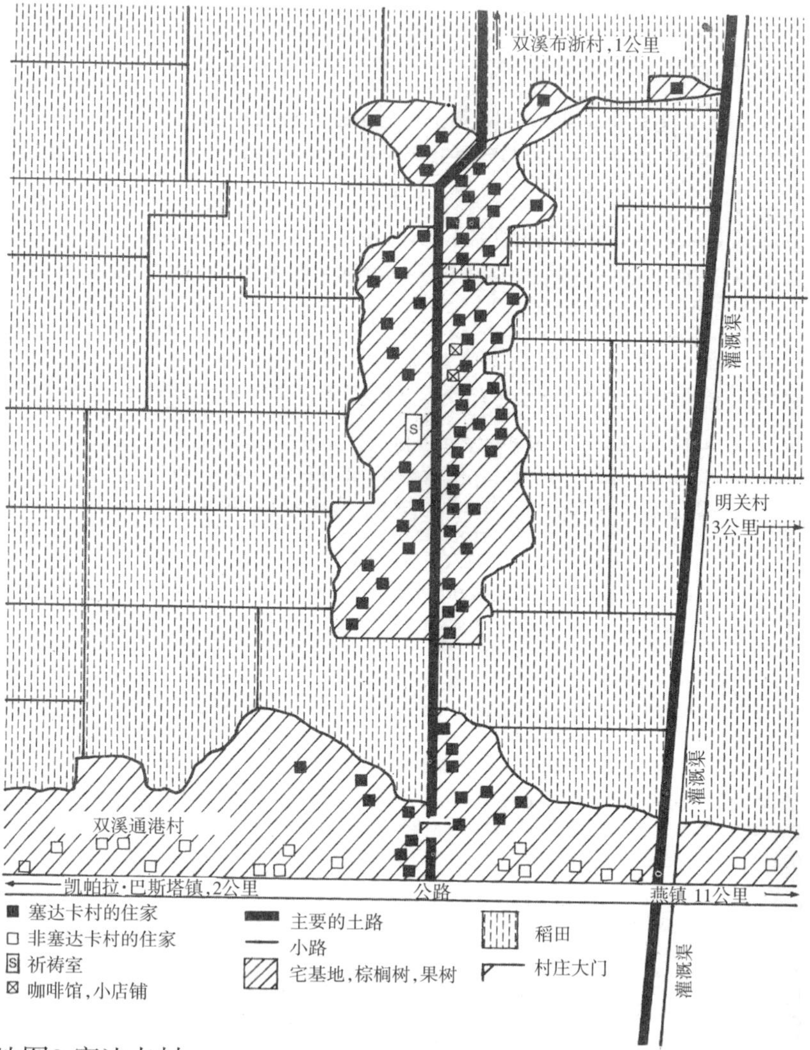
双溪布浙村，1公里
88
灌溉渠
明关村
3公里
双溪通港村
凯帕拉·巴斯塔镇，2公里
公路
燕镇 11公里
塞达卡村的住家
非塞达卡村的住家
祈祷室
咖啡馆，小店铺
主要的土路
小路
宅基地，棕榈树，果树
稻田
村庄大门

地图3 塞达卡村

从公路沿着通向塞达卡的那条土路笔直朝前看时，是看不见房屋的，只有由椰树、香蕉树、聂帕榈树形成的密密的拱道，还有生长在沟渠两旁的风信子和其他草本植物。一个叫伊德里斯的人开的商店是进入塞达卡以后的第一座建筑物，它面对着北起凯帕拉·巴斯塔镇南到燕镇的公路。伊德里斯利用商店沿路的位置以及公路沿线提供的电力，向晚上聚集在这儿的青年人出售饮料和香烟，同时，他的商店也是当地唯一可以买到冰棒的地方。再稍微往前走，就遇到一块上了铰链的大木头横跨在路上，这块大木头用链条和锁固定住，以此阻止卡车进入村庄。我们将会看到，这个村庄大门引发了一些争议。大门的钥匙掌握在勒拜·彭德克手中，他是居 87
住在邻近屋里的一位富有而年长的种植者，勒拜·彭德克和他的两个儿子——穆萨和阿里芬，在控制村庄政治的那一小群人中是非常有影响力的。过了大门，房屋和点缀其中的稻田沿着土路延伸了两百码地。小康之家的住宅有锌制的屋顶和楔形木板壁的外墙，而那些贫困的家庭却以聂帕榈叶遮顶，以扁平的竹片做外墙。我们将要探讨，住房在当地也是一个很尖锐的政治问题，因为当地的执政党及其追随者被指控垄断了政府的房屋修理津贴。曼苏尔和塔伊布都住在这一片，曼苏尔是一名无地的雇工，塔伊布则是一位贫困的小土地所有者。曼苏尔和塔伊布他们的房子跟沙姆苏尔那个重新整修过的房子形成了强烈的反差。沙姆苏尔是执政党的忠实追随者，他拥有6里郎（4.2英亩）的土地，同时在附近的政府水稻烘干站有一份难得的、令人艳羡的工作。村庄里最坚固的两幢房子坐落在村子中央的附近，它们都有高高的屋顶，有百叶窗和阳台。其中的一幢属于村中最富有的哈吉·卡迪尔，这幢房子同旁边哈姆扎和拉扎克两家快要坍塌的房子形成了鲜明的对比。另一幢房子属于村长哈吉·加法尔。作为塞达卡的领导人，哈吉·加法尔虽有影响力，但相当不擅交际；同哈吉·加法尔住在一起的他的已婚的儿子达乌德，还有哈吉·加法尔的外甥——小商店老板巴塞尔，都显然比哈吉·加法尔活跃得多。哈吉·加法尔更愿意强调他把大家拢到一起来的作用,他举办一年一度的村中所有人都参加的盛大筵席,偶尔也在土路对面的祈祷室主持祷告。虽然塞达卡有很多的公共聚集地,但是祈祷室是社区里唯一法定的公共空间。祈祷室底下的一层是村庄的会议厅、神学教师的课堂以及用于布道和政治发言的演讲厅。

另外,村中非正式的集会点是围绕两家小商店的几张桌子而形成的,这里交流着各种闲言碎语。每家商店都有少量的日常用品存货,比如干辣椒、肥皂、火柴、煤油、烟草、糖果、调味品,还有快要过期的鱼肉罐头。在劳作以后或在农闲季节,人们总是聚集在这里打发时间:抽抽烟,喝喝自制的软饮料;随着人来人往,聚集圈也随时发生变化。第一家小商店的店主巴塞尔是执政党(巫统)地方支部的公认领导人,巴塞尔的店是他的同盟者的聚集点。附近萨马特开的那个小店铺也是一样的,只是店主萨马特和他的父亲托·穆罕默德是反对党的坚定支持者,他们的顾客也主要来自反对党。少数忠实的党派追随者原则上从来不去"另一家"店,但大部分村民声称,这两家店他们都去,他们并不考虑这些偏狭的党派观念。

村中最有名的、也是最直言不讳的三位妇人住得离两家商店都不远。沿着土路往前走就是她们的房子,在小店铺里喊一喊,她们在各自的家里都能听到。这三位妇人可以说是名誉男性(honorary men),因为她们已经不得不承担了一些男性角色和责
89 任。罗吉娅和洛斯妮都是插秧队的领头,她们需要和农夫们进行协调。洛斯妮是寡妇,而罗吉娅的丈夫虽然在世却相当懦弱,所以是罗吉娅当家。第三位是托·沙赫·比丹,她是村中的接生婆,也是寡妇,她所受的训练和四十多年的接生经验使她在村庄生活中获得了一个独特的位置。

村庄土路的尽头,坐落着大量穷人的房子,他们大多数都是反对党。在一位无地雇工帕克·亚赫跟他那位同样贫困的姻兄"瘦骨

嶙峋的"玛以及他的朋友杜拉的谈话中,我听到了此地多数的尖锐批评和有见解的观点,这些批评和观点都来自帕克·亚赫。他们和其他的亲朋好友时常聚在帕克·亚赫屋檐下的简陋长椅上。从他们那儿,总可以得到与巴塞尔店中巫统的追随者以及跟帕克·亚赫他们一样是反对党但却富裕的村民(比如说,哈吉·卡迪尔)截然不同的视角。

从村庄的居住方式、经济、规模以及历史来说,塞达卡都是吉打平原上相当典型的稻米种植村落。然而,从上百座村庄中选取塞达卡来开展研究,需要做一个简要的解释。选择村庄时,我的第一个要求是:这个村庄必须在某种程度上专门从事水稻生产。塞达卡恰恰非常符合这样的要求。村中只有两家的户主依靠薪水收入,他们一个是农会的卡车司机,另一个在地方政府采购部门检测稻米的湿度,而他们两人在业余时间也都干农活。事实上,村中没有一户人家现在没种植水稻,或者对老年夫妇说是过去没种过水稻。这种单一的水稻种植不仅对于穆达地区的大多数村庄来说具有代表性,而且也比较利于确定收入和经济分层。相对来说,位于灌溉工程边缘的村庄,它们的经济相当混杂,可能会包括捕鱼、橡胶小农场或地产交易。而一个水稻种植的社区就像一个一年只捕两次鱼的渔村。

我对村庄选择的另一个要求到目前为止是最苛刻的:这个村庄必须在1971年双耕引入之前曾经被研究过。这样就可以至少发现当地经济的基本变化。只有三、四个村庄满足这样的条件,塞达卡村是我访问的第一个村庄。村长哈吉·加法尔不仅欢迎一个陌生的家庭定居在他们中间,而且,经过简短的交谈后,看起来哈吉·加法尔有可能出租他的大房子里的部分房间,因为他的孩子们已经成年离家了。村庄选择的基本要求都得到满足的轻松,加上当时壮观的日落,再加上得知我随时可以欣赏到南边吉打州最高峰

90 （Gunung Jerai）美景所带来的愉悦，已经足够使我落脚于此。①

富与穷

显著的不平等是塞达卡双耕之前经济生活的整体特征。至今不平等仍然存在。在衣着、住房、食物、家具、厨房装置或者农耕器具、收音机以及现在几个家庭的电视机这些随意可见的证据中，不平等是明显的。经过更仔细的考察，这些显见的不平等是由土地所有权、耕种面积以及相应的收入这些方面的分配上同样显著的不平等产生和维持的。

塞达卡的收入分配在1978年至1979年间呈现高度不平等。虽然缺少1967年的数据作参照，但是，从我们确知的土地面积和耕种面积的分配情况来看，1967年至少也出现了相似的不平等。表4.1反映了现在的情况。从表中我们可以看到村庄中每个家庭的纯收入、拥有的和耕种的土地面积，还有一家之主的主要职业。表中各家庭按照他们的人均收入由低到高排列。对于这些将在文中反复出现的家庭，如果读者想了解它们的收入、土地使用状况、家庭收入的主要来源、政党归属等方面的情况，这一列表将非常有帮助。

---

① 我不是定居在塞达卡村的第一个外国人。一位日本研究者掘井健三博士曾在1966年底和1967年中期在塞达卡居住过两个月。他搜集了关于土地所有、土地控制、社会组织的基本经济数据。虽然他逗留的时间比我要短，研究兴趣也必然地相对有限，但他的研究为我提供了珍贵的基本数据，我可以用这些数据来推断双耕的各种影响。本书后面的许多历史性比较都是建立在掘井健三博士慷慨提供的信息的基础上的。掘井健三博士用英语发表的两篇最重要的报告是：Kanzo Horii, "The Land Tenure System of Malay Padi Farmers: A Case Study...in the State of Kedah," *Developing Economies* 10, no.1（1972）:45—73, 和*Rice Economy and Land Tenure in West Malaysia: A Comparative Study of Eight Villages*. I.D.E. Occasional Papers Series No. 18 （Tokyo: Institute of Developing Economics, 1981）。

表4.1 村庄中各家庭的数据——各家庭按户主姓名区分并按照年人均纯收入由低到高排列

	家庭人均纯收入(调整后)	家庭纯收入[a]	家庭拥有的土地面积[b](里郎)1979	家庭耕种的土地面积(里郎)1979	家庭主要收入来源	政治派别[c]	是否农会成员
1. 拉扎克	186	747	0.25	0	雇工	巫统	否
2. 华喜德	392	1960	0	6	租地	巫统	否
3. 沙勒	406	2314	1.50	5.50	租地	伊斯兰教党	否
4. 塔伊布	413	2063	1.25	1.25	雇工	伊斯兰教党	否
5. 苏库尔	421	2108	0.25	0.25	雇工	伊斯兰教党	否
6. “瘦骨嶙峋的”玛	426	1960	0	0	雇工	伊斯兰教党	否
7. 巴克利	453	2992	0	4.00	租地	巫统	否
8. 哈姆扎	474	2986	2	0	雇工	伊斯兰教党	否
9. 曼苏尔	479	1580	0	0	雇工	巫统	否
10. 卡里姆	480	2218	0	2	雇工	巫统	否
11. 帕克·亚赫	484	3870	0	0	雇工	伊斯兰教党	否
12. 玛·萨里夫	485	3190	0	3	租地	巫统	否
13. 米顿	497	1640	0	0	雇工	伊斯兰教党	否
14. 杜拉	498	2990	0	1.50	雇工	伊斯兰教党	否
15. 哈斯纳	520	2081	1.75	1.25	雇工	伊斯兰教党	否
16. 托·巴芭	526	2366	10	4	自耕	巫统	否
17. 萨马德	539	3236	0	8	雇工	巫统	否
18. 鲁斯塔姆	544	3429	1	2	自耕	伊斯兰教党	否
19. 沙阿里	548	1260	0	0.75	租地	伊斯兰教党	否
20. 沙勒玛	560	1120	1.25	1.25	雇工	伊斯兰教党	否
21. 托·扎伊纳	562	1124	2.50	1	自耕	巫统	否
22. 辛	566	3170	0.75	0	补助金	伊斯兰教党	否
23. 托·拉德兹	583	3846	0	5	租地	伊斯兰教党	否
24. 吉·普泰赫	614	2826	2	4	自耕	巫统	否
25. 伊沙克	614	2478	0	3	租地	伊斯兰教党	否
26. 洛斯妮	662	3507	0	4	租地	伊斯兰教党	否
27. 阿里芬	670	2680	0	3	租地	巫统	否

28. 萨马特	701	4418	0	5	租地	伊斯兰教党	否
29. 尼扎姆	712	1424	0	3	租地	伊斯兰教党	否
30. 托·加丽娅	716	1145	1	1.50	自耕	巫统	否
31. 哈伦·丁	717	2152	0	0.50	雇工	巫统	否
32. 朱基夫里	770	2540	0	4	租地	中立	否
33. 玛·纳西尔	774	1780	0	1.50	雇工	伊斯兰教党	否
34. 玛·布扬	783	4074	1	5	租地	伊斯兰教党	是
35. 勒拜·侯赛因	784	6272	3	6	自耕	巫统	是
36. 阿里·阿布杜尔·拉赫曼	803	1846	0	2	租地	巫统	否
37. 托·奥马尔	806	3226	0	4	租地	巫统	否
38. 哈米德	828	3810	9.75	0	地主	巫统	否
39. 亚昂	845	2198	0	1	雇工	巫统	否
40. 托·艾哈迈德	861	3012	0	4	租地	巫统	否
41. 阿布杜尔·拉赫曼	864	3974	16.5	11.5	自耕	巫统	否
42. 法齐勒	882	4678	8.5	8	自耕	巫统	是
43. 吉·敦	938	1876	1.5	3	自耕	巫统	否
44. 拉齐姆	957	7654	3	13.5	租地	巫统	是
45. 穆斯塔法	973	2540	3	4	自耕	中立	否
46. 塔杰丁	994	3579	0	4	租地	巫统	否
47. 玛·吉尔	1020	5710	0	2	租地	巫统	否
48. 托·哈里姆	1060	1060	6	0	地主	巫统	否
49. 阿布杜尔·拉希姆	1083	2490	0	3	租地	巫统	否
50. 吉·拉蒂法	1091	4910	5	5	自耕	巫统	否
51. 雅米勒	1096	6138	6	6	自耕	巫统	是
52. 沙赫·比丹	1162	3486	2.50	5.50	自耕	巫统	否
53. 扎希德	1169	2688	1.50	3	自耕	伊斯兰教党	否
54. 加尼·勒拜·玛	1219	7316	5.75	10	自耕	巫统	是
55. 卡米勒	1246	6230	0	15	租地	中立	是
56. 托·穆罕默德	1261	2522	4	3	自耕	伊斯兰教党	否
57. 阿布·哈桑	1343	6180	3	6	薪水	巫统	是

58. 玛·伊莎	1536	3532	0	5	租地	伊斯兰教党	否
59. 托·玛赫	1542	5094	7.5	8	自耕	巫统	否
60. 托·卡西姆	1569	4708	5.5	6	自耕	伊斯兰教党	否
61. 托·隆格	1582	4746	3	6	自耕	巫统	是
62. 哈吉·纳赫	1650	3300	15	0	地主	伊斯兰教党	否
63. 沙赫侬	1769	5308	4.5	5	自耕	伊斯兰教党	否
64. 巴塞尔	1778	9948	10	7	自耕	巫统	是
65. 加扎利	1830	4209	0	8.5	租地	巫统	否
66. 沙姆苏尔	1845	7380	6	8	薪水	巫统	是
67. 伊德里斯	2061	6184	7	6	自耕	巫统	是
68. 诺尔	2137	7692	11	11	自耕	伊斯兰教党	否
69. 雅各布	2137	4274	3	3	自耕	巫统	否
70. 哈吉·加法尔	2154	6412	15	6	自耕	巫统	是
71. 扎哈鲁丁	2226	5120	0	5	租地	巫统	是
72. 阿明	2271	7494	2.5	10	租地	巫统	是
73. 勒拜·彭德克	2425	9700	8	13	自耕	巫统	是
74. 哈吉·卡迪尔	4325	12940	30	15	自耕	伊斯兰教党	否

a 不可避免地，家庭纯收入的数据所传达的某种程度的精确性是不能保证的。土地的收成——作为大多数家庭收入的主要部分——有一定的精确性。但是，虽然由雇佣劳动和家庭副业所获得的收入都经过了复查核对，这些数据仍然缺乏一定的准确性。因此，这里的家庭纯收入只是一个近似值，这些数据在上下200马元到300马元的幅度之间是准确的。因此，完全而准确的数据可能会略微改变排列顺序。

b 在少数案例中(5个家庭)，家庭拥有小块的果园和橡胶园。虽然这种状况在表中并没有列出来，但是这些内容在收入一栏中已经做了统计。

c 在其中的3个案例中，政治派别被计为“中立”的，是说这些家庭或者是中立派或者是骑墙派，或者如在其中的一个案例中，夫妻双方属于不同的派别。一般地说，所有的村民都清楚各家的政治归属，而且大家独立作出的评价是相互一致的。

按照政府的标准程序来计算人均收入，即小孩和大人一样计算人头，有40户人家，也就是说村中54%的家庭，人均收入在官方所定的贫困线以下（572马元/年）。如果采取一种较为宽松的算法（表4.1中使用的就是这种算法），即一个六岁以下的孩子按1/3个成人，六岁到十二岁的孩子按2/3个成人算，那么有22户人家，或者说村中30%的家庭，人均收入在贫困线以下。正是在这22户人家和另外8到10户收入水平贴近贫困线的家庭中，食物和日常必需品都非常紧缺。成年劳动力的一次疾病，一次产量不佳，一次收成减少，一次租金上涨，以及一次租佃取消，诸如此类的因素都很容易使这些家庭陷入绝境。这些家庭的收入与村中最富有的22个家庭形成鲜明对比：最贫困的22个家庭每年的纯收入平均是2291马元，而最富有的22个家庭，每年的纯收入平均是6044马元。如果考虑家庭人
91 均年收入，这种悬殊更加明显：最富有的22个家庭人均年收入（1867马元）是贫困家庭人均年收入（475马元）的四倍。

就像通常所预期的那样，收入差别也反映在他们对生产资料核心要素——土地——的牢固掌握上。塞达卡最贫困的22户人家一共只拥有22.5里郎的土地，平均下来每户仅有1里郎（1里郎=0.71英亩）。切记：以稻田耕种作为收入唯一来源的话，贫困线的标准是拥有4里郎土地。这些最贫困家庭所拥有的土地数只有满足基本生活所需土地数的1/4。另一方面，对于最富有的22户家庭来说，他们总共拥有超过142里郎的土地，平均每户拥有将近6.5里郎的土地。把租入土地加上后的耕种面积在村庄等级制的两级的差别实际上已经不那么大了。因为对于许多有地的富有家庭来说，他们没有必要去租入额外的土地。但是，对于最贫困的22户人家来说，他们租入的少量土地只能使他们的平均耕种面积达到不到2里郎（1.89里郎），而最富有的人家平均的耕种面积为7.25里郎。换言之，村中相对富裕的人家事实上租入的额外稻田几乎与贫困家庭租入的一样多，虽然富裕家庭远不那么需要这些土地。

实际上，如果我们从稍微不同的角度来看问题，关于土地所有

权的数字揭示了更为明显的不平等。如果我们忽视表4.1中的收入数据而仅仅统计那些村中没有土地的家庭，那么，有30户（41%）将要被划在这个类别中。[①]也就是说，近半数的村民对稻米生产中的主要生产资料缺乏法律认可的支配权。塞达卡村中一半的家庭（37户）几乎不拥有多少土地，如果统计他们的情况，我们会发现，他们一共只占有7里郎的土地。塞达卡的土地总面积是235.5里郎，所以，村中这一半的家庭只拥有全村土地面积的不到3%。而同他们形成鲜明对比的是，村中10个最大的地主虽然只占村庄户数的14%，但他们占有133.75里郎的土地，也就是47%的村庄土地。

我们可以将1979年村庄土地所有权形式与1967年的情况进行比较，并以此评估双耕和新技术的影响。在过去13年时间里，土地所有权的形式未发生本质上的变化，换言之，土地所有权的分配依旧像以前那样是极端不平等的。一旦我们考虑村庄人口的增加（从56户到74户），即使是缺少土地的那些家庭所拥有土地的比例有少量增长的说法也是有误导性的。到1979年，村庄中少地的那一半家庭的数量比1967年增加了9户，他们拥有的村庄土地一共只有微不 95
足道的3%。同1967年的情况（27户）比起来，塞达卡村中没有土地的家庭现在已经增加到了30户，虽然他们占村庄总户数的比例有一定下降。

在单一作物经济中，土地所有权和收入之间的关系是显而易见的。最富有的22户人家中，只有4户人家没有土地。而这4户人家的例外之处是他们是小家庭的多样组合，他们有外出务工的薪水收入，最重要的是，这4户人家平均每户能够租种8里郎多的土地。相反地，村庄中低收入的那一半家庭几乎是没有土地的。大约有60%的贫困村民一点土地都没有，只有3个家庭拥有2里郎多的土地。

村庄土地所有权的分配在近期内不大可能发生显著变化。土地收成的稳定和增加，还有马来人不愿失去土地的传统，都戏剧性

① 这个发现使塞达卡村纯粹的佃农和纯粹靠打短工工资收入的雇工的比例接近穆达水稻种植区37%的总体比例，见第三章。

地减缓了因债务而导致的土地集中进程。哈吉·卡迪尔(#74)是现在村中拥有土地最多的地主,在20世纪70年代之前的30年间,他分8次从负债的小土地所有者那里一共购得了25里郎的土地。虽然哈吉·卡迪尔对土地的贪欲依然像以前一样强烈,但是自从实行双耕以来,他名下的土地并没有实现增长。一方面,尽管哈吉·卡迪尔可能觊觎小土地所有者的土地,但是,这些小土地所有者却不愿意陷入卖地的绝境；另一方面，现在市场上土地租佃的价格一直在上涨，一个生计艰难的小土地所有者能够比较容易地通过把土地出租几个季节来偿还债务,而这种做法不会让他失去土地所有权。

表4.2 塞达卡村稻田所有权的分布状态,1967—1979年

	1967	1979
村庄总户数	56	74
土地不足的家庭		
村庄缺地的那一半家庭拥有的土地占村庄土地总面积的百分比	1%	3%
——总的土地面积(里郎)	1.25	7.00
——每户平均拥有的土地面积(里郎)	.04	.19
——户数	28	37
土地富足的家庭		
占村庄户数14%的大地主家庭拥有的土地占村庄土地总面积的百分比	54%	57%
——总的土地面积(里郎)	114.50	133.75
——每户平均拥有的土地面积(里郎)	14.3	13.3
——户数	8	10
村庄总的土地面积(里郎)	210.25	235.5

同理，土地价格的明显上涨也降低了除富户以外的其他人向
96 上流动的可能性。当然,即使是在双耕以前,通过土地买卖实现向上流动的情况也并不普遍，只有5位现在拥有3到7里郎土地的村民,其土地至少有一部分是在当时购买的。而1970年以来,塞达卡

村里的小土地所有者中没有一个人增加了自己所拥有的土地。如果说这类家庭被有效地限制了进行土地购买,那么,那些拥有土地不足3里郎的家庭,也就是说塞达卡的绝大多数的家庭,甚至没有考虑过这种可能性。

自实行双耕以来,只有9位村民参与过土地买卖。这些土地交易的形式不仅说明土地集中的进程有所减缓，同时也说明了这样一个事实:虽然土地集中的速度放慢了,但它仍朝着原来的方向进行。土地的购买者无一不是富裕户,而卖者主要都是贫困户。1970年以来,塞达卡村有4位村民购置了总共19.25里郎的土地,其中不少土地都在村庄之外。达乌德是村长哈吉·加法尔(#70)的儿子,在他父亲的帮助下,达乌德已经购得了8里郎的土地,其中包括从一个本村人手中购得的3里郎土地。诺尔(#68)也在父亲(一个拥有50多里郎土地的非塞达卡村民)的资助下购得了8.25里郎的土地,这些土地离村庄都有一定距离。阿明(#73)用自己的积蓄从邻村一位富有的、拥有很多土地的哈吉那里购得了塞达卡村中2.5里郎的土地。总的来说,这三个家庭向我们展现了村中哪个阶级的人有能力增加自己的土地所有,他们是塞达卡村最富有的6户中的3户。唯一的例外法齐勒(#42)的情况也证实了这一法则。法齐勒从另一个村民手中购得了2.5里郎的土地。尽管他不是村中最富有的10位村民之一,但他确实拥有8里郎的土地,而且,他当前收入不多是因为他不得不出租他的许多土地，以便筹集资金来购买这2.5里郎的土地。

有5位村民卖出了自己的土地,其中最大的两宗交易分别卖出了10里郎和5里郎的土地。这些村民被纳入政府的移民规划中,所以需要处理自己在地方上的财产。[①]除了其中的2.5里郎,这些土地都以高价卖给了富有的非塞达卡村民。第三宗3里郎的土地交易表

① 更为普遍的是，这些因为移民规划而离开的村民依旧保留他们在当地的土地，并把这些土地出租。

明，在某些情形下贫困的家庭依然需要卖出他们的土地。“瘦骨嶙峋的”玛的妻子（#6）和她至少8位兄弟姐妹共同继承了3里郎的土地。他们在土地分割上难以达成共识，一年以后，他们决定把土地卖掉，然后平分卖地所得。这块土地卖给了哈吉·加法尔的儿子达乌德，也就是说从村中最贫困的一个家庭流通到了最富有的一个家庭。剩下两宗土地交易中，卖地的是两位守寡的穷姐妹，哈斯纳（#15）和沙勒玛（#20）分别把自己0.5里郎的土地卖给了她们住在邻村的、景况较好的兄弟。这两宗土地交易都是在相当特殊的情形下进行的；通常来说，这两姐妹中没有一个会考虑把土地卖掉。[①]
97 在这5宗交易中，土地无一不是落入了小康人家或富人手里。其中两位卖地者景况良好，卖地可以合理地视为他们的投资决策；而对于其他的卖地者来说，土地出卖使他们朝着“无地”更进了一步。

租佃偶尔也会缓解土地所有权中的不平等。如果那些拥有大宗土地的地主能够把他们的土地出租给较为贫困的农民耕种，那么，土地在耕种中的实际分配可能比所有权统计数字更为平等一些。在塞达卡，虽然土地在耕种中的实际分配比所有权的分配更为平等，但是它依然是高度不平衡的。比如，10个最大的农户，虽然他们只占村庄家庭总户数的14%，但是，他们耕种着115.5里郎的土地，也就是村庄36%的耕种面积。这10个农户平均耕种11.6里郎（8.2英亩）的土地。而与之对照的是，村庄只耕种小块土地的那一半家庭（37户），耕种着58.75里郎的土地，也就是村庄18%的耕种面积。[②]

① 特殊情形是指，这两姐妹有一位兄弟在吉打州某地的政府橡胶园工作。这位兄弟继承了相邻的土地，他把姐妹俩的这两小块土地也据为己有并在上面耕种。两姐妹的恳求也无济于事。但是，因为这位兄弟惯用暴力的名声，姐妹俩不敢去警察局或法院告发。因为她们已经连续5个种植季不能耕种自己的土地，最后姐妹俩决定把她们的土地卖给另一位兄弟。那位1981年买了地的兄弟依然无法耕种这些土地，他为了申明自己的所有权，花费了不少的钱用于打官司。这个事件表明，在他人暴力的阻挠下，国家和它的地方代理人难以保证财产所有权的效力。不过，在村民看来，这个案例是相当例外的。

② 我把没有土地的10户人家也包括在内。而对于一般的耕种面积分配的统计来说，只有那些拥有土地的家庭才包括在内。这种方法得出的结果会低估土地紧张的程度。这10户人家中的7户都想方设法要租种别人的土地，只有3户年迈的种地人是选择不种地的。

每个家庭平均的耕种面积只有1.6里郎，刚好1英亩多。这里的情况是穆达地区总体情况的复制：村中许多从事农业耕作的人口无法获得必要的生产资料，因而他们不能获得可靠的生活保障。虽然这些人耕种的小块土地可以为他们中的许多人提供每日的粮食，但是，如果没有在稻田或其他地方出卖劳力获得的现金工资，这些人是难以为生的。

就像土地所有权的数据一样，我们可以利用掘井健三早期收集的数据，对比1979年和1967年的土地耕种面积的分配状况（表4.3）。相对稳定的百分比分配掩盖了一些戏剧性的变化。塞达卡的一些小农户几乎已经完全失去了土地。他们所耕种土地的份额已经从多于1/4下降到了不足1/5；他们耕种的总亩数已经下降了大约1/3。伴随着村庄人口的增长，对于这一部分处于困境的村民来 98
说，他们耕种的平均面积已经从双耕以前的3里郎下降到1979年的1.6里郎。这个变化已经足以抵消双耕带来的额外收入。[①]从数字上来看，耕种大片土地的村民同样也失去了相当一部分的土地，特别是就平均耕种面积而言。然而，这些减少的耕种面积中，很大一部分都可以追溯到农夫卡米勒（#55）。卡米勒在1967年租到了38里郎的巨额面积土地，而这些土地的大部分已经被那位外村地主收回，并分配给了自己的后人。

---

① 和其他事情也一样，双耕并不意味着收入的翻倍。双耕的必要投入，包括化肥、拖拉机的配备以及劳动费用的增加，都减少了一部分新收益。在吉打州，按最初的估计，稻田的纯收入因灌溉可以增加60%。因此，在双耕制中1.6里郎土地的收益相当于单耕制中2.66里郎土地的收益。在塞达卡村，小农户的平均耕种面积减少了一半，这意味着，从种地的收入来看小农户的处境更加恶劣，虽然他们每年都有两次收成。

表4.3 塞达卡村土地耕种面积的分配,1967—1979年

	1967	1979
村庄总户数	56	74
小农户*		
村庄耕种土地最少的那一半家庭所耕种的土地占村庄耕种土地总面积的百分比	24%	18%
——耕种土地的总面积(里郎)	85.0	58.75
——每户平均耕种的土地面积(里郎)	3.0	1.6
——户数	28	37
大农户		
村庄14%的耕种大块土地的家庭所耕种的土地占村庄耕种土地总面积的百分比	40%	36%
——耕种土地的总面积(里郎)142.5	175.5	
——每户平均耕种土地的面积(里郎)	17.8	11.6
——户数	8	10
村庄耕种土地的总面积(里郎)	357.75	323.25

*包括1979年没有土地的10户家庭,见第118页注②。

威胁到贫困村民生存的基础性结构变迁有重要而复杂的原因,这值得在后面进一步展开分析。其中的一些原因,我们在前面的章节中已经有所提及。人口学意义上的变化无疑是要考虑的。其次,许多相当贫困的家庭迁入了塞达卡村,他们没有土地可耕种,或者更为普遍的是,只能耕种 1 里郎或 2 里郎的土地。另一种情况
99 是财产继承。经过财产继承,原来父母耕种的整块土地被分成若干小块,传给已婚的子女。最后,为了追求更多的利润,地主——特别是在外地主(outside landlord)——解雇了佃户,自己耕种土地或者签订长期契约将大块的土地整租。塞达卡村村民耕种的土地总面积从1967年到1979年的下降,已经明确地说明了这一点。

村庄构成

1979年的塞达卡已经远远不是1967年的那个村庄。一些家庭发生了解体或者迁出了村子。然而更多的家庭又建立起来了。塞达卡村的总户数增加了25%(从46户发展到70户), 而村中总人口也

大致以相同的速度增长。[1]只要观察这一变化的具体细节，我们就不仅能够了解马来西亚社会的社会流动性，同时也能够了解到社会流动是如何与那些关键因素——比如土地、收入和亲属关系等——联系在一起的。

对变化中的村庄构成的更具体的分析可以参考附录A，不过为了我当前的目的，下面这几点需要特别说明一下。在离开塞达卡村庄的人中，穷人通常是以个体形式离开的，村中的年轻男女普遍到城市工作（作为建筑工人、手工劳动者、工厂工人以及家政服务人员）。而另一方面，那些一家一家迁出塞达卡的家庭则多是富裕家庭，他们或者在村庄附近地区买了土地，或者被接受为政府房产的"居住者"。还有15户新的家庭迁入村庄，他们属于村庄中最穷的那部分。就像村民所说的，"人产子，地不产子"。村庄经济已经没有空间来容纳大部分新增人口。

土地占有与使用

塞达卡经济生活的许多主要变化都反映在表4.4所显示的对土地控制情况的基本数据中。具体的比较可以参考附录C中的表1和表2。我们这里只讨论最重要的发现。

在过去12年间，最显著的趋势就是村中小农户的数量以及他们占村庄总户数的比重都有所增长，而那些大农户所占的份额则在下降。那些耕种面积在3里郎或者3里郎以下的家庭已经从12户增加到24户，翻了一番。其中5户人家的耕种面积还不足1里郎，而在1967年的时候，掘井健三有足够的理由完全忽略"不足1里郎耕 100
种面积"这一类别。就在同一过程中，这些小农户平均的耕种面积已经下降到不足2里郎（或者说1.4英亩）。但是，小农户耕种面积的缩小并不是因为稳定的小农户阶级被剥夺的土地越来越多；恰恰相反，这些小户主耕种的土地面积的份额已经从7%上升到了

① 村中的家庭从46户扩展到74户，增长了32%，我把在村庄"边界"上的4户人家也包括在我的统计中，而掘井健三并没有把这些家庭归入塞达卡。

13%，几乎翻了一倍。作为一个阶级，他们耕种面积的减少一方面是因为他们人口的增加，另一方面是因为全村耕种的土地总面积减少了大约10%（从375.75里郎减少到325里郎）。

在塞达卡，越来越多的贫困小农户耕种的土地面积减少了，但那些耕种大量土地的农户所耕种的土地面积并没有相应地增加。事实上，出现的情况几乎与此相反。在双耕以前，有17户人家拥有并且（或者）耕种着超过10里郎的土地；他们一共垄断了全村耕种面积的57%以上（206.5里郎）。现在，尽管村庄的人口增加了，但是只有13户人家达到了这样的规模，而他们耕种的土地也只占全村耕种总面积的37%（123里郎）。这一阶层平均的耕种面积在这一时期从原来的12里郎萎缩到9.5里郎。我们发现了这样的情况：无论是小农户还是大农户，他们的耕种面积都减少了；不过，小农户的户数翻了一倍，而大农户的户数却下降了。

表4.4 塞达卡村农户耕种面积的频率分布，1967—1979年

控制的土地面积*（里郎）	1967		1979	
	户数	占家庭总户数的百分比	户数	占家庭总户数的百分比
0—3	12	23%	24	35%
3+—7	17	33%	25	36%
7+—10	6	12%	7	10%
10+—20	13	25%	12	17%
20+—40	4	8%	1	1%

* 这里的“控制”既包括耕种的土地也包括拥有但是租出的土地。所以，如果一个农户自己耕种15里郎土地，同时租出15里郎土地，那么这一农户应归属“20+—40”这一类。这里存在一些重复计算，有些土地为村里的地主拥有，于是被计算一次；这块地被出租给本村的佃户，那么这块地就又被算入一次。因为大部分租种的土地属于不在地地主，所以重复计算

的影响不大。

把塞达卡村每个农户平均耕种的土地面积作为一个整体来考虑的话,其变化趋势是可以比较的。在1967年,塞达卡村每个农户平均耕种的土地面积差不多是7里郎,而现在不足5里郎。也就是说塞达卡村耕种的土地面积减少了32%。如果按照关于双耕利润的标准假设进行计算,双耕的潜在利润有超过90%已经被耕种面积 101
的显著减少抵消了。[①]

塞达卡已经陷入了人口和结构的钳形攻势(pincers movement)。村里农户的人口已经增加了将近1/3,而这些农户耕种的土地面积却减少了将近10%。即使村庄的耕地没有减少,单单人口的增加也足以使每个农户平均耕种的土地面积从差不多7里郎减少到5.2里郎。农户平均耕种的土地面积减少到现在的4.7里郎还可以从村庄耕种总面积的减少来解释,1967年以来塞达卡的耕种面积减少了差不多33里郎,这种减少是如何发生的?我们可以确信,这并不是因为塞达卡的地主收回了佃户耕种的土地。村里的地主租给村民——通常是他们近亲——的土地总量在过去的12年里并没有发生变化。村庄耕种土地面积的减少主要是由于外村地主收回了他们的土地。这些外村地主大多比较富有,他们收回土地或者自己耕种,或者传给自己已经成人的子女,或者把这些土地租给其他的耕种大量土地的种植者。

1967年和1979年土地控制情况的各类别分布可以说相对比较稳定。唯一例外的是塞达卡第一次出现了5户完全不种地的土地所有者。不过,其中两户人家把自己的小块土地租出去是因为他们实在穷到无力购买稻种并提供一直到收割所需的人力物力。其他的几户大多是因为年老而不能下田耕作。还有一户是因为债务而只能暂时把自己的土地租出去以满足债主的要求。除此以外,唯一的

① 1979年双耕方式下的每个农户平均耕种的4.7里郎相当于单耕方式下的7.5里郎(参见第119页注①)。然而,1967年时每个农户平均耕种6.9里郎的土地,不过是7.5里郎的92%。

一个比较显著的变化是，塞达卡村里完全靠租地的农户的比例有所下降(从44%下降到35%)。然而，更为重要的是，这些纯粹的佃农耕种的土地面积也有所下降。在1967年，他们是土地控制情况中人数最多的一个类别，不过那时，他们平均耕种6.1里郎的土地；而到了1979年，他们平均耕种的土地已经下降到了4.1里郎。如果把现在耕种面积超过7里郎的3户佃农排除出去，那么，其他佃农平均的耕种面积就要下降到3.3里郎。在整个穆达地区，失去土地的几乎都是那些完全靠租地的农户这一阶层。总的来说，虽然这些完全靠租地的农户的绝对数量从23人增长到26人，但是，他们耕种的土地比双耕前少了1/5。与此形成鲜明对比的是，在这一时期，人数较
102 少的自耕农阶层的耕种面积尽管很小但相对比较稳定。

租佃的变化

佃农地位的下降同双耕以来土地租佃形式的变化有密切的联系。如先前已经指出的，一个关键的变化是谷物地租消失了，取而代之的是现金地租。[1]在1967年，掘井健三发现，塞达卡只有不到一半(48%)的租佃协议是以现金为度量来决定地租，而不是跟谷物挂钩来决定地租的。[2]但是，到了1979年，用谷物来度量地租的协议锐减，90%以上的租佃协议都是商定的现金地租。

① 参见Horii, “Land Tenure System”, 第57、58页。他在该文中写道，“要理解这种固定的谷物地租，我们必须注意到，这种地租实际上是将租佃双方已经商定的一定数量的稻米卖掉，获得的现金用来支付地租。佃农在收获后，立刻将租佃协议中约定数量的稻米卖给商人，把这样获得的现金付还给地主”。

② 同上，第57页。

表4.5 塞达卡村的租佃协议（按地租支付的时序分类），1967年，1979年

	耕种以前支付的地租		收获以后支付的地租	
	%	（N）*	%	（N）*
1967	7	（3）	93	（43）
1979	42	（28）	58	（38）

*“N”表示在这一年中租入的土地有多少块，这个数量要大于租地村民的数量，因为不少村民都租入了不只一块土地。

1970年以前，在耕种土地以前就要用现金支付地租的情况比较少见，就像表4.5所显示的一样。然而，到1979年的时候，预付地租的方式已经相当的普遍，接近一半的租佃协议都是按这种方式执行的。这个变化主要发生在实行双耕最初的两年。由于新的灌溉工程所带来的最初的利润，大多数佃农有能力提前支付地租，地主也就可能提出这样的要求了。对于贫困一些的佃农来说，这种负担是相当大的。究竟有多少村民是在这种形式下因无力筹集现金而失去了他们耕种的土地？我们将会看到，这是一个颇富争议的问题，而这种争议中的各种态度基本上遵循着阶级路线。[①] 103

土地租佃的第二个变化是，当收成不好时，重新商议地租的可能被排除了。当地把可以进行商议的地租称为“活租”（living rent），以此表明它的灵活性，与之相对的就是被严格执行的“死租”（dead rent）。“死租制”包括了在耕种以前支付地租的土地租佃以及收获后严格执行地租交付的土地租佃。当地主和佃农之间不存在亲属

① 当然，这个问题并不简单是一个人的记忆力好坏的问题，而是一个如何解释的问题。一个富裕的村民会声称，更换佃户是因为在其他事情上的个人分歧，或者因为先前的佃户不想再耕种这块土地。一个特别穷的村民会说佃户失去土地的原因恰恰是因为要提前交租。关于“社会事实”是如何成为各阶级解释的对象的详细讨论参见第五章。

关系时，收获以后才交付的地租多是死租。

表4.6 塞达卡村的租佃协议(按地租的可商议性分类)，1967年、1979年

	可以调整的地租		没有商议余地的地租	
	%	(N)	%	(N)
1967	72	(33)	28	(13)
1979	47	(31)	53	(35)

说明：1967年的数据是根据掘井健三的研究估计的。掘井健三提到，除了定租的土地租佃(leasehold tenancy)之外，如果租佃双方没有亲属关系，其他情况下地租也很少是可以调整的("Land Tenure System", 60)。然而，掘井健三在另外的地方曾经提到，"减租"只有在谷物地租的方式下才有可能的。我确信，他后面的叙述是有部分错误的，因为即使在1979年，近亲之间的"现金地租"也是有协商余地的。我在统计1969年的地租时，把双方没有亲属关系的租佃和"现金地租"都归入了"死租"之列。相比而言，1979年的数字基于我的直接调查，每一个案例中我都对租金调整的可能性都进行了询问。

就如表4.6所示，在双耕以前，没有商议余地的地租是比较少见的。而到了1979年，这已经非常普遍，已经成为租佃协议中的多数。一个佃农如果向地主支付的地租不低于平均水平，那么，根据他的生产投入，这位佃农就要收获大概7到11麻袋的稻米，只有这样，他才能够维持收支平衡。[①]在塞达卡，土地的平均产量是13到14袋稻米，偶然会下降到7到8袋。在旧的租佃制中，实收的地租在不好的年景中一般会下降，以弥补——至少是部分弥补——农业歉收的损失。现在，水稻作物即使有了灌溉系统也仍然会受到自然的

① 关于各种不同假设下塞达卡种地人的收益，参考附录C，表C3和图C3a。

反复无常的影响。当水稻歉收时，佃农需要承担所有的损失，而且在下一次播种之前要向地主提前交纳所有的地租。但是，大多数的佃农依然继续租种土地。年景不好的时候，种地的成本是非常高昂的，佃农只好勒紧裤带，短期外出务工，或者重新举债。同时，在这些例子中，租佃关系变成非个人的硬性合同——即使不是书面合同。以前，对地租的调节表明了在实际的租佃关系中社会纽带起了 104
一定的作用；而现在社会纽带让位于商业追求，人们锱珠必较。

尽管耕种面积的下降造成塞达卡的土地比较紧张，但是，地租的平均水平并没有显著提高：1967年的地租是每里郎71马元，而到了1979年，上涨到每里郎112马元。这一上涨速度总体上低于水稻生产投入的增长速度。[①]在许多佃农——尤其是那些同地主关系比较密切的佃农——看来，现在地租在耕种收入中的比重并不比1967年高。但较低的租金上涨幅度并不意味着地主遭受了相应的损失。情况正好相反，双耕开始后，所有的地主都因灌溉工程而得到了一笔永久的横财：他们每年的地租收入翻了一倍。

在塞达卡，就像在吉打州的其他地区一样，绝大多数租佃协议都是口头约定，是租佃双方以一种非正式的方式达成的。这种方式在1955年受到了“水稻耕作者条例”（Padi Cultivators' Ordinance，1967年再次颁布）的限制，“水稻耕作者条例”为租地合同提供登记，并且按照土质的不同等级设置了最高地租（平均收成的一个比例）。显然，同1967年一样，现在塞达卡大部分的租金已经超过了最高限度。这一法令并未得到切实执行，因为那将是与地主阶级的激烈对抗，而地主阶级是执政党在乡村的核心。此外，对于那些从近亲那里租种土地的佃农来说，这一法令是没有必要的，因为这些佃农通常有相当可靠的土地使用期限，并且支付灵活的、可讨价还价的租金。而对于那些按市场价租种土地的佃农来说，如果他们要求

① 我已经把1967年谷物地租的现金值和当时以现金为度量的地租进行了平均计算。

进行登记，地主就会立即解除租约；在任何例子中，要求登记都是无意义的，因为登记并不能防止地主收回土地自己耕种，也不能防止地主在实际中私下要求非法的高额地租。

然而，平均的地租水平是很有误导性的，因为塞达卡和吉打州的土地租佃市场都是各自为政的。1979年，这些市场上的地租从每
105 里郎200马元到实际上的零地租，浮动很大。[①]表4.7清楚地表明，租佃市场上的主要“断层线”是由于亲属关系的存在。租金的不同反映了两分的租佃体系，其中为数不少的佃农（42%）都是他们的父母或者祖父母的特许条款（concessionary terms）的受益者。在这个受保护的市场中，地租远远低于市场上的地租。如果租佃双方没有亲属关系，那么，可以预料的是，这种租佃关系的地租是最高的；而租佃双方有远亲关系的地租大致落在这两端之间。尽管绿色革命带来了商业化，但是，土地租佃仍然以亲属间的租佃为主，这种租佃方式占了所有土地租佃的2/3，这也是穆达平原的总体情况；这种租佃方式为完全的资本主义土地市场的各种后果提供了一处安全的庇护所。不过，这种近亲之间特殊化的租佃关系只涵盖了塞达

① 无需交租的租佃关系一般大多发生在父母和子女之间。这种情况并不简单。许多通常有正式访问安排的关于土地租佃的快速调查似乎表明，很多土地都是以免租的形式租入的。不过，父母普遍声称自己没有向子女要求地租，而子女也说自己无需交纳租金。这种说法符合村庄广泛接受的关于父母子女关系的价值观。不过，更进一步的调查表明，实际上，这种租佃中只有极少数是真的不用交地租的。一个例子就是，土地丰裕的父母通常会把自己的一块地租给自己刚结婚的子女；作为送给新婚夫妻的礼物，第一年的租金是不需要支付的。除此之外，子女每一个种植季都要为从父母那儿租到的土地付给父母一些什么，或者是现金，或者是实物（如果父母和子女住在一起的话）。这种支付在双方看来都是一种礼物而不是地租，因为礼物的多少是由子女决定的。如果根本没有为租地付出任何东西的话，子女通常就会在家里或地里为父母出一些劳力，或者在某些特殊情形下送给父母一些礼物，这些都部分地同父母提供的土地联系在一起。在吉打州的其他地区也有类似实践，参见Mohd. Shadli Abdullah, “The Relationship of the Kinship System to Land Tenure: A Case Study of Kampung Gelung Rambai” （Master’s thesis, Universiti Sains Malaysia, Penang),108, 134—135, 和 Diana Wong, “A Padi Village in North Malaysia”（1980, mimeo.）。

卡由佃农耕种的土地的40%,这是因为租给近亲的地块的平均面积一般小于租给非亲属的地块的平均面积。

表4.7 租佃中的租率(按租佃双方亲属关系的远近分类),1979年

	近亲关系	远亲关系	没有亲属关系
个案数	28	16	22
占总的租佃个案的比例	42%	24%	33%
每季每里郎的平均地租	98.82马元	117.61马元	131.80马元

亲属关系并不是唯一减轻租佃条款的社会纽带。当地主和佃农生活在一个村庄的时候,地租一般都低于市价。一个佃农每个种 106 植季支付给跟他没有亲属关系的外村地主的平均地租是每里郎129马元,而他如果向没有亲属关系的本村地主租地时,他所支付的地租只有105马元。[①]在塞达卡,土地租佃的经济影响同样也反映在地租支付的时序上。与所租种土地的地主之间有某种关系(但不是父母子女关系)的佃农中,有3/4可以在收获以后再支付地租。而从外村亲戚那里租种土地的佃农中,只有不到一半可以得到这样的优惠。[②]所有这些都清楚地表明,村庄在适中但显著的意义上是

① **塞达卡土地租佃中的地租水平与亲属及居住关系的交互表**

	近亲关系	远亲关系	没有亲属关系
从同村地主那里租种土地	93.63马元	101.75马元	105.00马元
	(11)	(4)	(3)
从外村地主那里租种土地	99.19马元	125.00马元	129.05马元
	(16)	(14)	(18)

② 即便是例外情况,也是有启发的。24个近亲租佃的个案中,只有4个个案是在播种以前支付地租的,而其中的3户是因为租出土地的父母生活窘迫,为了帮助父母,子女就提前交了地租。提供特殊待遇的精神在这些个案中还是有效的。不过,这些个案所体现的是作为佃户的子女给他们的父母提供了特殊待遇。而在没有亲属关系的租佃中,21个个案

一个共同体。不幸的是，这种机制下可用的土地远远不能解决土地稀缺和人口压力的问题。

在亲属和邻里关系所庇护的租佃市场之外，市场竞争十分激烈。没有亲属纽带的租佃的平均地租水平是反映这种竞争的一个指标。另外一个指标，我们可以把它称为“哈吉”地主租佃市场。如前文所指出的，许多富裕的哈吉地主阶级都相当商业化，他们已经把触角伸到了其他的领域：比如拖拉机出租、粮食加工以及运输。事实上，塞达卡村有9位村民从与他们没有紧密关系的哈吉地主那里租种了土地。这9位村民平均支付的地租是140马元（每里郎每种植季），这个价格已经超过了那些从非亲属的外村地主那里租种土地的佃农所支付的平均地租。虽然这些“哈吉”地主的支配能力有限，但是，他们严格按照市场原则行事，是一个数量少但力量大的地主阶级的重要组成部分。

在过去十年中，长期契约租佃的急剧变化最突出地反映了土地竞争的状况。在1967年的时候，可以把长期契约租佃看成是亲属
107 之间传统性租佃关系的一部分。掘井健三在塞达卡发现了3个亲属之间的契约租佃。这3个个案的平均租金都远低于当时现金地租的标准。[①]所以，他合理地推断，这种提前支付租金的多种植季租佃并不是“地主的强硬要求”，而是一种“亲属之间互助的表现……是一种在有亲属关系的地主和佃农之间存在的信用体系”[②]。

中只有6个被允许在收获以后再支付地租，而这些个案背后同样也有特殊的情况。在其中的5个个案中，同一块地已经被租给同一个家庭超过20年，所以，佃户和地主之间建立了大多数非亲属关系的租佃中很难得的亲密和信任关系。而另外一个反常的个案是因为这块土地易遭水患，所以如果地租不可以在收获后商量的话，没有人愿意冒险去租种这块土地。

① 3个个案中的2个都涉及了华裔地主，他们同他们的佃户按照《水稻耕作者条例》签定了租地合同。在这里，信任的同时也伴随着地主可能的担心：如果改变交租的时序，那么，佃农就会质疑他们为这些土地支付的不合法的高额租金。

② Horii, “Land Tenure System”, 62.

到了1979年，契约租佃已经成为了一种彻底商业化的交易，这种交易反映了地主和佃农在双耕以后可能的新收益。这时候，长期契约租佃的个案数已经从原来的3个发展到7个；涉及的土地面积已经从10里郎发展到20里郎，翻了一倍。特别重要的是，虽有季节性的调整，这种长期契约租佃的平均租金都维持在每里郎142马元的水平，远高于非亲属租佃平均地租。高额租金是对目前的长期租佃中地租情况的不充分表述，因为很多现存的协议都是1979年之前签定的，那时候，低租金比较普遍，签订长期租约的佃户一次性付清地租时，是可以大约按照目前的利息率获得折扣，所以，长期租金比每一季的短租价格要低，而不是高。长期租佃目前的地租水平可以从最近刚刚签定的协议反映出来，一个佃农（托·奥马尔，#37）要连续两个种植季租种3里郎的土地，他支付的地租为1110马元——相当于他每一种植季的地租为每里郎185马元。

如同许多观察者的看法，如果高度商业化的长期租佃在塞达卡乃至整个穆达地区逐渐普及的话，这将不利于农民获得土地。①按照这样的趋势发展，就像我们之前提及的情况，承租土地的主流将不再是租入土地的穷人，只有那些家资丰裕的商业经营者才有财力参加租佃的投标。即使对于一个中等水平的农户来说，他想要在市场上竞争土地，也会遇到障碍。罗吉娅（玛·布扬的妻子，#34）的个案就说明了这一点。她花了1600马元从她兄弟那里得到了连续四个种植季种植2.5里郎土地的权利。但是，为了支付这笔费用，她典当了家中所有的黄金首饰，并且从村里两个杂货店店主那里借了500马元的高利贷。而现在，她的兄弟在原来的租期没有到期的情况下要求她把租期延长一年（800马元）。而如果她不能拼凑出 108
额外的800马元，那么这块地就要被转给另一个佃户。即使对村中耕种土地最多的农户之一拉齐姆而言，为了筹集3000马元租金从法齐勒那里租种4里郎（7个种植季）的土地，他也犯了难。尽管这份

① 虽然没有相关的证据，但是总体而言，长期租佃的高地租（按种植季计算）中有一部分是由于长期租佃的土地通常是更高产的土地。

契约从长远来看非常诱人（平均每种植季每里郎的租金为107马元），而且法齐勒还允许他延迟一季交其中的1000马元。拉齐姆最初交纳的地租的一部分仍然是从一个邻近的中国商人那里借到的。所以，塞达卡村中签订长期租佃契约的农户没有一家是来自村中最穷的那1/3的家庭，尽管这些家庭极其需要可供耕种的土地。租佃关系的商业化的另一个明证是，即使租佃的双方是近亲，他们的合同现在不但是书面合同而且还经过了公证。①

有4位村民已经失去了他们以前租种的土地，因为他们的地主坚持要将租约转为长期租约，而这几位村民却不能凑够所需的现金。大约有18里郎的土地以这种方式落入了村外人的手里。更加令人不安的是，村民们几乎每天都会从市场上或者从亲戚那里得到这样的消息：大片的土地落入了富有的、从事商业的佃户手中，其中很多是华裔。这些华裔自己有拖拉机，有些人甚至拥有联合收割机的一些股份。一个在双溪布浙村附近的村民已经把8里郎的土地以15000马元的租金租给了一个拥有拖拉机的华裔小商店老板耕种15个季。塞达卡的托·卡西姆（#60）把自己4里郎的土地出租了10个季，以便为他儿子驾驶的出租车筹集6000马元首付。而租种托·卡西姆土地的佃户是一位华裔拖拉机所有者。托·卡西姆就是这个华裔拖拉机所有者的经纪人，托·卡西姆负责排出犁耕作业的时间表并收取相关的费用②。托·卡西姆说自己更愿意把地租给马来人，但是，他认识的马来人中没有人能够支付他所需要的那笔费用。同这些消息相伴随的是一些外来的商业经营者参与土地竞争的日常证据。在塞达卡的富裕地主勒拜·彭德克（#73）看来，那些跟他

① 当然，佃户会坚持签订书面合同，以保护他们耕种一定数目种植季的权利。塞达卡流传着这样几个故事：过去一些租地的佃户没有坚持要求签定书面合同，他们在一个晴朗的早晨发现，他们的地主在租约到期之前就卖出了土地。

② 当地或者整个穆达地区都没有可靠的数据来告诉我们，华裔商人阶层在租佃市场上是如何重要。事实上，我们很难知道，当地人的印象是否准确，如果这种印象准确的话，又是否具有代表性。

做生意的华裔小商店老板没有一周不问他是不是有意出让他的土地。

即使是最小型长期租佃，最初资本支出已经超出村中绝大多数家庭每年的纯收入;此外,现在长期租佃租金已经达到每季每里 109
郎180马元到220马元。在这样的情况下,如果农业收成一般的话,利润非常微小,甚至会无利可图。对于当地绝大多数耕田人而言,即便他们有租地的资本,他们也不敢冒这种风险。只有那些自己已经拥有拖拉机或联合收割机的人和那些从事大面积种植的农户才可以在这个市场上参与竞争,前者可以降低他们的生产投入,而后者则可以分散风险,减少短期损失。事实上,资本(包括机器、磨坊和货币储蓄)的主人正在直接进入生产进程,并自己耕种土地。那些想把自己的土地出租给长期租佃佃户的土地所有者可能是富人,也可能是穷人;但是,那些租入这些土地的新佃户越来越多地来自那些最富有的马来人和华裔农业经营者。虽然所有权基本没有什么变化,但是,耕作的集中趋势——经营权的垄断,正在快速地发展。①

水稻生产的变化和工资的变化

塞达卡村中那些贫穷家庭现在十分怀念双耕刚开始的那五年(大概一直到1977年),那时,不仅由于两季稻生产中的插秧、收割、打谷以及运输,工作是充足的;而且,劳动需求在种植和收获的时候达到了高峰,这提高了劳动者在谈判中的地位,大大增加了他们的实际工资。一直到1976年,形势都是喜人的,乐观主义有充足的

① 这种经营权的垄断也可以有其他的形式:比如,把地里的"青"苗出售给拥有联合收割机的辛迪加联合企业。在这样的实践中,那些还在地里的稻谷,在插秧以后收获之前,被打折出售。这种方式不仅被那些有资金困难的村民所采用,收获之前需要现金周转的大农户也采用这种方式。据说,在南部的明关村,这一现象比较普遍;我在塞达卡的期间塞达卡至少有6例这样的个案。在长期出租(paja)中,卖青苗的可能是穷人,也有可能是富人;而买方几乎毫无例外地都是富人。与此相关,这里需要说明的是,并没有证据表明,缺乏资本的小农户和小佃户的收成比大农户差,虽说小农户和小佃户只出售他们收成的一小部分。

理由——几乎所有的人都在双耕中得到了好处。当然，大农户和地主是产量提高、地价上涨的主要受益人，尽管生产投入的增加抵消了一定比例的利润。对于过去勉强维持生活的小农户来说，他们第一次发现，双耕给他们带来了一定的剩余，并减轻了他们日益增加的债务。对于村中少地或无地可耕的最贫穷的村民来说，他们过去主要依靠打工来养活自己的家庭，现在即便是他们也可以在水稻的两个种植季中在当地找到工作，这些贫穷的村民无需每年离家去找工作来满足家庭的需要了。

从外部来看，似乎双耕已经使村民有了一个更加可靠的经济
110 基础，并使得他们在人口、债务和移民的压力下有一些喘息的机会。从内部来看，塞达卡的村民以一种典型的乐观态度来回应这样的变化。他们用更加牢固的材料重盖了自己的房子；他们以更加铺张的方式操办婚礼和其他仪式；他们买了新的自行车，甚至小摩托车；他们在食物、服装、家具、甚至首饰方面有了一些小的奢侈消费；他们开始旅行去拜访以前很少探望的亲戚。对于村中比较贫困的农户来说，人生中第一次，他们发现自己也可以拥有水利灌溉以前殷实的中等农户才会有的食物、不动产，可以举行他们才能举行的仪式。相应地，那些原本已达到小康水平的家庭则热衷于大约10年前只有最富有的人家才会考虑的消费时尚、仪式和投资。在这种普遍的欢愉中，对日益扩大的收入差距的担忧很大程度上被忽略了，这并不奇怪。

到1978年，到1979年则更加明确，愉悦的气氛以及那些支撑这种欢愉的许多物质条件都消失了。不过，如果说原来的欢愉是一个普遍的现象的话，那么，幻想的破灭则是选择性的，它主要影响着穷人。自从1974年以来，农产品的交货价格没有变化，生产投入的增加大大削减了农业的收入。对于大的农户来说，这只是带来一定的麻烦，但是对于小佃农和小农户来说，这是一个沉重的打击。1978年的一场旱灾几乎使需要灌溉的作物颗粒无收，这不但削减了将近一半的农业收入，而且也剥夺了穷人赖以为生的工资收入。

同时，那股原本促进农村相对繁荣的经济力量已经开始促成了租佃模式和生产技术的变化，正是这些变化潜在地破坏了之前的繁荣，特别是对于那些社区中原本就受益最少的农户来说。就像我们所看到的，大地主为了追求更大的利润，他们或者自己亲自耕种土地，或者把大块的土地出租给那些能够提前交纳大笔地租的富有的长期租佃佃户。在任何情形下，可供小农户和中等水平佃农租种的土地减少了。

大约在同一时间，联合收割机开始出现在人们的视野中。促成联合收割机出现的经济力量很大程度上正是原先提高村庄工人收入的经济力量。只有当收割所需的劳动费用增加了，而且双耕以后事实上有了全年收割的可能，对大型联合收割机的投入才是有利可图的。[①]联合收割机的直接和间接的影响都是巨大的。受损失最大的几乎无一例外的是村中比较贫困的家庭，他们的经济保障和 111
经济收入几乎又重新回到了1970年以前的水平。1978年农闲季作物因为干旱颗粒无收，这使得这些贫困家庭的收入锐减。这些贫困家庭也很快意识到，联合收割机的出现使他们很难在1979年通过人力收割来弥补他们的损失。穷人们又一次勒紧了裤带；筵席和婚礼或者已经过去，或者被取消，或者缩小了规模；穷人们原来的一点点奢侈享受现在也消失了。到1979年，许多穷人又开始离开村庄，到城市打临工，以维持他们的生计。

这里虽然我们只考察了这些变化在塞达卡所产生的经济影响，但是，这将有助于发现在最后一章中要简要描述的更大范围的变化。促进生产技术领域变化的地方性努力也将揭示出其他多样的次要后果，对这些后果的讨论在对穆达地区的各种综合分析中是缺失的。这里，我们关心的是那些地方性的“事实”，至于它们的“社会意义”和对这些社会“事实”的反应，我们将在此后的几章中

① 当然，这些并不是全部的因素。从1973到1974年，谷物价格的大幅增长、对泰国收割工人的限制，再加上吉兰丹州劳动移民的减少，都刺激了联合收割机的出现。联邦政府降低或取消了收割机的进口税，这也降低了要购买联合收割机的财团的资本消耗。

讨论这些重大的问题。

农业生产的机械化，自然对那些以打短工的工资为主要收入来源的村民产生了最直接的威胁。纯粹的雇工这个小群体受到的负面影响最大。不过，在塞达卡这样的人家只有4户，而在整个穆达地区，估计纯粹依靠的打短工的工资收入的家庭大概占7%到10%。或许是因为这个原因，人们甚少关注机械化所带来的工资损失。考虑到稻米经济以外的劳动力市场的快速发展，如果说机械化的影响只局限于纯粹的雇工阶级，这样的疏忽是情有可原的。但是，机械化影响的范围要广泛得多，机械化在某种程度上影响了所有过去依赖打短工换取部分收入的家庭。如表4.8所示，在1977—1978年塞达卡村对打短工的依赖程度是很显著的。

表4.8 塞达卡家庭的打短工*收入占家庭纯收入的比重：1977—1978年，主种植季

	100%	50%以上	25%—49%	0—24%	0
户数	4	15	9	24	22
占全村总户数的比重	5%	20%	12%	32%	30%

*这种劳动首先包括插秧、收割、脱粒以及田间运输。它也包括一些不太普遍的薪酬工作：比如赶水牛犁地、拔草、捆绑、运输秧苗、修复堤岸，以及在插秧、除草和施肥以后补种被破坏的区域。但打短工不包括运送袋装
112 的粮食，一旦这些粮食离开了田地。

在塞达卡，至少1/4的家庭应该主要被视为雇工，因为他们大半的家庭收入来源于此。除了其中的两户人家，这1/4的家庭都属于村庄中最穷的那一半，他们或者土地稀少、或者家庭人口众多，或者既土地稀少又家庭人口众多，以至于他们只有依靠打短工才能继续生存下去。另外9户人家（12%）中，家庭收入的1/4来自于打

短工的收入,同时,还有24户人家都有一定的收入是来自打短工。因此,塞达卡有多于2/3的家庭有一些收入来自打短工,而对于1/3以上的家庭来说,打短工的收入是最重要的。即使这样,这些数据还是低估了打短工的收入的重要性。[①]实际上,在22户没有打短工收入的家庭中,有一半的家庭是由不能参加打短工的退休人员或残疾人组成的。

在土地备耕(field preparation)时使用拖拉机是水稻种植机械化的第一步。在双耕开始以前,拖拉机已经广泛地用于松土、平整土地以及犁地,不过,拖拉机通常是和水牛一起使用的。掘井健三发现,即使到1967年,水牛在水稻种植中还是占据了非常重要的地位,塞达卡村的水牛数量几乎与村里的家庭数目一样,而大多数没有水牛的家庭都租借了一头。双耕以后,犁地的速度被提到了重要位置,因而拖拉机开始在备耕的各个阶段普及开来。虽然对于水牛的所有者和使用者来说,增加的花费和损失的收入都比较大,但是那时候塞达卡村民没有任何理由在收入增加的背景下为这一点小小的花费而踌躇。

村中两个较为贫困的家庭遭遇到的收入损失能够反映村中当时的普遍情况。在双耕以前,通过为别人间苗,还有偶尔用一头租借来的水牛帮人犁地,拉扎克的弟弟哈姆扎(#8)每年有200马元的

① 首先,当收成不好的时候,更多的村民会在村里村外寻找打短工的机会,尽管如此,表4.8的数据仍然反映了获得好收成后打短工的重要性。此外,到1977—1978年,已经出现了一些联合收割机,这已经使一些农户打短工的收入有所减少。在插秧和收割过程中,小农户之间的换工是非常普遍的现象,但由于没有现金交易,此处未将这种劳动交换计算在内。如果我们把这种劳动交换计算在内,我们可以假定这种劳动是通过降低生产成本获得了“报酬”,那么,对打短工收入的依赖将更加明显。我没有将孩子们打短工的收入计算在内,这些收入通常是作为他们的零花钱,是不交给家里的。这些收入在一定程度上减少了家庭在养育孩子方面的开支,这一点在贫困家庭中尤其明显。这些收入是可以纳入表4.8的数据中的,这将进一步提高打短工的收入的重要性。最后,表中的数据是在联合收割机给打短工带来冲击后收集的,1973—1974年间的数据会显示出对打短工的收入更强的依赖。

113 收入。但是，到1973年，这些工作就已经消失了。萨马德(#17)现在仍然有一头水牛，他自己算出来他过去每年的收入大概有500马元，萨马德为别的农户犁、耙20里郎土地，每里郎25马元。幸运的是，萨马德现在每年还可以以这种工作挣到100马元，但他认为他会在近期内卖掉他的水牛。塞达卡的贫困户们遭遇的损失是逐步加深的，而且损失的分布也是不均匀的，所以，我们几乎不可能估算他们的平均损失。不过，一项农业经济调查显示：穆达地区在双耕以后，每季稻每里郎土地的劳动投入平均下降了17%，农民收入的损失跟这个数据应该不会相差太多。[1]现在，在塞达卡村，负责备耕的拖拉机是大型的四轮机器，这些拖拉机的所有者几乎都是住在村外的、富有的经营者，他们或是马来人，或是华裔。只有4位塞达卡村民拥有拖拉机，而其中的3位都是村中最富有的人(哈吉·卡迪尔、勒拜·彭德克和阿明)，不过，他们的拖拉机都是脚踏的两轮机器，主要在自家耕种的土地上使用。与此相比，村里水牛拥有的分布要均匀得多。[2]

如果说在塞达卡土地备耕的机械化由于通过双耕带来的就业机会，而受到村民的普遍欢迎，那么，稻谷收割的机械化，即使不说

---

① Clive Bell, Peter Hazell and Roger Slade, *The Evaluation of Projects in Regional Perspective: A Case Study of the Muda Irrigation Project* (Baltimore: Johns Hopkins Univ. Press, forthcoming), chap. 2, p. 40. 1970到1973年土地备耕中的劳力投入减少了一半。

② 现在，水牛不再是一种资本，而更像一种经济上的负累。在过去的12年里，它们的数量已经从42头下降到了22头，这不仅反映了水牛价值的下降，同时也反映了喂养水牛投入的增加。以前，犁地的花费大部分是在村庄内部循环，而现在，这部分收益流向了拥有新的生产要素的富裕的外来者。在包括塞达卡等村的双溪达汶分区，水牛的数量已经从1970年的1670头下降到1977年的1014头，下降了40%。现在，水牛的拥有者仍然用水牛来犁自家的地，偶尔也犁一些别人的地。此外，水牛也用来在水地里拉橇运送秧苗或者成熟的稻谷。喂养水牛的工作时间也有了一定的增加。在双耕以前，水牛可以在河堤或者水渠边上的茬地放牧，而现在，因为有双季稻的关系，农民不是割草喂它们，就是小心地用缰绳把它们拴住，以免破坏他人的庄稼。在过去的7年里，至少有一头水牛被(不知名的)村民打死，因为他发现这头牲口糟踏了他田里的稻谷。现在，因为开放式的放养受到较多限制，所以，水牛的喂食成了难题。

是极有争议的，也是存在不同看法的。毫不夸张地说，商用的联合收割机席卷了塞达卡所在的水稻种植的平原。1976年中期，在灌溉季作物收割的时候，联合收割机第一次出现，不过只有一两个外村地主使用这些机器；而到了1979年的灌溉季，也就是5个种植季以 114
后，塞达卡村60%的稻田是用机器收割的；一年以后，机器收割的比例已经达到了80%。

最初雇用联合收割机的村民基本都耕种了6里郎以上的土地。由于耕种面积很大，他们很少有足够的家庭劳力来自己收割庄稼，也无法同邻居进行换工。因为泰国劳工受到限制，吉兰丹州的移民又纷纷离开，所以，雇用劳力来收割水稻的费用有了较大的上涨。[1]新的双耕体制也强调速度。高产新品种的稻粒在成熟时很容易散落；尤其是灌溉季，在潮湿的环境下收割会导致更多的稻粒脱落；此外，当种植季已经开始晚了，要想及时为下一个种植季准备好随后要耕种的田地，收割速度非常重要。

可以理解的是，小农户和佃农极不愿意使用联合收割机。对他们来说，自己承担全部或部分的收割工作更可行，也更重要：说它可行，是因为相对土地而言，他们在劳力方面是比较“富足的”；说它重要，是因为在农耕过程中，节省现金投入对于他们来说意义更大。[2]当然，他们也清楚地意识到，联合收割机可能并且确实威胁着村中的低收入家庭，这些家庭打短工收入的主要来源将被剥夺。但是，即使就小农户而言，情形也并不简单。到目前为止，对于贫困家庭的男人们和妇女们来说，水稻收割阶段是最有利可图的；妇女三

① 收割（包括脱粒）1里郎土地的花费已经从1971年的28马元左右上升到1976年的60马元，翻了一倍多；与此相比，粮食的零售价只上涨了44%。参见S. Jegatheesan, “Progress and Problems of Rice Mechanization in Peninsular Malaysia,” Working Paper No. 17 (Malaysian National Conference on Paddy, Kuala Lumpur, February 26—28, 1980), 11。

② 叶加西桑（“Progress and Problems”, 2）指出，在1975年，就整个穆达地区而言，那些耕种面积在2里郎以下的农户，只有39%的劳动需要雇工；而对于耕种面积在15里郎以上的农户来说，90%的劳动都是由雇工完成的。

五成群地收割水稻，每人一天的收入是7马元；而一个壮劳力每天可收割8到9麻袋的稻子，假如他们能够找到这样的工作的话，每人每天可得到16—18马元的报酬。这正是问题所在。小农户每天忙于收割自己的稻子，或者与邻居换工，所以他们错过了在农忙时赚取高额薪水的机会。从个人的角度来说，使用联合收割机收割自己小块地上的水稻在短期看来是合理的做法，这样这些小农户就可以有更多的时间为别人收割并以此来赚取薪水。当然，总的来说，当联合收割机逐渐替代手工收割的时候，从长期来看，这合起来就是“以邻为壑”（beggar-thy-neighbor）的损人利己的做法。对于村中的一些——但不是所有——小农户来说，短期利益占了上风，这带来
115 了一些难以避免的后果。

总体后果可以通过比较不同时期家庭纯收入的净损失得出：在1977年的灌溉季，只有15%的土地使用了联合收割机；而在1979年的灌溉季，60%的土地使用了联合收割机。因为表4.9中的数据主要来自对先前工资收入的回忆，所以它们应该被当做大致的近似值。[①]

表4.9 塞达卡村由于水稻收割的机械化导致的家庭纯收入的净损失（数据由村民提供）：

表4.9 1977年的灌溉季与1979年的灌溉季相比

	短工收入占家庭纯收入的比重，1977年				
	100%	50%以上	25—49%	0—23%	0
户数	4	15	9	24	22
1979年家庭纯收入下降的比重	31%	16%	8%	4%	0%
每个家庭大概的现金损失	550马元	269马元	258马元	156马元	0马元

① 比如，一个农民可能会说他在1977年的时候，靠收割时打短工可以赚得200—250马元左右的收入，而在这一季，他大概只有100马元的收入。他的回答事实上是一个数量级，这反映了他在1978年以前预期的收入。尽管这些估计是大概值，但是，考虑到农民有能力回忆起很长时间内的价格和工资，这些数据应该是比较可靠的。

如同人们所预料的，塞达卡村中最穷的家庭收入下降得最严重。对于那些完全靠雇工收入的家庭来说，联合收割机意味着一场经济灾难。而对于另外22户家庭来说，打短工的收入占这些家庭收入的1/4以上，考虑到他们的收入普遍很低，联合收割机带来的后果显然也是严重的。但是，对于塞达卡村一半以上的家庭（46户）来说，联合收割机的应用则是一种恩赐，至少是喜忧参半的恩赐。这一事实不仅有助于解释对联合收割机的普遍接受，还有助于解释村民支持和反对联合收割机的阶级基础。我们将在下一章节讨论这些问题。

村庄内部损失的模式和类型可以在一些具体的例子中很好地反映出来。卡里姆（#10）只租种了2里郎的土地，他的现金收入的大部分是靠收割时打短工获得的。在广泛使用收割机之前，通过收割时在塞达卡及临近区域不间断地打短工，卡里姆每一季大概可以得到300—400马元的收入。而现在，如果他在收割时打短工能够得到100马元的收入，他就认为自己已经是很幸运了。在向我细数自己的损失时，卡里姆特地加了一句："如果不是因为机器，我就跟你一样在工作在流汗了。"[①]对卡里姆的家庭来说，收入的下降更为严重，因为卡里姆的妻子也失去了收割时打短工的机会。而对于那些是一家之主的妇女来说，联合收割机导致了更为艰辛的生活。洛斯妮（#26）是一位45岁的寡妇，家中有5个孩子。她是村里出了名的勤快人，她还是村里穷户妇女组成的插秧收割队的头头。虽然她租种了4里郎的土地，但是租金很高，洛斯妮主要还是依靠打短工来支撑人口众多的家庭。在1978年的主种植季，洛斯妮和她的大女儿靠打短工赚了350马元，但是在1979年的灌溉季时，这部分收入下降到70马元。而且，她们插秧时打短工的收入也下降了，因为她们 116

① 在此，他对于我的"牺牲"有些嘲讽，因为我刚刚帮人用大的碾槌碾碎了一些未全熟的稻谷，来做一次丰收前的佳肴（emping），这种食物在村里广泛食用。而且，村里人都知道我当时流了不少汗。他的话也是因为自己无事可做而感到羞耻，这种感受在我们稍后会提到的其他被机器剥夺了劳动机会的收割工人那里，也有一定的体现。

过去的两位雇主现在选择了直接撒种的方式。洛斯妮现在非常担心的是，要勒紧裤腰带生活就意味着她正在上中学的13岁儿子将不得不退学。而对于那些无地可种的家庭来说，联合收割机对于他们的影响简直是灾难性的。“瘦骨嶙峋的”玛(#6)是一位贫穷的无地雇工，他原来在谷物脱粒时打短工可以赚到300马元，他的妻子收割的时候打短工大概也有这样的收入。但是，现在他们两个人每季的收入一共大概只有200马元。他们俩不得不到塞达卡往北10里的地方去找插秧的工作来弥补一部分收入的下降，[①]但是，他们依然担心，玛或者整个家庭都将不得不搬出吉打州去另找工作。帕克·亚赫(#11)是另一位家庭人口众多(家中有9个孩子)的无地雇工，他也面临着同样的景况。他和他的妻子以及4个已经到了劳动年龄的孩子，过去收获时打短工一共可以获得1400马元的收入，而现在，帕克·亚赫一家从收割打谷获得的收入已经降到了大约800马元，帕克·亚赫的一个儿子已经决定去城里找工作来养活自己了。

在1980年的主种植季，当村中又有20%的土地也开始使用联合收割机的时候，村民打短工的收入就下降得更严重了。虽然仍有一些使用人力来进行收割和脱粒的工作，但是村民往往需要走到更远的地方才能找到这样的工作机会；并且在所有的情况下，这只是过去的工作机会的一小部分。虽然机器在跟人抢夺工作机会，但是跟大家的猜测相反，打短工的工资似乎并没有下降而是增加了，收
117 获时人工的价格现在大约是收割1里郎土地是40马元，而打一麻袋谷则是2.50马元，这一报酬和插秧劳动的薪水都以大约同样的幅度增长。但是，以土地面积来计算的人工的单价是有一定欺骗性的：它掩盖了单位劳动报酬下降的事实。大多数现在仍然由人工收

① 一般来说，插秧都是妇女的工作。但是，对于贫困户来说，这种劳动分工的性别倾向就会被打破：男性会从事插秧和(或者)收割的工作，而妇女偶尔也从事脱粒的工作。在过去，对于从吉兰丹州搬迁来的贫困夫妻来说，他们从事收割、脱粒工作，通常并不考虑劳动的性别分工。

割的稻子不是种植在机器无法进入的深水田，就是已经被不合时宜的风雨刮倒了。因此，这些收割工人往往是在过膝的水田里工作，稻杆很难割断，也很难打出稻米。妇女收割1里郎这样的土地要花费比平时多一倍的时间；而一个好的男劳力在比较好的条件下一个早上能打出四麻袋的稻米，但是，他们现在如果能打出两袋已经算运气不错了。因为薪水仍然是按劳动量而不是按时间来计算的，所以，标准工资率实际上已经减少了。如穆斯塔法（#45）抱怨的那样，“现在，他们只让穷人在水沟里收割”。

但是，联合收割机的影响决不仅仅限于它们取代了手工劳动，农业收割的机械化同时也产生了一系列间接后果，这些新的可能性一旦变成了现实，它们对于村中的穷人的影响就几乎是毁灭性的了。首要的一个后果就是，穷人逐渐不再把“拾穗”作为自己的一种生存策略。在联合收割机被广泛使用的1978年以前，至少有来自14个家庭的妇女和孩子，带着小麻袋和打谷工具去田里收集那些残留在打过的稻杆上的稻米。拾穗在土地干旱的主种植季比较普遍，而在农闲季（off-season），阴雨天气和泥泞的道路使拾穗变得比较困难。一个贫困的家庭可以通过这种方式收集3到4麻袋的稻谷。[①]对于那些无地或几乎无地的家庭来说，拾穗为他们增加了很大一部分粮食。拾穗不涉及钱财的支出。而且，妇女在那时候也正好没有其他的收入来补贴家用。对于至少一户的人家来说，拾穗所得是家庭口粮的主要来源。经过一个月辛勤的拾穗，“瘦骨嶙峋的”玛、他的妻子和女儿就可以拾到15袋的稻米，而这些稻米足够这个家庭吃上大半年。如人们预料的那样，塞达卡村的这些拾穗者基本来自村中最穷的家庭，在14户拾穗的人家中有11户都属于村中收入较低的那一半家庭。

现在联合收割机已经减少了拾穗，除了在少数由人工收割的

① 据估计，这种工作的回报率是相当高的。拾穗4个早晨平均能得到相当于35马元的一麻袋稻谷，也就是说一个早上的收入是9马元，这是现在打一早上短工的所获报酬的3倍。

田地，收割后已经很少见到拾穗人了。只有“瘦骨嶙峋的”玛和他的妻子试图弥补他们的一部分损失，因为他们有一大家子要养活。玛和妻子发现，联合收割机在急转弯、改变速度或者被卡住的情况下
118 会把稻米掉出来，于是他们就尾随着机器，挑拣机器遗留下的残留物。[①]如果比较幸运的话，这种取代传统拾穗的巧妙方法可以使“瘦骨嶙峋的”玛他们一天拾得两麻袋的稻米；但是，这种收获是不确定的、无规律的。除了这种相当独特的调整，拾穗基本上已经消失了。

一旦收割的大部分工作都实现了机械化，那么，现有的雇佣劳动模式随后就要发生更微妙的变化。一般来说，打短工可以分为两种形式。第一种是工作队计件工作制，这种形式在插秧和收割（当地人把这些看做妇女的工作）时比较流行。在这种形式下，工作队的头头与雇主就每里郎的劳动报酬讨价还价，随后把活分派给工作队中的每个人。打谷的报酬一般说来也是计件制的，不过，报酬是直接付给个人，或者直接付给在一个打谷盆工作的那一组两个人。另一些短工劳动是在不忙于种田、收割的季节出现的工作，比如修理堤岸、除草、补植、在旱季挖井供水，这类工作支付报酬的方式是所谓的“古榜”（kupang）固定工资制：工作一个早上或者一整天并获得固定的现金工资。这类工作都是在种植的农闲季节出现的，这些工作的报酬在过去和现在都低于收割和插秧的有效报酬。

然而，在过去的两年中，这种“古榜”固定现金工资制开始流行于那些必须由人力来完成的收割工作。这种转变之所以可能是因为联合收割机取代了足够多的人力，这实际上也是提高了雇主在讨价还价中的地位。如果有人认为自己的土地确实需要人力收割，那么他就会雇妇女在早上来给他干活。这种做法的效果是双重的。第一，这更便宜。在1979年，收割1里郎稻田标准的工作队价格是35马元，而在固定现金工资制下，只要30马元，甚至更少。第二，这允许雇主一个一个地挑选工人，而无需同由妇女领导的、有组织的、

---

① “瘦骨嶙峋的”玛把这些遗留物叫做“机器上掉下来的东西”。

具有一种萌芽状态的商业社团精神的工作队进行谈判。在1980年主种植季收获时，塞达卡大概有一半依靠人力收割的稻田都是以“古榜”固定现金工资制来雇用劳力的。在一些临近的村庄里，“古榜”固定现金工资制已经成为收割时雇工的一种标准方式。但是在插秧时，这种方式不是太普遍。“古榜”固定现金工资制看起来也造成了一些小麻烦，地主节省下来的费用（对劳动者而言，是损失的）似乎是相当可观的。[①]而对于脱粒来说，固定现金工资制较为稀少，但并不是前所未闻。在插秧和脱粒的环节中，固定的现金工资制将 119
会变得如何广泛，现在似乎还很难预见；不过，在收割的环节中，固定现金工资制已经降低了雇工的薪水，并且削弱了塞达卡村中少数非正式劳工组织之一——工作队。

另一方面，雇主现在占据了更有利的谈判地位，这一点也可以从村里那些非正式“劳动合同”反映出来。直到1978年，如果雇一个工作队插秧，按照惯例，雇主要提供一顿丰盛的午餐。但是到了1979年的灌溉季，这顿午餐显然已经不存在了。在一些例子中，雇主单方面将充足的咖喱鱼饭或者对虾糯米饭降低为干面包和茶点。这样，妇女们开始自带干粮。另一些雇主给妇女们提供了两种

① 比如哈吉·卡迪尔，在1978—1979年的主种植季他以这种雇佣方式种植了3里郎的土地，同流行的雇工作队的方法相比，他每里郎大概节省了7马元的费用。至于为什么固定的现金工资制在插秧的时候不像收割的时候那样流行，主要有三个原因。第一，在插秧时，质量控制更加重要。第二，因为插秧仍然大部分由人力承担，劳动力剩余在这个阶段不是那么明显，所以，地主在插秧时还没有处在颐指气使的位置。如果说有例外，那是因为有些农户插秧插得比其他人早或者晚，因此这些雇主有足够的劳动力供给可以挑选。最后，同时可能也是最关键的，插秧的有效工资率（每小时的回报）低于收割的有效工资率，所以，向固定的现金工资制转变，地主也只能节省很少的花费，甚至没有节省下什么。插秧现在包括拔秧苗、捆扎秧苗，其花费大约是每里郎35马元。换成古榜固定现金工资制，那么，拔秧苗、捆扎秧苗仍然是计件制，一扎秧苗是6分钱，1里郎地一般需要240扎秧苗，一共需要14.40马元。再加上10个妇女工作一上午的工资，每人3马元，10个人的工作则是30马元。每里郎的花费一共是44.40马元。只有当自己家里的劳力来承担拔秧苗、捆扎秧苗的工作时，就像哈吉·卡迪尔一家的情况一样，古榜固定现金工资制在插秧时似乎才是有优势的。

计件报酬率：一种是没有午餐，每里郎35马元；另一种是提供午餐，每里郎32马元。因为上一季标准报酬是每里郎35马元，再加上一顿午餐，所以，免除午饭的新方式有效地降低了种植成本。大多数的工作小组都选择放弃食物，因为这顿饭通常被削减得极其简单。现在，我们可以确切地推断，为插秧工人提供午餐已经成为了历史。

在实行单耕的时候，还有双耕刚开始的兴盛时期，农户，特别是大土地所有者，往往在雇工们还没开始插秧和收割的时候就预付薪水。这种预付的薪水可能是粮食也可能是现金。这种做法对于雇主和雇工双方都是有好处的：对于雇主来说，这保证了他在农忙季节可以找到劳力；而对于雇工来说，特别是在单耕制时，因为农业周期的原因，他们收到这种表示欢迎的粮食或现金的补给时，他们的家庭正处于经济吃紧、米缸见底的状态。当然，对于雇工来说，他们也为提早得到工资付出了代价，因为跟收获以后得到的工资相比，这时候得到的工资打了30%的折扣。到1979年，当联合收割机的使用造成了对收割劳动力的需求显著减少的时候，几乎所有的雇主都放弃了预付工资的方式，因为即使需要人工收割，雇主们
120 也很容易当场找到所需要的劳力。

联合收割机出现以后，同预付薪水密切相关的另一种风俗也不再存在，或者说急剧减少了。雇主通常在薪酬之外还要送给收割工人一些稻米作为馈赠。这种馈赠被认为是“私人的伊斯兰什一税”，这种做法虽然不是被所有人采纳，但是已经被广泛接受，许多收割工人已经把这种馈赠当做他们预期收入的一部分了。对雇主来说，这种馈赠跟提前支付工资的目的是相同的，这能保证他可以雇到足够的劳力以确保下一个种植季的种植。现在，馈赠这种方式虽然没有完全消失，但是也已经成了例外。当然，在使用联合收割机的的情况下，馈赠或预付工资是无需考虑的，因为除了外来的高收入的司机之外，根本没有其他的劳动力。但是现在，即使是使用人力进行收割、稻米装袋以及运输时，由地主送给工人额外馈赠的

情况也变得非常罕见了。

联合收割机也以一种间接的、甚至有悖常理的方式，促进了一种新的播种方式的发展，而这种新技术实际上严重地削减了稻米种植中打短工的最后机会——插秧。同人工插秧不同，以这种新方式播种的田地里，庄稼根本不成行，而且也长得高低不一。因为这些原因，使用人工对这些庄稼进行收割和打谷的难度就增加了，这一点从人力收割的花费上就可以看出来。[1]然而，这样不整齐、高低不一的庄稼并不能阻挡联合收割机。联合收割机只按照每里郎的标准价格来收费，根本不管这些田地是怎样播种的。农户现在可以直接往田里播撒种子，因为他知道，他这样做丝毫不会增加收割的成本。

干种（dry sowing）的优点很明显：首先，种田人节省了在育种、 121
护理、出苗、插秧上时间和人力的投入，也就节省了现金花费。水稻周期中插秧这一阶段的现金节约是相当重要的，因为插秧的花费都来自以前的积蓄，而收割时的花费可以从收成中提留出来。在塞达卡地区，干种还有其特定的优势。塞达卡是最后接受灌溉的地区。采取在灌溉季播种的方式，农户就有更好的机会及时收割，把土地清理出来，为靠雨水的主种植季（rain-fed main season）做好准备。此外，如果雨量不稳定或者排水不佳破坏了部分甚至全部播种的作物，那么，农户仍然有机会重新犁地重新播种，也可以从邻居那里购买剩余的秧苗进行补种。[2]

---

① 主种植季的谷物收割情况尤其如此。少数几个播种比较早因而谷物成熟也比别人早的农户，可以利用在人力用工高峰季节之前收割的优势，以固定的现金工资的方式来雇一些无事可做的妇女。这样，这些农户在收割上的花费就要少于合同雇工制。一般来说，农民都避免太早（或太晚）种植，因为最早（或最晚）成熟的稻田因为老鼠和鸟类造成的损害会更大。另外，除非他的田地挨着马路，否则，早收割的农户就不能使用联合收割机，因为机器进入稻田时会损坏邻近一家或数家田地里还没有成熟的庄稼。

② 播种也有它自身的缺点，这些缺点和播种可能的优点一起是塞达卡村中人们广泛争论的一个主题。争论的焦点在于采取播种的方式时可以预期的产量。有人说，播种方

自1979年的灌溉季以来，塞达卡播种方式的发展已经十分明显，这引起了很多人的不安。在1979年灌溉季的前一个种植季，邻近的双溪布浙村里，至少有三个大地主——凑巧的是他们三个都是“哈吉”——开始尝试直接播种的方式以便能早点收割庄稼。[①]三个“哈吉”中有两个的产量高于平均水平。这两个“哈吉”的经历鼓励了塞达卡村一位拥有16.5里郎土地的大地主阿布杜尔·拉赫曼(#41)，阿布杜尔·拉赫曼也开始在他的一部分土地中自己尝试这种技术。虽然阿布杜尔·拉赫曼的产量并不令人满意(每里郎8袋粮食)，但是，这是因为他未能精心照料庄稼，而不是因为技术本身。在1979—1980年的主种植季，塞达卡村中有17户家庭在大约50里郎的土地上尝试了播种的方法，这大约占了村民耕种面积的15%。

四个种植季以后(1981—1982年的主种植季)，塞达卡大约有40%的土地都采取了播种的方式。非常明显的是，大部分尝试直接
122 播种的都是村中比较殷实的人家，[②]他们一般来说都是带头创新

式的产量和插秧方式持平，甚至更高一些；而另一些人则认为，播种方式的产量会少一些。我曾经看到过，采取播种的方式，产量低的时候每里郎只能收6—8袋；而产量高的时候，每里郎可能有18—20袋的收成。当然，我们应该记住，播种方式所节约的生产花费意味着，如果播种的产量只是略低于插秧的产量，那么农民的纯收入并不会下降。但是，有一点是可以肯定的：跟插秧相比，干种的长势很不稳定，因此，这种方式有很大的风险。一些穷的农户曾经尝试过干种的方式，结果他们的收成大量减少了，所以他们对再次尝试干种都很谨慎。抛开播种的优缺点，并不是所有农民都可以在插秧和干种之间进行选择。干种需要相当平整的土地，以及对水的良好控制。除非这一家的土地跟水渠毗邻，否则就需要得到其他农户的允许和合作，在灌溉季水必须通过这些农户的的田才能引过来。而这样的合作并不是容易得到的。技术的结构和社会的结构为播种的可能发展设置了一些限制。

① 这种技术并不是什么新技术，在这之前，所有人都知道这项技术，但是很少有人使用它。1978年的灌溉季种植由于天气干旱而不得不取消，因土壤干旱，接下来的主种植季又开始得晚了，有可能要和接下来的灌溉季重叠，再加上联合收割已经出现，所有这些无疑鼓励了对播种的尝试。

② 比如说，在1979到1980年的主要种植季，17户尝试播种的人家中有8户都来自按人均收入来说塞达卡村最富有的25户人家，只有3户人家来自村中最贫困的那25户人家。

的,同时也最有能力承担产量下降的风险。即使这样,他们也没有把握在他们一半以上的土地上都进行播种。[①]

更令人吃惊的是,村中一些比较贫困的村民也尝试了干种。就具体的情况来看,他们的选择似乎更多是为环境所迫,而不是有意的冒险。因为没有现金支付插秧的费用,或者家中没有足够的劳力和邻居换工,或者没有足够家庭劳力来完成自家的插秧工作,一些贫困户也选择了直接播种的方式。巴克利(#7)从他父亲那里租种了4里郎的土地,因为当时他的妻子刚刚生了孩子,直接播种3里郎土地是节约财力的办法。就华喜德(#2)来说,他的妻子生病了,他认为,在育苗准备的时间,离开村子到城里做建筑工人会挣得多些。于是,他租种的6里郎地的一半都采用了播种的方式。这既为他节省了花销,也使他有时间去打工。不过,塞达卡大多数的贫困家庭都不愿意冒播种这个险,除非他们被强迫这么做。直接播种暂时还主要局限于大种植者,而贫困家庭妇女的大部分插秧报酬正是通过为这些大种植者插秧才得到的。在播种方式普及的同时,贫困家庭在进一步衰落。直接播种的普及情况很难预测,但是,直接播种似乎得到了穆达地区农业管理机构的支持。[②]

这样看来,联合收割机带来的间接效果至少和跟它的直接冲击一样是大规模的。联合收割机除了减少了收割和脱粒的工作机

---

① 采取播种还有其他的一些原因。诺尔是一个富裕的村民,他耕种了6块相对分散的土地。分别建立6个育秧圃或者是在一个大的育秧圃里育好秧苗然后运送到分开的地块,这两种选择都既费时又费钱。所以,诺尔决定直接播种大部分土地。还有一两户采取播种的是耕种高地的农户。通常,高地的庄稼要种得晚些,高地庄稼也就会比大多数土地里的庄稼成熟得晚,因此高地收成受到的鼠害也就更严重。这些农户发现,播种可以使他们早点收割庄稼,从而使他们与周围的田地步调一致。

② 例如,"穆达二期项目"的操作手册有一个部分题为"推广与农业支持服务",上面写道,"他(指稻米种植专家)对农业管理实践的持续发展负有全面的责任,农业管理实践包括更好地安排土地耕作,发展更好的耕作技术,比如直接播种的可能性"。虽然说是见微知著,但是在1983年,穆达农业发展局事实上并没有以"官方"身份推广直接播种。

会之外，同时也使拾穗变得不可能。联合收割机也促进了新的劳动报酬支付方式（固定的现金工资制）的发展，这种支付方式实际上降低了所剩无多的工作酬劳。联合收割机也促进了直接播种的发展，插秧的劳动报酬因此减少了一半。联合收割机还鼓励大地主把佃农打发走了以便亲自耕种，联合收割机也有利于产生一个商业性佃农阶层，这些拥有财力和机器的佃户以优惠的租金长期租种大片土地。这些变化中的大部分（虽然不是全部）提高了塞达卡富
123 裕家庭的收入。所有这些变化无一例外地导致了贫困家庭收入的下降。[1]

不过，总体而言，我们并不是仅仅涉及到了相对不平等在量上的增长，也涉及了一系列意味着质变的量变。在此，“程度”发展成了“种类”。我们可以看到，当庄稼成熟时，对一个直接播撒种子并使用联合收割机的大农户来说，他根本不需要雇用任何一个需要薪水的贫穷村民。从大地主这一方来说，他既不需要把土地出租给他贫困的邻居，也不需要雇这些邻居在自己的地里工作。富人和穷人之间传统的经济联系——雇佣劳动和租佃关系——已经近乎消失了。我们一方面有日益增加的由大土地经营者组成的商业阶层，另一方面也有数量众多的、只能被松散地称为“半无产者”的群体。“松散”是必然的，原因在于，尽管这一群体仍然拥有自己的小块稻田，但是他们注定要越来越不像农业无产者，因为如今的生产主要不是由他们进行的。如果他们要成为彻底的无产者，那么，他们应

① 在这个解释中，我忽略了其他形式的“机械化”。尽管这些机械化同联合收割机没有联系，但这些机械化实际上也降低了贫困家庭的收入。现在，摩托车替代了自行车把装满稻米的麻袋从码头或谷仓运送到主路上再用卡车载走，或直接把它们运送到磨坊去。这项被村民称为“塔里克”（tarik）的工作以前一般都是由自行车承担的。而自行车是比较大众化的，穷人和富人普遍都拥有自行车。这一工作对穷户意味着每一个种植季100马元到200马元的收入。现在，这项工作几乎都是由摩托车来完成的。而摩托车的分布是极不平衡的。塞达卡1979年有28辆摩托车，其中多于3/4的摩托车属于村中比较富裕的那一半家庭，只有1辆属于村中比较贫困的那25个家庭。因此，从这些有利可图的工作中获得的收益尽管依旧保留在村庄内部，但是，这些收益现在实际上是村中富户独占的领域。

该出现在马来西亚的城市或种植园中，而不是出现在不再需要他们的稻田中。

与此同时,一个准无产化的进程已经开始了,这个进程不是把村民和农业生产联系起来,而是把他们和塞达卡之外(实际上也是吉打州之外)的城市经济联系起来。如果说双耕的第一个阶段还允许小土地所有者待在家里,那么,双耕的第二个阶段已经证明了是一个根本的逆转。成批居民的离去曾经是第二次世界大战以后以农耕为主的吉打州的持久特征，现在这种成批居民的离去又使村庄蒙受了巨大的损失。1978年以来,8位家庭的家长已经离开村庄,其中有7位来自村中相对较穷的那一半家庭。这8位家长到吉隆坡、槟城以及其他的中心城市去寻找临时的建筑工作了。如果不是因为认为自己太老,或者是认为自己找不到工作,还会有更多人离开村庄的。12位已婚的男性已经申请了吉打州外的移民计划,尽管他们成功的机会很渺茫。[①]差不多30多位未婚的男女已经离开了村庄 124
到其他地方谋生,很多人是暂时离开,而有些人的离开却是永久性的。无疑,他们当中的很多人最终是要离开村庄的,但是,1977年以来当地的土地控制状况和就业状况的变化迫使很多人提前离开了塞达卡。

村民大量外流的最直接原因是由于干旱造成的1978年灌溉季的完全歉收。由于颗粒无收,又失去了相应的打短工的机会,很多小农户和雇工不得不暂时到城市谋生。那些待在塞达卡的村民,债务不断累积,他们发现不但接下来那一季的收成只是一般,更糟糕的是,由于来自联合收割机的竞争,这些村民的收入已经大大减少了。在种下了下一季的秧苗以后,这些村民中很多人马上带着已经成年的儿子离开了村庄,希望能够弥补自己的损失,并偿还自家亏欠典当行和小商店老板们的债务。

这样的结果或许是人们记忆中最大规模的一次村民外出寻找

① 从理论上来说,移民的年龄应该在45岁以下,尽管在实际情况下人们有可能通过行贿把身份证上的出生日期往后改。

工作。[1]工作一两个月，这些外出做工的村民中的大多数已婚男子可以从他们的收入中攒下至少200马元的积蓄，来供养他们在塞达卡的家庭。虽然有些夸大，但是，正如一个加入外出务工人群的小佃农所说的，“所有留下来的都是那些不能外出工作的人”。在临近的村庄中，出外务工的人更多。对于仍然在塞达卡居住的穷户和小农户来说，临时的外出务工无疑正在变成他们的生活方式。只要城市经济提供了这种安全阀，这就将成为塞达卡的边缘家庭在村庄中生存下去的唯一方法。

地方机构和经济权力

农会

在穆达地区，双耕对土地控制、收入、社会关系的巨大影响，不可避免地会在地方机构的特征中表现出来。在塞达卡，双耕影响地方机构的这种进程可以清楚地在农会的简史中得以反映。农会在1967年根据法律成立，其最初目的是为了给当地农民的水稻生产提供推广和信贷便利。虽然农会也许从未实现它的最初的承诺，但
125 它很好地发挥了其他的功能。农会在邻近的凯帕拉·巴斯塔镇有一个分支机构，这个机构理论上应该覆盖20多个村庄和1800多户家庭。然而，只有600个家庭曾经成为农会的会员。由于认为入会的成本太高、收益太小，大部分小土地所有者和佃农都没有参加农会。而当地的反对党（伊斯兰教党）成员，包括许多富户，也没有参加农会，因为他们认为，农会是被由代表执政党利益的国家所控制的，这一判断在绝大多数情况下是正确的。凯帕拉·巴斯塔镇的农会分支机构，就像农会在其他地方的分支机构一样，实际上已经成为隶属于执政党巫统的富农组织。

① 唯一可能的例外是在1954年吉打州的干旱和歉收之后，此时许多有劳动能力的村民离开了村庄，到橡胶种植园和城市中寻找工作机会。

当农民提到农会的时候，他们称其为“穆达农业发展局”，这既不是指农会本身，也不是说农会中被选举出来的领导阶层，而是指一个指导农会活动的政府机构。不管是在农民的眼里还是在实践中，穆达农业发展局的主要功能就是提供生产所需的贷款和化肥。根据耕种面积的大小，农会确定给农会成员资助的数额，这包括拖拉机的花费（在1979年，1里郎土地两个来回的费用是30马元）和以实物的形式提供的肥料。[①]1978年灌溉季颗粒无收时，农民生计更为艰难，因此，穆达农业发展局也承担了对一个大型的干旱救济项目的监管，这一项目给那些清理排水沟和灌溉水渠的劳工们提供了相当慷慨的报酬。穆达农业发展局也为养鱼养牛这些风险行为提供贷款，偶尔也公费组织到苏门答腊、新加坡这些遥远的地方去进行“学习旅游”（study tours）。由此可见，与其说穆达农业发展局是自治的农民协会，不如说它是向其成员分发贷款和支援物资的“聚宝盆”。

在塞达卡，这些资助的主要受益人就是表4.10所列的18位农会成员（16户家庭）。在村里这些家庭在若干方面都是比较出众的。除了两个家庭外，其他都属于塞达卡村里相对较富的那一半家庭。有12户属于村中最富有的20户。这18位农会成员平均耕种了8.3里郎的土地，远在塞达卡村的人均耕种面积之上；这18个人耕种的土地总面积为139.5里郎，整整占了全村稻米耕种面积的43%。从政治上来说，塞达卡的18名农会成员中，除了两个人以外，其他人都是 126
执政党地方支部的成员。[②]实际上，在全村最富的20户家庭中的支持执政党巫统的那些家庭，除了3户，其他都曾经加入过农会。[③]而

① 自从1979年以来，“穆达农业发展局”已经开始向所有的农民——不管他们是不是农会成员——提供化肥，这进一步减少了农会成员的潜在利益。

② 玛·布扬和卡米勒是唯一例外的两个成员。玛·布扬是反对党伊斯兰教党的成员，没有偿还“穆达农业发展局”最初提供给他的贷款。玛·布扬之前为了逃债曾加入巫统。卡米勒是真正意义上的中立者，不过，他正在考虑加入巫统。

③ 我们很容易解释其中的两个例外。一户是托·玛赫家，她是一名寡妇，不会参加一个几乎全部都是男性成员的组织；另一个是加扎利，虽然他是一个比较谨慎的巫统成

全村最富的那20户家庭中的7个伊斯兰教党家庭都没有参加农会。[①]从这里，我们可以看出，农会的成员几乎都是那些隶属于执政党的富有的农户。这种联系是如此紧密，以致四位选举出的农会地方小组的领导人——达乌德（#70的儿子）、巴塞尔（#64）、阿明（#72）和法齐勒（#42）——恰恰是实际上控制着村庄政治的那个小集团的成员。而对塞达卡的穷人来说，无论他们归属于哪个政党，他们几乎都不会参加农会，只有两个人敢冒这个风险。[②]

表4.10 塞达卡村农会会员的基本情况
（在农会的股份、申请贷款的土地数、实际耕种面积、政治归属和收入排名，1979年6月）

户主	占有的股份数	股份价值（马元）	申请贷款的英亩数	实际的耕种英亩数	政治派别	收入排名
勒拜·彭德克*	39	195	20	13	巫统	73
阿明*	68	340	不合格	10	巫统	72
扎哈鲁丁	25	125	不合格	5	巫统	71
哈吉·加法尔*	13	65	不合格	6	巫统	70
伊德里斯	19	95	不合格	6	巫统	67
沙姆苏尔*	5	25	10	8	巫统	66
巴塞尔*	42	210	20	7	巫统	64
托·隆格*	15	75	10	6	巫统	61
阿布·哈桑*	5	25	14	6	巫统	57
卡米勒	27	135	16	15	巫统	55
加尼·勒拜·玛*	35	175	15	10	巫统	54

员，但他也是村里最富有的伊斯兰教党地主的女婿，他希望尽量避免公共地把自己同当地的巫统精英联系在一起。

① 实际上，这7户人家中的4户是一个扩展家庭：哈吉·卡迪尔、他的父亲、他的妹妹和妹夫、他的女儿和女婿。

② 其中一个例外是玛·布扬，他的特殊情况已经在前注中作了介绍；而另一个人是勒拜·侯赛因，他是村长哈吉·加法尔的大舅子，而他的儿子则是巫统地方支部的出纳。这两个例外的收入在村中基本上还是属于中等水平（分别排在第34和35位）。

雅米勒	5	25	5	6	巫统	51
拉齐姆*	26	130	5	13.5	巫统	44
法齐勒*	9	45	不合格	8	巫统	42
勒拜·侯赛因*	31	155	10	6	巫统	35
玛·布扬	14	70	不合格	5	伊斯兰教党	34
达乌德*	51	255	30	7	巫统	72**
哈伦*	20	100	8	2	巫统	72**
总计	449	2245马元		139.5		
平均	26	130 马元	13.6	8.3		

*表示这些人或者他们的直系亲属,是巫统塞达卡支部执行委员会的成员。

**是哈吉·加法尔的两个儿子,因此这是一个家庭的三个成员。

通过对农会的控制,少数精英获得了大量的好处。在农耕和生产的借贷问题上,这种暴利是明目张胆的。除了4个人,农会成员申请贷款时申报的土地数量都远远大于他们实际耕种的亩数(见表4.10)。这样,农会会员能以优惠的利率获得一笔额外的款项,还能购买到额外的化肥并将这些化肥转卖给非会员,以从中获利。[①]当这些微小但是系统性地骗取贷款行为在凯帕拉·巴斯塔镇发生时,穆达农业发展局的雇员很清楚发生了什么情况。这些雇员在登记这些浮夸的土地亩数时的共谋表明,他们试图维持目前的成员人数,避免同执政党的乡村领导发生对抗。因此,村长的儿子(#70)达乌德登记了30里郎的土地,得到了900马元的现金,而他实际上只有资格注册7里郎的土地,只能贷款210马元;小商店老板巴塞尔(#64)是塞达卡政治生活的核心人物,尽管他只耕种了7里郎的土地,但是,他却贷到20里郎土地的款项,这样,巴塞尔就以优惠的利率得到了自己的运营资金。

① 从1979—1980年的主种植季开始,所有的农民都可以获得免费的化肥,这取消了会员享受的优惠;同时,这也使得向"穆达农业发展局"偿还贷款更加缺乏吸引力。

实际上，只有依据最宽容的定义，这种生产信贷才可以被称为“贷款”。到1979年6月，塞达卡的18位农会会员中有6位会员就简单地靠不还贷款把“贷款”完全变成了“拨款”（表4.10中“不合格”的人）。还有至少4个人没有出现在这个名单里，因为他们很久以前就开始拖欠贷款，不再偿还定期的应付款。在1979年中期剩下的12位还贷记录尚可的会员中，至少有2人——巴塞尔（#64）和加尼·勒拜·玛（#54）——在下一种植季未能还贷，也就不再具备继续贷款
128 的资格。巴塞尔欠了农会将近2000马元的贷款。

负责当地农会分支机构的农业官员估计，不到一半的会员仍然有资格获得贷款。尽管在1978年那场甚至打击了一些富户的旱灾之后，农会放松了还贷的时间安排，但是，拖欠贷款的不良行为还是增加了。拖欠还贷的原因跟会员的还贷能力是没有关系的。总体而言，农会成员大多来自富裕的阶层，他们很容易从华裔商店老板那里借到周转资金，或者更有可能的是，这些成员自己充足的积蓄就足够支付他们的生产费用。因此，跟完全占有2000马元的吸引力相比，无法继续从穆达农业发展局贷款的制裁对他们而言仅仅是一个微不足道的麻烦。基于来自经验的政治智慧，这些富裕的农会成员知道，他们不会被起诉，因此他们无忧无虑地忽略了定期收到的催促还贷的通知。如同这位地方农业官员所作的哀叹：“因为政治是复杂的；如果我们采取行动，法院就会敦促还款，而政党需要人民的选票。”①这种逻辑虽无瑕疵，不过并不是完整的。强行收债并不会疏远巫统的普通成员，却会疏远构成了乡村领导班子的大农户。②草率地追债可能会给农会本身带来致命的一击。

农会的党派特征和阶级特征从来都没有受到严厉的质疑。从一开始，农会就是由隶属于执政党的大农户和地主控制并为他们

① 要了解在非洲发生的类似的情况，参见Robert H. Bates, *Markets and State in Tropical Africa*（Berkeley: Univ. of California Press, 1981）, chap.7。

② 应该指出的是，这种做法毫无疑问会侵蚀农会的会员基础，从而进一步削弱农会那早已空洞的声明：在穆达地区代表所有农户的利益。

服务的。这一公认的事实本身只是对村庄政治和阶级关系的一个微不足道的刺激。明显的证据就是,一小群寡头可以享受特权从农会那里获得信贷。不过,在1978年中期农会介入抗旱项目管理的过程中,穆达农业发展局和农会的党派特征越来越鲜明起来。对许多种田人来说,这次旱灾是一次好运;旱灾发生时正值1978年的大选,所以,执政党通过救济可以达到一石二鸟的目的。穆达农业发展局的办公室遍布稻产区,有专业的管理人员,同时,它又跟巫统有紧密的联系,因此看起来,穆达农业发展局是在比较大的范围内分配救济品的合理发放渠道。发放的结果便带上了穆达农业发展局的政治和阶级特征的印记。

抗旱救济被设计成一项劳动密集型的公共建设事务。实际上,跟劳动的密集程度相比,薪资的强度更可观。清理两天水渠,许多村民可以得到80马元的收入,而在当地,一天的工作收入通常不超过10马元。在塞达卡,农会工作人员在招工之前开展了一项入户调查,主要了解各个家庭的规模、收入和耕种的土地数,由此可见,招工时是否合格是由家庭需求决定的。实际上,负责招工以及指导救济工作的是由农会小组(ketua yunit)选举出来的领导人。在塞达卡,这个人就是来自邻村双溪通港的玛·塔明,他是一位巫统的坚定拥护者。当救济工程开始以后,附近的穆达农业发展局办公室被一大堆抱怨给包围了,因为需要工作的人的政治派系显然在获得工作机会时发挥了重要作用。比如说,支持伊斯兰教党的贫困村民如果能去工作一次,那已经是很幸运了;但同巫统有关系的贫困村民平均获得了两次工作机会。[①]抱怨并不仅仅来自伊斯兰教党的成员;一些支持巫统的小农户发现,跟他们同属一个政党的那些富有的成员充分利用了这次机遇来赚这不费力的钱。哈吉·沙利姆是一个有40里郎土地的富有的地主,他住在塞达卡村外,拥有卡车、拖拉机;他的两个儿子都获得了两次工作机会。同样,村中最富有的 129

① 在最穷的20户人家中,8户巫统的成员平均获得了2次工作机会;而另外12户伊斯兰教党的成员平均得到了0.9次工作机会。

巫统成员勒拜·彭德克(#73)的儿子,也获得了两次工作机会;而勒拜·彭德克的一个兄弟则获得了为农会搭建养鸡场的合同,勒拜·彭德克的兄弟从这个抗灾项目中得到的纯收入在500马元以上。而许多申请工作的伊斯兰教党成员往往被告知,已经没有申请表了。为了抢夺工作机会,指责不仅多而且传得快:许多工作队的头目都被指责编造工人的名字从中渔利,或者被指责敲诈勒索那些已经被雇用的人,或者被指责照顾亲属和同党。村民声称,在抗旱灾的项目中,农会小组的头头们每人从干旱救济工程中渔利了2千到3千元。这种由于抗旱项目被操控所产生的怨恨使得玛·塔明在几个月后竞选连任时遭遇了惨败,他被跟自己同党派的农会成员给选了下去。巴塞尔的弟弟住在村子附近,并在政府中担任情报官员,他声称,干旱救济项目管理中出现的丑闻,直接导致了贫困的巫统成员在随后的大选中在许多选区的反戈一击。

塞达卡的执政党

在塞达卡,提及农会的成员,其实就是同时提及巫统的地方领
130 导和所谓的村庄政府的“官员”。因此,农会现在的18位成员中有13位现在是或者曾经是由当地巫统支部选举产生的村庄发展委员会的成员。[①]

除了3户人家在政治上是“中立”的以外,每个家庭的政治派系大家都很清楚。塞达卡村中43户家庭(58%)都在巫统的阵营,28户(38%)家庭属于伊斯兰教党。当然,这样的统计掩盖了成员们在开放性和积极性方面的差异。每个派别中都有少数的中坚力量。占村民绝大多数的巫统,除了少数核心成员,普通成员的加入在很大程度上是被动的。事实上,相当多的村民公开承认,他们只是追随者,他们加入巫统只是“站在主流的一面”,并希望有资格得到些小恩小惠。

---

① 参见表4.10。

巫统成员获得的利益是非常实在的。对于村里富有的成员来说，成员身份意味着他有资格获得一个出租车的执照、一笔小额的商业贷款、经营小型磨坊或者卡车营运的许可证，还有地方政府中的一官半职。1979年初，在巫统的地区年会上，一位来自古阿·贞布达镇的有名望的巫统领导人曾经公开谴责一些成员：这些人入党的目的就是为了获得出租车的执照，而他们一旦达到了目的，就不再交纳党费，也不参加聚会了。对于一名普通的巫统成员来说，他能够获得的收益相对来说要少一些，但这并不是说，这种收益不重要。一些年轻人梦想到政府的土地规划区定居，只有加入巫统他们才可能实现自己的梦想，因为在选拔过程中，政治派系是一个公开的选拔标准。贫困家庭可以从附近的小学校长那里获得一些包括校服和练习本的费用在内的小额补贴。这笔补贴是根据塞达卡巫统领导人巴塞尔提供的人员名单发放的，而来自伊斯兰教党的贫困家庭的孩子很少出现在名单上。当然，除了这些赞助，各种好处还包括农会提供的贷款和工作机会，它们是通过同一群相互交织的村庄主管运作的。

到目前为止，规模最大、也是最有争议性的资助分配事件发生在1979年下半年。当时塞达卡村入选了“村庄改进计划”，得到了超过2万马元的基金。就像之前的干旱救济项目一样，首先要对村庄每家进行普查来判断各户的收入和需求状况。此后，基金就以实物的形式——比如木材、锌质的屋顶材料、水泥、化粪池、盥洗装置——分发给各个家庭。我们稍后将详细地考察这一事件，但是，这里需要指出的是，这笔基金的分配完全是由一个小型的“四人帮”按照党派原则来分配的。这个“四人帮”非正式地控制了塞达卡
131
的巫统和村庄发展委员会。这四个人是巴塞尔、达乌德（村长的儿子）、卡里姆和法齐勒。在1980年初，无需进行详细的调查，只要随意地沿着村庄的小路漫步，就可以看出村中每个家庭的政治归属。那些有新屋顶、墙上有新木板以及（或者）有新厕所的家庭都依附于巫统，而剩下的家庭都是伊斯兰教党的支持者。

因此，对塞达卡的巫统成员的社会学分析相当简单明了。在塞达卡，巫统被一些富裕的家庭所操控，这些家庭充分利用了他们的地位所带来的各种利益，这些利益几乎全是来自政府的某种资助。而巫统的普通成员大都来自与这个小寡头群体的成员有密切关系的家庭，或者来自经常为这些寡头所雇用的家庭。塞达卡最穷的16户巫统家庭中，有10户跟同党派的一些富户在血缘、婚姻或者是雇用关系上有密切的关系，这种关系即使不能被解释为一种党派忠诚的表现，它至少强化了对党派的忠诚。[①]在塞达卡村，巫统只是亲属关系和庇护关系庞大链条中的最终环节，这一链条可以延伸到街道、地区、乃至国家。在村庄之外，亲属关系的重要性消减了，庇护行为变得极为重要。巫统的地区领导人是不均衡地从政府官员、学校教师和依靠国家贷款和项目盈利的富户中选拔出来的。虽然党组织上层的利害关系自然而然地比基层的要大，不过，在各个层级中，确保组织结构不受影响的因素显然都是相似的。

尽管成为巫统成员的好处是非常明显的，但是村中仍有许多伊斯兰教党的成员。虽然作为一个机构，反对党很难称得上兴盛。在10年以前，塞达卡村的大多数村民都是伊斯兰教党的成员。然而，就是从那时起，村长哈吉·加法尔和一些出于战略考虑的村民都改变了政治立场。此外，那些新迁入塞达卡的家庭也选择了加入巫统。在1978年大选之后，向执政党转移的潮流突然得到了强化。此时，吉打州政府开始整顿各个村庄的发展委员会，以保证发展委员会的成员都来自巫统。在一些仍然由伊斯兰教党控制的村庄，吉打州政府或者取消了村庄发展委员会，或者更普遍的是，指定一两个巫统家庭参加发展委员会。在塞达卡，巫统由此得以排除了村庄

① 这10户是华喜德（#2）、曼苏尔（#9）、玛·萨里夫（#12）、萨马德（#17）、托·扎伊纳（#21）、阿里芬（#27）、哈伦·丁（#31）、勒拜·侯赛因（#35）、阿里·阿布杜尔·拉赫曼（#36）和托·奥马尔（#37）。其余6户之中的2户——拉扎克（#1）和巴克利（#7）——是最近才从伊斯兰教党转到巫统的。这2户毫不隐讳，他们希望这样做可以获得学校贷款、短期的公共建设工程方面的工作等等方面的好处。

发展委员会中的两名伊斯兰教党成员，尽管这两人已经被选举进了发展委员会。这两名伊斯兰教党成员在此之前帮助保持了村庄领导层的超党派性。从此，伊斯兰教党在地方社会的处境变得十分惨淡。除了丧事互助会——他们为成员支付葬礼的费用，以回报成 132
员每年的会费——塞达卡的伊斯兰教党在很大程度上已经成为有关消极抱怨、社会回避（social avoidance）和人身攻击的事物。虽然很多伊斯兰教党成员都在回避巴塞尔，抵制他的商店，但是，公开的对抗是很少见的。伊斯兰教党的成员有他们自己关于村庄发展委员会的恶作剧。他们把这个恶作剧称为jangan kacau kerja kami，翻译过来就是说，“不要插手我们的事务”①。

尽管拥护巫统可以获得一些物质利益，但让人非常惊讶的是，在塞达卡，数量巨大的少数派抵制住了各种利益的诱惑。（参见表4.11）

表4.11 塞达卡家庭的政治派别与收入水平（以百分比计算）交互分析

	反对党（伊斯兰教党）		执政党（巫统）		中立派		总计	
	%	（N）	%	（N）	%	（N）	%	（N）
最贫困的那一半家庭	54%	（20）	43%	（16）	3%	（1）	100	（37）
最富裕的那一半家庭	22%	（8）	73%	（27）	5%	（2）	100	（37）
整个村庄	38%	（28）	58%	（43）	4%	（3）	100	（74）

反抗主要发生在村中最穷的那些人当中，穷人参加反对党的比率是富人参加反对党比率的两倍。考虑到加入巫统带来的好处，

① 用“kami”而非“kita”来表示主格宾格所有格的“我们”，使得这句话在马来语中达到了一语双关的功效。用“kami”表示说话者在强调谈话的对方不包括在“我们”这个群体里面。 133

大多数村民本应加入巫统，如果村民这样选择的话就没有什么需要说明的了。但是，为什么大部分的穷人（还有少数富人）不顾他们的物质利益，选择留在了伊斯兰教党的阵营？对他们的这种选择，我们需要做一些说明。似乎有那么几个原因。一个原因是村庄的党派模式扎根于更古老的、以家庭为基础的宗派，这种宗派早在政党形成之前就已经存在了。例如，村中最富有的人哈吉·卡迪尔同他的父亲以及两个兄弟在村庄政治中担当少数派的角色至少有30年的历史。但是，因为这4户家庭都属于富户，所以，这只能解释他们坚持“领导”伊斯兰教党与巫统对峙的原因，而不足以说明为什么伊斯兰教党能够吸引那么多穷人。要想解释这一现象，我们应该考虑家庭纽带、特殊的物质利益、巫统的治理策略以及反对派的道德吸引力这些因素的综合。因为家庭纽带的关系，在至少4个或5个案例中，儿子入党都是因为父亲（往往都不是本地居民）是公开的、坚决的伊斯兰教党支持者。但是，在巫统的成员中，没有发现一例这样的情况。20户最穷的伊斯兰教党家庭中只有7户人家其亲属或雇用关系能够解释人们参加反对派的行为。更明显的是，至少有5户比较贫困的家庭，他们的党派归属和他们表面上的经济利益是不相容的。换言之，他们是伊斯兰教党的成员，却依靠巫统成员提供的工作机会维持生活。

其次，除了最贫困的家庭，很多伊斯兰教党的支持者都是长期向伊斯兰教党名义下的丧事互助会交纳会费的会员。如果他们离开伊斯兰教党，他们将自动失去享受丧葬补助的权利，而他们已经为了这种丧葬补助付出了大量的投入。伊斯兰教党成功地将传统的社会保险方式同成员资格结合起来。事实上，伊斯兰教党的这一成功促进了巫统近来对这种模式的效仿。

第三，巫统在村里的发展策略并不强力地鼓励伊斯兰教党成员退党。塞达卡执政党的领导们似乎采纳了博弈理论家关于“最小优胜组合”的策略。他们已经成功地控制了村庄，所以他们并不急于在数量上发展自己已经占据优势的队伍。如果人数壮大，巫统成员既有的物质利益就会受到损害。

第四，虽然从物质上来讲，加入伊斯兰教党不会获得什么好处，但是，这个政党有可观的道德吸引力。这种吸引力的一小部分是源于伊斯兰教党要求成员忠诚于伊斯兰教义的声明。在这方面，塞达卡的伊斯兰教党跟执政党相比并非更遵守规范或更正统。确切地说，这里包括的是阶级问题、民族和宗教情感、民众对政府政策及其引起的不平等的普遍的反对等等所有这些的结合。这种结合并不惊奇，因为伊斯兰教党是马来西亚社会可以容忍的——只是勉强容忍的——唯一公开的成组织体系的反对党。[①]地方上贫穷的伊斯兰教党成员谈起巫统的时候，他们并不是指巫统的普通成员，巫统的普通成员中的许多人和这些贫穷的伊斯兰教党成员一样生计艰难。伊斯兰教党成员谈起巫统的时候，他们所谈论的是控制着塞达卡村的富户以及一个由政府雇员、富有地主和跟这些人有联系的商人构成的控制这一地区巫统的联盟。对于这些伊斯兰教党成员来说，巫统就是“富人”和“政府”的同义词。虽然伊斯兰教党并未获得对吉打州的控制权，但是它吸引了很多贫穷的农民，因为在这些农民看来，伊斯兰教党是“充满宗教色彩的捍卫农民利益的民众运动”[②]。塞达卡的伊斯兰教党的成员强调，他们仅仅代表了一个种族和一种宗教，而巫统及其同盟恰恰不能捍卫马来西亚人和他们的宗教。大多数贫困的伊斯兰教党成员所理解的种族问题和宗教问题是跟他们对于阶级关系和小农危机的讨论联系在一起 134
的。因此，我们将看到，关于剥削、工作机会、土地、慈善活动这些重要的物质利益的观念，都是用马来西亚社会的本土观念以及伊斯兰教的宗教行为规范表达出来的。说巫统只保护富人的利益，很少

① 当伊斯兰教党在某一段时间加入统治联盟的时候，伊斯兰教党的地方成员就会普遍感觉幻想破灭。虽然伊斯兰教党几乎没有什么实际的背叛，但它的成员还是痛苦地评论道：“拿督·阿斯里（伊斯兰教党的领导）正在拿（从字面上说是‘吃’）政府的薪水。”

② Clive S. Kessler, *Islam and Politics in a Malay State: Kelantan* 1838—1969（Ithaca: Cornell Univ. Press, 1978）.

或者根本不帮助最穷的农户，实际上也就是说他们背离了马来西亚和伊斯兰的价值观。[1]

最后，我们不应该忽视伊斯兰教党成员的骄傲和刚强，这使他们在牺牲物质利益的情况下也不会转换阵营。由于已经坚持了这么长的时间，按照巫统领导人的说法，伊斯兰教党成员现在是“把必须做的事装成出于好心做的”（make a virtue of necessity），伊斯兰教党成员不愿意放弃因为追随一条为了原则并牺牲物质利益的政治路线而带来的公开的和私人的满足。这种气氛是如此强烈以至于贫穷的塔伊布没有改换阵营，因为他担心他的机会主义会遭到伊斯兰教党朋友的蔑视，尽管塔伊布告诉他的朋友在他妻子力劝他时他曾经有过这种想法。最近塞达卡村中明显的党派偏见事件，比如干旱救济项目以及“村庄改进计划”，如果说有什么成效的话，那就是增加了伊斯兰教党成员的怨恨，强化了他们的决心。

和伊斯兰教党对抗的是一些富户的强大联合，这些富户垄断了社区中巫统的事务（参考附录C，表4）。那11位现在是或曾经是村庄发展委员会成员或官员的村民，平均耕种13里郎的土地（将近村庄人均耕种面积的3倍）。而且，除了1个人之外，这些人都来自村庄相对富有的那一半家庭。[2]另一个促进了这些人政治倾向的纽带是，这11个人中，除了两个人以外，都从政府那里得到了就业机会、

---

① 凯斯勒在吉兰丹州的研究中所得到的许多结论也适用于吉打地区。就像他所指出的（同上，第125页），很多伊斯兰教党的领导人都来自各种级别的神学教师、宗教领袖、传统的头人，他们中的很多人都感受到了来自公务员以及拿执照的商人的威胁，觉得这些人似乎要取代他们。于是，一些被替代了的精英加入了伊斯兰教党的领导队伍。另外，就像凯斯勒提到的，伊斯兰教党也代表了“马来西亚民族主义各个激进的伊斯兰派别的复兴与结合”（第126页）。

② 这个平均数是被过分夸大了的，因为哈吉·沙利姆的儿子也是村庄发展委员会的成员之一。哈吉·沙利姆是一个非常富有的经营者，他占有45里郎的土地，而且严格来说居住在村外。

执照或者贷款。[①]在一两个案例中，这种纽带是先于他们的政治活 135
动的。而对于其他人来说，这些纽带是他们做了一项有利的政治选择之后所获得的回馈，最初或许仅仅是政治偏好，受到了物质利益的强化，以至于这种选择几乎无法逆转。

先前提到的"四人帮"不仅控制了巫统，也掌握了当地的农会和宗教委员会，这四个人之间有密切的亲戚关系。比如，巴塞尔是村长哈吉·加法尔的外甥（村长的儿子也是这个团体里的一员），同时也是另一个成员的舅舅和巫统地区党支部领导人的侄子。巴塞尔的祖父还是塞达卡所属的双溪达汶分区的行政长官，巴塞尔的兄弟则是情报部门在地方的全职工作人员。巴塞尔成功地利用他的财富、他的家庭关系和他相当大的个人能量，达到了对地方巫统和村级农会组织的几乎不可挑战的统治。此外，巴塞尔还是坐落在凯帕拉·巴斯塔镇的政府小学、私人宗教学校、清真寺、合作磨坊、附近市场的执行委员会的成员。巴塞尔出众的才能不仅受到"四人帮"内部其他人的承认，同时也使塞达卡名义上的村长哈吉·加法尔显得黯然失色，最终哈吉·加法尔选择做一个受尊重的旁观者。

与他们在地方的竞争者相比，巫统的领导层并不仅仅是或者说甚至不主要是因为他们的经济实力而显得突出。伊斯兰教党领导阶层也很富有，尽管这些人只代表了"众多"家庭中的少数。[②]现在，巫统领导阶层的明显特征是，他们的家庭日益依赖各种形式的国家资助；同时巫统的领导层也能够接近分配那些资助的机构或

① 巫统现任主席沙姆苏尔是政府开办的磨坊的雇员。会计塔哈曾经在地区政府办公室做过兼职。执行委员会的成员阿布·哈桑曾经是农会的卡车司机。尤努斯从政府那里得到了一个执照，在市场上经营一个摊位。其他的5个人，包括副主席，都从农会获得了为数不少的贷款。

② 塞达卡在这方面可能比较特殊。一项对穆达地区大地主的调查发现，他们相对平均地分属马来西亚的两个政党——巫统和伊斯兰教党。参见以下精彩的研究，Mansor Haji Othman, "Hak Millik Tanah Padi dan Politik di Kedah"（Master's thesis, Universiti Sains Malaysia，1978），chaps. 1—3。

个人：比如农会、分区的长官、小学、地区办公室等等。当然，巫统领导层的影响力并不仅仅依靠这些资助。亲属关系仍然将许多领导人相互联系起来并将某些领导人与一部分普通成员联系在一起。“丧事互助会”、提供筵席器皿的“碗碟社团”以及邻里之间轮流的“信贷协会”，所有这些基本上沿着政党路线发挥作用的传统村庄机构使得家庭的纽带更加复杂并得以进一步扩展。

然而，现在村庄生活中最大一块的缺失是十年前由租佃、雇用和救济等物质联系而形成的社会凝聚力。在双耕以前，庇护关系主
136 要是村庄事务，巫统的上层家庭是庇护者，而被庇护者自然是这些家庭的雇员、佃户以及债务人（这些身份可能指向同一群人）。就像我们所看到的，双耕带来的经济机会已经大大削弱了（如果不是取消了的话）这种领导权的传统基础。由于村中的穷人在稻米生产中已经几乎是多余的，他们随之在社会上也变得多余了。换言之，如果说塞达卡的富人现在花费较少的时间和精力来“培育”他们比较贫困的邻居，这恰恰是因为，这些贫穷的邻居不再耕种富人们的田地了。

穷人的选票仍然很重要，不过，这些选票已经无法通过预先存在的社会经济纽带而自动得以确保了。至少，从政治上来说，总是在塞达卡占据领导地位的富人，现在愈发是由不独立的中间人组成的，而不是由凭借自身能力的庇护者组成的。现在这些占据领导地位的富人所支配的资源，在很大程度上都是直接从国家那里“借来”的。这些富人对村庄生活的社会控制正在减弱，这些资源可以为他们提供必要的资金以加强这种社会控制；但是，因为同样的原因，富人们已经变得更加脆弱。现在这些富人的命运很大程度上并不掌握在他们自己的手里。只要马来西亚继续发展、政府的财政收入继续增加、渴望乡村支持的国家领导继续当政，这些富人就不会碰到真正的危险。然而，如果这些保证他们地位的前提一部分或全部不再存在了的话，那么，这些富人就会发现他们自己将处在严重
137 的困境之中。

第五章
胜利者和失败者眼中的历史

任何颤抖——哪怕它发生在无助者和受伤者的身上——都有可怕的一面：停留的针刺正在收集毒液。

乔治·艾略特：《丹尼尔·狄隆达》

分类[①]

上一章对土地控制（land tenure）、收入、机械化、政治权力的详细叙述对非常有限的目的而言可能是充分的。至少，它清楚地表明了，当代农村的“一系列”变化——商业化、资本、灌溉——如何影

① 该小标题的原文是“CLASS-IFYING”。作者在这里做了一个个小小的文字游戏，他将英文词“classifying”进行了变形。首先我们来看“classifying”的意思。“Classifying”是“classify”（意为“分类”）的进行时态。一方面，作者用这个词表明在塞达卡，绿色革命的历史不是一个，而是不同的、是分类的。明确地说，按照本章标题的说法，就是胜利者和失败者的历史是不同的。另一方面，作者用进行时态来表明对过去的不同表述和看法又参与——或者说正在——建构出胜利者和失败者的分类。接下来，我们可以来讨论一下作者的文字游戏。作者有意将“classifying”拆为“class-ifying”是为了突出这种分类中的“class”阶级意涵，也就是说胜利者和失败者对历史的不同说法和看法是与阶级有关的。总的说来，作者在这里用“class-ifying”是表明在塞达卡不同阶级对共同的过去是有各自不同的描述和解释的，同时，这种不同的历史又建构出了不同的阶级。——译注

响了一个小地方的生产关系。然而，如果仅仅局限于此，我们就只是给大厦加了一块砖。关于绿色革命对地方的影响，到目前为止这幢大厦只讲述了一个人们熟悉的而且多少有些令人沮丧的故事。

作为社会史（或者说人类历史），前面的叙述是不充分的。对工厂中生产线的技术特点和一个组织的架构图进行描述的社会史，仅仅只是劳动力的社会史。换句话说，上一章仅仅勾勒了塞达卡农民不得不与之搏斗的一些确定的状况。

如果事件不是自明的，如果它们无法自我说明，那么，人类主体也无法完全自我说明。如果人们可以完全地自我说明，那么，只要打开录音机，然后向读者提供一份完整的录音记录就足够了。不过，有人确实尝试过这种“社会科学家作为录音机”的技术，并产生了一些富有启发性的结果，其中，最为有名的就是所谓的“人类学的奥斯卡·刘易斯学派”。但是，即使是奥斯卡·刘易斯也发现，对录音记录进行整理编辑并加上前言或后记是非常必要的。我认为，这种必要性至少有三个理由。第一，人们自己在说话时通常会使用一种语言学意义上的简略表达，比如微笑或者使用暗喻。对于这些，说话的人是不需要向他们的邻居进行解释的，但如果不说明，局外人就会对这些微笑和比喻感到迷惑不解。因此，如果我们不认识塞达卡村的拉扎克，我们就无法了解，当塞达卡的某人说另一个村民“行事像拉扎克”是什么意思了；同样，如果我们不了解美国的棒球运动，当美国人说某人在找工作时“三击不中球手出局”（struck out），我们也就不知道是怎么回事了。第二，意义及其连贯性是处于更大的规范之中的，但在日常话语的想当然世界中，人们只要“知道”这些规范就可以了，而无须用言词将这些规范表达出来。葬礼中的礼仪标准，还有在特定场合下对适当礼物的期待，都属于这
138 种情况。这些行为标准通常扎根于行为模式之中，只有当这些行为标准的表现成为争论的焦点时，也就是说这些表现不再被视为理所当然的时候，人们才会给出具体的说明。第三，观察者会发现一

些特定的主题和价值，这些特定的主题和价值似乎会把在其他情况下可能属于相互分离领域的实践、信仰、话语统一在一起。在一些地中海社会中，关于“男子气概”的理想型（ideals of “manhood”）也许就是一个恰当的例子。[①]在这里，观察者正在创造这样一种综合或解释，这些综合或解释或许同记录的事实一致，但不大可能曾经被创造这些记录的人有意识地思考过或谈论过。这种解释，正如格尔茨所说的，是“我们对于其他人（我们讨论的那些人）关于他们自己和他们同胞状况的建构的建构。”[②]

在这种情况下，“如何评价这些建构”这样的问题必然会出现。在什么基础上，一种建构优于另一种？概念基础在这里是不可靠的，此外，从自然科学的严格意义上讲，论据也是无法找到的。然而，一些关于证明和推论的标准是可能的。这些建构应该是实用的，至少要与它们试图揭示的实践和信仰保持一致。此外，这些建构也要弄清楚在人类行动的记录中跟自己无关的或反常的数据是什么样子，正是从这种意义出发，一些建构要比跟它竞争的其他建构更优越。一种评判各种解释的最终标准一直是许多争论的焦点，即原则上，我们的解释或描述应该是被那些其行动被我们解释的行动者认为看起来是可靠的。当然，这里的问题在于不仅所有的行动者都有隐藏或歪曲自己意图的利益考虑，而且，这种标准也必须应对弗洛伊德学派的学说——许多动机行动者自己是无法了解的——和“虚假意识”的观念。因而，认为行动者应该证实我们对他们行动的建构的想法是不现实的，但是，我们能够坚持，我们的解释应该考虑行动者提供的所有自我描述。

① 当有人做出这种声明时，健康的怀疑主义显然是应该提倡的。当假定一体的主题（unifying theme）脱离了其历史根源并在某种文化的上空盘旋时，比如黑格尔的绝对精神，情况尤其如此。这种“唯心主义”的烙印使得作为行动者的人仅仅成为观念的媒介或爪牙，尽管这些观念是人类的创造物。只有当这些观念跟促成其出现和发挥影响以及预示着其削弱或消失的那些历史条件紧紧地结合在一起时，这些观念才值得仔细考虑。

② Clifford Geertz, “Thick Description: Toward an Interpretive Theory of Culture,” chap. 1 in *The Interpretation of Culture* (New York: Basic, 1973), 9.

过去十年对于塞达卡的村民以及他们在穆达平原上的同胞来说具有非常重要的意义。人们已经很难再找到另外的十年能像这十年那样——物质生活和生产关系发生如此引人注目的变化，社
139 会生活和经济生活的旧模式被彻底地抛进无序的状态之中。[①]所有的村民都不得不掌握、理解或解释这些事实。村子里发生了什么？有什么意义？谁应该受到谴责？所有这一切预示着什么？一点也不奇怪，塞达卡的村民们在这些问题的看法上有很大差别。这些解释因村民的个性、年龄、地位、以及至少是他们的产权关系——也就是说他们的阶级状况——而有所不同。"被刺死的是谁的公牛"(whose ox is being gored)是造成不同解释的关键。没有人会期望一个无地的雇工会像大农场主那样泰然自若地或满意地看待联合收割机。然而，无地雇工和大农场主的不同经历和利益各自形成了同一社区话语的一部分。他们对于事件截然不同的、甚至矛盾的理解都试图与对方对话、试图引起对方注意；另外，这些不同的理解是被所有人都可以利用的同一文化素材所形塑的。

因此，本章之后的内容以及下一章节将试图描绘和分析刚开始时在塞达卡村这种关于阶级的新经历是什么样子的。

如果说在上一章我是以经济史或者社会史学者的眼光对绿色革命的影响进行了考察，那么，在这一章里，我打算分别从胜利者和失败者——这两类村民的有派别性的眼光考察同样的事件。根据谈话对象的不同，这里至少有两场绿色革命在发挥作用。然而，在深入探讨之前，我们应该明确的是，阶级并不是村民唯一的社会经历。且举几样东西来说吧，宗派、邻里和亲属纽带，也造成了各自的分裂线，而这些并不总是完全和阶级一致。作为同一族群、同一宗教、同一村庄、同一经济门类（稻田经济）的成员，村民也经常因为某些目的和他们的对手联手。取决于不同的问题及相应的背景，这些别样的被体验到的自我可能是决定性的。尽管，不可否认的

① 从1940年到1950年的这十年对这里的提法似乎构成了挑战。在此期间，日本人的入侵导致了政权的中断。

是，产权关系在双耕之后变得更加明显，但是，产权关系却总是相当混乱，不能像其他锐利的"社会学解剖刀"一样把村庄齐整地分为两三个部分。1972年以来的各个方面的变化对"胜利者"和"失败者"的定义是不同的；例如，那些希望通过租入土地来扩张自己农场的小土地所有者可能和穷人一样痛恨长期契约租佃，但是，这些小土地所有者并不像穷人那样仇视联合收割机。此外，就像我们将要看到的那样，绿色革命带来的变化在村庄社会分层中的上层和底层都积累了足够的影响，这为某种类似阶级观念的东西的产生提供了经验基础。

在这里的分析中，"穷人"一般指村中人均收入最低的那37户人家。反过来，"富人"指的是人均收入最高的那25户人家。[①]不过，虽然同总收入和拥有的土地总数相比，人均收入水平这一概念本身是对当地的阶级位置的一个较好的量度，但是，它仍然造成了一 140
些同当地看法不一致的异常个案。在这些个案中，我遵循了当地看法，因为在更广泛的意义上，当地的看法似乎比我的数字更加精确[②]。因而，下面接着要分析的那些有分歧的观点，反映了穷人和富人之间最显著的差异。除去"共识区域"(zone of agreement)，我将只探讨那些将穷人和富人分别开的对双耕及其后果的看法，这些看法在每个群体中都得到了相当多人的支持。

---

① 然而，事实上，实际资料是不成比例地来自穷人阶层里的较穷者和富人阶层中的较富者。我认为，情况之所以这样，一方面，是因为阶级图谱中对立两端的阶级利益不那么模糊，另一方面，这也是因为我花了更多的时间去倾听那些最穷者和最富者的想法。

② 比如，从收入分配来说，哈米德(#38)属于中间层，但几乎村里所有的人都认为他是富裕的，因为他拥有10里郎的土地和一台拖拉机；村里人说，是因为赌博，哈米德才被迫把地租出去，他只是暂时显得比较潦倒。法齐勒(#42)和阿布杜尔·拉赫曼(#41)情况比较相似，他们都是富有的地主，但是，法齐勒最近买进了一些稻田，为了支付这笔花费，法齐勒被迫租出了他的一些土地，而阿布杜尔·拉赫曼则是因为一连串的农作物歉收而不得不将土地出租。法齐勒和阿布杜尔·拉赫曼都被认为是富裕的人。另一个异常的例子是托·穆罕默德(#56)，他过去相当穷，现在他成了鳏夫，家中只有一个独身的女儿。托·穆罕默德家的人均收入相当高，但是，从他的一生来看，村民们认为他是穷人。

在一个深深植根于更大经济体系的村庄中，村里稻田的一部分是外村人所有的，村民们也会到社区外去寻找工作和土地。在这样的村庄中，阶级问题不可能仅仅局限在当地的范围。然而，在当地，下面的这些问题中有许多都会清楚地表现出来。生产关系中的许多种变化，如机械化、预付地租、福利的下降、工资率的变化，都为穷人所怨恨。就像每种怨恨总有其外在目标一样，这种怨恨也几乎总有相应的地方目标。就少数最明显的阶级问题而言（比如，引人注目的长期契约租佃），在当地，几乎是没有对抗者的。在这些事件中，"胜利者"基本上在村庄之外，而绝大多数村民基本上相互保持一致，但是，如我们将要看到的，他们这样做时怀着程度相当不同的热情。

夜行船①

对塞达卡目前事态的两种简短解说将有助于阐明前一章提到的事实如何可以具有非常不同的意义。我选择用对目前事态的这两种不同的解说来突出这些论证的不同风格，并展现对目前事态的这两种不同的解说反映出来的对比。但是，这两种解说既不是差异最大的例子，也不是差异最小的例子。事实上，这两种解说相当有代表性。我把这两种解说呈现在此，只加上最少的解释，那么，在"胜利者"和"失败者"之间的更大话语背景下，这两种解说所传达的意义稍后就会变得明朗。

帕克·亚赫是一位没有土地的雇工，他有8个孩子。帕克·亚赫

---

① 该小标题的原文是"SHIPS PASSING—AND SIGNALING—IN THE NIGHT"，其意为"夜晚航行并发送信号的几只船"，这里译为"夜行船"。作者在这里用了一个比喻。这一节讨论的是对当时塞达卡村庄生活的两种不同说法。当时塞达卡的村庄生活对作者和读者来说就像无法看清的黑夜，而对于村庄生活的不同的说法就像黑暗中的船只。就像在黑暗中穿行并发出信号的船只一样，这些说法是当时村庄生活的一部分，并且提供了一些"信号"用以解读村庄生活。——译注

总是艰难地维持收支相抵的生活。帕克·亚赫的处境不仅反映在他的居住条件上，他的房子只比拉扎克的好一点；帕克·亚赫的这种处境同时也反映在他的绰号上。他被人们称为“瓶子亚赫”（Yah Bottle）[1]。帕克·亚赫每天下午骑自行车回村尾的家时，差不多都有 141
一个烹饪油的油瓶在他车筐里，那个油瓶总会发出一些声音。帕克·亚赫的绰号就跟油瓶的这种声音有关。这个绰号同时也暗示了帕克·亚赫的贫穷，因为他几乎从来不能购买超过30马分的物品，所以他不得不每天都去买油。跟拉扎克不一样，帕克·亚赫是一个公认的老实可靠的雇工。我曾听到过他忿忿地抱怨，他很难找到工作，也无法租到一小块土地。然而，这一次，他比以前更加愤怒了，因为最近由巫统领导人分配的、作为“村庄改进计划”一部分的房屋修缮津贴他一点儿也没有得到。在同样没有得到津贴的两个邻居（诺尔和“瘦骨嶙峋的”玛）的鼓动下，帕克·亚赫对村里的形势进行了总体评价。

“那些富人正在把生计艰难的人抛到一边”；“我们越想提高自己，我们就越会被推倒，（他们对我们）也就越残忍”；“他们想要埋掉我们”。当帕克·亚赫说最后这句话的时候，他的手掌根部猛地推向了脚下的地面，好像要把什么东西推进土里。他补充说，“我们想提高一点儿”。为了说明他的意思，帕克·亚赫指出：在过去，从富裕的村民那里借一些大米是可能的；而现在富人卖掉了稻米换成了钱，继而声称，他们没有钱。

---

① 马来地区的绰号通常是由名字的最后一个音节构成，所以，Osman被叫成了“man”；Zakariah被叫成了“Ya”；而Ahmad变成了“Mat”。添加在这些绰号之后的词往往反映了这个人或者其父亲、其祖父的个人性格。所以，玛·丁（Mat Din）在背后被人称为“甲虫玛”（Mat Kabur）。Kabur是一种椰树叶子上的甲虫，而玛·丁长得与这种甲虫相似。玛·萨里夫被称为“Mat Rabit”，rabit的意思是“破的”，这是对他的兔唇的速写。雅米勒（Jamil）被称为“中间的雅米勒·帕克”（Jamil Pak Ngah），“中间的帕克”（Pak Ngah）是沿袭自他的父亲帕克(Pak)，雅米勒的父亲帕克是家里排在中间的儿子，被称为Ngah，这是Tengah的缩写，是“中间的”意思。

最后的这一控诉，我从村中其他的穷人那里也听到过很多次。这里需要做一些解说。传统借贷与预付地租所使用的流通物通常是作为主食的大米，包括稻谷或碾好的大米，今天流行的现金在当时是十分罕见的。穷人似乎相信，试图避免陷入穷人强求借债的困境是富人把稻米卖掉换成现金的部分原因。在卖掉绝大部分收成以后，富人们现在可以声称，他们剩下的稻米只够自己一家吃的，而他们的钱已经花掉了。这种做法的额外好处是有助于隐瞒财富，因为一般来说，我们有可能知道人家的谷仓是否是满的，但是很难
142 知道他是否有钱。[①]

帕克·亚赫补充说，拒绝借贷表明，“那些富人的看法是，那些手头缺钱的人都很卑鄙”。“他们不想让我们大声说话。”“他们不希望我们聪明一些。”“（但是）现在穷人开始有所行动，富人发觉这些（的时候），他们甚至更加愤怒了。”可以确定的是，有关“有所行动”的评论基本上是指那些公开的抱怨，这些抱怨针对的是对政府给的房屋修缮津贴的派性分配。

帕克·亚赫继续说道，“他们说我们懒惰，但我们是没有得到机会继续接受教育或者得到政府的工作（比如说，政府移民计划）”。“他们说我们不想工作，但是找到工作真是太难了。”这里，正如在别的地方一样，帕克·亚赫和其他贫穷的村民说这些话时就像辩论或对话的双方都在说话。在此，他先是说出了富人对穷人的谴责，接下来又逐条驳回这些谴责。此外，这种争论是按富人穷人来分派

① 村民们确实可以根据一个人充足的收成推测这个人是富有的，但是，他们通常很难了解到这个人需要偿还的债务。所以，从这方面来说，现金的广泛使用标志着村庄的一个变化：隐藏财富更加容易了。此外，在乡村中，了解一个家庭是多么富有，并不是无所事事的消遣；这种至关重要的信息构成了邻居之间权利义务的基础。左拉写道，“他们总是不厌其烦地评估每一寸土地，因为他们知道洛格尼斯（Rognes）村每一个人的的财产，甚至具体到他们亚麻床单的价值”。左拉写下这句话时，似乎是在描述所有的农村。*The Earth*, trans. Douglas Parmee (Harmondsworth: Penguin, 1980), 194.在过去，一个种田人家的经济状况可以从他们谷仓里储藏的稻谷的数量推算出来。如马来谚语所言：“如果谷仓是空的，那么，胃就会是空的。”

角色的，尽管眼下激起帕克·亚赫怒火的问题是巫统和伊斯兰教党成员间的问题。巫统成员并不都是富人，而伊斯兰教党成员也并不都是穷人。

大概一个月后的一个下午，跟上面提到的那次谈话几乎相同的一群人聚集在帕克·亚赫的屋檐下，我正在听他们的谈话。这一群人对按政治派系分配政府房屋修缮津贴依然怒气冲冲。他们的怒火尤其集中在分配津贴前进行的住户调查，他们认为这次调查是欺诈性的。办事人员问的一个问题是，"你在哪里上厕所？"帕克·亚赫蹲在地上，摸着脚后跟，然后说，他甚至"不得不拉在其他人的地里"。按照村里的说法，这种表达意味真正的贫困。

然而，在发钱的时候，很明显，那次调查已经成了个笑话。正如帕克·亚赫所言，那次调查"被扔到垃圾堆里了"。他还做了一个办事员用食指查阅名单时的手势。"他们说，帕克·亚赫很富有，杜拉很富有，甚至苏库尔也很富裕。"这些聚集在一起的人认为这种说法很好笑，因为他们知道，这三户都是伊斯兰教党支持者，而且是村里最穷的人家，但他们一点资助也没收到。帕克·亚赫继续他的 143
描绘，"他们说，勒拜·彭德克很穷，沙姆苏尔穷得他们不得不给他一些粉刷房屋的涂料，阿布·哈桑也穷。"当然，这三个人都来自村里最富有的巫统支持者，但他们都收到了津贴。这种嘲弄之所以是如此尖刻，在很大程度上是因为村里的巫统领袖肆无忌惮地忽视他们的党派表面上公正的、客观的程序，这一切不过是为了犒劳他们自己及其追随者。然而，这个问题再一次以穷人和富人之争、以富有的巫统领导歪曲事实的面貌呈现出来。

但是，如果我们简要地听听其他村民的说法，我们就会听到一个截然不同的故事。这个故事的场合非常独特。跟我和村民的大多数谈话不一样，这只是一个无意中的偶遇。有天晚上，哈吉·卡迪尔、他的妹夫托·卡西姆和他的女婿加扎利，坐下来和我聊天，显然，他们有一些他们一起商量好了的话要告诉我。他们到来的情境无疑非常重要。此前的两个星期，我花了很多时间跟村里的许多穷人一起给水稻脱粒。[1]在工作期间，我逐渐了解了许多先前只是略有耳闻的贫穷家庭。这些贫困家庭对联合收割机导致工作机会丧失和先前给予打谷者的“慈善”收入的减少都很关注，这些关注都涉及到了我已经开始向其他村民询问的问题。哈吉·卡迪尔他们三个人似乎担心我得到了错误的消息；他们是来纠正我的错误的。[2]就像有人猜测的那样，这三个人根据村里的标准都是富人。哈吉·卡迪尔（高利贷先生）当然是村里最富的人；他的女婿加扎利耕种着8.5里郎土地，而且将来能继承这些土地中的大部分；而哈吉·卡迪尔的妹夫托·卡西姆则耕种着6里郎土地，其中绝大多数都是自己的。

哈吉·卡迪尔用一个反问开始了他的谈话。他问：“为什么有些人其实很富有，而我们却说他们是穷人？而另外一些人其实很穷，我们却说他们是富人？”他进而用一些精心挑选的例子回答了他自
144 己的问题。“像卡米勒，他根本没有任何财产，但他会设法挣一些钱，因为他足智多谋。”“再比如说玛·吉尔，他虽然没有地，但也很足智多谋。”这两个例子都具有很强的倾向性，并且都是经过精心挑选的。塞达卡有5户人家没有土地，也没有继承什么财产的希望，但是他们都有一些收入，因此这5户人家比村里的中等人家还要富。卡米勒和玛·吉尔就是这5家中的2家的户主。卡米勒几十年来都是塞达卡最大的承租人，他现在耕种了15里郎肥沃的土地。而玛·吉尔尽管只耕种了2里郎土地，但他有一份稳定的令人羡慕的

① 手工脱粒的节奏通常需要两个男人一起在一个脱粒桶工作；一个人取来一捆稻谷，而另一个人则要用连枷把稻粒打到木桶里。只要我发现脱粒者的数量是奇数，一旦受到邀请，我就会加入那个“剩下的人”（odd man out）。尽管我打谷时比大多数人都要慢很多，但按照记件工资的方式（每麻袋2马元），我的合作者收到的是我们一起脱粒的全部报酬，我的合作者因此得了点好处。

② 我的出现对于他们的小型“演说”来说是个刺激，这当然是千真万确的。他们会对我说这种话，但他们不会直接对帕克·亚赫说类似的话。在此意义上，他们的话是编造的。这种话是为了积极说服外来者，并让外来者相信，谁可能是有权力的。然而，值得注意的是，在表达他们的观点的时候，他们必须求助于嵌入村庄生活的价值和标准，还要使某个相当无知的人更清楚，一个手势和一个常用语在他们之间究竟表达了什么意思。

工作：他受雇于附近镇上的一个成功的华裔小商店老板兼稻谷商人。卡米勒和玛·吉尔两人都有能力为他们的大家庭提供舒适的生活。这两人都是明显的例外，因为在乡村中普遍的规则是：土地的拥有是财富的基础。哈吉·卡迪尔也暗示了：卡米勒和玛·吉尔两人远远没有那些有土地的人收入稳定，并且，卡米勒和玛·吉尔他们必须辛勤工作才能挣得这些收入。

在列举了没有财产但凭借他们的足智多谋也能生活不错的这两个案例后，哈吉·卡迪尔开始讨论硬币的另一面。他此时举的例子是哈姆扎和哈姆扎曾经很勤快的哥哥拉扎克。哈吉·卡迪尔说，“他们有财产，他们有土地，”“多达二三里郎，多到他们可以像大地主一样把土地租出去。”哈吉·卡迪尔指出，假使哈姆扎和拉扎克足够聪明且能提前考虑清楚，那么，他们就能亲自耕种这些土地，每年收获20到30麻袋稻谷，而这些稻谷足以养活他们的家庭。他们无法养活自己家庭并不是因为他们的贫穷，而是因为他们不够“足智多谋”。哈吉·卡迪尔得到了他的同伴的极力赞成。又一次，这些例证是被精心挑选的。塞达卡村里最贫穷的14户人家当中只有5户拥有土地，拉扎克家和哈姆扎家就是其中的2户。严格来说，拉扎克和哈姆扎两人其实并不拥有土地，因为他们如要要从他们那故去已久的父亲那里继承土地，必须支付一些费用以及伊斯兰的遗产税[1]，而他们根本没有足够的资金来支付这些费用。哈姆扎的母亲让哈姆扎租出去2里郎土地，哈姆扎是否能够获得那2里郎土地的所有权这一点同样也并不清楚，因为他母亲住在外村的两个儿子也有权拥有这块土地。在这种情况下，哈姆扎租出了他那2里郎的地，这就像拉扎克把他的0.25里郎土地租出去一样。拉扎克和哈姆扎两人都声称，由于1978年干旱歉收时的工作丧失、庞大的家庭，还有打短工的工资收入减少，所有这些都使得他们根本不可能担负得起种植水稻的全部花费。事实上，哈姆扎在1977年灌溉季种了庄

① 这一过程，地方上称之为“ambil kuasa”（获得法律凭证），其费用包括50马元的固定收费加上按照土地市值估价的1%收取的穆斯林遗产税。

稼，但他说，为了养家糊口，他不得不在收获前卖掉未收割的稻谷。然而，哈吉·卡迪尔及其朋友显然认为，是因为目光短浅，而不是贫
145 穷，使哈姆扎和拉扎克变成了低微的土地所有者。究竟谁的说法是对的？这是一个会引起强烈争论的问题，单凭经济上的证据并不足以解决这个问题。

托·卡西姆和哈吉·卡迪尔想当然地认为拉扎克狼藉的名声解释了拉扎克的情况，所以他们随后特别提到了哈姆扎的例子。尽管他们没有说哈姆扎很懒惰，但他们的确声称他“不是很勤快”。托·卡西姆说，“这就是为什么我们始终不愿意给他资助或者工作的原因”。“他有财产；他和我们一样。”随后，我问道，谁是村里的真正穷人？经过一些讨论后，他们提出来三个可能的候选人——帕克·亚赫、曼苏尔以及“瘦骨嶙峋的”玛。他们说，如果生病没法工作的话，那么这三个人都将“玩儿完”。他们说，剩下的人或者要么不是那么穷，要么是不够足智多谋。

在被我的问题转移了片刻视线之后，哈吉·卡迪尔再次回到了主题。他重新谈起了那些恶意地要求工作或救济的人身上。哈吉·卡迪尔以他在燕镇的侄子哈希姆为例来说明。哈吉·卡迪尔说，哈希姆总是在收割前到塞达卡村来，然后说他将帮忙脱粒，并且要求提前领取一部分工资。然而，当脱粒工作就要开始了，哈希姆通常却会去临近的玻璃市州的梅加德瓦（Megat Dewa）地区，那里工资和额外的扎卡特（zakat）馈赠都要更高一些。哈吉·卡迪尔还说，有一次，在拿到了一部分预付工资后，哈希姆在一天晚上告诉哈吉·卡迪尔准备好第二天早上的咖啡，因为他要来帮助脱粒。可是，第二天清晨，哈吉·卡迪尔发现哈希姆沿着运河去了塞达卡南部，去给别人干活。哈吉·卡迪尔还怀疑，自己和其他两个亲戚在斋月前给哈希姆的大米很可能是被卖掉了，而不是被吃掉了。哈吉·卡迪尔曾有一次告诉哈希姆，他应该只向那些他帮助过脱粒的人家要求施舍大米。哈希姆却依然如故，在过去几十年中，哈希姆每年都会像时钟一样按时来要求施舍大米。当哈吉·卡迪尔表示可以把自

己在梅加德瓦的一块将近2里郎土地租给哈希姆种几年时，哈希姆拒绝了。“他并不那么感兴趣。”哈吉·卡迪尔总结说。

因此，哈希姆被认为是同拉扎克和哈姆扎类似。根据这种说法，他们当中没有一个人对工作感兴趣；除非是乞求救济或要求提前领取工资，他们当中没有一个人是足智多谋的。他们当中的某些人——如果不是所有人——是相当富有的。毫无疑问地，从他们的行为和拥有的资源来判断，哈希姆他们这几个人中没有一个应该得到那些已经给予他们的同情和帮助。

帕克·亚赫的说法和哈吉·卡迪尔的说法相去甚远，这两种说法中所忽视的内容跟它们所包含的内容一样重要。在这两种说法中，在当前情形中的物质事实——工资率、田间工作的丧失、实际给予和接受的贷款及施舍——显然是相对缺失的。或许这仅仅是因为这些物质事实都被想当然地当做常识了。然而，这里强调的是社会事实，即人们相互关系的性质。因此，当帕克·亚赫谈到拒绝给予借贷时，他关注的并不是物质的损失，而是那些认为穷人都“很
卑劣”的富人的态度。同样，当哈吉·卡迪尔提及被迫借贷时，在公 146
开场合他并不怎么强调他所付出的代价，而是更多地强调他所看到的那些寻求帮助的人的道德堕落。正如在拉扎克和哈吉·布鲁姆的故事当中看到的那样，这里有一个文本，这个文本表明了体面而适宜的社会关系应该是怎样的。

同样显著的是，这些不同的看法都试图同时根据人们真实的经济状况和社会声誉来判定人们的位置。帕克·亚赫嘲笑村里的领导为了他们自己的目的而肆意扭曲关于贫穷与富裕的“事实”。哈吉·卡迪尔则非常努力地表明，大多数穷人都应当自己为自己的贫困负责，此外，哈吉·卡迪尔还努力地将真正的贫穷从伪装的贫穷中区分出来。这场有关“事实”的斗争为什么会在塞达卡的富人与穷人的对话中处于中心位置？这一点将随着我们研究的推进而愈加清晰。

绿色革命的阶级史①

关于阶级的社会经验的核心是要发展出对历史的一种既独特又共享的理解，这种理解使一个阶级有别于其他的阶级。总体而言，这些理解是一种共享的世界观，而这种世界观既体现了关于公正的各种标准，又体现了这些标准在过去及当前事件中的应用。例如，通过考察法国各阶级对法国历史的主要分水岭——1789年和1848年革命、巴黎公社、人民阵线、维希政府、1968年五月风暴——的看法，我们可以得到法国各阶级的世界观。在塞达卡这个小小世界中，与双耕有关的生产关系的转变，就是这样一个历史分水岭。这些转变之所以对于阶级关系具有决定性作用仅仅是基于这样一个事实：这些转变所产生的影响在很大程度上沿着阶级界线划分了胜利者和失败者。作为一整套的历史经验，这些转变为穷人和富人之间无声的斗争提供了基础与场景。

尽管穷人最近几年遭受了痛苦的挫折，但是不管是现在还是在可预见的未来，穆达平原都不会出现阶级战争（class war）。可展望的前景仅仅是持续的阶级争斗（class struggle）、零星的反抗，还有我们已经目睹的言辞之战。斗争不可能升级，其原因有如下几点：首先，近半数村民现在的生活要好于双耕之前的生活。无论他们残存的不满与恐惧有多少，他们基本上都可以算是胜利者。其二，即使是那些时运不济的人，他们的生存或生计也很少受到威胁。他们

① 本节的小标题是“TWO SUBJECTIVE CLASS HISTORIES OF THE GREEN REVOLUTION”，字面含义是“两个主观的关于绿色革命的阶级历史”。在这里，作者试图从阶级的角度简要考察塞达卡绿色革命的经过，试图探询富人和穷人——胜利者和失败者——如何体验和解释生产关系的每一个主要变化。作者认为在富人和穷人——胜利者和失败者——那里，绿色革命的历史是不同的，所以这里有“两个关于绿色革命的历史”。而造成这种不同的原因是因为穷人和富人——胜利者和失败者——是沿着阶级界线划分，所以这里的历史是“阶级历史”。另外，作者也力图表明这里的历史并不是关于“客观事实”的历史，而是对“事实”的表述。相对于“客观事实”，这些表述是主观的，所以作者说这是“主观的历史”。这里简要地译为“绿色革命的阶级史”。——译注

面临的选择，如紧缩开支、暂时或永久地移民、在村庄的边缘生存（marginal subsistence），这些当然是痛苦的，但是这些选择完全不像印度尼西亚或印度的农民所面临的选择那样严峻。其三，在塞达卡以及吉打地区其他村庄中，社会结构不存在戏剧性的尖锐的反差： 147
一边是少数的垄断地主阶级而另一边是为数众多的未曾分化的农民阶级。塞达卡并不是1910年的莫雷洛斯[①]。塞达卡的社会分层并非是一张从上到下的天衣无缝的网，塞达卡社会分层是多样的，这足以防止团结一致的受害者军团（a solid phalanx of victims）的产生。旁观者和中立者在塞达卡总是存在的，这调和了在别的情况下可能会出现的更为尖锐的社会冲突。最后，地方冲突固然存在，但下面这一事实缓和了这种冲突：尽管存在阶级对抗（class antagonisms），所有稻谷种植者事实上有着某种共同的利益（例如，马来的政治支配以及对稻谷价格的高度支持）。所有这些因素造就了“普通”形式的阶级争斗，而非突发的剧烈冲突。

带着这些限定性条件，我将从阶级的角度简要考察塞达卡绿色革命的经过。我试图探寻，生产关系的每一个主要变化是如何被富人和穷人——胜利者和失败者——体验和解释的？根据这些解释，也就是根据这两种解释，我们有可能建构出村庄阶级关系的图景。

双耕与双重看法

迄今为止，有许多关于穆达地区双耕制后果的研究，其中的一些相当出色。在反映国际捐赠机构和马来西亚政府利益的同时，这些研究都涉及了生产、收入和经济增长。整体而言，这些研究似乎

① 莫雷洛斯（Morelos）是墨西哥的一个州。20世纪初，莫雷洛斯州的阶级对立尖锐，是墨西哥当时农业不安状态最严重的州。1910年，墨西哥著名的农民革命领袖萨帕塔(Emiliano Zapata，1879—1919)发动莫雷洛斯州的农民夺取地主的土地，由此揭开了墨西哥1910—1917年资产阶级革命的序幕。——译注

为吉打州绿色革命的后果或多或少地提供了详尽的解释。

然而,我们不应该惊奇的是,无论是就论调还是就内容而言,双耕这出戏的真正参与者对于双耕的整体评价同官方的说明有很大的出入。毕竟,参与者有其自身狭窄的、朴实的关注。同样我们不应该惊奇的是,富人对双耕的看法同穷人的看法有相当大的差别。如果有人就双耕的影响询问村民,那么,作为普遍共识的核心区域(a core zone of general agreement)会让位于争执区域(a zone of dispute)与异议区域(a zone of differences)。正是在后两个领域当中,阶级是决定性的。

事实上,每个人都同意,双耕带来了某些好的变化。他们会提到房屋的重建及修葺,他们会谈到1972年以前只有两个最富有的村民才拥有摩托车,而现在许多比较富有的村民都有了摩托车,而且,现有的道路和公交服务允许他们去拜访亚罗士打城以及附近的亲戚。然而,使这些受人欢迎的便利黯然失色的特大新闻是,在塞达卡村民们的记忆中,第一次村里的每一个人都有足够全年食用的大米。即使富有的村民也不会忘记提到这一点,因为他们依然能够记起庄稼歉收之时,他们的粮食供应也用尽了。当然,对于穷人而言,在塞达卡,总是折磨农民的基本担忧几乎都不复存在。"即
148 使是穷人现在也可以维持生活了,他们现在有吃的了"(杜拉);"有足够的米可吃了"(苏库尔);"大米再也吃不完了"(华喜德)。所有这些话都第一次进入了穷人们的头脑中。他们随后对最近困境的抱怨正是发生在这一主要成就的背景之下。然而,即便阅读成堆的政府报告,人们也不可能发现农民对这一压倒性单一结果达成了任何共识。

在这一狭小但重要的共识区域之外,各种评价有所差异。无论是塞达卡的富人还是穷人,他们对双耕带来的变化并不是完全充满热情。考虑到穷人新近经历的挫折,他们的抱怨是在预料之中的。然而,大农场主的抱怨却有些奇怪,因为他们是这一颇受赞扬的计划的主要受益者。最初,人们倾向于将怨言归于只愿意接受好

运这种普遍的人类(至少是农民)特性,但是这些抱怨的本质揭示了一种明显的阶级视角。富人们最重要的怨恨是——他们再也不可能购买土地了。因此,哈吉·卡迪尔说,情况在灌溉改革"以前要好得多",那时"我们可以攒钱,买1里郎地只花1000马元"。租种了15里郎土地的卡米勒抱怨说,他现在还比不上十年前富裕,他再也无法得到土地了。这里所反映出来的怀旧并不仅仅是怀念每里郎土地只有1000马元的时光,而且也是怀念贫穷的小土地所有者会因为欠债而将土地交给债主的时光。事实上,这就是哈吉·卡迪尔等人致富的手段。而卡米勒则认识到,这种社会流动的渠道已经对他关闭了。

富人们的怨言不止这些。他们抱怨高额的生活成本,他们抱怨在农忙时很难找到帮手,他们抱怨使用帮手的成本太高,他们抱怨即使是他们也不得不经常贷款。富足的村民偶尔也会以更加怀旧的心情惋惜,他们失去了昔日曾经享有的在收获和下次种植期间的闲暇与娱乐,那正是他们较为贫穷的邻居通常到外地去找工作的时候。现在,他们整年都异常繁忙。他们尤其怀念在1972年以前为农闲时节增加光彩的小型筵席、游戏以及伊斯兰吟诵。[1]这样的哀怨通常不怎么强烈,因为没人愿意为了复兴这些文化礼仪而放
弃下一季的耕种。 149

当谈到双耕对他们经济情况的影响时,村里大部分农场主的评价都奇怪地与前面提到的狭小的共识不相符。从他们的收入和财产来判断,所有这些家庭都获益匪浅。然而,他们当中的许多人都认为没有改善;他们说生活和以前没什么区别。如果你刨根问

---

① 他们最经常提到的宴席是kenduri berendul,字面意思是"摇篮宴"(cradle feast),这种宴席是为了庆祝新生婴儿,包括仪式性的剪发以及为女孩举办的割礼(circumcision)。我在当地逗留期间,这种仪式只举行过两次。他们提到的游戏包括抽陀螺比赛和马来西亚/印度尼西亚的自卫表演,这两个游戏今天都已经很少看到了。来自《古兰经》的伊斯兰吟诵包括berdikir 和berzanji,这些表演今天偶尔会出现在村里的宴会上,但表演者通常是一些收费的团体。所有这些活动都被描述为"娱乐活动"。

底,他们可能就会稍微松一松口:“我稍微好过了一点”;“我们不必再那么精打细算了”;“我们可以有足够的食物了。”尽管如此,在谈到灌溉给村里的穷人带来了什么时,这些人就会十分健谈。根据他们说的,穷人现在已经过得不错了。他们中的一个说,“自从种植季有变化以来,即使无地的雇工都在用摩托车”。另一个抱怨劳动力花费提高的人则坚持认为,靠打短工为生的人生活已经变得如此舒适,以致这些人可以非常挑剔了。农场主总是说穷人现在和双耕前的富人一样舒适。事实上,这些农场主一方面极大地掩饰了他们自身获得的好处,另一方面夸大了穷人的好日子——我们将会一再看到这一模式。

对那些处于更加不稳定情况中的村民而言,事情变得更为直截了当。在承认他们基本粮食供应可以确保之后,这些人通常都会进而强调他们的前景日益恶化。如同哈姆扎提到的,“我无休无止地工作,(却)看不到生活变舒适的希望。”哈姆扎和其他跟他处境相似的人把富人的大量收益同他们向家庭提供必需品的艰难进行了对比,这些必需品包括鱼、衣物以及学校教育等花费。在富人抱怨没有闲暇的同时,穷人却有一个相对应的抱怨:他们没有工作。这些人能够而且确实详细地说出了谁曾经雇用他们、给了他们多少钱,并以此与当前缺少工作情况下的收入进行比较。对这些村民来说,转折点并非双耕的开始,而是联合收割机的进入,这一点是和富人不一样的。因为大家的经历是不一样的,所以大家对于时间的感知,对自己生命历程中重要时日的感知也必然不同。确实,这些村民中绝大多数人的生活肯定不会比灌溉规划实施前更差。然而,他们目前的参照点是双耕引入的头四五年(1972—1976)。那时候,工作充足,工资也很高。正是从这一时点出发,这些村民认为他们目前处于困境;或许,只有在目前的困境这一背景之下,灌溉刚引入的那些年才变成了“过去的好日子”(the good old days)。

在这些村民看来,这种时运逆转的核心,并不仅仅是技术变革带来的毫无人情味的工作,而是人们之间相互依赖的泯灭。曾经被哈吉·卡迪尔认为是少有的辛勤工作的穷人卡里姆说出了许多贫穷的村民的看法。他解释说,从前,“穷人依赖于富人”。跟帕克·亚赫一样,卡里姆以预付工资为例,他告诉我说,现在已经不再有预 150
付工资了,作为替代,开当铺的华裔成了穷人借贷的最后倚仗。卡里姆接着说道,“他们(地主)再也用不着我们了;如果我们不来脱粒,他们可以雇机器”。村里另一个无地村民曼苏尔表达了大致相同的立场,他哀叹通过帮助脱粒获得的额外扎卡特馈赠现在已经一去不复返了。曼苏尔曾经从那些他帮助脱粒的种田人那里收到过这样的馈赠,而现在那些种田人都不再需要他帮忙了。村里的穷人不仅准确地认识到了他们在工资、工作和礼物上的损失,而且也非常清楚地意识到,他们根本不再是稻米生产中的一个有机部分了。[①]

从活租到死租

在实行双耕前,在耕种前支付固定现金地租并非不为人知,但是,只有伴随着1971年后现金经济的扩展,固定现金地租才成了一个通则,而不再是例外。随着预付地租的转变,到底有多少佃农失去了部分或全部土地?关于这样一个事实,我们再次遭遇到了几乎无法处理的争执区域(zone of disagreement)。最高的估计数目是十户,而最低的数目只有三四户。较高的数字接近村里的一致意见,而较低的估计数字则代表了一小部分富裕村民的看法。我们似乎没有办法确定具体的数目。比如说,拉扎克一直依照传统方式从他哥哥(外村人)那里租种5里郎土地,1972年,拉扎克的哥哥宣布要收回那些地让自己的儿子耕种。拉扎克说,他哥哥是把这当做个借口以便将他踢出那块地。拉扎克的证据是,两个种植季之后,他哥哥把那块地租给了一个预付地租的新佃户。这个故事看起来是部

① 当然,这对于塞达卡纯粹的雇工尤其如此。但这同样适用于数量更为巨大的处于村庄生活边缘的小土地所有者和佃户,传统上这些人的大部分收入都来自田间打短工的工作报酬。

分可信的，因为打发走原来的佃农，然后将地出租给自己的孩子耕种，是少数可以接受的更换佃农的方式之一。恰恰是由于这个原因，这种做法常常被视为是那些行事小心的地主使用的一个花招。但在这个事例以及其他许多事例中，我们不可能确知事实如何。对于这一类的事例，地主通常会宣称，是佃农决定要退掉租种的土地。无论如何，如果听取了绝大多数村民的说法，那么，由于转换为预付现金地租而导致的“损失估计”（damage estimate）就会很大；如果听取了少数富人的意见，那么这种转换的影响就相对地微不足道。

对那些租出很多土地的人来说，预付现金地租的好处是显而
151 易见的。由于租金不再是以稻谷作为等价物来计量，地主的利润就不再受农产品交货价格（farm-gate price）的影响。倘若稻谷价格上涨，那么很简单，现金地租可以在随后的种植季提高；倘使稻谷价格跌落，那么损失则由佃农承担。在新协议中，预付的租金当然要提前五至六个月交付，这样地主就可以更长久地使用这些资本。最重要的是，预付现金地租避免了在打谷场上由于庄稼损伤或歉收所导致的争端或冲突。判断歉收的原因从来都不是一件容易的事。歉收是由于耕种者的疏忽，还是由于天气或虫灾？如果是前一种情况，地租是不能减免的；如果是后一种情况，地租的减免通常是可以协商的。此外，减免的额度同样是导致激烈交锋的一个原因，通常交易双方都觉得自己吃了亏。现在，地主甚至不需要看他的土地一眼，也不需要在收成不佳时听取佃户可疑的辩解。不满意的佃农只有一个选择：放弃租佃。

那些采纳了地主看法的人自然高兴。卡米勒是大佃农，但他付的地租非常合适（每个种植季每里郎土地120马元）。卡米勒表示，在旧有的谷物地租制度下，“欺骗”非常普遍。[①]欺骗通常有以下几种方式：在正式收割之前，在晚上偷偷摸摸地收割庄稼；如果看管很松，在实际收割时偷走一些稻谷；在脱粒时留一部分稻谷在稻秆

① 这里提到的实际上是收益分成租佃，这很早就从“谷物地租”的通常意义中消失了。

上,日后通过拾穗据为己有;最重要的是,谎报稻谷损失以掩盖部分或全部的诡计,进而减少交付的地租。当然,佃户会选择用恰当的手段来实施这些策略,如果做得太过分太频繁,佃户就会失去租佃资格。然而,在现金地租的制度下,所有这些小伎俩都无关紧要了。哈吉·沙利姆是一位住在村外的大土地所有者和经营者。哈吉·沙利姆明确地指出,预付现金地租是劳动纪律的基本要素。他说,"这些人(佃户)都是无赖"①。哈吉·沙利姆补充道,在现金地租实施之前,佃户们可能漫不经心地耕种,然后再要求减租,声称蠕虫或者毛虫毁坏了庄稼。但是现在,"如果他们先给了钱,他们就不得不仔细看护庄稼,再也没办法要花招了。他们不得不更认真地对待他们的庄稼"。

现金地租给佃农带来的坏处,显然就是地主的好处。当然,那些深刻了解这些坏处的人,正是那些因为地租形式的这种转化而失去租佃资格的人。即使对绝大多数——那些试图及时筹集现金的人来说,成本也相当大。他们通常用妻子的首饰(这通常是女性结婚时她们父母的赠礼)作为抵押来借贷,在赎回这些珠宝之前他 152
们每月要付给在燕镇的当铺2%的利息,而要赎回这些首饰,他们只能寄望于收获后。如果稻谷收成好,这只会带来小小的不便;如果收成欠佳,那么这就将演变为一场财政危机。②首饰很可能会被当铺没收,丈夫就得离开村庄去别的地方找份工作,否则债务就会越积越多。现金地租的日益流行也对其他形式的租佃产生了微妙但明显的影响。尽管有些足够幸运的佃户的租约仍然允许他们在收获之后支付地租,这种收获后支付的地租原则上是可协商的,但

① 马来语中,这句话的字面意思是说,"这些人都在耍花招"。

② 华喜德就是一个例子:他租种了6里郎土地,正常情况下,尽管他还有一个大家庭,他的收入在村里应该算中等水平。然而,在过去两个种植季,他的收成非常糟糕,每里郎稻田的产量只有9麻袋或者10麻袋,但是,高额的租金是固定的。结果,他的收益微乎其微,他正在公开地讨论是否放弃他租种的三块土地中的两块,然后在一年的大部分时间到槟城去工作。

是，这些佃户越来越不愿意利用协商地租的特权，以避免地主会要求转换成预付地租来进行报复。[①]

佃农最主要的不满在于，地租是固定的，因而跟特定季节的稻谷产量无关，也就是说跟佃农的支付能力无关。就像佃农们说的，“你没法考虑收获，你没法讨价还价，你没法商量，你什么也做不了”。这并不仅仅是以不带人情味的方式对事实作出的陈述。这种说法在绝大多数情况下是同“预付现金地租”联系在一起的。这种说法是如此常见，以至于几乎成了一句口号，“如果稻谷被彻底毁坏了，那也是你（佃农）自己的事儿”。佃农在说这话的时候通常伴随着手势和面部表情，以便能够模仿一个冷酷无情的地主是如何向佃户宣布这一残酷现实的。当然，这种说法暗示着，佃农们认为，稻谷的状态——以及佃户的状态——绝对应当为任何一个自重的地主所关注。

正像绝大多数村民看到的那样，这里涉及的是，地租形式的转变折射了阶级关系性质的不祥变化。当地租可以调整的时候，地主的态度被说成是宽宏大量的（senang kira）。这个术语相反的意思是berkira，或者说是“小气的”和“斤斤计较的”，如同我们已经看到的，这种说法是对富人最猛烈的控诉。宽宏大量存在于友好互惠占主导地位并且没有人会不恰当地利用别人的社会中。现在宽宏大量这一价值既被破坏又被遵守，但它并不因此缺少影响力。在阿明的描述中，过去与现在的情形存在着鲜明的对照。“以前他们说，‘如果收成不好，（我们）就少收点（地租）’。”“那么你可以讨价
153 还价，这里有同情的成分。”“现在他们只关心钱。”“他们说，‘如果你不满意这个价钱，我就找别人’。”“他们这样做时毫无遮掩。”[②]

少数大地主对预付现金地租的社会建构终止了一种制度，这

① 许多土地租佃都是如此，即便地主和佃户是近亲。

② 按照村里的说法，阿明是富人，但是他租种了7.5里郎的土地，因此，他在这个问题上站在佃户这一边。

种制度允许佃农通过欺骗好心的地主而避免为自己的疏忽承担后果。对绝大多数其他人来说，预付现金地租的社会建构则终止了一种安排，在这种安排中，地主对他的佃户所处的环境以及佃户的需要都表现出应有的关照。①

联合收割机

机器把工作吃了。

——一些村民

我们已经详细考察了使用联合收割机的后果，这些后果是可以进行统计分析的。这一问题上的许多"事实"——直接收割工作的丧失、拾穗机会的丧失、收入损失的程度、受影响最深的社会阶层——都已明确。这里，我将探讨塞达卡居民对于这些事实的社会建构。宽泛地说，关于联合收割机的进入，至少有两个社会史：一个是由胜利者所宣扬的历史，另一个则是由失败者所宣扬的历史。在此，胜利者和失败者并非地主和佃农，而是指以大规模的种植者（不论是所有者还是佃农）为一方，以小规模的种植者以及无地雇工为另一方。这两个阶层中间的是那些中等的农场主，这些中等农场主的得失互为抵消，因此他们的看法亦模棱两可。②当然，在塞达

① 船只再次在夜晚行驶，这两种说法之间距离大多与阶级相关。如同往常一样，这里再次经历了历史的重构。即使在现金地租制度下，的确也有些地主在歉收后不允许减少地租。卡里姆记得有个地主在一次歉收之后一点租也不肯减。那个地主发现当年的地租少了一点点以后，他跑来找卡里姆要求补齐。那个地主说地租的多少是"早就商量好了的"。问题在于，对于佃户而言，一旦他们面对"预付现金地租"，那么旧有的制度就会呈现出乐观的色调。

② 还必须加上少许（5个）小农场主，他们使用机器是因为这可以使他们有时间到别处工作，并且/或者由于他们家庭的劳力不足或者根本没有家庭劳力来亲自收割庄稼或者跟其他家庭换工。

卡，农场规模是相当可靠的收入指标，这样胜利者和失败者也就大
154 体上对应着富人和穷人。富人和穷人各自关于联合收割机的社会史，是村民之间的阶级冲突的一个有机组成部分。

有关联合收割机的某些社会事实是如此明显和确定，有关各方都承认了这些社会事实。这些事实构成了共识领域的一部分。这一共识的核心是基于这样一个事实，收入依赖收割劳动的穷人受到了损害，而富人则从中获益。穷人受损的程度有多大，富人的获益有多少，这些量的问题完全不能达成共识。对联合收割机的整体影响是没有争议的。阿布·哈桑在农会拥有一份稳定的工作，还耕种着6里郎土地，他说，“因为机器来了，那些打短工的农民就干坐着了”[①]。托·卡西姆也非常富有，他补充说，“确实，穷人有损失。”在谈到联合收割机时，富人往往更愿意承认穷人的损失，而不愿意承认自己的获益。而对于穷一些的村民来说，联合收割机通常使他们说出这样的话：“富人变得越来越富，穷人则变得越来越穷。”在说这些的过程中，这些村民试图表明，机器不仅给富人带来了利润，也给富人带来了快乐。无地的雇工哈姆扎说，“为工资辛苦的朋友们没办法找到足够的（工作），但那些不挣工资的人却生活得很幸福”。他的话非常清楚地表明了快乐与痛苦的分界线在何处，也表明了他自己站在哪一边。即使基于共同认可的社会事实，穷人的议论中有一种特殊的意义歪曲，他们倾向于把自己的损失与他人的获益、他们自身的痛苦与他人的快乐联系在一起。

在讨论联合收割机是如何有效率又是如何有利可图时，我们进入到一个富人和穷人针锋相对的区域。富人所宣扬的主要是机器收割相对人工收割的一系列好处。最为重要的是，大农场主提到了机器收割和装袋时的速度。他们确信，相对人工收割而言，用机器收割每里郎可以多收一麻袋到两麻袋稻谷。此外，这些大农场主

① 在此，阿布·哈桑用*petani*称呼农民，这在某种程度上是为了表现他接受的学校教育。这个术语通常出现在官方的讲话和报纸上，而村民很少使用它，他们愿意称自己是“村民”。

也提到，机器收割可以节省将大米从地里运到临近码头所需的人力和资金。这最后一项工作通常每麻袋需要花费一至两元，这样生产成本就明显增加了。[①]像村长哈吉·加法尔这样的大种植者，总是不断地计算机器收割相对于雇用劳力收割在经济方面的好处。在 155
不计入速度提高及损失减少等要素的情况下，大种植者估计，使用联合收割机每里郎可以节省18—30马元——具体数额取决于季节、土地的位置和产量等因素。

使用机器至少还有另外两个好处，一个人们经常提到，而另一个好处却显然不被富人们公开提及。大农场主很高兴能从招募收割工人所涉及的管理和监督中解脱出来。这不仅包括在合适的时机安排收割工和脱粒工，还包括监视脱粒以确保稻秆能完全脱粒，还有向脱粒的雇工提供饭菜。雇用收割机不仅省下了劳力和花费，还减去了这项复杂并且随时可能失控的任务。[②]塞达卡的那些打短工的雇工则指出了促使大农场主进行机械化作业的另一个因素。卡里姆辛辣地指出，机器并不要求预先支付工资，也不在工资之外期待接受伊斯兰要求的慈善（额外的扎卡特馈赠）。正是在这一点上，富人保持了沉默，或许是因为富人对历史悠久的习俗正在遭受破坏并不关心。无论如何，绝大多数大种田户欣然从旧有的收割体系转向了新的体系。原有的体系使富人陷入一系列的对贫穷邻居的传统社会纽带与义务当中，而在新体系中，只要同机器掮客签署一个一次性的不带人情味的合同就够了。其他人，特别是那些损失最严重的人，驳斥了使用联合收割机的一些——如果不是全部的话——好处，并且指出使用机器的一些缺陷。无地雇工“瘦骨嶙峋

① 如果土地比较潮湿，麻袋就需要由水牛拉着木橇运出去。否则，就要由人力背到一个狭窄的小路上，再由自行车运到大路上，然后由摩托车或卡车运走。如果每麻袋支付1.50马元，那么每里郎平均产量（24麻袋）的总耗费就将大致占生产成本的15%，而且，对需要缴纳租金的佃户而言，这种耗费要占他们纯收益的12%至13%。

② 因此，同只需进行一次交易的机器收割相比，人工收割往往被大种植者描述为“麻烦的”、“复杂的”。

的"玛和租种9里郎土地的佃农加扎利之间曾发生过一场低调的争论,这场争论在诸如此类的许多讨论中非常具有代表性。"瘦骨嶙峋的"玛认为,联合收割机经常漏掉临近田埂的水稻,并且会压倒稻田入口处的水稻。他还说,收割机在转弯或者储存仓装满了的时候会发生堵塞或者会将稻谷溢出来。"瘦骨嶙峋的"玛作为跟在收割机后面拾穗的发明人,可以算得上这方面的专家。加扎利客气地表示了异议。加扎利说,使用收割机之后他至少多收了一麻袋。在上个种植季他邻居的儿子曾经为他手工脱粒,结果,大量的稻谷散落在了稻桶之外,而且在稻秆上也留下了非常多的稻谷。

在其他方面,穷人试图证明,即使把道德规范放在一边,联合
156 收割机的使用对于种田人来说也没有什么好处。他们声称,公正地说,收割机这样的庞然大物造成了深深的车辙,在灌溉季稻田里还很湿润的时候尤其如此,这样土地在下次耕种前很难平整好。穷人们还提到了收割机穿越一块地到另一块地时造成田埂的破坏,此外,为了确保联合收割机有一条道路可以穿越已经收割过的稻田到达任何一块不在路边的稻田,还不得不协调种植时间,这也很麻烦。大农场主几乎毫无例外地对这种反复出现的坏处无动于衷;他们作出了使用联合收割机的决定,对结果也非常满意。

然而,塞达卡的富裕村民不愿意承认,仅仅是因为收割机更方便并为他们省了一些钱,他们便剥夺了贫穷村民谋生的主要方式。如果他们承认的话,那么,这就意味着他们公开宣布他们自己微不足道的私利是至关重要的,而且也意味着他们公然否认自己对于社区其他人的福利的义务。正如事实上所有人都已经承认的那样,大农场主也承认联合收割机意味着穷人经济上的困境。大农场主认为,他们的邻居即使无法接受但也会理解他们的做法,大农场主竭力以此使自己的行为正当化。大农场主们声称,由于存在着劳动力的短缺,如果他们想在合适的时机收割庄稼的话,他们除了使用联合收割机外别无他法。这一声明也是大农场主使自己行为正当化的努力。这是他们退而求其次并且更实质性的社会辩护方式;大

农场主在强调必要性而非实用性。我们将会看到,恰恰是这种辩护方式遭到了穷人的猛烈攻击,但这种辩护方式并没有被抛弃的危险。

这种劳动力缺乏的说法非常狡猾。一方面,它只不过意味着,某些人向劳动力支付的工资要比他们愿意支付的工资多。倘使劳动力是充足的,那他们付出的工资就会减少。另一方面,从更为客观的角度看,如果稻谷因缺少收割工人而腐烂在田里,那么当然可以说存在着劳动力短缺。然而,即使富人也不会这样说,因为即使在双耕引入之后而联合收割机进入穆达地区之前,水稻都被及时收割了。大农场主更为温和但毫不妥协的说法是,劳动力是短缺的,因而是昂贵的;如果依赖人工的话,他们的庄稼就面临着危险。因此,村长哈吉·加法尔和他那个耕种着13.5里郎土地的兄弟拉齐姆解释说,在使用机器收割前,村里的穷人经常离开塞达卡到工资比塞达卡高的地方去帮助脱粒。村长兄弟俩说,成熟了的稻谷收割晚了,而晚收割的稻谷也比正常收割的稻谷要轻,结果这些稻谷的收益就降低了。拉齐姆补充说,"受损失的是种田人"。托·卡西姆也附和了这种说法。他说,到最后一刻,他既缺收割工,又缺脱粒工,因为他们在需要的时候没有出现;在这种情况下,他不得不提高工资招募额外的人手。托·卡西姆说,即使这么做,庄稼也已经被耽搁了。玛·伊莎租种了5里郎土地,他也雇用了收割机。他说自己更愿意从村里雇用工人,但他无法做到这一点。玛·伊莎特别担心,如果不能在灌溉季及时收割,稻谷就会发芽。他还记得,两个种植季以前,他的稻谷就是这么被毁掉的。政府的磨面厂只按半价收购了他的稻谷。玛·伊莎承认,村民的工作被机器取代了,但他补充说,如 157
果不是因为联合收割机,那些雇工就会松懈,并且不会全天工作,因为他们的收入会很高。

那些大农场主为了自身利益的说辞比事实更值得关注。如同关于阶级行为的任何一种公开解释,这些说辞听起来似乎有一定道理。即使在双耕之前,穆达地区的劳动力在收割最繁忙的时节也很紧张。来自泰国和马来西亚吉兰丹州的外来人口定期地补充了当地的劳动力。实行灌溉以后，工资最初上涨了将近两倍，但在1972年至1974年间，收割工人的实际工资事实上下降了。[①]况且，没有证据证明，从1972年直到收割机的使用，劳动力的短缺导致的庄稼损坏是一个严重的问题。[②]许多大范围使用联合收割机的农场主希望说明，他们的手脚受到了束缚，如果不雇用机器，他们就会损失部分或全部庄稼。一旦这种论调被接受，他们的行为就有了合理性。因为如果使用机器是拯救庄稼的唯一办法，那么，塞达卡就没有人会责备使用联合收割机的农场主。

那些完全依赖打短工来获取收入的人，会认为上述说法是无稽之谈。罗吉娅每年都为别人插秧和收割，她说，"如果他们不想使用机器，他们可以雇村里人；找工作的人有的是"。寡妇洛斯妮由于辛勤工作而受到众人的赞扬，她认定，使用机器的人"只是对速度感兴趣"。洛斯妮的说法跟其他人的一样暗示着，为了提前两三天收割他们的庄稼，大农场主会牺牲村里穷人的福利。村里的雇工很清楚，富人使用联合收割机是为了满足他们对方便和速度的要求，而不是出于必需。

如果我们再深挖一点儿，我们就会发现，如同富人看到的那样，塞达卡的劳动力缺乏并非是对工作太多而人手太少的客观统计数据。事实上，问题是穷人是否真的想工作。哈吉·沙利姆（有三个妻子、拖拉机、卡车以及许多里郎的稻田）的观点在这个方面相当有代表性。在承认"穷人只是勉强能够维持生活"、"他们什么奢

---

① Clive Bell, Peter Hazell, and Roger Slade, *The Evaluation of Projects in Regional Perspective: A Case Study of the Muda Irrigation Project* (Baltimore: Johns Hopkins Univ. Press, forthcoming), chap.2.

② 一些农场主完全有可能偶尔因收割灌溉季庄稼时的延误而遭受损失。然而，没有任何证据表明农业生产的权威认为1972年至1977年间这是个严重的问题。另一方面，这样一种说法看起来确实有道理，现在来自泰国的移民急剧缩减，不使用联合收割机的话，就会造成严重的作物损失。

侈品都没有"之后,哈吉·沙利姆赶紧补充说,他们不愿意工作。"他们都游手好闲;他们不想工作;他们很富有,(所以)不愿意(工作)。""他们中有些人过去甚至连一辆破自行车都没有;现在他们 158
有摩托车。"[①]巫统的领导人法齐勤拥有8.5里郎土地,他也同意这种观点。"村民不来工作,他们说他们发烧了,他们说在下雨,(但)他们是懒惰,他们会去咖啡店里吃糕饼,或者是很早就去市场买鱼。""我们的庄稼就这样被毁坏了。""他们多少有些懒惰;他们自己有2里郎3里郎的土地,但不怎么愿意工作。""而机器是可靠的,而且速度很快。"当这种看法和劳动力短缺的断言合在一起时,机器使用者似乎就完全不会受到谴责了。他们不简单是为了增加自己的收益,而是在拯救他们自己的庄稼,这些庄稼因为当地雇工的懒惰而受到威胁。维多利亚时代的经营者也想不出比这更让人满意的借口来为自己的行为开释。

值得指出的是,这种观点得到了各级官方充足的支持与鼓励。塞达卡所属的双溪达汶分区的最高领导人阿布杜尔·马吉德宣称,村民不愿意工作。"人们说,他们很傲慢,他们在堕落,他们只有工资很高时才会露面。""只有工资很高时,他们才愿意(工作)。""村民很难相处。"他同法齐勤或哈吉·沙利姆唯一的不同在于,一般而言,他是高高在上地、更为宽泛地谈论村民,他没有对村民做任何区分。他把这些难以对付的村民同联合收割机进行了对比,然后总结说,机器收割"快速而便宜,并且不用提供食物"。塞达卡和临近的双溪通港村的农民协会基本上是由富裕的农场主组成的,在年度会议上,有人表达了几乎同样的看法。这些观点是由伊斯梅尔·

① 这里理应加上一句,哈吉·沙利姆有特别的理由为自己辩护。在1979年的主要种植季,他去穆达地区规划管理处(Muda Scheme)的中心办公室请求准许输入泰国插秧工。哈吉·沙利姆声称他无法在当地找到人来插秧。那次来了超过一打的泰国插秧工,哈吉·沙利姆因此受到村里穷人的严厉指责。村里的穷人认为,哈吉·沙利姆不过是想找到比他在附近能找到的雇工更便宜的劳动力,不过是为了让他的地在相同时间种完,这样他就能够在日后一起用联合收割机一次收割完毕。

艾尔沙德——他不仅是该选区议会的巫统成员，也是高贵的吉打家族的一员——肆无忌惮地公开作出的。“人们不再愿意像先前那样为工资而工作。”“他们只在上午工作，随后就打道回府。”对此，巫统在塞达卡的领头人巴塞尔非常赞同。“这些人很难管理；他们
159 爬上椰子树(来逃避工作)；你无法信任他们。”官员及其富裕的支持者在这个问题上的看法完全一致：一方面，雇工现在是或者正在变得懒惰、好斗、不值得信任；另一方面，也存在着完美的工人，这就是经济可靠且快速的联合收割机。

塞达卡的富人尽管承认短期雇佣工作丧失了，但他们不可能去渲染这种损失。就像哈米德说的，村里并没有太多人完全依赖打短工的工资作为收入。毫不奇怪，那些受到机械化冲击的人并不会如此镇定地这么说。当这些人说起他们的收入在过去3年间的剧幅下降时，一种紧张万分的气氛主导了这些人的评价。罗吉娅的话代表了这些人当中绝大多数的想法，她说，“如果机器来了，拿走了所有的工作，人们就赚不到什么钱”。“富人得到了越来越多的好处，穷人只有损失。”“你几乎两手空空。”“找工作没用；现在根本没什么工作。”哈姆扎的表达更为简洁：“我们正在濒临崩溃。”“瘦骨嶙峋的”玛说出了这种十分悲观的观点，“(因为)机器进来了，马来人能吃什么？”“现在，机器可以夺走一切。”当然，跟“瘦骨嶙峋的”玛的反问中所暗示的不一样，这不是饥饿的问题。事实上，这是一个选择问题：是在村里永远受穷，还是像年轻人那样永久地或者半永久地移民？大农场主日益倾向于用机器播种他们部分或全部的稻田，这样插秧工作也取消了，这将有助于更好地理解上述预言。[①]

正如许多农场主将“劳动力缺乏”视做人的问题而不单单是统

---

① 播种工作的社会建构大体上遵循了关于联合收割机话语的阶级模式。跟手工插秧的土地相比，用机器播种的土地的产量是高还是低，这是一个持续不断地讨论和争议的主题。大种植者支持机器播种，而绝大多数农业雇工和小农场主则往往反对机器播种。对于村里的许多穷人来说，这是影响其生存的致命一击；正如罗吉娅所说，“如果用机器撒种，那会杀了我们”。

计数据一样，穷人将联合收割机的引入也视做人的问题而不是机器的问题。如果说富人认为穷人很大程度上应该为劳动力问题受到责备，那么，穷人则认为富人很大程度上应该为机械化受到责备。从表面上看，其他一些因素似乎也导致了联合收割机的使用：例如，鼓励使用机器的政府，购买并使用了联合收割机的以华裔商人为主的辛迪加联合企业（syndicates）。然而，村里穷人中压倒性的共识是：使用这些机器的种植者应该受到谴责。当我询问穆达农业发展局是否该受到责备的时候，“瘦骨嶙峋的”玛迅速做出了回答，“应该被谴责的不是政府，而是村里人；正是他们把机器叫来并使用那些机器。”“如果他们拒绝使用，那机器就不会来。”“他们怎么能够连汽油费都付呢？”“似乎是机器在请求救济，然后我们就给了 160
（它们救济）。”当罗吉娅谈到机器对她的收割时打短工的收入造成了侵害时，她说，当塞达卡的某些人选择使用机器时，他们“没有同情心”。我们经常可以听到类似的评论。卡里姆猜想，富人之所以更喜欢机器，是因为他们不用预先向工人支付工资，也不用给工人额外的扎卡特馈赠，他还总结说，“富人并不打算为我们烦心”。跟在其他许多问题上一样，在这个问题上，村民首先责备身边的人。我猜想，这并不是说，贫穷村民认为政府和联合财团不该为他们的苦难负责。毕竟，大种植者在道德约束之内；大种植者是村庄共同体的一部分，所以不应该漠视他们的行为对邻居造成的后果。

即使在机器付诸使用后，依然有一些大种植者继续雇用本地的劳动力。这些大种植者因此受到了表扬。这种表扬和上面的批判都运用了相同的计算方法。总共有七八个大农场主被挑选出来，他们是“有同情心”、“好人”的典型。[①]这种表扬的结果是把这些人变成具有象征性的正面典范，就像哈吉·布鲁姆和拉扎克被当做负面

① 这些人当中有塔杰丁、巴克利、他的兄弟朱基夫里、托·穆罕默德、萨马特、勒拜·彭德克、阿布杜尔·拉赫曼、巴塞尔以及卡米勒。或许是巴塞尔的政治角色迫使他雇用了比他的实际需要更多的劳力。除了巴塞尔以外，能把这些种植者同其邻居区分开来的或许只有公德心（public-spiritedness）。即使这个名单也是富有争议的，因为有些人认为，张三或者李四之所以雇用村里人是因为他们的土地太泥泞，没办法使用机器。

典型一样。这里要说的是，如果其他种植者对本村村民有相应的照顾的话，那么，本村村民也会这样做。

这种微弱的宣传攻势似乎不可能对富人的感受有太大的影响，当然，除非有些富人发现他们使用联合收割机的精心论证受到了质疑。托·卡西姆是个例外，托·卡西姆是联合收割机中介人，他的工作就是为他的华裔雇主安排好当地的收割工作的时间表，托·卡西姆以此可以换取每里郎5马元的酬劳。托·卡西姆显然为寻求自己工作的正当性而头痛不已。[①]事实上，他是收割机所有者的代理人，而且他清楚地意识到了某些贫穷的邻居对他的蔑视。
161 “他们说我错了，”托·卡西姆说，“但是，是那些土地的所有者吩咐我去叫收割机的。”“如果我不做，别人也会去做。”“我也得活命啊。”[②]托·卡西姆在这里显然非常局促不安；托·卡西姆同时还强调，他“只是服从吩咐而已”，并且这工作总得有人做（为什么他不能做呢？）。尴尬的迹象看起来是明显的。[③]

在整个村庄内，尤其是在穷人中间，人们强烈感觉到，村里的经济关系的自然秩序被联合收割机搞得乱七八糟。工资的发放方向被逆转了；如同人们期望的那样，工资通常是从富人流向穷人。

---

① 同拖拉机的情况一样，联合收割机的中介人通常都是住在村里的马来人，他们个人要确保使用机器的相关费用都付清了，任何不足的部分都要由这些中介人自己补上。机器的所有者用这种方式利用了同村马来人之间的相互义务。拖欠机器所有者相关使用费用是诱人的，但欺骗自己的邻居可就是另外一回事了。哈吉·加法尔的儿子达乌德也是一个收割机和拖拉机的中介人。

② 在其他人认为这种工作对社会有害时，“我们不得不活命”便成了证明其工作正当性的标准借口。

③ 部分村民声称还有另一种形式的“尴尬”，这尤其反映在出卖青苗这种相当常见的行为之中。土地的主人在收割前就将庄稼转让给了有收割机的人。借此，土地的主人就可以逃脱人们的责难。如果真是这样，爪哇的市场体制中有许多与这种形式类似的例子。在爪哇，人们的目标不在于避免使用机器的责难，而是避免因为雇用使用镰刀进行收割的外地人而受到责难。当然，至于一个种地人为什么希望出售他尚未收割的庄稼，还有许多其他的原因。

现在，你瞧，工资向相反方向流动了，因为种田人得给联合收割机的主人支付工资，而后者要比前者富得多。阿明的话揭示了这种反常：

> 过去，你得去找穷人，然后再付给他们工资。现在，你得去找富人，再付给他们工资。以前是（拥有或租种土地的）华裔雇用我们；现在是我们雇用华裔。甚至帕克·亚赫也得给富人付工资，穷人却在家待着无所事事。

人们总是满怀惊讶地重复这样的句子："现在富人在挣工资"，或者"现在穷人雇用富人"。这些说法反映出了看起来极其混乱的情况所具有的讽刺意味。对于村里的富人来说，这是一件值得注意的古怪的事；但对村里的穷人来说，这真是一件痛苦的具有讽刺意味的事：过去属于他们的工作和收入现在都让富有的商人拿走了。塞达卡的雇工指出了两个——而不是一个——具有讽刺意味的说法，这两个说法一起可以概括各种各样的议论。第一个说法是，现在"机器掳走了全部钱财"。第二个说法是，"钱财正在远离村庄"，事实上是远离国家（他们提到了香港、日本、澳大利亚），并且永远地离开了村里的流通领域。这里背后暗含的意思是，雇用同村的乡亲应该优先于雇用外村人，更别说机器了。因为这样的话，金钱就被留在了当地宗教仪式的礼仪圈子之内，而受益的则是村里的所有人。

当地农业发展史上的一个小插曲或许最清楚地揭示了穷人和联合收割机二者之间的关系。在1979年灌溉季的收割期，那时已经 162
是收割期的后期了，而且田里也很湿。有消息传到村里，说是在南边四里远的双溪凯林村里有一台收割机陷入了稻田的黏土里。由于下午的工作已经结束，立刻就有十来个村民骑着自行车和摩托车到双溪凯林村去看。大概一小时以后，他们回来了，说收割机真的卡住了，司机试图把机器开出来，却使它陷得更深了。从第二天一早开始，持续了此后的一个半星期，塞达卡以及四邻村庄看热闹的人群越来越多。几天之内，双溪凯林村的收割机成了“朝圣”之地。想把机器拉出来的努力都以失败告终，每天都会尝试一种新的方式——绞盘、拖车、将缆索绑缚在装满货物的自动装卸货车上来拉、推土机——但都不管用。从辛迪加联合企业来的两个收割机的所有者每天都来，他们显然非常焦急和生气。当每个新计划实施和失败之时，这两个所有者都会对工人大吼大叫，指手画脚。日渐增大的人群并没有给这两个所有者的情绪任何鼓舞，人群坚定不移地反对收割机及其主人。人们为这台收割机日益陷入吉打州的烂泥中高兴不已。事实上，一星期之后，稻田一百码的地方只能看到收割机的驾驶室；时间是站在吉打州的烂泥一边的。与此同时，当地的劳动者在无法动弹的收割机周围收割、脱粒，收割机现在已经沾满了泥浆，整个世界看起来都成了出土文物的考古场所。

在我的田野调查中，我从未看到人们这么高兴，这么满足。[①]人们的情绪毫无疑问越来越高昂，仿佛收割机真的被吞噬了。人们的谈话集中在两方面：第一，随着收割的推进，机器主人可能每天都要损失大笔收入；第二，因为1972年以来稻田整年被水浸着，再加上持续使用机器，类似事件可能会经常发生。最后，收割机的主人对其他办法彻底失望了，他们雇了一帮苦力，这些苦力差不多挖空了机器周围，并在机器前面修了一道小斜坡，机器这才被拖了出去。[②]即时的朝圣与节日猝然中断，但它提供了一个“因果报应”的小插曲。

---

① 一个可能的例外是另一次不幸的场景。当一辆卡车正转弯准备给一家店铺送货时，驻扎在凯帕拉·巴塔斯镇的当地警官开着他的新沃尔沃车撞了上去。这辆车是通过一项特殊的公务员汽车贷款计划而购得的。那人是个新警官，他由于向附近的摩托车主人索取贿赂而臭名昭著。绝大多数摩托车主人都有计划地违反法律，他们拒绝向政府支付必需的道路税和保险费。因此，这些摩托车主是易于被警察捕获的猎物。

② 那台机器最后被解救出来的时候我不在场，但人们普遍认为，联合收割机的主人在绝望状态下雇了一个马来巫师，正是马来巫师的咒语才使得机器从黏土中得以解脱。

这里同样不应该忽视的是，联合收割机导致了大种植者和雇工之间更为直接的敌对关系。任何机械化进程的退步都是大农场 163
主的倒退，与此同时，机械化进程的退步却是对那些寻找工作的人的恩赐。这在灌溉季的收获期尤其明显。过去，大农场主的好收成也是雇工的利润；农场主的好收成意味着雇工可以获得更多的工作和薪水。然而，现在，大农场主的坏收成才是雇工直接收获的时期。风雨造成的庄稼倒伏越多，地里的水越深，使用联合收割机收割的范围就越小，这样留给穷人的工作就越多。完全是由于联合收割机，穷人第一次发觉自己实际上在期望洪水、在期望庄稼被毁坏，因为他们可以从这些不幸中获益。甚至天气也变成了某种阶级问题。

失去的地盘：土地的获得

找到一块可以租种的稻田变得越来越难，这种说法在塞达卡正在被普遍接受，而且人们都对此哀叹不已。村里的老年人都还能回忆起加尼·勒拜的父亲以及其他村民用少量的钱从东姑·吉瓦（Tengku Jiwa）那里买到20里郎至30里郎土地的时光。中年村民也能回忆起另一段并不久远的时光：那时，村里不管是佃农还是地主，没有人无地可种。阿布杜尔·拉赫曼还说，“那时，人们收地租的时候充满同情心，土地很便宜，也很多；一个富人至多也只能耕种20里郎的土地”。当然，这种“过去的好日子”现象是被社会地创造出来的，显然是为了同当前的局面进行比较。阿布杜尔·拉赫曼在进行了比较之后说道，“现在，一个人就可以独自耕种50里郎甚至100里郎的土地；他自己不仅保留了全部钱财，还保留了全部大米”。托·穆罕默德的比较有所不同，但可以作为补充：“现在人也多了，地租也高了，地主出租土地时开始使用长期租佃制。”有两个原因经常被援引用来解释今天的事态（忽略掉人口与现金地租不计），一个是大地主开始重新耕种，另一个是长期契约租佃的现金租金的增加。后一个原因比前一个原因更为重要。

在这些问题上，塞达卡并不存在太大的分歧。[①]毕竟，塞达卡并不存在名副其实的地主阶级。出租土地的村民绝大多数都是以小块地的形式按照特许条款（concessionary terms）将土地出租给了子女或者孙辈。其余被出租的那些土地，或者是继承来的但因距离太远而不方便耕种，或者是由于土地所有者暂时有财政困难而被迫
164 租出去了。因此，在塞达卡，对无法以合理的价格租种稻田的普遍憎恨，几乎无一例外地指向住在塞达卡村外的大地主阶级。然而，村民在这个问题上的激情和热情有明显的不同，这种不同在很大程度上是取决于阶级地位的。对于十来个拥有并且/或者耕种超过8里郎土地的富裕农场主而言，问题不是很大。假如能够租到更多土地，他们中的某些人将会欢迎这种机遇，但这并不是非常急迫的事情。但对于剩下的村民来说，尤其是对那些无地可种或者是几乎无地可种的人来说，这个问题则是备受关注的，因为这涉及到他们在塞达卡是否有未来。

地主为了自己的利益决定重新开始自己耕种土地，因此解雇了他的佃户，这是贫穷的耕种者失去土地的通常方式。在双耕的利润以及很容易就能雇到机器的驱使下，许多吉打州的大地主一度收回了曾经由小佃农耕种的土地。[②]哈吉·布鲁姆的儿子哈吉·安尼正是以这种方式收回了明关村附近超过100里郎的土地。另一个明关村的大地主来自槟城的贵族家族，他通过雇用一个华裔经理人收回了超过50里郎的土地。塞达卡的沙姆苏尔和托·艾哈迈德也面

① 然而，在其他村子里，比如在与塞达卡南部毗邻的明关村，大量地主住在村里，这些地主或者是自己耕种大量土地，或者是按长期租佃制将大量土地租种出去。在这些村庄里，我们不久就要讲到的一些冲突将会被内化到这些村庄的生活中。

② 华喜德等人宣称，日益普遍的出售青苗的做法，正是这种做法的修改版本。在这样的例子中，地主备耕，种庄稼，然后将未收割的庄稼出售给一些土地经营者——通常是拥有收割机的华裔。种植者这样就立刻回收了他在土地上的投入，并且避免了同收割相关的种种冒险。出卖青苗这种做法在明关村相当普遍，出卖青苗是介于完全自己耕种土地和将土地租出之间的一种选择。然而，在任何情况下，小佃户都不可能购买别人出卖的青苗。

临着土地被地主收回的威胁，因为他们的地主哈吉·丁宣称，他想自己耕种这些土地或者让他的儿子耕种。幸运的是，通过向地区政府投诉，他们达成了一个妥协方案，哈吉·丁暂时收回一半的土地。[①]用这种方式收回大块土地的地主，通常会因为他们的贪婪而被憎恨。托·艾哈迈德会谴责哈吉·丁："他根本不关心我们能不能吃上饭；他想吃了我们。"[②]收回土地的小地主并不会受到这样的辱骂， 165
因为人们都明白，这些小地主也非常贫穷，而且他们也得为子女的生计考虑。因此，这里的逻辑是：如果一个地主拥有的土地，在满足自己生活所需要之外还有剩余，那么他们就应该将多余的土地租给更穷的人。如果这些地主拒绝这样做，那么他们就会被认为是冷酷或者是贪婪。

大地主要求高额的地租或者要求收回耕种权，这些都引起了许多担忧。但是，向长期契约租佃制转化的趋势看起来更具有威胁性。传统的长期租佃协议是在这样的情况下签订的：由于小土地所有者急需现金，于是他们将自己的小块土地租出几个种植季以换取租金，这种租佃规模较小。新近的长期租佃则涉及了较大块的土地以及高额的保证金。村民对此密切关注，关于长期租佃地租的每一个消息通常都成了胡乱推测的基础。最近有消息说，双溪通港村玛·布扬的儿子以总额2000马元的代价连续三个种植季租种了3.5里郎土地的租佃合同。这是个悲伤的消息，因为在这一宗交易中每个种植季每里郎土地的地租超过190马元。大多数村民都认为，玛·布扬的儿子"竟敢"以这样的价钱租地，这将是一个失败的交易。

① 妥协之所以成为可能是因为——跟其他绝大多数租佃不同——沙姆苏尔和托·艾哈迈德的租约是长期租佃，他们的租约还按照1955年稻谷法案进行了登记。1955年的稻谷法案规定了地租以及解雇佃户等事宜，通常情况下，即使是登记在册的租佃，绝大多数租佃的地租还是远高于法案所规定的最高额。法律也允许地主重新收回土地，但是如果有人投诉的话，地方的土地官员（通常是地区长官的助理）就有可能要寻求一个折衷的方案或者推迟收回土地。这种推迟解释了上面提到的贵族家族为什么仅仅收回了他们在明关村拥有的100里郎土地中的50里郎。

② 值得注意的是，这里动词"吃"（makan）既有消耗粮食的意思又有剥削的意义。

引起了如此恐慌的不仅是计算出来的地租，还有长期租佃要求一次性付清地租所需要的资本。哈吉·查希尔是尼扎姆租种的那块土地的所有者，哈吉·查希尔通常是在每个种植季开始时收取一些保证金，不过，在1979年初，哈吉·查希尔宣布他要改为一次收取两个种植季的预付地租。尽管这些地租钱并不多，但尼扎姆依然需要立刻筹集1000马元。因此，尼扎姆只能匆忙从他父亲和当铺那里筹集贷款。如果尼扎姆没有筹集到这笔资金，那块地就会落入别人手中。尼扎姆认为，“他（哈吉·查希尔）想剥削我们；他想拿走一切”。其他人可就没尼扎姆这么幸运了。由于地主坚持延长租期，而萨马德和法齐勒都拿不出所需的资金，于是他们两个都丧失了原本承租的土地。两个案例中都是富裕村民加尼·勒拜·玛拿到了租佃权。萨马德和法齐勒对于加尼·勒拜·玛的怒火比不上他们对于那两个外村地主的愤怒强烈，那两个外村地主拒绝在租佃期限和地租上做出让步。对于寻求土地的年轻农民来说，长期租佃制是一个可怕的障碍。例如，罗吉娅新近结婚的儿子玛·纳西尔在过去的3年一直在积极寻找可以租种的土地。最近，玛·纳西尔听说有一个4里郎土地连续4个种植季的租佃合同，所有的花费共计2400马元。尽管每个种植季每里郎土地的平均地租比较合适，只有150马元，但这笔钱依然超出了玛·纳西尔的筹集能力。尽管那块地的所有者是他妻子的亲戚，这种情况有助于玛·纳西尔成为那块地的佃农，但是，没钱就无法获得租佃权。玛·纳西尔非常痛苦地发现，“现在他们只是考虑自己的肚子。亲戚关系被放在了一边”。

在转向长期租佃制的过程中，如果说贫穷村民受到的损失最
166 为严重，富人受到的影响也不小。我在塞达卡期间，村里对一份长期租佃合同进行了广泛讨论，富人们的担忧就反映在了他们对这份合同的反应之中。该合同的双方分别是来自明关村的富有马来地主哈吉·哈桑（他是哈吉·布鲁姆的孙子）以及他的新佃户——凯

帕拉·巴斯塔镇最有钱的绰号叫“支那烟鬼”的华裔小商店老板[①]。50里郎的一块极其宽阔的土地被出租了8个种植季，一次性付清的租金总计为88000马元。每里郎土地的地租达到了前所未有的每季度220马元，但更令人惊诧的是巨大的租金总额，这笔钱甚至远远超出了该地区最富有的马来地主的支付能力。再加上其他的一些存在于非常富有的马来地主和华裔佃户之间的大宗租佃交易，这些华裔大都拥有收割机辛迪加联合企业的部分产权，哈吉·哈桑的这份租佃合同引发了塞达卡富裕村民的沮丧感。尽管有望积攒资金进行较小规模的土地租佃，但他们猜测，如此巨大数额的租佃——不管是从每里郎的成本看还是就所需的资金总量而论——从此以后将被拥有机器的富裕华裔垄断。[②]哈吉·纳扬把这些租佃称为“竞买”租佃：“只有非常富有的人才可以拥有（土地）；他们（地主）不关心种族问题，许多（佃户）是华裔。”因此，富人和穷人同样都有充足的理由为长期租佃制而忧虑，尽管他们的担心并不相同。对富人而言，长期租佃制意味着进一步进行土地积累的渠道正在消失；对穷人——尤其是佃农——来说，长期租佃制代表着对他们不稳定生活的一种威胁。[③]

---

① 因为他嘴里总是叼着雪茄，所以他得了这么一个绰号。

② 如果以每里郎220马元的租金承租土地，就是不考虑如果这笔钱是借来的所需要的利息，假定平均产量是14麻袋，那么，每里郎土地的纯现金收益将只有71马元。只有那些拥有资本并要将风险分散到大量土地上（比如说100里郎）的人才会接受如此之小的边际收益。另一方面，如果有人能够以最小的成本（保养、燃料及折旧）使用拖拉机和联合收割机，那么，每里郎的收益就会相当多。尽管许多富裕的马来人也拥有拖拉机，但在吉打地区，只有少数马来人是收割机的辛迪加联合企业的成员。机械化具有双重影响，它既可以确保大佃户收支平衡，又可以使农场扩大到最为适宜的规模。

③ 作为长期租佃佃户的贫农和中农经常激烈地抱怨地主凭一时之兴添加额外年份的做法。在一项租约还有三至四个种植季才到期时，地主就会突然出现并且宣布他想立刻把土地再租出若干种植季。因为担心现有的合同失效，佃户紧接着就会焦急地攒够所需的现金。当这种突然的要求受到谴责时，这种指责总是说富有的地主没有理由向比自己更穷的佃户提出这样的要求。罗吉娅从她的弟弟（外村人）那里租种了土地，她的弟弟经常到村里来要求延长合同。罗吉娅指出她的弟弟拥有橡胶地、一辆汽车，还有三个妻子，因此罗吉娅公然指责他的弟弟“非常小气”。

长期租佃制的实施以另一种方式再现了由联合收割机导致的
167 混乱的社会关系。以前，富裕的地主把土地出租给比自己贫穷的人，这种关系也反映在传统社会意识形态下的租佃制中。然而，现在，地主把土地出租给了同他们一样富有的新型佃农，并且，在很多情形之下，这些佃农比地主还要富有。几乎每一个贫穷村民都满腔怨恨地讽刺道，今天，收割工作和越来越多的土地租佃正在变成富人——而非穷人——的保留地。无地雇工苏库尔的说法代表了绝大多数人的意见，“以前，他们把土地出租给穷人。现在，你根本租不到地了。富人把地租给富人，穷人靠穷人生活”。

谁应该为长期租佃制而受到责备？答案并不那么显而易见。或许，有人会归咎于华裔，他们常常被看做是成功的竞标者。或许，有人会认为马来地主难逃其咎。或许，有人还会认为国家应该为许可长期租佃制而受到责难。[1]事实上，人们对马来地主恨之入骨，正是这些马来地主希望得到最大的利润而无视亲戚、乡亲及其种族的需要。我偶尔直接询问谁应该为某一个特定的长期契约租佃受到“责备”——是地主还是（华裔）佃农，我几乎总是听到相同的回答。例如：

地主应该受谴责；他们不愿（把地）租给马来人。（罗吉娅）

地主，他只想着钱，他拍卖土地，并问，“谁出价最高？”（拉齐姆）

他们（地主）不愿意把地租给他们自己的种族。（拉扎克）

塔伊布是村里最贫穷的人之一，他有个妹妹住在附近。塔伊布发现，他的那个妹妹以500马元的价钱把她自己拥有的1里郎土地出租给了一个华裔小商店老板耕种10个种植季。正要寻租土地的穆斯塔法也有类似遭遇。他妈妈将她自己的2里郎土地租给了一个拥有拖拉机的华裔，一共租出8个种植季。没人对华裔有什么偏见，尽管这些人夺走了他们本来想自己租种的土地，但是，他们都为自

① 国家或许应该受到责难的原因之一在于，1967年的稻谷法案实际上禁止了契约租佃，因为它将租佃有效期限制在一年之内。

己的家人不考虑亲人的利益而感到沮丧。穆斯塔法绝望地说,“我居然都不能在我母亲的土地上耕作。”

在之前考察联合收割机时,我们已经遭遇到这种“谴责的逻辑”。最经常地被挑出来受到谴责的并非陌生人,或者说外地人。毕竟,这些陌生人处在共同体的道德约束之外;这些陌生人利用他们可以利用的有利时机是在意料之中的。而在另一方面,亲戚、同村的乡亲、马来人都被视为共同体的成员,这些人在直接的物质利益 168
之外彼此负有义务。因此,村民有可能去呼吁这些人重视自己的责任。例如,玛·纳西尔说,他已经呼吁他的亲戚把地租给他几个种植季,而不是把地租给陌生人。当那个亲戚无视他的请求时,玛·纳西尔理所当然地感到了背叛。在想象的共同体的边界之外,请求与背叛这样的概念显然是不适用的。村民没有理由去呼吁一个联合收割机的华裔主人为了给马来人工作而放弃自身的利益;即使他的呼吁不为这些华裔所重视,村民也不会感到被背叛了。然而,对一个雇用联合收割机或者将土地租给华裔小商店老板的马来大地主来说,情况就完全不同了。人们期望这位马来地主做更多的事情;因为他对那些他可能会背叛的朋友、邻居和亲戚负有义务。在很大程度上恰恰是由于这个原因,绿色革命在吉打地区导致的许多变化对马来人内部的阶级关系的影响要比对种族关系的影响更深远。

慈善的仪式与社会控制

如同在任何小农社会(peasant society)一样,塞达卡同样存在大量超越了直接生产关系的仪式纽带(ritual ties),这些纽带有助于创造及凸显共同体的存在——这个共同体并不仅仅是生产者的集合。涉及富人与穷人间礼物与交换的仪式纽带是阶级关系变迁兴衰的一个敏感的晴雨表。尽管在任何意义上这些仪式纽带都不是以某种原始的机械方式同生产关系结合在一起的,但这些仪式纽带依然对生产领域的变化高度敏感。如果把这些礼物与交换作为观察阶级关系变迁的有价值的窗口,我们就会明显地看到,穷人已经在稻谷种植中变得日渐边缘，他们在村庄的仪式生活中也已经愈发边缘。塞达卡传统上有三种馈赠仪式性礼物的主要形式，通过这些礼物馈赠，富人与穷人联结在了一起。这三种形式包括村民所称的私人扎卡特馈赠（zakat peribadi，“私人的”伊斯兰什一税）、赛得卡救济(sedekah/derma)以及所有村民都参加的筵席(kenduri)。在村民看来，所有这些形式或者是穆斯林律法要求的，或者至少是穆斯林律法予以支持的。在简要介绍了这些形式之后，我将考察每种形式发生了何种变化，这些变化在村庄内部又是如何被各个阶级体会到的。

私人扎卡特馈赠有别于大多数村民所称的给苏丹或政府的扎卡特捐赠。后者是“法定”的扎卡特：除去非常小的种植者，所有的种植者都应该向吉打州宗教事务局缴纳一定量的稻米，这通常是由特别指定的地方收税人“阿弥尔”（amil）征收，塞达卡村的“阿弥尔”是巴塞尔。
169 尔”是巴塞尔。尽管这种款项专门用于伊斯兰慈善事业，但因为可感知到的不平等，许多种田人都非常憎恨这种法定的扎卡特捐赠，并因此普遍逃避交纳这种捐赠。[①]事实上，私人扎卡特馈赠是宗教慈善的一种形式，而不是像扎卡特这个词本义所暗示的那样是一个税种。私人扎卡特馈赠之所以会受到普遍欢迎，是因为它不是被强制的，而且受益者通常是塞达卡的当地村民。这种私人扎卡特馈赠的一部分实际上是在政府征收法定扎卡特捐赠的时候由当地收取法定扎卡特捐赠的地方收税人“阿弥尔”征收、并根据馈赠者的意愿捐献给凯帕拉·巴斯塔镇附近的清真寺、发挥着祈祷室、会议

① 作为农民反抗政府的一个例证，逃避法定扎卡特的行为本身是值得研究的。这里我只能提到一些细节。在塞达卡，有17个小规模种植者，他们的收获量少于50麻袋但已经足以成为官方的征税对象。这17个人当中只有3个人向地方收税人“阿弥尔”交了些东西。而在中农和富农当中，没有人（包括身为地方收税人“阿弥尔”的巴塞尔）向政府支付了足额的“法定”扎卡特捐赠。就全村而论，真正缴纳的“法定”扎卡特捐赠大概只有应缴纳量的15%。村民抱怨说，只有稻农普遍地缴纳了这种税款，而其他更富的人（橡胶和棕榈油计划中的移民、商人、不耕田的地主）则很少缴纳。村民们注意到没有任何“法定”扎卡特返还到村里，所以他们怀疑“法定”扎卡特中的大多数都流向了亚罗士打城。

室、宗教学校的教室等功能的村庄会所、清真寺的阿訇。私人扎卡特馈赠也可以由个人直接捐给清真寺看管者托克·斯雅以及在当地倍受欢迎的宗教导师勒拜·萨卜拉尼(他的宗教班级包括很多当地儿童)。总体而言,这部分私人扎卡特馈赠或许应该命名为用于宗教活动的馈赠,这一部分私人扎卡特馈赠大概占到全部私人扎卡特馈赠的2/3。剩下的私人扎卡特馈赠则给了其他的一些个人,尤其是穷亲戚、邻居、朋友以及帮助种植和收割的雇工。[①]

只有最后这个类别的扎卡特馈赠才具有再分配的性质。然而,其涉及的稻谷数量并不很大;村民们用于私人扎卡特馈赠的稻谷总量大约相当于110麻袋,不足村庄平均收获量的2.5%。[②]就数量来说,用于潜在再分配的份额应该不超过40麻袋,或者说不足收获量的1%。即使我们加上斋月前夕自愿向贫穷村民提供的少量碾磨过的稻谷,作为潜在再分配的私人捐赠的总量也不会显著增多。 170

扎卡特是伊斯兰教的五大支柱之一,它是一种神圣的义务。扎卡特背后的宗教论据和社会论据在吉打州政府宗教委员会所发的传单中得到了最好的说明。[③]在指出伊斯兰教并不反对信徒致富之后,这份传单声称,富人有义务将自己的部分财产与穷人和没有财产的人分享。这份传单引用了一条《古兰经》的训谕,"对于那些贮藏金银且不跟随安拉的人,请让其知晓最痛苦的折磨"[④]。那份传单接着写道,扎卡特的目的不仅是为了抑止吝啬,也是为了促进富人

---

① 这些人群往往相互重叠。因此,一个耕种者可能将私人扎卡特馈赠给了他的兄弟或者侄子,而后者往往是这个耕种者的雇工,可能还是这个耕种者的邻居。

② 并非所有的私人扎卡特馈赠都在村庄内部分配,这是因为,私人扎卡特馈赠经常被给予住在塞达卡村外的亲戚和雇工。同样,塞达卡的穷人也会从住在外村的亲戚和雇主那里接受一定量的私人扎卡特馈赠。这里引用的数据必然是个近似值。因为个人给出的和接受的扎卡特的多少常常会引起争论,富人往往夸大他们的慷慨,而穷人则缩小他们的接受量。

③ Badan Dakwah Islamiah, Pejabat Zakat Negeri Kedah, *Panduan Zakat* (Alor Setar: Majlis Ugama Negeri Kedah, n.d., probably about 1970).

④ 同上,第5页。

和穷人之间的社会和谐:"为了免除那些接受施舍的人对富人的嫉妒和仇恨,为了协调富人和穷人的社会关系"。村民也是在这个意义上承认了扎卡特。村民们通常会说,他们给出私人扎卡特馈赠是为了"免除财产(的罪责)"。

财产经由自愿的扎卡特馈赠得到净化的程度，在村庄内部是多样的。少数富人在私人扎卡特馈赠上相当慷慨,而其他人就几乎一毛不拔了。阿布杜尔·拉赫曼给了亲戚、雇工和宗教官员8麻袋多的稻谷,而哈吉·卡迪尔则仅仅给了不到1麻袋。考虑到其收入,少数相当普通的农民也十分慷慨。巴克利是一个耕种了4里郎土地的普通佃农,他给出了6麻袋,换言之,他给了那些帮助他插秧和收割的家庭每家1麻袋稻谷。而身为雇工和佃农的洛斯妮一共给了宗教官员、穷亲戚以及为她干活的村民(帕克·亚赫)6麻袋。[1]村里其他人则一无所出。

穷人收到的扎卡特的多少(谷物量)取决于他们的声誉、庄稼的长势以及他们在特定种植季的工作量。因为洪水,1979年灌溉季可找到的工作比以往多,结果帕克·亚赫和曼苏尔两人在那一季收获后分别收到了3麻袋和4麻袋稻谷。在这两个例子当中,帕克·亚赫和曼苏尔他们只从那些他们帮助过脱粒的人——而不是所有的人——那里收到了扎卡特馈赠。哈姆扎是"扎卡特冠军",他收到的扎卡特甚至更多，但他收到的谷物中有一部分是他看管村庄祈祷室的酬劳。那些没有什么好名声的赤贫村民即使定期去帮人家脱粒,也不会收到太多的扎卡特馈赠;塔伊布和杜拉得到了1麻袋多
171 的稻谷就觉得很幸运了。这里值得注意的是,贫穷村民收到的扎卡特馈赠,几乎完全来自他们的雇主,村民们得到的扎卡特的多少也是根据他们的受尊敬程度而经过了相当认真的计算的。扎卡特的功能不仅仅是为了"清除财产的罪责",同样也是为了促进劳动控制及社会服从。

① 扎卡特馈赠基本上是男人之间的谷物转移。因此,除了极少的例外,身为雇工的贫穷寡妇或离婚妇女收不到任何扎卡特馈赠。

赛得卡(Sedekah)和德尔马(derma)作为救济的形式几乎是可以互换的。与扎卡特不同,赛得卡与收获无关,也并不总是以稻谷形式给予。赛得卡既给予提出请求者,也给予未提请求者,但几乎只给穷人。德尔马与赛得卡唯一的不同在于,德尔马通常是出于慈善的目的而挨家挨户地收集, 一般是为了帮助贫穷家庭支付丧葬费用,就像拉扎克女儿的丧事那样。[①]赛得卡和德尔马在伊斯兰语境下都被视做 “善功”(good works), 因为捐助人如果完全出于真心,将获得好报。至少在村庄里,这样的救济量都很小,比如,只够做几顿饭的大米。

所谓的“慈善活动”的第三种主要形式是筵席,筵席构成了村庄仪式生活的基础。同扎卡特和赛得卡不同, 这些筵席是集体仪式,不仅有一个主持者,而且作为东道主的家庭还要为受邀的客人提供一顿饭菜。[②]举行筵席的原因有许多,如果大体上以次数和重要性为序,那么,最平常的筵席是:婚礼筵席;为死者祈祷的筵席,这种祈祷筵席通常兼具庆祝某种好运 (如孩子通过了考试) 的功能;割礼筵席;怀孕筵席;婴儿筵席;婴儿理发筵席;搬家筵席;新房筵席;以及还愿筵席,这种筵席通常是因为生的孩子符合自己的性别期待。富人与穷人都会发起筵席, 但人们自然会期望富人更经常、更大方地举行筵席,并且邀请更多的客人参加筵席。如果东道主家境平常,筵席的花费就要由客人承担一部分,客人会带去一些东西或现金。比较贫穷的客人可能不会这么做,但他们会帮助主人

---

① 外村较老的穆斯林偶尔也会挨家挨户地征收捐款,他们希望以此募捐资金去麦加朝圣。这些捐助同样被称做德尔马,因为它们类似于给予宗教学校的扎卡特捐赠。可见,德尔马似乎有更明确的宗教意涵。

② 更特别的是,在理发仪式(至少在塞达卡,这被视为宗教筵席,三个或七个家庭会为祈祷祖先的灵魂而宰杀一头较大的动物并办一次筵席)、割礼仪式或求雨仪式中,几个家庭将共同举办一个筵席。现在,许多官方机构坚持认为求雨仪式已经消失了,而且穆斯林官方也反对求雨仪式。我在塞达卡期间,塞达卡举行过两次求雨仪式,每次都是因为没有及时下雨。

172 准备食物。①对于村里的穷人来说，筵席实际上是唯一能吃到肉的场合，正像曼苏尔所说，穷人是被煮肉的味道“引”到筵席上去的。这种仪式筵席是富人通过炫耀性消费证实他们地位的传统方式，被邀请参与筵席的有他们的朋友、邻居、亲戚，而且通常全村人都被邀请参加。

不管村民讨论哪一种慈善活动，他们都同意：作为社会关系的一种形式，慈善活动已经明显减少了。甚至富裕农场主也有类似的看法，尽管许多富人都立刻将自己个人从这种指责中排除出去，并把矛头指向了更富裕的人。村长哈吉·加法尔说，慈善活动的衰落始于双耕。以大方出名的富裕地主阿布杜尔·拉赫曼注意到，甚至私人扎卡特馈赠在今天都很少有了，而赛得卡救济就几乎没有了。阿布杜尔·拉赫曼说，富人宁愿把稻谷卖掉，然后用获得的现金来购买或者租入更多土地。相当富有的佃农玛·伊莎说出了大家的心声，他声称，“富人很傲慢；他们不会认真对待穷人（的窘境）；（他们）在赛得卡救济方面很吝啬，而且（他们）不愿意给”。村里的穷人常常坦率地指出事实。按罗吉娅的话说，“富人根本不给穷人什么东西”。

至于筵席，村民也有一种共识，尽管这种共识中有轻微的分歧。起初，双耕带来的新利润在1972年引发了塞达卡前所未有的令人难忘的筵席风潮。哈吉·卡迪尔当时有一个用电池的大喇叭，他记得他的喇叭在一年多的时间内出租了七十多次供筵席使用。几乎每个人，包括小佃农和雇工，都利用自己新发现的繁荣来举办他们先前无力承担的庆祝仪式。比较贫穷的村民的筵席自然要简单一些，但是，即使是他们也能至少举办一次体面的筵席，这有助于

① 我听说，在某些村庄，如果有许多来自城镇的客人，举办筵席，尤其是婚礼筵席，会赚些钱，因为从城镇里来的客人会为筵席的花费贡献10马元甚至更多。在对筵席的礼物（这些礼物通常会被记录下来以便日后那些客人承办筵席时报答对方）和花费进行粗略检查之后，我们将会发现，在塞达卡举办筵席不太可能赚钱。大型筵席还要提供各种各样的由东道主付费的娱乐活动。

他们在村庄这个小共同体内确定自己的村民资格。

据大家所说，短暂的欢欣鼓舞之后，无论是筵席的次数还是筵席的规模都急剧缩小。很少有村民会不同意卡米勒有关自那时起发生了什么的讲述。他说，"以前，筵席规模很大，甚至达到了需要把10里郎土地出租几年才够筵席的花销。""现在，人们聪明多了"；他们精确计算出有多少人会来，这些客人会带来什么礼物，这些礼 173
物会抵偿多少花销。"过去，人们不指望赚钱；他们也不想举办一个很差的筵席，筵席上应该有牛肉，而不是鸡肉。"在过去，人们会讽刺在筵席上比较吝啬的"哈吉"，他们会说，"'嘿，某某"哈吉"办了个鸡肉筵席，'他会感到羞愧。""现在，这种事情屡见不鲜。"当托·卡西姆描述了一场持续了两个晚上并且献祭了两头牛[①]的筵席时，他对上述说法也表示同意。他说，现在的筵席仅有一个下午，并且只有鸡肉。贫穷村民削减仪式筵席的原因是明显的；至少自1976年以来，穷人的收入变得更加不稳定。对富一点的农民来说，筵席质量下降和数量缩水则主要是一个态度问题而不是资源问题。绝大多数村民都同意杜拉的解释，"富人开始抄近路；他们不想耗费钱财"。

在解释为什么给予穷人的扎卡特馈赠或赛得卡救济是如此之少时，塞达卡的富裕村民绝不会张口结舌。事实上，他们会给出三种理由，其中任何一个理由都足以证明他们的立场的正当性。第一个接近法律的论调，因为根据伊斯兰的律法，只有8类人有资格接受扎卡特馈赠，身体无残疾的或者说有工作能力的穷人并不在其中。卡米勒坚持认为，由于政府在大约十年前建立了国家扎卡特体系，政府并不赞成官方渠道之外的私人扎卡特馈赠。这里暗含的意

① 简要地确定筵席级别的方法是看被宰杀动物的种类和数量，这基本上反映了人们的富裕程度。例如，说一个筵席花了20只鸡，就是说这是一个非常简单的筵席。如果根据价值声望从高往低排序，肉类的次序是：水牛、母牛、羊、鸡和作为日常食物很少出现的鱼。在村庄的传说中，最神奇的筵席是吉打州的苏丹为女儿举办的婚宴；据说，那场婚宴吃掉了二百多头水牛，吉打州的苏丹为举办婚宴出售了槟城和韦尔斯利省。

思是,这种私下馈赠现在不仅是错误的,而且可能也是非法的。

第二种理由通常是作为第一种理由的补充:村里实际上没有人真正需要施舍。例如,村庄附近最富有的哈吉·沙利姆反问道,"为什么要给那些经济困难的人扎卡特?他们有地,而且像我们一样种水稻"。这句话的意思是,所有种田人在名义上是平等的。哈吉·沙利姆在暗示,我们的地位大体相当,因此没有提供扎卡特馈赠或赛得卡救济的必要。的确,塞达卡的绝大多数穷人都拥有或者租种土地,尽管他们的耕种面积很小;这一事实使得哈吉·沙利姆抹杀了租种1里郎土地和拥有20里郎土地的差别。另一个富有村民勒拜·彭德克表达了同样的观点,他补充说,既然那些帮助他脱粒的人已经得到了报酬,而且他们自己通常拥有土地,所以,任何更
174 进一步的馈赠都是"太多"。如果接受勒拜·彭德克的逻辑,那么一个中肯的疑问是,为什么在1975年之前给雇工扎卡特馈赠的做法是如此普遍?我确信,如果我们把馈赠视为劳动控制的手段,那么,这种异常就可以得到解释:在收割劳力缺乏时,扎卡特馈赠是必要的,然而,当人们很容易地就能找到联合收割机时,扎卡特馈赠就不再是必不可少的了。无地雇工"瘦骨嶙峋的"玛用非常精准的语言记述了正在发生的一切:"富人给扎卡特馈赠,是为了能找到人手。穷人哪儿都去。他们叫我们我们就去。现在,即使没有扎卡特馈赠,我们也会去,因为我们需要工作。"当然,富裕村民有可能一直就把给予收割工人的扎卡特馈赠视为不合理的负担,甚至当做某种形式的劳动勒索。现在的不同或许在于,由于联合收割机的出现,他们可以反对扎卡特馈赠。

第三个也是最后一个反对给予收割工人扎卡特馈赠的理由现在已经耳熟能详了——许多贫穷的村民,如果不是绝大多数的话,并不适合成为慈善救济的对象。哈吉·沙利姆质问道,"我们为什么毫无理由就要给那些不愿工作的人扎卡特?"哈吉·沙利姆进而举例说明了穷人的奢侈,他说,去年有个得到了扎卡特馈赠的人把馈赠得到的稻谷卖掉了,买了一双非常昂贵的鞋子(35马元)。"他穿

着比有钱人还要华丽的鞋子。"富裕的村民总是提到过去为他们工作的拉扎克和其他穷人，在这些富人看来，这些穷人（例如，杜拉、米顿、塔伊布、"瘦骨嶙峋的"玛等）基本上是声名狼藉的。富裕的村民以此来解释扎卡特馈赠和赛得卡救济减少的原因。对这些穷人的指控包括撒谎、欺骗以及懒惰。在某种程度上，这些被指责的人包括了村里绝大多数穷人，慈善救济的问题就这样一举解决。富人们暗示说，帮助这些穷人，就是鼓励上述行为。这里我们再次看到，施舍实际上有助于社会控制和劳动控制。富人要让穷人注意到，只有那些完全遵守富人的正确行为标准的人，才有资格接受富人的礼物。这种模式唯一显著的例外是当死亡发生的时候，此时即使是最穷的村民也要被给予最基本的尊严。①

至于筵席，依然有几个富裕村民十分慷慨，尤其是阿布杜尔·拉赫曼和村长哈吉·加法尔，他们几乎每个种植季都要办一个相当规模的全体村民都会被邀请的筵席。其他殷实的村民通常会承认，有时还略带尴尬地承认，为了不浪费钱财，他们在筵席上变得精明 175
了。很少有地主会像哈吉·纳扬那样完全拒绝这种习俗，并且声称"只有傻瓜才办筵席"。

人们可以想象，扎卡特馈赠、赛得卡救济以及筵席这些慈善的潜在受益者对慈善救济的减少有跟富人完全不同的观点。自然，他们会为自己及家人遭受的收入损失感到惋惜；每个人都能精确地说出他们失去了什么，又是从谁那儿失去的。但这绝非问题的全部。在他们遭受损失的同时，富裕村民获取了双耕带来的利润。他们因此更被愤怒和痛苦所折磨。像往常一样，这些指责都是个人化的，而且都是针对富人，因为对更多利润的贪欲使得富人放弃了对于贫穷邻居的义务。如同穷人经常做的那样，穷人们指出，富人正在变得越来越吝啬，首先就是富人们拒绝像从前那样给穷人慈善救济。塞达卡其他的穷人很熟悉苏库尔的说法。苏库尔回忆了在脱

① 另一个可能的例外是庆祝斋月结束的筵席日，在那一天弥漫着广泛的慷慨精神，这或许可以和基督教国家的圣诞精神相媲美。

粒之后所有干活的人都会立即得到扎卡特馈赠的时光。苏库尔说，现在稻谷都卖掉了，并且直接装到卡车上送到磨坊去了。雇主只留了一点儿稻谷（过去用于慈善救济的流通物），并且声称他的现金都用来还债了。这种做法允许他装穷。事实上，正像苏库尔所说的，在正常情况下，10里郎土地的扎卡特馈赠（15麻袋）足以帮助许多村里的穷人。

向别人乞求赛得卡救济或者偶尔乞求扎卡特馈赠时，如果被拒绝，这将是一种耻辱，不过在今天，这已经成了一种习以为常的体验。“名声很好的”穷人哈姆扎感触更多的是这种羞辱，而不是被拒绝给予的粮食。上个种植季的收割之前，因为工作很少，他家几乎把大米吃完了，而且钱也用完了，在这种情况下，他请求他经常帮助干活的雇主借给他一些大米作为预先支付的工资，结果是悲惨的。“请求朋友的帮助让我感到很尴尬。真是可怜；我不得不每天出去乞求帮助。我真是感到羞耻。”在他母亲去世之后，哈姆扎不得不为丧葬费用而乞求帮助。几乎没有什么钱的罗吉娅立即给了他150马元，而塞达卡最富的哈吉·卡迪尔，居然一分钱都没给，尽管哈姆扎经常为他工作。“我去请求哈吉·卡迪尔；他没给（任何东西）；我知道他是不愿意。”就像大多数情况一样，这种拒绝并非生硬的拒绝，而是故意的怠慢——沉默。就在这一年的晚些时候，我听到哈姆扎向一个朋友抱怨哈吉·卡迪尔少付了工钱。哈姆扎帮忙将联合收割机吐出的稻谷装袋并且缝合麻袋。他本来期望可以得到一麻袋50分的工资，他装了50麻袋一共可以得到25马元，但只得到了5马元。我问哈姆扎是否向哈吉·卡迪尔申诉了，他解释说：“穷
176 人不能（抱怨）。如果我生病了或者需要工作，我可能还得求他。我只能在心里生气。”这是一个忍气吞声的人，哈姆扎痛苦地决定服从富人强加的规则——随叫随到、言行谨慎、恭顺有礼。显然，哈姆扎跟他的兄弟雷扎卡不一样，也有别于其他很少请求富人帮助的穷人。

托·穆罕默德是个半退休的鳏夫，他跟独身的女儿两个人住在

一起，他也经历了相同的羞辱，但他不像哈姆扎那样沉默寡言。[①]托·穆罕默德说，现在从富人那里得到大米的唯一办法就是拿钱去买。“我们现在去问都很尴尬。他们会说，‘你也种大米’，‘如果你不够吃，那就是因为你懒惰’。他们永远不会帮忙的。”像帕克·亚赫等人一样，托·穆罕默德知道富人会怎样说穷人。村里的穷人面临的困境是，过去的假设已经不再有效了。以前，他们可以合情合理地期望雇主给他们扎卡特馈赠、向雇主要求赛得卡救济或者要求预付工资。现在，他们可以提出这些要求，但必须准备遭受令人感到耻辱的拒绝。在这种情况下被拒绝的馈赠并不单纯是谷物了，更为重要的是，这种拒绝是一个鲜明的社会信号：穷人提出请求时认为还有效的富人与穷人之间的关系，已经被单方面地宣布为无效。富人已经表明，他们不再对村里穷人的急迫需求负有责任。

从塞达卡筵席承办圈的衰弱，穷人看到了富人自私、不愿承担社会责任的征兆。“瘦骨嶙峋的”玛说，不会再有持续整个晚上并吃掉三四头母牛的筵席了。相反，富人“只想着钱；他们只是想投资”[②]。“以前，富人想有个好名声。现在他们基本上不做什么了；他们很精明。以前他们想炫耀，现在他们不想浪费钱财了。”“瘦骨嶙峋的”玛补充说，富人们在过去可能花费2000马元的地方，现在只肯花200马元。苏库尔站在富人的角度，对富人的算计进行了想象。“如果筵席要花费500马元，他们会问，‘用这些钱我们可以买多少东西？’”这样他们就不会办筵席，而会决定转而购买一台电视机。苏库尔总结说，富人“只想着今世”。对其他人来说，比如塔伊布，最气愤的就是雇主雇用他们干活，却不邀请他们参加筵席。正如塔伊布所说，“如果是工作的问题，那么富人就不得不去找穷人；如果是一个筵席，富人们要找一个会领唱圣歌或者可以背诵《古兰经》的‘拉

① 托·穆罕默德拥有4里郎土地，他自己耕种着其中的3里郎。因为现在他家里只有两个人，这些地已经足够了。而在10年前，由于庞大家庭的拖累，托·穆罕默德极度贫困。

② 这句话中“投资”(pusing)在马来语中的原意是“转”，用在这里是指使资金“周转”，而不是闲置，这样资金才会不断增值。

比’或者‘哈吉’,而不是穷人”。

在苏库尔最后的那个评论中，我们可以领会到他的指控中的宗教论调。考虑到今世之外,就是要考虑到安拉的审判,就要慷慨帮助和同情那些不幸的人。这种看法在极少数依然敬重筵席传统
177 的富人——主要是阿布杜尔·拉赫曼、哈吉·加法尔、勒拜·彭德克——的声望中也得到反映。此外,根据穷人的民间信仰,对于不够慷慨的惩罚并不仅仅局限于安拉的最后审判。哈姆扎等人相信,在筵席、扎卡特捐赠以及赛得卡救济方面表现出的慷慨有利于使富人免遭像意外及疾病这样的不测。哈姆扎说,这就是那些去麦加朝圣的人在出发前总要举办筵席的原因。哈吉·卡迪尔是出名的吝啬,但他看起来身体很好,这怎么在他身上应验呢？当我说这些话时,哈姆扎立即提醒我,哈吉·卡迪尔的妻子已经在医院里待了很久了,她的腿已经不能走路了,而且哈吉·卡迪尔总是不断陷入麻烦当中。哈姆扎暗示说,所有这些不幸都是安拉不满意的迹象。从这些解释中我们可以发现,穷人试图对富人进行适度的社会控制,尽管其效用微乎其微。穷人们不仅相信贪婪的富人将在今世和来世遭受惩罚,而且,他们也的确希望,不幸和审判将根据富人们的行为降临在那些咎由自取的富人身上。

记忆中的村庄

塞达卡的富人和穷人都在试图理解他们在过去十年间所经历的巨大变迁。在倾听他们的倾诉时,我们会发觉自己处于一场意识形态的斗争当中,尽管这种斗争的规模很小。这是一场关于事实及其意义的斗争,是一场关于“究竟发生了什么”以及“谁该受到谴责”的斗争,是一场关于现有的境遇该如何定义、又该如何解释的斗争。在经历了这段历史之后,从某种意义上说,每一位村民都有资格成为一名历史学家，事实上村民是被要求成为一名历史学家的——有私心的历史学家。这种历史的核心并不是为了对过去经历的那十年作出四平八稳或者不偏不倚的评价，而是要提出一种

观点,进行赞扬与批评,并维护或诅咒现存的事态。

如同在任何历史当中一样,评估现有的历史必然涉及对逝去时光的重新评估。因此,为界定当下而导致的意识形态斗争也是一场界定过去的斗争。没有什么比贫穷村民给出的解释更鲜明地反映了这种斗争,这些村民从过去的十年中几乎没得到什么,并且他们当下的前景看起来也是一片黯淡。他们集体创造了记忆中的村庄和记忆中的经济,并以此作为谴责当下的有效的意识形态背景。[①]他们回忆起地租在庄稼收割之后才交付并且能反映实际收获的时光。他们回忆起机械化之前的岁月,那时,大地主寻找他们作为佃 178
农,而且地租也很适中。他们还回忆起收割工作很充足的岁月,那时,大农场主不仅预先支付工资、准许他们借贷、送给他们扎卡特馈赠,还经常举办大型筵席款待他们,大农场主通过这些方式来拍他们的马屁。

并非他们的记忆出现了偏差。他们所指出的古老习俗与做法确实存在,并且的确对他们有利。然而,他们的记忆具有相当的选择性。他们的记忆恰恰集中在土地使用和劳动关系这些对他们有利的方面,正是这些东西在过去十年间逐步受到侵蚀并且一去不复返。并不奇怪,他们并没有详细描述过去秩序中对自己不利的因素,因为这些因素对他们今天要表达的观点没什么用处。他们的怀旧——如果人们可以这么说的话——因此就如同他们的记忆一样,具有相当的选择性。为何村里穷人的叙述充满了怀旧色彩?最根本的原因在于,过去十年的许多革新都从根本上妨碍了他们的物质利益。穷人们有充足的理由去留恋旧有的制度安排。我们已经看到,塞达卡的富人自己并不是不怀旧。但富人们的怀旧并不那么明显,这恰恰是因为富人从现有的制度安排当中得到了更多的好

① 为了避免把这仅仅当做某种形式的农民意识,这里值得指出的是,弗朗西丝·赫恩(Francis Hearn)将这种对过去的虚假占有视为英国工人阶级早期团结的关键要素。*Domination, Legitimation, and Resistance: The Incorporation of the Nineteenth Century English Working Class* (Westport, Conn.: Greenwood, 1978), Chap. 1.

处，从根本上说，现在的制度安排对富人是有利的。

这种根据当前利益对过去的重构让我们回想起了黑格尔的名言，“密涅瓦的猫头鹰只在黄昏时飞翔”。比如说，毫无疑问，塞达卡穷人在过去几年间所遭受的损失，激发了他们以一种新的和同情的目光看待旧的制度安排。十年前，这些制度安排很可能不会得到如此褒扬；它们那时只是某段时间内指导稻米生产的理所当然的做法的一部分。只有在双耕引起的新威胁的背景下，上述常规做法才被提升到值得敬畏的习俗、权利和权益的地位。只有在现在，被重估的过去才会成为评估可怕的当前的必要条件。

穷人的意识形态运作可以被视做一种整顿世界的努力，这个世界早已被双耕搞得差不多天翻地覆了。穷人们随处可以看到对传统生产关系的激进的颠覆，所有这些变化都破坏了他们在村里的生存资源和地位。以前，大地主把土地租给贫穷的佃农；现在，地主们越来越多地把土地租给富裕的土地经营者，或者是地主自己用机器耕种他们的土地。以前，大农场主雇用他们贫穷的邻居用水牛犁地和耙地；现在，大农场主雇用富裕的拖拉机主人进行备耕。以前，大农场主雇用穷邻居给他们插秧；现在许多大农场自己撒种。以前，这些农场主雇用穷人给他们收割庄稼和脱粒；现在这些农场主雇用拥有联合收割机的富人做同样的工作。以前，富裕村民
179 有充足的理由向他们所雇用的劳动力预付工资，并提供扎卡特馈赠；现在，即便这些富裕村民有活要做，他们也没有必要像先前那样大方了。以前，村里的富人有充足的理由用慷慨的筵席来给自己树立一个好名声；现在，许多富人认为这么盛大的筵席是在浪费钱财。总而言之，这些转变的确质疑了双耕之前控制着社会生产关系的所有假定。

新的安排不仅改变了塞达卡先前存在的阶级结构，也改变了穆达平原绝大多数其他同样种植水稻的村庄的阶级结构。在早先的阶级结构当中，恰恰是在相互依赖和相互利用的共生关系中，富裕农民和大地主跟贫穷村民联结在了一起。尽管土地由于借贷及

逾期不还等原因还在急速地集中，但是，只要土地还算充足，劳动力在农忙时也还算紧张，剥削就会受到限制。这种共生关系不仅表现在村庄的仪式生活当中（例如，富人要向穷人提供扎卡特、筵席和预付工资），还表现在了村中的政治生活中（那些富裕的政党领导人能够将绝大多数依附于他们的佃农和劳动力接纳进他们的政党）。与此对照，中农在某种程度上更为自主，他们在土地方面较少依赖富人，并且他们也较少雇用工人，他们更喜欢使用家庭劳力（或者换工）。

新的生产关系打破了绝大多数的直接依赖，而这种依赖正是早先的阶级体系的特征。随着机械化以及租佃制度的变迁，贫穷的村民不仅经济上被边缘化了，他们发觉自己在仪式方面也被日渐边缘化。亲缘关系以及间接的资助（由政府通过地方精英进行发放）依然将许多人同执政党粘合在一起，但这种从属关系不再嵌入在村庄的生产关系当中了。在双耕之前，人们或许可以认为穷人是塞达卡的贫民或者说是次等村民。现在，他们依然很穷——尽管已经从极度的营养不良和饥饿中挣脱出来——并且肯定是次等阶级。但是，我们越来越没有理由把他们称为村民了。

在这种或任何其他经济转型中，如果从属阶级的命运遭受了逆转，就自然会出现一个问题：如何理解和解释这些逆转？在随后的分析当中，我将考察这个问题的答案会在诸如阶级意识、虚假意识、反抗和意识形态霸权等重要问题上引起的重大后果。但是，这里仅仅关注村里穷人的话语中所反映出的答案的主旨就足够了。

我们很难从原始的经济事实中推衍出吉打地区绿色革命参与者对这一革命后果的解释。那些事实可以同多种解释相符：它们可以被视为必然要来临的洪水或干旱；它们可以被视为预言的实现或者安拉对偏离信仰的惩罚；它们可以被视为政府政策的恶性效应或者华人辛迪加联合企业贪婪和财力的结果。

如我们已经看到的，事实上，上述解释没有一个在记录中得到明显 180
记载，如果确实被记载了。相反，塞达卡的贫民阶层把他们当前不幸的原因首先视为个人化的(就是说,人类能动性的结果)、地方性的,并且很大程度上局限在马来人共同体的范围之内。例如,他们认为,长期租佃制被广泛采用以及小佃农遭到解雇,源于大地主(绝大多数是马来人)攫取更多利润的欲望。替代劳动力的机器的使用日渐增多同样被视为大农场主希望节省金钱以及不愿雇用劳力的结果。地方慈善救济的减少同样反映了富人以名誉为代价保护其财产的意愿。在每种情况下,责难与谴责的逻辑都与施用于拥有土地并对被抵押土地的丧失负有责任的"哈吉"阶级的逻辑相同。这里,更间接和非个人化的原因肯定发挥了作用。而它们被强调道德堕落、自私以及违犯社会礼节的视角所替代。如同穷人看到的,富人无情地选择了无视他们自己对于穷邻居的义务。我们又该如何理解穷人既关注他们现在面临的轻视和无礼,又同时关注他们所遭受的物质损失?

穷人自然不是村里唯一使用这种逻辑的群体。尽管富裕农场主承认联合收割机的速度及其带来的收益,但他们同样坚持,穷人已经变成了不值得信任的、挑剔的、懒惰的工人,已经不再值得他们的关照。通过这种方式,富人也为村庄社会关系的巨变找寻到了一个个人化的道德解释。

然而,不论是富人还是穷人,都注意到了影响他们生存环境的更为广阔、更为非个人化的力量。穷人和许多富人都理解新的安排背后存在的积累和投资的欲望。双方都理解双耕和机械化带来了新的可能性。每个村民在头脑中都同时有着令人难忘的个人的和集体的经济史,其中充满了肥料、种子、地租、稻谷、大米、鱼肉、耐用品的价格、工资率。对于年老的农民而言,他们还可以记起半个世纪以来的稻谷产量。就像在任何此类口述历史当中一样,日期是同事件联系在一起的,"日本人占领时期"、"我第一个孩子出生时"、"双耕之前",关注的焦点是收入、土地和工资的多少等诸如此类数字的后果。穷人完全知晓联合收割机使他们失去了多少;富人也完全知晓他们获得了多少。在地方经验的范围之内,他们明白资本主义的运作方式。富人和穷人都看到华裔经营者之所以能够支付高额地租是因为他们自己拥有机械设备,而且华裔经营者不能让自己的资本处于闲置状态。正如他们所说:“华裔得让他们的钱流通起来。”他们知道新的生产资料——拖拉机、联合收割机、卡车——的主人现在夺取了原本由水牛的主人、收割劳动力以及搬运工所得到 181 的回报,而且部分利润现在流向了海外的制造商。穷人完全明白,因为许多人丧失了租佃权,他们已经被无产阶级化。罗吉娅无论如何都不是唯一注意到“他们想让我们变成苦力”的人,尽管她还大胆地加了一句,“他们不能这么做”。穷人还明白,他们正在被逐步边缘化;他们谈到了没有工作,谈到被晾在一边,谈到了所面临的完全离开村庄的前景。

如果说穷人总是想着造成他们不幸的地方原因和个人原因,这并不是因为,穷人对于他们位居其间的农业资本主义这个更大的社会情境尤其“迷惑不解”或者无知。自然,他们并不使用抽象的或者说枯燥的社会科学术语——无产阶级化、分化、积累、边缘化——来描绘他们的生存境遇。然而,他们对于正在发生的一切有一套自己的民间说法:被迫成了苦力,富人越来越富而穷人越来越穷,正在被“晾在一边”。这些说法很准确,与此同时,这些说法有可能比任何学术的政治经济学提供更为丰富的情感意涵。

为了更快捷地寻找到他们苦难的直接原因,他们的选择——因为这是选择——同时包含了便利和策略两个要素。就穷人而言,谴责直接损害了他们利益的那些人是很便利的。穷人观察到马来地主夺走了土地,或者亲自耕种,或者租给华裔的承包商;但他们并未*直接*观察到土地控制的集中。穷人观察到大农场主不再雇用他们的邻居,并且叫来了联合收割机;但他们并未*直接*观察到,辛迪加联合企业或政府的政策使这一切变得可能。

穷人的选择也是策略性的,这是因为,他们所关注的人类行动者(human agents)似乎正好在穷人的社会行动领域之内。[①]穷人希望影响那些他们为之工作的地主及大农场主;他们并不祈求影响华裔商业农场主或是由机器的主人构成的辛迪加联合企业。毕竟,过去租给他们土

① 在此情境中,有必要回顾齐美尔对早期资本主义和“成熟资本主义”时期阶级冲突之间的差别的研究。齐美尔认为,在“成熟资本主义”时期当中,劳动条件被视做“客观条

地或者雇用他们工作的那些人将自己的行为描述为“帮助他们解决困难”,这暗示着富人应该有遵循村庄规范的美德。唯一合乎逻辑的就是,
182 那些富裕村民和地主现在搬起石头砸自己的脚,而且,那些富人也应该受到谴责,因为富人们无情地漠视了——如果不是轻视的话——那些富人们自己曾经宣称要帮助的人。村里的穷人因此选择了将其怒火发泄到那些应该关照他们的人身上。在穆达农业资本主义转型的情境中,穷人们的要求越来越受到忽视。穷人们的胜利——少数地主继续把地租给小佃农、少数地主在力所能及的情况下依旧雇用人力收割、少数地主依然遵守施舍和举办大型筵席的传统——微乎其微,并且很可能只是暂时的。穷人们的这些要求所依赖的社区感及义务感是正在快速消耗的优势。然而,这的确是穷人们在这场保卫战中的唯一优势,[①]也是穷
183 人们在考虑更加堂吉诃德式的目标前所能期望的唯一优势。

件”或者“生产形式”的产物。“在普遍战役和地方战役中,个人的痛苦都显著减少。经营者不再是寄生虫和该死的利己主义者。”就其盛行的程度而言,这个更大的、更为“客观的”看法有可能减少冲突。然而,不管它是不是更加“客观的”观点,这个观点都值得怀疑;“个人化的”观点——不管多么狭隘——都有助于认识到,诸如市场及技术革新这样的进程都是社会产物。*Georg Simmel on Individuality and Social Forms*, ed. Donald N. Levine (Chicago: Univ. of Chicago Press, 1971), 88.

① 当然,制度性的因素在这里是决定性的。如果有一次运动或一个政党支持对土地控制的保障、支持土地改革或者支持乡村地区的充分就业,那么,看似有理的行动的领域或许可以得到略微拓展。然而,无论巫统还是伊斯兰教党都是被相当富裕的农场主和地主所主导,它们都没有致力于解决穆达平原的阶级问题。

第六章
延展事实:意识形态的运作

> 智者(homo faber)无法同工匠(homo sapiens)区分开来。每一个人,最终……都从事着一定形式的智力活动……他分享某种特定的世界概念,拥有道德行为的自觉边界,并且因而有助于坚持关于世界的一个概念或者改变之,也就是说,导致思考模式的产生。
>
> 安东尼奥·葛兰西,《狱中札记》

特定情境中的意识形态运作

塞达卡的双耕以及机械化给富农和地主提供了前所未有的大量致富机会。人们几乎毫无例外地急切地抓住了这些机遇。

然而,为了利用这些新时机来进行资本积累,大农场主和地主剥除了许多以往曾将他们与贫穷村民绑缚在一起的经济和社会纽带。他们不得不雇用机器取代村里的劳动者,提高地租,解雇佃农,并且削减自己在村落内的礼仪及施舍义务。在此过程中,他们发觉自己多多少少是在一种意识形态真空中行动。我们在塞达卡以及穆达平原其他地区所观察到的正是新兴的资本主义农业阶级,这一阶级一直在稳步地摆脱它与劳动者和佃农的纽带,但它在很大程度上是在前资本主义的规范氛围中行动，这种气氛使得人们极难证明此类行动的正当性。在此意义上，他们是必须为自己辩解的资本主义者——公开证明其行为的正当性，但他们不能从马来西亚的亚当·斯密的详尽学说中获益，更遑论边泌或马尔萨斯了。我们将会看到，富裕农场主为了使事情的真相有利于自身所做的痛苦而有创造性的努力，这使得意识形态的不利因素只是被部分地规避。

历史地形成的、经协商而实现的村庄生活的道德情境，如果仅就意识形态而言，完全不利于较为新型的资本主义行为方式。这种道德情境由一套有关富人和穷人关系的预期和偏好组成。一般说来，这些预期体现为资助、援助、关照以及能否获得帮助等习惯用语。它们适用于雇用、租佃、施舍、筵席举办以及日常的社会行为。它们意味着人们将对那些满足这些预期的人充满敬意、忠诚及社
184 会认可。直白地说，这涉及某种"名誉政治"，在此，遵守某种行为规范将会使一个人获得好的名声。[①]

具有讽刺意味的是，富裕农场主正在破坏的阶级关系的道德情境是一个社会产物，而这一产物是由他们自身为了实现自己的目标一手创造的。它曾一度有利于农场主通过增加工资、礼物（如收获后的扎卡特）或邀请赴宴的方式来雇用收割工人，并确保他们的忠诚。它曾一度有利于雇用佃农耕种其多余的田地并且在歉收之后调整地租以挽留优秀的耕种者。它不仅有利于他们以这种方式行事，而且有利于将此种行为表述为意识形态术语，诸如援助、帮助、仁慈以及同情等。由此，他们为自己的行为——一种当土地相对充裕而劳动力相对匮乏时很明智的行为——披上了资助和慷慨的语言外衣。这里并不意味任何冷嘲热讽，只是意指展现人们竭力合理化自己行为的普遍趋势。同样，并不必然暗示较贫穷的村民是否完全接受其行为的社会建构，尽管他们不可能公开地对它进行挑战。

① 参见F. G. Bailey, *Gifts and Poison: The Politics of Reputation* (New York: Schocken, 1971)。

人们按照社会圈子的远近而获得不同程度的这种声称的资助和慷慨。它最适用于双系亲属群体以及同村的居民。在近亲居住在同一村庄的情况下，对关照的要求尤其强烈。距离这一小圈子越远,对于特殊关照的要求就越薄弱。

目前,在这些圈子里,不管是“意识形态”还是慷慨的惯例都并不仅仅是正在衰退的历史记忆。尽管已不完整,它们仍存在于亲属租佃、对村内佃农的较低租金、施舍的残留形式、村庄筵席以及优先雇佣当中。即使机械化也未彻底消除对零工的不时需求、对插秧工或者忠诚的政治追随的需求。因此,塞达卡的富有农场主尚未彻底消除村庄生活的前资本主义规范情境。

然而，他们确实希望从根本上限制这些他们曾经从中获利甚多的价值观的适用性。今天,这些价值观的充分使用将阻碍他们剥除那些处于他们和绿色革命的收益之间的社会义务。他们如何进行“意识形态运作”——他们的策略,它的逻辑、用途以及他们所遭遇到的反抗——正是本章的主题。我将从剥削的概念谈起,它嵌于语言和实践，并且随后展现出富人和穷人各自如何试图歪曲事实以使这些价值观服务于派系和阶级的目标。由于这些价值观只能通过社会冲突而形成，我将考察它们在三种社会冲突中的实际应用:提高地租或解雇佃农的企图、有关村庄“大门”的争论以及围绕 185
村庄改进计划的政府基金分配而进行的指控与反驳。最后,我将探究塞达卡的符号和意识形态斗争的意义。

剥削的词汇表

在检验不同阶级的村民如何试图加强或改变地方行为的规范情境之前,关键是确定这种情境是什么。围绕阶级关系而形成的信念和习俗绝不是固定的,因为如同任何形式的规范一样,它们是持续不断的斗争与协商的历史产物。然而,确定斗争进程中产生了什么以及是什么形成了当前话语的规范环境的大致轮廓却是可能的。这一规范环境或许最好地体现在剥削的词汇表中,如同它在塞达卡所使用的那样。

在通常情况下，知识分子和/或官僚使用的术语和范畴不会影响下层的市民用以描述相同情境的词汇。因此，官方报纸和文件中用来描述穆达平原的灌溉型水稻种植的术语——绿色革命——极少在村里听到；取而代之的仅仅是所谓的“双耕”。精英与“百姓”话语中的概念分歧在剥削的例子中体现得尤为明显。

有一个标准的马来语动词（tindas, menindas），它可以被精确地译做“剥削、压迫、压榨、不公正地统治”。它在村子里通常用来表示诸如用手指甲挤虱子这种乏味行为。然而，除了一两个年轻村民显然是在表现其受过学校教育之外，这一词汇并不用于表达剥削的概念。[①]其他表示几乎同一个意思的词语——其中有tekan，kejam，peras，desak，sesak——偶尔可在村里的谈话中听到。每一个词语都在传达一种物理上的压力的意义——挤压、压榨、冲压、憋闷——这使其成为让人想起敲诈与压迫的专用工具。因而，当尼扎姆的东家哈吉·查希尔坚持提高租金和改变两年租佃合同时，尼扎姆告诉我，“他想压榨（tekan），他想吞食（makan）一切”。当地方上的反对派成员抱怨只有执政党的成员才有机会被接纳为政府土地计划的
186 移民者时，杜拉补充道，“政府其实在压迫（tekan sunggoh）我们；我们根本不可能有什么举动（bergerak）。”一些暗示剥削的短语在传达这一实际隐喻时走得更远，并且暗示剥削者坚持他们合法的无礼要求。一位贫穷村民提到那些官员“坐在软椅上”并且“鞭打（tutuh）村民的脊背”。另一个人则提到地主“在村民背上（menenggala atas belakang）耕田”。

因此，当谈到表达剥削的概念时，几乎不存在任何语言上的匮乏。然而，最为持久地受欢迎的动词——日常对话中最经常听到和含义最丰富的动词——是“吃”（makan）。领工钱是“吃工钱”，收取

① 这一术语在马来语中同时用于左翼学者和反对派的政治领导人的发言中。政府对言语当中具有的马克思主义口吻相当警惕，小心翼翼地使用它，并且通常仅仅是为了谴责华裔中间人，声称后者剥削马来农民、渔夫和橡胶鞣革者。

利息是“吃利息”,受贿是“吃贿赂”,背叛朋友是“吃朋友”,压榨某人是“吃他们的骨头”,剥削别人是“吃他们的血汗”[①]。最平常的表达很简单,“他想吃了我们”。这里,农民对食物的历史性关注以及对类似于人吃人现象的控诉结合成一个强有力的、富于启发性的隐喻。[②]此外正如我们已经看到的,这一隐喻不仅被穷人用于描绘有权势的人对他们的所作所为,而且也被富人用来形容穷人强加于他们的贷款和施舍的要求。

然而,值得注意的是,有关剥削的地方词汇更多地存在于吝啬和傲慢的概念中,而非以上这些动词之中。当一个佃农抱怨其地主增加地租时,他只是有可能私下声称地主在敲诈(tekan)他或“吃”(maken)他。但他几乎肯定会谴责地主吝啬或贪婪(ke dikut, kikir, bakhil, berkira, lokek, tamak, keras hati, tankai jering, haloba),并且他通常还会谴责地主自大或傲慢(sombong)。一个要求雇主贷款或施舍的贫穷村民如果受到轻蔑地拒绝,他可能不会私下抱怨他的雇主在压迫他,但他总是抱怨雇主的小气和不知羞耻。这些私下谴责的词语构成了塞达卡“民间”剥削概念的核心。总而言之,它们具体表现为同阶级关系的意识形态密切相关的一些东西——此外,这种意识形态并 187
非仅仅是村里穷人的观点,它们还在相当程度上被富人所分享。

认为吝啬是马来村落社会的特点的成见清楚地体现在人们编造的哈吉·阿尤布(哈吉·布鲁姆)的传奇故事中。他对他的马来伙计的剥削几乎不容置疑,但他的突出的吝啬才是被关注的核心。我们在上一章已经见识了对吝啬的谴责是如何频繁地出现在村民的议论中。当尼扎姆抱怨地主的压迫(tekan)时,他也是通过引证他的

① 吮吸血汗的概念同样普遍使用,并且一个暴虐的地主或放债人可能被称做“刮地皮”或者被谴责为吮吸血汗。“地”在“刮地皮”一词中将与水或湿地有关的实际事物同干燥地区的人类等价物区别开来。

② 在历史上,具有同一内涵的动词出现在东南亚的其他地方。例如,一个前殖民时期的缅甸的地区官员被称做myo-sa,即一个地区的“食客”。泰语中类似的词是kin muang。被苏丹任命来治理一个地区的马来官员被称做Akan Pemakannya。在大多数用法中,动词“吃”也意味着,该种行为是不诚实的。

吝啬（berkira）和无情（keras hati）来对压迫加以解释。洛斯妮形容她的地主非常精于算计或者说吝啬（sangat berkira），而剥削的事实可以从其行为中推断出来。经历一个歉收的季节之后，罗吉娅不可能奢望从身为她的亲哥哥的地主那里得到任何仁慈，她痛苦地谈到了他的冷酷无情（keras hati）。当塔伊布悲叹这些日子租地的不易时，他和其他人一样，将原因指向地主的“贪婪”（lokek）。雅各布以出卖劳动为生，自从联合收割机到来之后，这种机会越来越少。他也把联合收割机的使用归因于近来大农场主的“益发吝啬”（lagi kedekut）。当托·卡西姆特别指出现在施舍和大型筵席更少时，他解释说，富人现在更吝啬（susah berkira la'ni）了。甚至很富有的外村土地所有者哈吉·纳扬在发现许多被解雇的佃农不得不迁走后，也将他们的窘境归因于地主现在“更精于算计”（lagi susah kira）而重新使用机器耕种。

人们感受到的富裕村民的态度和他们遭受诅咒的方式的变化在穆达平原并不完全是新现象。穆赫扎尼在灌溉型双耕开始前的玻璃市州附近进行的有关信用的研究中提道：

> 每当村庄里的谈话导向互助主题以及把提供现金贷款视为援助同村村民的一部分时，对村民之间合作的日益减少以及对筹集友好贷款的难度越来越大的感叹就难以避免地出现。诸如此类的陈述总是与村里人在有关金钱的事物上越来越精于算计（berkira）的现实结合在一起。村民还不知疲倦地
> 188 重新提起“过去的日子”，那时人们总是随时准备帮助别人。[①]

就塞达卡本身而言，掘井健三1967年的研究更普遍地影射“互

① 参见Mokhzani bin Abdul Rahim, “Credit in a Malay Peasant Society” (Ph. D. diss., University of London, 1973), 255，着重标记为本书作者所加。还可参见凯斯勒（Kessler）对“庸俗唯物主义”的流行谴责的讨论。术语kira的使用载于*Islam and Politics in a Malay State：Kelantan* 1838—1969 (Ithaca: Cornell Univ. Press, 1978), 221。

助原则的弱化”以及“土地租赁体系正接近于土地所有者—佃农关系的阶级面貌日渐鲜明的阶段”这一事实。[①]我们有理由推测,我们今天听到的对吝啬的谴责并不仅仅是绿色革命的产物,而是代表了回应商品化压力的更为悠久的伦理传统。已经发生的一切正是机械化的影响极大地加剧了抱怨,并且将秘密控诉的呼声提升到一个新的水平。

如同我们在哈吉·布鲁姆事例中看到的一样,所有对吝啬的控诉都蕴含了一个对应当在穷人与富人间确认的关系的清晰观点——某种意识形态。在对待穷人,尤其是穷的亲属或同村人时,富人应该体谅(timbangrasa),乐于助人(tolong),并且不自私(senang kira)。如同穷人所认为,此类行为应当包括提供雇佣、租佃、贷款、施舍以及适当的筵席。达到这些行为标准的有钱人可以作为不剥削的、行为适当的标准。

这些标准在相当大的程度上嵌于谴责性的言辞当中,标准马来语词典中用来说明一些关键术语的句子也证实了这一点。[②]

单词	马来例句(翻译)
Kedekut(吝啬)	从他那儿获得救济很难,因为他是个吝啬(kedekut)的人。
Bakhil(吝啬)	那个吝啬的(bakhil)富人没有救济穷人。
Timbang rasa(同情、体谅)	向遭受不幸的人表示同情(timbang)的帮助。
Miskin(贫穷)	他总是向穷人(miskin)施舍金钱。

① Kenzo Horii, “The Land Tenure System of Malay Padi Farmers: A Case Study...in the State of Kedah,” *Developing Economies* 10, no. 1 (1972): 68.

② Kedekut, bakhil, miskin 以及segan的定义引自Awang Sudja, Hairul and Yusoff Khan, *Kamus Lengkap* (Petaling Jaya: Pustaka Zaman,1977), 449, 55, 701, and 974。timbang rasa 的定义引自Tenku Iskandar, *Kamus Dewan* (Kuala Lumpur: Dewan Bahasa dan Pustaka, 1970),1255。

Segan(不情愿、勉强、害羞、懒惰)	他尽管很富有,但不愿(segan)帮助别人。

在每个例子中,“吝啬”都与富人的拒绝,尤其是拒绝帮助穷人联
189 系在一起;同情则与施舍相连,并且穷人被界定为适宜的施舍对象。

许多证据表明此处确认的规范性观点并不限于穆达平原的农场主,而多半是马来农业社会的普遍特征。[1]来自过去40年间马来半岛不同地区的田野工作报告提供了这方面的证据。雷蒙·弗斯的经典性研究《马来渔夫:他们的农民经济》,就是基于日本人占领前的东岸的吉兰丹州的田野工作报告。他关于财富和慈善的讨论会让塞达卡的村民感到非常熟悉:

> 就整体而言,这一地区的富人通过勤奋和节俭积累了他们的财富。这两个因素与富人应有的慈善做法**相结合**,或许在相当大的程度上解释了社区内的穷人对富人没有明显的怨恨的原因……怨恨和批评只有在下面的场合才会出现:富人没有表现出慷慨,“他很吝啬”,他不对穷人笃行慈善,不修建路旁的避雨棚或祈祷场所,或者不热情款待。[2]

同样的民风也见于斯威夫特的报告——这是在20世纪50年代中期对森美兰州日叻务地区的研究。

> 富人与没有穷到依赖他人为生的村民之间的关系也并不那么融洽。苦难和嫉妒的力量是惊人的……富人是物质帮助的明显来源,但是由于每个村子都只有很少的富人,他们总是

① 作为论据,这一民风与许多乡村情境有关,参见James C. Scott, *The Moral Economy of the Peasant: Subsistence and Rebellion in Southeast Asia* (New Haven: Yale Univ. Press,1976), chaps.1 and 6。

② London: Routledge & Kegan Paul, 1971. reprint (first published 1946),295, 着重标记为本书作者所加。

要满足别人的各种要求,自己却几乎没有机会得到帮助。受助者并非满怀感激地接受他们提供的帮助,**而是把它当做一项权利,因为富人是他们的亲戚或邻居,并且他们富有**;一份微薄的礼物对他们而言算不了什么。这种单边关系造成了怨恨,富人总是愤愤不平,因为他们在被迫不断地施舍,而他们的善良本性却未得到充分的承认。受助者不满则是因为,他们不得不要求施舍,然而并没有得到更多。[①]

20世纪60年代中期,阿里·胡辛做了一项三个村庄领导权的比较研究,其中一个村子距离塞达卡不超过12英里。他对全部三个社区财富和地位的评论证实了弗斯和斯威夫特的发现。 190

财富就其本身而言并未受到极大的尊重,而是经常被视为受到村民厌恶的诸多罪恶的根源。一个冷酷无情或挥霍浪费的有钱人会受到憎恶,但另一方面,那些慷慨大方的有钱人则受到人们的爱戴与尊敬。[②]

最后,前田成文在最近的一项有关马六甲州一个村庄的社会学研究中考察了慈善的做法以及相关的约束。他总结道:

单方面的礼物给予受到伊斯兰精神的支持,而相互帮助则受到了共同体情感的支持,它更加强烈地被视为抵御未来可能的意外事故的保证。在前一情形(法定扎卡特)中,贫困和缺乏的人,无论谁都可以得到帮助。在后一情形中,助人者和

---

① *Malay Peasant Society in Jelebu*, London School of Economics, Monographs on Social Asnthropology, No.29 (New York: Humanities Press, 1965), 153,着重标记为本书作者所加。

② *Malay Peasant Society and Leadership* (Kuala Lumpur: Oxford Univ. Press,1975), 76. 这一情境还可参见同一作者的*Poverty and Land Hugger in Kelantan* (Petaling Jaya: Karangkraf Sdn. Berhad, 1978)。

> 被助者具有特殊关系，例如，他们是邻居或亲戚。在有需求的情况下，那些能够帮助特定个人的人被期待那么做。[①]

从这些各不相同的研究中可以看出，非常类似的预期限定了马来村庄中穷人和富人的关系。这里关键之处不在于这些期待能否在实践中总被遵行，而是它们确实存在，违背它们会招致我们所观察到的怨恨和谴责。这些期待的合法性得到三重保证。首先，它们符合马来村庄生活的传统价值观念。此外，它们受到通行的伊斯兰律法的有力支持，这些律法规定了来自富人的慈善与怜悯。最后，我们不应忽视执政的马来政党（巫统）在过去20年中的选举政治方式对于维系这一规范遗产的贡献。巫统在马来社区内部的资助政治的基础上塑造了选举机器，并且依靠为其获得尊敬和忠诚的慷慨来赢得选举。国家—农民关系的固有模式明显类似于我们正在考察的乡规民约。

虽然上述精神正逐渐在塞达卡失去它的约束力，但即使在较为富裕的村民中间也完全没有达到濒临消亡的地步。事实上，每当一个大农场主在描述他给予贫穷村民的作为“帮助”（tolong）的工作或者私人施舍时，就会诉诸于上述精神。它还用于伊斯兰教共享的意识形态，这一意识形态把施舍视为“净化”财富和促进社会和
191 谐的手段。当一个亲戚或邻居获得土地租佃权时，当斋月筵席前的贷款被发放时，当租金低于其市场价时，当人工劳动优先于联合收割机的使用时，当举办一场大型婚宴时——每当上述情况发生时，上述精神就会含蓄地表现出来。所有这些做法尽管倍受攻击，但依然是当前村庄生活现实的一部分。甚至当富裕村民批评外来的富人将他们的大片土地租给大企业主而不考虑自己人民的需求时，也同样会诉诸于上述乡规民约。

---

① Masuo Kuchiba, Yoshihiro Tsubouchi, and Narifumi Maeda, eds., *Three Malay Village: A Sociology of Paddy Growers in West Malaysia*, trans. Peter and Stephanie Hawkes (Honolulu: Univ. of Hawaii Press, 1979), 278—279.

近来一些非常显著和独特的经验研究进一步表明了这种乡规民约及其运作。藤本明实考察了马来西亚四个种植稻谷的村子(两个在韦尔斯里省,两个在吉兰丹州),其目的是为了确定地租水平、田地价格、土地出租量,以及这些共同体内农业劳动力的数量及工资能否被净收益最大化的新古典假设充分地解释。[①]他在每一个案例中得出结论,现行的做法与这些假设并不一致,并且非经济的收入共享假设在解释次优结果时必不可少。因此,许多土地所有者事实上雇用了更多的佃农,收取了较低的租金,以更高的工资雇用更多的劳动力,而没有遵循净收入最大化的假设。显然,他们这样做并非出于慷慨的精神,而是对来自其邻居和亲戚的明显压力的一种反应。由此造成的微小的再分配几乎不足以对现存的不平等产生本质的影响;然而,它的确表明这一精神对现行的实践具有一定的影响。

不管是要求富人要有一定程度的慷慨的意识形态,还是其现行的做法,都是持续不断的,尽管是低水平的意识形态冲突的领域。这一点应该被注意到,因为它们不仅对土地分配、工作和收入产生了深远的影响,也对声望、地位及从属关系的分配产生了深远的影响。这在对动词tolong(帮助、资助和援助)的使用和解释中得到了最明显的体现,它主要用于描述此类慷慨大方。

“帮助”是由一个村民给予另一个村民的,当它被描述为tolong时,传达了发生在概念上对等主体之间的互助的含义。它涵盖了诸如水牛或者厨房用具的短期借用、从邻居那儿获得烹饪材料的临时之需以及(现在正在消失的)在插秧和收割期间田间劳力的交换等琐事。[②]就我的目的来说,tolong的重要之处在于它意味着随后一段时间由受惠者返还的同等(而非同样)的获益。这样的帮助并不 192

① Fujimoto, “Land Tenure, Rice Production, and Income Sharing among Malay Peasants: Study of Four Villages” (Ph. D. diss., Flinders University, Australia, 1980).

② 由于此种原因,人们经常使用具有双重涵义的术语tolong-menolong,从而强调了互惠关系。

意味着接受者对给予者的任何从属关系。甚至当帮助显然是由富裕者给于一个较穷的邻居或朋友时，tolong所表明的概念上的平等仍然保留下来。一个需要向大土地所有者租种土地的无地农民可能会问，地主是否愿意“帮助”他。请求临时贷款或增加工资实际上也采用同样的语言形式。所有这些例子中，暗示互惠的术语是恰当的，部分原因在于回报成为那个情境中的重要部分；佃农要交租和耕作，借贷者希望偿还，劳动者将为他或她的预付工资而工作。当一个境况较好的村民要求一个穷人的服务时，tolong同样产生作用。请求邻居帮忙插秧、修补堤岸，以及割稻和打谷的农场主，即使这份工作是有报酬的，也总是要询问邻居能否“帮助”他。

在此类交换中使用tolong的功效在于强调有关当事人概念上的平等地位，尽管“事实”可能并非如此。使用这一客套语有利于富裕村民，因为正如我们所看到的，将现存的财产和收入的实际差别最小化与他们休戚相关。对于穷人而言，使用tolong的确是一种保全面子的说法，这能使他们免受被公开地视为低人一等或靠他人生活的屈辱。“帮助”的交换因而完全有别于事实上意味着从属和低下的施舍关系。寻求不同于互惠性帮助的救济将使自己置于永久欠债的位置，并且因此从属于他的施主。[①]拉扎克是村里唯一一个经常愿意自取其辱地寻求帮助的人。

谁帮助了谁以及帮助多少——谁是社会债权人、谁是债务人——在被描述为tolong的关系中，总是一个争论不休的社会事实。土地租佃以及人口统计的变化改变了游戏规则，这一事实使得事情变得更加复杂。联合收割机投入使用以前，当收获期劳力缺乏时，收割者和打谷者及时地收获某个农场主的庄稼的确是在帮他的忙，至少看上去是这么回事。这一解释体现在普遍实行的做法中：农场主通常给予在收获季节为他工作的人稻谷形式的扎卡特礼物作为奖励。奖励的目的之一，就是引发一种感激之情，并且社

① 然而，即使在这里，民间伊斯兰认为救济的受益人事实上通过为施主提供表现宗教怜悯行为并因此从上帝那里获取报偿的机会又帮助了他们。

会性地使雇佣劳动者感到有义务在下一季节中保持同样的及时性和勤勉。然而,对劳动者来说,他们并不认为扎卡特奖励是一件礼物,而是认为那是一项权利——作为收割工作常规的、预料之中的报酬的一部分。在双耕之前,佃农和地主的关系也同样可以这样表述。村民坚持认为佃农供应不足,而需耕种的土地是充足的。考虑到他的其他机会,一个种田好手接受租佃就是在帮助他的地主,这 193
是可以论证的。作物歉收后免除租金,从地主的角度看,可能是一种恩惠或让步,而在佃农眼中,却是隐含在合同中的惯例性权利。

我确信,只要各阶级的联系是直接的和个人化的,这类斗争就一定会非常普遍。上层阶级的成员希望把他们所支配的利益的可支配特征最大化,因为恰恰是这方面的权力产生了最强大的社会控制以及由此而来的服从。就下层阶级成员来说,他们力图将地主酌情给予的恩惠转变为权利,据此他们自然就有权提出要求。倘若他们成功了,就不用再恭顺地承认那些恩惠,就不再处于社会从属地位,也不再受到屈辱。当然,最可能的结果是,通过语言和姿态的表达就此类事物的意义进行持续不断的斗争,因为在这类事物中,没有一种见解处于完全的优势。[①]

当然,现在雇佣劳动和租佃迅速减少。谁最有恩于谁也不再暧昧不明;佃农和雇佣劳动者认为自己有地可耕、有工可做,非常幸运,并通过公开的顺从表示感激。雇用劳力的地主和农场主将会而且确实声称,他们只要雇用一个佃农或劳动者,就是在帮助他,即使租金可能更高更固定,或者工作更为分散和繁重。"帮助"的意义及其社会分量因此在某种程度上依赖于受惠者的需求,并且这种需求反过来又是大农场主目前在工作机会方面所享有的近于垄断

---

① 此过程最好的讨论之一参见Georg Simmel, "The Poor,"pp.150—178 in *Georg Simmel on Individuality and Social Forms*, ed. Donald N. Levine (Chicago: Univ. of Chicago Press,1971)。另一具有洞见的分析集中于狱警和囚犯间的类似关系。参见Thomas Mathiesen, *The Defenses of the Weak: A Sociological Study of a Norwegian Correctional Institution* (London: Tavistock,1965), 155—164.

的地位的产物。正如我们已经看到的，塞达卡的穷人私下里怨恨新形势造成的地位丧失，但是对生计的考虑迫使他们采取一种公开的审慎的路线。

尽管使用tolong一词在表面上保持了村民之间概念上的平等，但非常清楚的是，人们期待“帮助”主要流向一个方向——从相对富有的人流向有需求的人。这一预期可以清楚地从公然破坏规范的行为所引发的震怒中体现出来。托·艾哈迈德和沙姆苏尔在5年当中以很高的季租从哈吉·丁，一个非常富有的外村人那里合租了大约10里郎稻田。当哈吉·丁宣布他希望佃农在地租之外再付给他几麻袋稻谷作为扎卡特时，这两人愤怒了。正如托·艾哈迈德告诉我的，“他自己来要，他想从我们这儿吃扎卡特！这怎么可能？好像
194 我们（应该）帮助他！”[①]托·艾哈迈德愤怒的力量有赖于听众知道扎卡特和帮助在逻辑上应该是由富人给予穷人的，而不是像哈吉·丁所希望的——方向相反。他能够直接提出这样的要求，是他不知羞耻的进一步表现。这里和别处一样，社会价值观被宗教所强化。从这样或另外的视角来看，伊斯兰教不是顺服和温良的理由，而是一套谴责富人成了一种范式的价值观。我们很难找到任何不同于托·卡西姆的理解：“富人理应提供帮助（di-suruh tolong）”，违反这一规则的人“不敬畏上帝”。人们一定是从较穷的村民那里听到这一不断被提起的规范。但同时它也牢牢地嵌入他们富有邻居的话语当中。

犹如在日益增多的事例中所体现的那样，当塞达卡富有的农场主不再给他们陷于困境的亲戚和邻居提供工作、贷款、扎卡特和小恩小惠时，他们将受到两方面的指控。首先是常见的吝啬和小气的指责。正如托·卡西姆指出的，“富人以前很慷慨（senang kira）。我们曾经能够求得帮助（minta tolong）。但是现在很难再求得他们的援助。他们现在是‘守财奴’（pakai nipis）”。阿布·哈桑谈到哈吉·卡

① 当然，事实上，哈吉·丁在寻求被称为茶钱的继续租用土地的优先权的额外费用，他选择要求以实物索取并且合法化为扎卡特。考虑到其在道德上那么令人不快，假使做出这样的要求，那它将被期望拐弯抹角地实现。

迪尔不愿意租给他田地时，同样将拒绝帮助与对吝啬的谴责联系起来:“以前,那些有很多田地的人愿意帮助(tolong)那些没有土地的人。他们曾经很慷慨但现在变得更聪明(cerdik)了,他们真的精于算计(kira sungguh)。”

第二种指责更为宽泛而且具有揭露性。它是对傲慢自大、自负和自以为是——将自我置于村庄社区之上，并因此置身其外——的谴责。如果说对吝啬的谴责是指责拒绝慷慨和帮助,那么对傲慢自大的谴责则是指责否定村民概念上的平等。谴责某人自以为是(sombong, bongak, bongkak),或许是塞达卡最普遍和最具破坏性的诋毁人格的通行方式。它们大多是指向富人的,但也有例外。与此相对的特征——行为适当 (meren dahkan diri, malu)——则受到很高的评价。最受尊敬的地方人物勒拜·萨卜拉尼正是因为符合这些要求而倍受赞扬。他的宗教学识和医术为他赢得了很高的声望,但他从不装腔作势。

简单地说，一个村民对另一个村民共同社交礼仪的期待遭到拒绝会引起对傲慢的指责。拒绝或未能回复相遇时的问候将很容
易招致指责。任何人若没有邀请某个邻居赴宴将面临同样的危险。 195
如果一个人不和他人交往，并且回避村民相互间的善意玩笑,那么,他也会招致非难。并且,任何人若凭借其衣着、言语或者走路的方式显露出优越高傲的迹象,都将理所当然地被指责为傲慢。[1]那些为了通过高中证书考试并在政府找份工作而数年徒然地留在村里学习的年轻人,以及那些拒绝在田里干活的年轻男子,通常被认为是傲慢。在所有这些例子中,村民并非没有意识到在收入、财产、教育、宗教知识或技能等方面存在的差别是村庄生活的重要部分。

① 举例来说,两个住在村里并且参加附近阿拉伯学校活动的十几岁的姑娘突然心血来潮,她们在放学之后穿上学校平日要求的袍子和头饰。她们显然要通过自觉地穿着伊斯兰服饰来显示她们的虔诚。然而,这却被村民理解为试图在宗教上展示自己的地位。两人勇敢地面对着随之而来的白眼和冷漠,直到一周之后,她们才屈服,并重新穿上了在家时没有头饰的标准的纱笼。

问题在于，村民们要求按照承认共同的村民资格和相互关系的方式，即全体村民在概念上平等的方式来行事。[1]

富裕村民由于两个原因尤其易于被指责为傲慢。首先，正是他们最有可能自视高人一等，并且拥有这样做而相对免于惩罚的手段。其次，既然更有能力帮助他们的乡亲，他们作为公民的义务就被认为应该更多，像过去那样。如果把塞达卡比做“一个家庭”——这种类比通常是由村民在指出某些人的缺点的情境下做出的——无视亲戚和邻居需求的富人往往趾高气昂，并因此被视为傲慢。正如穆赫扎尼在其关于乡村信贷研究中所指出的那样，拒绝借贷给处于紧急情况的邻居的富人将被指责为傲慢。[2]吝啬和傲慢这两个词语在用于富人时自然而然地连在一起。当“瘦骨嶙峋的”玛谈及富人的态度如何在过去十年中发生变化时，他说，“他们更吝啬，更傲慢自大了”，似乎二者在他心中是同一回事。玛·伊莎在相同情境下谈及外村的地主时，认为“富人就像以前一样傲慢自大；他们根
196 本不考虑穷人”，仿佛他们的冷酷无情就是他们狂妄自大的一种表现。

富人如果对其义务熟视无睹就是傲慢自大，这种观点很自然由当地穷人不断地提出，对他们而言，人格诋毁是少数延续至今的社会武器（social weapons）之一。但这一观点也并不仅限于他们，人们经常听到富裕村民以几乎同样的词语批评那些继续耕种或者将大量土地租给商业佃农的外村的大土地所有者。但是，如果仅仅将其视做通过诉诸共同价值观来要求富人遵守秩序的努力，我们就会错失对傲慢的谴责背后的社会意义。为了免于谴责，一个富裕村民必须不仅留意其亲戚和邻居最紧迫的需求，还以tolong的精神去做，也就是说，以不让受益人感到羞愧和屈辱的方式去做。助人者

① 当然，对傲慢自大的指责同样经常指向村民必须对付的外来者，其中包括地区官员、地区办公室的办事人员、农会的工作人员、政府大米磨坊的店员（LPN）、医院和诊所的护士与医生。对于这些外来者，不同之处在于傲慢是被预料到的，而不傲慢是受欢迎的例外。相反，村里的自大傲慢是不受欢迎的例外。

② Mokhazani, “Credit,” 71.

必须以至少是形式上保持互助的方式去做,即使实质上并非如此。否则,连一个仁慈的富人都不能免于傲慢自大的指控。颇具讽刺意味的是,穷人所需要的是无须让人感恩戴德的救助。在这里,村里的穷人似乎总是处于自相矛盾的状态。具有象征性的是他们试图不仅要求施舍和援助,而且同时拒绝富人希望获取的作为对他们善行补偿的“社会奖赏”。[①]换句话说,他们在努力保护其重要的物质利益的同时,也试图尽量减少有系统的单方面施舍关系所带来的公开的社会耻辱。

然而,对傲慢自大的指控是一把双刃剑。如果塞达卡贫困村民利用它来影响富人,富人同样也可以更为成功地利用它来社会性地控制穷人的行为。富裕农场主的谈话,经常将傲慢自大转嫁给那些违反了他们认为得体行为规范的、更具攻击性而不太谦恭的穷人。这一谴责尤其涵盖了这样一些村民:他们要求把获得帮助(tolong)或施舍视为一项权利,而并没有通过顺从、小小的效劳、忠诚或社会支持等方式向施主表示适当的感激之情。它也涵盖了那些坚持在开始工作前就确定工资水平的男女雇佣劳动者。从农场主的观点来看,这些事情理应由他决定,并且发放收割工作报酬的恰当时间应该是在他卖出稻谷之后。违反这些预期(经常是由于过去的痛苦经历)的劳动者被认为是“傲慢的”(sombong)。拒绝工作或者,更糟糕的是,接受工作却拒绝出工的穷人也会落入同一范畴。因而勒拜·侯赛因私下严厉批评某些逃避工作但仍然希望得到农场主礼物的贫穷村民。他声称他们是难以相处的、不合作的,并且妄自尊大。哈吉·卡迪尔用几乎相同的言辞批评无地的劳动者 197
玛·纳西尔,因为只有当工资高到令他满意时他才愿意工作。“他难以相处(payah)、不愿合作(rukun tidak mau bikin)并且妄自尊大(sombong);我们(村民)不应该如此精于算计”,他总结道。

---

① 我从白里安·费甘的杰出的学位论文中挪用了这一说法。Brian Fegan, “Folk-Capitalism:Economizing Strategies of Wet Rice Farmers in a Philippine Village” (Ph.D. diss., Yale University, 1979), 317—325.

从上述以及我们听到的其他谴责中，我们可以非常简单地构建出富裕村民所认为的“好穷人”肖像。事实上，沙赫依在表扬一个从他母亲的村子季节性地来为他干活的人的过程中，为我们提供了一个“理想型”的素描。此人是他的远亲，总是在沙赫依需要他打谷的时候到来；他认真地为每一捆稻谷彻底脱粒；他在收割结束前每天都来，他从不询问工资是多少、什么时间发放，他全听沙赫依安排；他从不要求扎卡特奖励，而是完全由沙赫依自行决定。对来自塞达卡本地的工人来说，评判标准虽然类似但更为宽泛。一个好工人不仅应该在雇主要求时不计报酬地从事任何工作，而且应该不同于许多穷人，他不应该在富人背后诽谤他，他应该谦恭，也就是不傲慢也不难相处。

这一“好穷人”的合成素描只是一个“理想型”，如果有人要根据村里的穷人在富人当中的声誉来对他们进行分类，那么每个真实的穷人都是一个黯淡的影像，这一点是显而易见的。“好穷人”类型的人几乎是不存在的！阿布杜尔·拉希姆、哈姆扎、曼苏尔以及帕克·亚赫拥有心甘情愿服从雇主的最好名声；但即使对此也是有意见分歧的。许多更穷的村民显然具有傲慢自大和挑肥拣瘦的恶名，其中包括玛·纳西尔、杜拉、塔伊布、“瘦骨嶙峋的”玛、罗吉娅、洛斯妮、奥马尔、苏库尔，当然，还有拉扎克。有人可能会想到，最恭顺的穷人在他们的穷邻居那里并不会得到他们从富人那里得到的那么高的评价。我还听说村里其他的雇用劳动者把阿布杜尔·拉希姆和曼苏尔贬低为“好好先生”或奴隶，即只按照其雇主的吩咐行事。

在自负和傲慢自大这一微妙的领域里，我们再次遭遇有关对村里贫穷工人的社会控制的小型意识形态斗争。在富人眼里，恭顺的品性和忠诚的服务是“好穷人”必备的素质，然而这在其他雇佣劳动者看来却是有损身份的特征。穷人彼此之间很少能提供工作或者施舍，因此，上述斗争并不是平等的，其中公共行为至少在很大程度上符合富人的期望。

歪曲事实：分层与收入

规范性情境仅是一个情境，而不具强制性。它为塞达卡的胜利者和失败者之间的冲突提供了一个场景。冲突各方都是这样的操作者（bricoleurs）：他们或者拥有一套既定的工具，或者有一套在很大程度上暂时给定的各种主题。这些主题包括诸多规范预期，如相对富裕的人对其不那么富有的邻居和亲戚应该慷慨一些，这种慷 198
慨应该以无损尊严的形式（tolong）给予，并且无论富人还是穷人都不应有傲慢自大和不体面的行为。谁是富人、他们应当如何慷慨、他们的慷慨应该采取何种形式、何种形式的帮助才与尊严相适合，以及何种行为是傲慢的和不体面的，正是这些问题构成了戏剧的主要内容。

在这些宽泛的限定内，富人和穷人都发展出了旨在尽可能使规范原则服务于自身利益的操作策略。[①]那些利益直接受到这些价值观威胁的富人试图歪曲它们，以尽量减少其义务，并将自身置于最有利的位置。当然，在某种程度上，他们越来越可以只发展壮大自身，他们使用机器、放弃使用佃农和工人、削减自己的仪式和慈善负担；然而，他们还关注自身行为的正当性，不仅对他人也对他们自己而言，因为他们也处于同样的道德界限内。对村里的穷人来说，对现有的同情少一些歪曲和压榨是必要的，即使仅仅因为这些同情至少是象征性地对他们有利。更为直接的是，他们力图在现存的规则下使富人的义务最大化。

随后发生的或持续或短暂的意识形态斗争总是非决定性地在

① 一项有关一个法国村庄的有趣分析表明，村庄里资助人和受益人的社会意识形态在持续不断的斗争中被当做符号性的武器，参见Alain Morel, "Power and Ideology in the Village Community of Picardy: Past and Present," pp.107—125 in Robert Forster and Orest Ranum, eds., *Rural Society in France: Selections from the Annales* (Baltimore: Johns Hopkins Univ. Press, 1977). 正如莫热（Morel）所言，"既然斗争双方都依赖于某种可预期的反应，两种意识形态，即关于'有价值的工人'的意识形态和作为'村庄之父'的资助人——雇主的意识形态，部分程度上达成了共识，达成了一种允许斗争双方发展其策略的框架"。

几个领域内展开。其中的一个核心领域就是分层和收入领域。除非首先确认谁是富人谁是穷人以及他们富有或贫穷的程度，否则，评价他们的行为就是不可能的。因此，首要的问题——冲突的首要领域——就是关于这样一些事实的：它们一旦被确认，就构成社会预期发生作用的框架。

塞达卡的富裕家庭在这一领域响亮的和坚持不懈的战斗口号是“我们不富。”它以不同形式一再重复。这些形式多得令人眼花缭花，但相互间又是统一的，它们远远超出了仅仅是谦逊的程度。例如，无论是个人还是集体场合，富人从不说他们自己“富裕”（kaya）。事实上，他们只是极少地使用senang，或者说“舒适”这个词，这个词经常用来表示村里手头较为宽裕的人。完全根据他们自
199 己声称的经济地位进行表面评价会得出这样的结论：他们仅仅是收支相抵。由此，他们总是称自己有足够的吃的，或仅仅可以填饱肚子。吉·亚赫，一位离了婚的妇女，由于她的家户很小还算富裕，但她形容自己“刚能糊口”。勒拜·彭德克是村里第二富有的家庭的家长，他耕种13里郎土地并且拥有一辆拖拉机，但他只承认自己仅有“很少一点稻田”。如果是一个大农场主就会强调他的地有多少是租来的而不是自己的；如果他拥有大块的土地，他就会强调他的土地如何贫瘠以及他有许多孩子。①

① 有关财富和收入的问题理所当然在本质上是可比较的，并且在某种程度上塞达卡的富人拥有一套区别于穷人的比较标准。例如，同哈吉·布鲁姆那样的真正的外来的大土地所有者、拥有稳定工资的政府工作人员或者华裔店主和生意人相比，他们确实并不那么舒适。尽管包括某种程度的谦虚，但正如我们将要看到的那样，谦虚并非其自我描述的唯一的、甚至是主要的原因。人们可能还会认为，考虑到相当大的猜疑，这种模式大部分仅仅是为了试图迷惑待在本地的局外人。但这一模式在富裕村民知道我已经熟悉了他们真正的经济状况之后很久还在继续，并且尤其是在其他村民在场的情况下继续。

少数富裕村民，尤其是哈吉·加法尔和哈吉·卡迪尔，当私下和我聊天时会撕下伪装，偶尔还会吹嘘他们的财产。我将之解释为他试图同一个看上去有一大笔收入的陌生人相比或者试图把他远远甩在身后。然而，在公开场合，防卫性的经济谦虚就会继续。只有当涉及稻谷产量时，这种缩小收入和财产的模式才会偶尔出现例外。这里，一个耕作能手的声誉和藏富的欲望会发生冲突，并且前者偶尔还会胜出。

在其他方面，富裕村民也煞费苦心地强调他们根本不比他们的邻居富有。因而,他们不失时机地指出,他们和其他人一样是农夫,并且和其他人一样种植水稻。诚然,倘若人们愿意将种植20里郎土地等同于种植半里郎土地，并且无视一些村民根本无地可种的事实,那么,这种说法很大程度上就是正确的。在此,他们充分利用了那些依然支持所有村民名义上的平等的无力事实，以此来避免被视做特权阶级。

然而,当地的分层术语并不对称。尽管富人形容自己只是很节俭,穷人却几乎毫无例外地形容他们很“富有”。他们在听力所及的范围内小心翼翼地不那么做，除非是在私下里或者在适当范围内与其他村民在一起时。公开的舞台再一次被富裕村民控制,然而在舞台背后,穷人却不失时机地直言不讳。就像“瘦骨嶙峋的”巴卡尔一样,有几个人都谈到有钱人是富人“群体”——或者富有阶级。尽管塞达卡的最富有者正如穷人所认为的那样的确非常富有，但穷 200
人称富裕村民“富有”并不仅仅是按照他们的比较标准得出的结论。我们将会看到,穷人在强调并且夸大他们的富有邻居的收入和财产时有着既定的阶级利益。

如果说富人一贯刻意地保持低调并且对其经济上的舒适程度轻描淡写,那么塞达卡的穷人也沿用了强调其贫穷的类似策略。他们坚持“我们太穷了”。因此,他们向旁人,尤其是富人,形容自己“手头很紧”(susah)或者“极度地穷困潦倒”(sangat susah)。由于表达“贫困”(miskin)的标准的马来词语包含有损身份的乞讨的含义,他们避免使用这个阿拉伯外来词,而是用susah取而代之。同senang相比,susah着重于描述生活质量——实现收支相抵的难处——而不是固定的经济地位。他们利用每一个有利时机一再重申他们只有很少或没有土地可以耕种、无法找到足够的工作、不得不购买供他们食用的大米，以及以可以赢利的租金租入更多土地的前景几乎消失殆尽。

富裕村民断然否认穷人这种带有欺骗性的自我描述。在这种情境下，哈吉·沙利姆提供了可以称做根据富人看法的事实：

> 以前我们曾有穷困的人——实实在在的穷人，他们穷得揭不开锅。以前有10%的人不得不买米吃，但现在所有人都不必买米了。以前，穷人很多而过得舒适的人很少。现在依然有一些穷人，但穷人不再像以前那么多、那么穷了。当我们需要他们（来工作）的时候，我们却找不到足够的人。他们有足够的东西，并拥有新的援助，即使他们不工作，他们也可以有吃有穿。（这就是为什么）他们不勤奋工作。

所谓的劳动力短缺和用以解释这种现象的繁荣之间的关联尤其重要，哈吉·沙利姆正是由于上一个季度获得许可从泰国运来劳动力栽种水稻，而遭到穷人的激烈批评。然而，他的观点以这样或那样的形式得到了塞达卡几乎所有富裕农场主的附和。他们抓住了少数小佃农现在也雇用联合收割机这一事实，将其作为后者富足和懒惰的证据。达乌德是村长哈吉·加法尔的儿子，他发现洛斯妮和塔伊布曾经雇用机器并因而说他们懒惰，因为"这些只耕种两三里郎土地的人理应自己动手"。"如果他们的确需要钱，他们理应自己去做这项工作。"只要一个穷人被看见在咖啡店吃饭，只要贫穷的男人或女人穿了新衣服或新鞋子，只要他们买了最便宜的鱼
201 之外的任何东西，只要他们乘公共汽车去走亲访友，都将被视为他们假装贫穷的进一步证据。

对我来说，有关经济分层的事实的持续不断的争论从研究一开始就很清楚。在塞达卡最初的几个月中，我非常重视走访每户家庭以获得有关各家农事和收入的基本"事实"。鉴于当地的社交模式，大多数谈话都有碰巧在场的充满好奇心的邻居参与。于是有趣的模式出现了，例如，如果我问一个穷人他和妻子在插秧、收割、打谷及其他工作中能收入多少现金，他通常会在妻子的帮助下心算

一会儿之后得出一组数字。[①]但这些数字经常受到一个或者更多的旁观者的质疑。比如说,如果这个人说他打谷赚了150马元,其他人可能会说,“不是,应该更多;你为某某打谷五天,给你叔叔又干了一个星期,还在双溪布浙村为哈吉某某干了点事情。”“上个季度你打谷至少挣了200 马元。”过了些日子,我才意识到相对富裕的村民总是怀疑穷人的估算,并且他总是声称后者赚了更多。[②]类似的争论经常围绕一个穷人从较富有的家庭得到多少扎卡特礼物而展开, 而富人总是断言穷人所得到的稻谷要比其声称的多出一两麻袋。诸如此类的争论很少过于激烈,并且总是以争论双方各执一词而无果而终。

当我和有钱人谈到他们的收入、产量和地租时,上述模式的一个镜像(mirror-image)展现出显著的不同。他们也会得出一个数字。然而,在富人中间从不象穷人那样公开争论数字本身。相反,在随后几天中,事情可能出现在另一小群体的谈话中,或者有些当时在场的人会在私下里接近我。如果某个大农场主声称他的8里郎土地上每里郎产量是13麻袋, 人们可能不同意并且提出每里郎的产 202
量是15麻袋, 甚至可能会指出该人没有提到他在另一个村子还另

---

① 妇女们通常掌握着马来家庭的现金收入。有关马来世界基于性别的经济角色的历史模式的精彩分析,参见Marie-André Couillard,“A Brief Exploration into the Nature of Men/Women Relations among Pre-Colonial Malayan People” (Paper presented at Second International Conference of the Canadian Council for Southeast Asian Studies, Singapore, June 1982)。

② 读者可能合情合理地想知道,在这么困难的环境中怎么可能确定真相。这不是一个单一的事件,而争论通常都同收入的差额相关;根据人们接受谁的意见,就任何一方的平均值而言,差异很少超过10%。许多实际情况事实上可以通过直接观察,通过询问那些最不可能冒险掩盖真相的人,或者通过真实记录(在自己拥有土地或有关长期租赁的正式租金协议的情况下)等来检验,以建立起能让人具有一定程度信心的评估。有关实际耕作——花费、产量、耕种的土地——的数据最容易通过两年多时间的观察获得,与此同时,尽管我为了反复核对颇多的数字而非常重视调查村外的雇主和合作者,村外赚得的收入却最难精确算出。

外拥有一或两里郎土地。我很快意识到,提供修正后数字的人往往来自塞达卡的较贫穷的阶层，并且他们总是提供远远高于富有村民所报告的收入和财产的数字。当大农场主谈到给予劳动者的扎卡特礼物时，穷人——通常是正在被提到的劳动者——总是会坚持说礼物比富人所声称的要少。[①]

富人和穷人同样——对我和对彼此——说明自己比实际情况要穷一些,这一事实并不重要。这只不过是一个曾经负担沉重的阶级试图减轻负担而采取的通常的掩饰姿态。然而,值得注意的是,无论在当地每个阶级关于村庄分层的观点中还是在关于收入多少的争论中,人们都可以发现一种清晰的模式。富人和穷人之间的经济差距因为各自采取的不同观点而存在非常大的差别。在富人看来,这一差距很小;他们自己不过是勉强将就,而那些宣称自己贫穷的人实际上却过得不错。与这一观点相一致的是,他们坚持认为自己的收获有限而穷人的收获却很充实，他们对于双耕的影响的看法,我将在最后一章详细论证。在他们看来,塞达卡的社会分层是一个相当平等的场景,在那里人人都种植水稻,那里真正的富裕和真正的贫穷都不存在，并且那些确实比别人富裕一点的人都非常慷慨。然而在穷人看来,经济差距要大得多;富人要比他们假装出来的富有得多,而穷人确实很贫穷。相反,他们所认为的塞达卡的社会分层是一个极为不平等的场景，那里少数有特权的人垄断了土地和收入,穷人仅能糊口而且没什么希望,那里慷慨行为极为

① 此外,尽管差别很小,但确定事实的真相却并不那么简单。在我待在村里的四个耕作季节期间,许多信息都可以直接或间接探知。因此,通过观察真实的礼物赠送,我可以非常自然地推算出上一季度的确定产量和稻谷价格最可能的水平。事实上,富人宣称的施舍在绝大多数情况下都被夸大了，尽管当他们意识到我在逐步熟悉村里的模式之后夸大的程度有所降低。

稀少并且微不足道。① 203

至此，与对经济现实的这些不同解释关系密切的阶级因素已经很明显了。这些解释因"游戏规则"被游戏参与者广为接受这一事实而引起,这些规则为富人们制定了某些慷慨的标准。然而,非特定的、不固定的以及因此可以在一定界限内被操纵的是某一特定家庭或户在既有的义务模式之内的位置。塞达卡的"有钱人"将不平等最小化,因为如此他们还可以将他们为穷邻居提供工作、大米和土地的义务最小化。如果他们的邻居不穷,并且他们自己也不富有,那么有关他们义务的问题就不会产生。实际上,当事后分析时,他们还可以补充说,可能存在的微小差别是由于某些原因(懒惰、愚蠢和目光短浅)才出现的,这些原因使村里的少数穷人没有资格受到特殊的关照。相反,塞达卡的"穷人"之所以夸大不平等,是由于这么做同样可以最大化富人在既有的价值体系下理应对穷人负有的义务。一旦这些巨大的不平等被接受为社会事实,随之而来的将是，村里富人的吝啬和自私自利行为就会公然破坏共享的传统规范。简而言之,我们所观察到的并非关于某些事实的观点上的琐碎分歧,而是对事实的两种社会建构之间的冲突,两者都是为了促进不同阶级的利益而谋划并运用的。②

合理化的剥削

显而易见,在过去十年中,土地租佃期、地租以及雇佣方面的大部分变化破坏了或者严格地限制了先前同情的适用范围。在此

---

① 在总结这些意见的过程中,我回顾了我的田野笔记,以确证这些观点的确为许多富人和穷人所分别持有。最穷的37户家庭中有11户无法被纳入到穷人的一致意见当中;这11户当中有7户的户主事实上不是不同意而是在许多此类问题上有所保留或者说保持了沉默。最富有的15个家庭中只有4户与一般意见相当不同。

② 也许可以被称做"中间的"农民——大约刚好低于20户最富有家庭的20户人家——很难归入上述描述。他们有关村庄分层的观点暧昧不清或者相互混杂;如果存在任何趋势的话,他们以较富裕的村民看待他们的方式来看待事物。

我要考虑的问题是，这些变化如何在意识形态层面被接受，它们如何被表述？塞达卡内部和外部的不同阶级如何坚持他们的诉求以及如何面对反抗？近距离考察这一主题就是要观察意识形态的运作，它在剥削的合理化和反抗这一合理化的过程中的确发挥着重要作用。

在此，我们关注表象，关注经济和政治权力行使过程中总是戴着的面具。这一领域的事情很少像其看上去那样；我们应该想到伪装，不论这伪装是否是有意为之。这一过程中没有什么令人惊讶和神秘的东西。解雇部分劳动力的执行者可能会说他"不得不放走"。对其行为的这一解释不仅意味着他在这件事上别无选择，而且意味着那些被他"放走"的人得到了帮助，这就像被拴着的狗最终获
204 得了自由一样。这一慷慨行为的受益人可能会持不同意见；他们的隐喻通常更加丰富多彩："我被炒鱿鱼了"，"我被开了"。如果受害人无法接受执行者的看法，他会得到一个道歉。然而无论越南农民用何种语言描述美国军队对他们的所作所为，人们都可以确认这并不是"和解"。①

然而，伪装是可以诊断的。这一点在双方处于部分敌对部分合作的关系时尤其如此。这里，相互的诉求和反诉求可能以这样的语言加以表达：每一方都有理由确信，对方将会做相关的与合理的考虑。因而，当有人要求雇主涨工资时，他很可能援引他的勤奋、他的忠诚以及他对雇主事业的贡献来支持他的要求，而不会说他想要一辆新汽车或者一次花费昂贵的假期。而希望回绝涨工资要求的雇主则可能提到停滞的利润、雇员间的平等以及现在的工资已经相当高了的事实，而不会说雇主自己想增加利润或者投资新的生意。这里的有趣之处并不在于此类要求的真正价值，而是其提出的方式，它们能帮助我们确定什么才是看起来会被各方共同接受的话语领域。

① 有关强势集团之委婉言辞的社会功能的杰出研究，参见Murray Edelman, "The Political Language of the Helping Professions," *Politics and Society* 4, no.3 (Fall 1974)。

在此情境中，我想了解的是，当一个地主决定增加地租、改变租佃形式或者实际上解雇佃农时会发生什么。这种决定如何向佃农提出，如何向佃农证明其正当性与合理性？佃农又用什么样的措辞反对这一要求？此类情形都具有诊断价值，因为它们典型地涉及到原则上什么行为会被看做是对共同价值观的严重违背。除了少数例外，某些相对富裕的人会在这种情况下，试图从一个更穷的人那里抽取更多的地租，或者拒绝给予他/她生产资料。如果它公开 205
背离了富裕农民在其财力所及的范围内应该帮助其不那么幸运的邻居和亲戚的规范，这样的要求怎样才能被合理化？为了回答这个问题，我搜集了尽可能多的在这种对抗中人们实际上会说什么的材料。

尽管增加地租总是很棘手的事情，但自1960年代以来，这种现象还是有规律地发生。在那之前，当地价和稻谷价格很少变化时，租期和地租水平也都相对比较稳定，而且，这种稳定源于社会压力。正如1953年的稻米生产委员会报告所指出的，随意增加地租的很少，"因为舆论将反对任何地主坚持高地租，或者解雇通常勤劳和用心耕作的佃农。"①甚至到今天，塞达卡依然有一个共识，如果地主要提高租金，他在把地租给其他人之前一定要依照习惯，问问当前的佃农是否想继续租赁。据我所知，村里只有一个例子可能破坏了这个习惯。②

增加佃农地租的棘手程度当然要取决于一系列其他因素。我们从来没有涉及到一个抽象的地主和他抽象的佃农在一个抽象的

① Government of Malaya, *Report of the Rice Production Committee*, 1953 (Kuala Lumpur: 1953), vol.1, pp.45—46.

② 勒拜·侯赛因和他的儿子塔哈声称托·玛赫在给他们接受更高租金的机会之前将他们一直在耕种的3里郎土地租给了帕克·亚赫。在其辩护词中，托·玛赫说她告诉了他们想提高租金的意图，并把他们的抱怨当成了拒绝。事情的真相也许永远也不会为人所知，但在我看来，有启发意义的是，托·玛赫通过如下声称而认可了这一习俗：她给了他们优先拒绝的权利，并且他们拒绝了。

情境中相互对峙的情形。稻谷的价格[①]、地主和佃农之间亲属关系纽带的亲密程度、佃农耕种土地的年数以及雇主相对于耕种者的富裕程度，所有这些都是影响关于交易的社会见解的关键因素。一般说来，当稻谷价格剧烈上涨时（在固定的现金地租下增加了佃农的回报），当地主和佃农不是亲戚关系时，当佃农是短期租种者时，以及偶尔发生的，地主显然比佃农还穷时，地租的上涨最容易被接受。相反，当所有这些条件反过来时，高地租很难被认为是正当的。

洛斯妮和她的地主阿布·萨曼（一个外村地位）的事例就落入了这样一个很"棘手"的境地。当阿布·萨曼一年前提出要增加租金时，谷价自上一次在1974年租金增至600马元（或者每季每4里郎土地150美元）以来再未发生过变动。由于生产成本增加，洛斯妮自己的利润一直在下降。她已故的丈夫和地主是非常远的亲戚，她和丈夫从地主的祖父手中租到了土地并且耕种了二十多年。洛斯妮并不富有；她除了这4里郎土地之外没有其他土地，自从她9年前守寡以来只能努力凭借插秧和收割等艰辛的雇佣劳动养活七个孩子。相反，阿布·萨曼拥有超过25里郎的稻田和一个很赚钱的店铺，是一个富人。

在此情况下，阿布·萨曼避免直接提出这个问题就不足为奇了。通过共同的朋友，他选择了"让人知道"他想把租金提高到一季
206 4里郎土地700马元，并且他要预先拿到两个季的地租。阿布杜尔·拉赫曼在听见洛斯妮谈到地主的迂回策略之后，帮我解释了他为什么要这么做："他不想自己来；他觉得尴尬和勉强，因为他和洛斯妮有亲戚关系。"[②]他的解释听起来很有道理，这是因为在有可能出

① 1973年稻谷价格的剧烈上涨之后，倘若增长适度，地租的增长通常会被合情合理地接受。原因在于新利润可以在土地拥有者和佃户之间公平分配。

② 转告的策略被用来提出微妙的问题，比如说事情发生在关系密切并且经常碰面的双方之间。因此，当哈吉·卡迪尔决定让女婿加扎利在季度前而不是收割之后给付地租时，他让妻子告诉儿媳，后者随后再转述给加扎利的妻子。下一季，地租无需双方当事人之间多言就预先交了。假使地租没有预先交纳，哈吉·卡迪尔就会在放弃此事和直接提议之间做出选择。

现对峙或者令人感到羞辱的拒绝的棘手情况下，这种间接的提议是比较普遍的做法。它还是传达批评[1]和提出微妙的婚姻协商问题的手段。如果批评不奏效或者结婚建议被拒绝，这个方式能够让发起人体面地放弃甚至否定这个提议。阿布·萨曼对中间人的使用是一个强有力的但并不是最终决定的信号：他知道他的要求不合情理。当洛斯妮并未经过同一渠道做出答复时，阿布·萨曼除了直接来提出他的要求之外，很少有别的选择。

在必需的客套、咖啡和糕饼之后，阿布·萨曼谈到了他的来意。他声称，因为“我的境况也不好”，所以需要增加地租。妻子生了病，他得支付大额的看医生和住院费用；他已经靠抵押自己的其他土地借钱并且不得不还债，否则就会失去这些土地。从洛斯妮的立场来看，他的悲惨故事是彻头彻尾的不诚实的表现，一个字都不值得相信。但是当然她没有公开对这个故事提出质疑，而是根据她自己的境况做出答复：上个季度收成很差，她大女儿怀了孕，所以没办法插秧挣钱，孩子们需要校服，并且在下次收获前她已经没有什么钱来维持生计了。就我的目的而言，有意义的是，阿布·萨曼增加地租的理由完全是基于*需要*。不管这个案例是否有价值——很有可能没有——阿布·萨曼实际上装做他自己和洛斯妮一样贫穷，甚至比她还穷。他这么做有效地肯定了他必须在规范的框架内行动。获取更高地租的唯一正当性是把自己划入有急需的一方——这一方 207
最需要帮助和同情。同样的逻辑也通行于有关分层和收入的讨论。随之而来的行动策略是象征性地对富人应该帮助穷人这一共同价值表示尊重，然而事实却是完全有利于富人那一边。尽管如此，阿布·萨曼打出的交易的最后一张王牌是，提到还有其他人要租地。他无需再说什么，会谈无果而终，但一星期之后，洛斯妮让儿子送来了高额地租，但只是这一季度而不是两个季度的。从阿布·萨曼

① 我最初待在那里时，对我经常性的社交失误(social misstep)的批评总是以这种方式传达的。因此，当我偶尔未加思考地在屋里吹口哨时，和我同住的地主哈吉·卡迪尔选择通过他妹夫沙赫侬告诉我，在屋里吹口哨很危险，因为人们确信这会招蛇进屋。

接受这笔钱并且随后保持的沉默来看，显然他接受了这一双方默认的谈判达成的妥协。

托·艾哈迈德和沙姆苏尔两人从外村地主哈吉·丁那里合租了6里郎土地，他们同样落入了这样一个棘手的境地。他们二人租种这块土地也有将近三十年之久了，而且托·艾哈迈德和地主有较远的亲戚关系。他种了6里郎土地中的4里郎，按照塞达卡的标准应该算是中等水平，但是他除了从哈吉·丁那里租的地之外再没有其他土地了；与此同时，沙姆苏尔由于在附近的政府稻米加工厂当湿度检察员的工资而相对富裕。然而，两人都比哈吉·丁贫穷得多，哈吉·丁是退休的稻谷经销商，拥有20里郎土地和两台拖拉机。与阿布·萨曼不同，哈吉·丁没有采取迂回战术而是直奔提高租金的主题。[①]他坚持一季度每里郎180马元而不是150马元，他的论据同阿布·萨曼的主张相比只有细节上的而非实质上的不同。他同样借口自己的日子不好过，并且详细说明他计划增盖的房子所需的材料如何越来越昂贵，强调他家里有14个子孙，他们都要吃穿，他还说到他在一小块果树地上欠了债。总而言之，他声称自己很穷。他的困境一点都没触动托·艾哈迈德和沙姆苏尔，他们私下里说他在撒谎——也就是说，这个人竟然要从他们身上收取扎卡特，而他们知道他富裕到什么程度。尽管如此，在他面前，他们称自己也很贫穷：稻谷价格并未上涨；肥料和拖拉机的花费在一路上涨；收割之后他们手里只剩下仅供糊口的大米。这样的对话我们已经很熟悉了。当事人差不多都得被迫接受一套通行的价值标准，它表明向较穷的一方做出让步是合理的。如果说托·艾哈迈德和沙姆苏尔的要求至少看上去是有道理的，那么，哈吉·丁摆出的姿态几乎就纯粹是在演戏，因为在现存的价值标准中并没有任何其他途径能证明他的要求是正当的。

---

① 1955年以来，这一独特的租佃被一次至少延续两个季度的书面合同掩盖起来，这一事实或许排除了非正式的手段，因为一项新的协议无论如何都将出现。

唯恐他的故事无法赢得佃农们的同情,哈吉·丁提出了最后的威胁。他提到他的孙子闹着要种地。这一威胁并非没有效用,因为 208 哈吉·丁要收回托·艾哈迈德和沙姆苏尔先前耕种的10里郎土地中的4里郎。面对这种警告,佃农们不久就只能不情愿地接受地主的条件。

诸如此类的补充记录可能会不断地增加。苏库尔指出,当地主要求更多的租金时,他们不得不说自己没什么钱,日子不好过。他确信,这类表演是必要的常规,并补充说,这也是哈吉·卡迪尔用来拒绝借贷或增加工资的"腔调"。由于佃农总是担心失去土地,结果当然很少存在疑问。"你不得不接受,否则他就会更换(佃农)。""如果你失去了土地,那就完了,你得回到拿着锄头挣工资的地步。"华喜德说,他的地主要提高租金时总是声称他"没有足够的钱",虽然地主和他的妻子都是领工资的学校教师,而且还用他们的积蓄买了很多橡胶树和稻田。加尼·勒拜·玛从他的表亲那里租了土地,他的表亲想加租时总是说,他日子过得紧巴巴的,尽管实际上他过得很舒服。拉齐姆从他兄弟那里租地种,后者收入不菲但是用同样的伎俩声称自己的生存压力很大,以此证明提高租金是正当的。在他和其他人的案例中,这种说法通常有一些细节的支持,而设计这些细节的目的就是证明更高征收额的正当性。

除了个人的厄运——债务、疾病、儿子不务正业、歉收——以外,地主还可能提出各种其收益减少的因素,诸如土地税和通货膨胀,他们也会提及由于稻谷涨价或新的肥料补贴而带来的佃农收益的增长。这里的逻辑诉诸于土地所有者和佃农相对利润的变化。如果当前租金明显低于该地区的平均租金,地主就会指出这一点。在此情境中,地主可以声称他过去过于慷慨了。在其后相当长的时间里,双方通常会致力于争执平均租金到底是多少、被谈论的土地的好坏程度、收成怎样以及佃农在交租和消费开支后还能得到多少利润。关于收入的问题,地主会夸大土地的肥力和佃农的利润,与此同时,耕作者也不失时机地贬低土地品质和少说其收成和利润。总而言之，这些细节都在为努力确定双方的相对需求的话语做注脚，而这样的谈话反过来也是确定相互义务的共同观念的支撑点。

这些冲突的标准情境或许突出地表现为其对前资本主义的友善的敬意，即使这种敬意扭曲而可疑。地主极少放弃特定的仪式而不加修饰地对佃农提出要么接受要么就滚开的提议。哈吉·纳扬指出，这种粗鲁的做法只有在主人说"今年我要提高地租到175马元；如果你不要这块地，我就把它租给别人"的时候才会出现。当然，考虑到土地和工作的短缺，这一强制性的选择恰恰是佃农通常要面
209 对的；如果不屈服于压力，就会失去土地。然而，由于规范性氛围的需要，象征性的礼节几乎总是可以观察到的。正如玛·萨里夫所说，"地主不得不说他日子不好过。否则他怎么加租？"他还说，即使"他真的要买更多土地"，事情也是如此。当然，关于地主表演的真诚性，我并没有太多值得说的话。事实上其真诚性受到了大多数有意识的观众的质疑，这是一个重要的社会事实。此外，非常清楚的一点是，地主只有很少的素材和道具——价值观、习俗或意识形态——可以利用，使他能够采取令人信服的姿态。

当地主希望造成不利于佃农的租佃条件的其他改变时，逻辑也是同样的。因而，当哈吉·查希尔（一个村外的地主）宣布他要尼扎姆及其父亲预先支付两个季度8里郎土地的地租时，他讲述了一个自己好运结束后陷入经济困境的故事。但尼扎姆和父亲有充足的理由确信，哈吉·查希尔只是想将一次性付清的租金借给别人，以获得债务人土地的使用权。当萨马特的雇主决定在季节开始前而不是收获后收取地租时，他以自己的贫困作为借口。萨马特评论说，地主"像往常一样念诵这些（套话）"，这意味着这是在此情境下可以预料的常规表演。

每当地主想解雇佃农时，人们可以在此过程中看到同样的社会逻辑。当然，这种可能比增加租金或改变租佃期更具威胁性，因为它经常意味着一个小耕种者的破产。根据共同的价值观，一个富

裕的地主几乎没有任何方式能够将夺走一个贫穷佃农的生存手段的行为合理化。限定词“几乎没有”用在这里,是因为地主的立场在伦理上并非全无实现的可能性。其中的一个可能就是,地主宣称他需要把土地给儿子或女婿。所有人都意识到并且接受一个人对子女的义务理应优先于对更穷的远亲的义务,更不必说没有亲属关系的人了。许多口头租佃合同事实上就包括如下条款:地主同意出租土地时包含这样的谅解,即在其子女结婚或开始种地时,他有权收回部分或全部土地。因此,当哈吉·丁1975年从托·艾哈迈德和沙姆苏尔那收回4里郎土地时,他给出了唯一可以被接受的借口。他说他的一个儿子失去了租佃权,因而需要种这些地。托·艾哈迈德和沙姆苏尔熟知他的名声,两人表面上都没有接受他的借口。因为他们有难得的书面租佃合同,他们去地区办公室提出控诉。地区办公室负责土地事务的官员做了一个折衷,哈吉·丁只能收回他要求的10里郎土地中的4里郎。而在下一季,哈吉·丁的儿子根本没有出现,土地由一个雇来的劳动者耕种,前佃农的怀疑被证实了。随后一个季,土地被卖给一个富有的马来稻谷商。 210

在被剥夺成为一个无地劳动者之后,塔伊布的遭遇与上述事例如出一辙。地主宣布他儿子将在收获季结束时结婚,因此需要塔伊布租种的土地来养活他的新家庭。因为地主本人至少拥有15里郎稻田,其中大部分靠近他自己的村子,塔伊布认为他在撒谎。失去土地意味着一场灾难,这一通常的说法在此案例中表现得很清楚,它使塔伊布惊惶失措。在随后的一季中,地主的儿子真的在耕种这块土地,偶尔雇用塔伊布撒一下肥料以及耙一耙地。但千真万确的是,在被解雇后的第二个季,塔伊布发现土地被以10个季的租期出租给一个华裔店主,一个拥有拖拉机的人。他猜想这才是地主自始至终的谋划,但他当时过于不知所措,以致没有立即揭露地主的骗局。其他地主更少费心伪装;无论如何,如果没有涉及地主对他的孩子的义务，租佃权在塞达卡几乎不会丧失。[①]

当然，在一些情况下，地主的辩解并不仅仅是花言巧语。有些地主没有其他供给子女的方式；有些地主的确陷入了困境而且除了重新种地别无他法。然而，通常地主的目标都是进一步积累土地或其他生产资料，或者是盖新房子、或举办一次奢侈的婚宴。由于土地归他所有并且他随心所欲地处理土地的权利几乎完全受到了法律保护，他根本无需为自己的行动提供任何合理化解释。尽管如此，他通常会通过渲染他的艰难处境或者子女的需要来诉诸共同的价值观，这些价值观可以在受害者眼中展示其行为的合理性。不管是否基于事实，他的诉求有助于证实或强化现存的象征秩序。地主的表演，如同狄更斯笔下的威格(Wegg)先生一样，将自己安全地置于"那些冒名顶替者的诸多行列中，他们决意对自己和邻居装点门面"[②]。在佃农这一边，尽管表象的欺骗性相对少得多，他们同
211 样通过其破产或不幸的故事来构建同样的符号大厦。

地主较大的经济权力通常确保了戏剧的结果预先可知。但事情并非总是如此；它并不是单纯的戏剧。偶尔，地主至少要做出一些让步。也许他只能收回部分最初坚持要求的土地；或许如同洛斯妮的事例一样，他可能在接受更高地租的同时在预先支付的问题上做出让步；亦或许他决定收取比最初要求的略微低一点的地租。当然，我无法断定是否最初的要求就是虚张声势以产生最后的解决结果，这些结果现在可以表现为他出于慷慨所做的让步。比如，

① 即使有其他正当理由解雇一个佃户时，这一点依然如此。拉扎克的另一个兄弟(不是哈姆扎)住在村外，曾经把地租给拉扎克。村民声称，拉扎克事实上几乎不缴纳双方商定的地租，看来果真如此。尽管兄弟认为收回土地是正当的，但按照当地的道德标准，他不能只凭这个理由，他还要告诉拉扎克，他不得不为他儿子收回土地。要给儿子或女婿提供土地的义务如此之强，以至于如果做父母的无法做到这一点就会遭到批评，并且不少没法按期交租的儿子知道即使父母很穷，撤回他们的租赁权也很困难。对父母来说，很少在他们去世很久前就合法地转让土地，因为遗产问题是他们拥有的少数物质约束之一，他们相信，他们只有通过遗产才能做到老有所养。

② Charles Dickens, *Our Mutual Friend* (Harmondsworth: Penguin, 1971), 97.

卡米勒说他的地主哈吉·阿扎丁想出卖他租种的5里郎土地，但是当他(卡米勒)无法筹集18000马元购买土地时，地主就改变了主意。他转而选择出卖另一小块出租的土地，那块地上的佃农有现金购买土地。由于这个原因，卡米勒称他为好地主。佃农们一般都愤世嫉俗，因此不会被轻易打动，但是有少数地主对其佃农一贯很温和——收取低于平均水平的地租、在收获之后收租、并且在收成欠佳时适当减租。这些地主因他们的慷慨行为而使我所描述的符号大厦保持完整；他们有助于鼓舞业余的戏剧演出，甚至那些吝啬的地主在压榨其佃农时也感到有义务在此表演。

意识形态冲突:村庄大门

如果塞达卡的富裕农场主在某种不利形势下行动，那么，那些不利更多地是指意识形态而非行动方面的问题。然而，这一模式有一个微小但重要的例外。它实际上涉及到唯一的集体的和公共的共识：村庄有义务保护其成员的生计。作为少有的、但正式的资本主义生产关系的障碍，它受到攻击是不足为奇的。这一攻击如其所发生的那样暂时被击退了。旧有价值观的胜利只是一个微小的胜利，但这一斗争对于我们正在考虑的问题具有诊断价值。

位于村庄主要道路入口的木制的摇摇晃晃的大门上写有这样一些简陋的文字："LORI PADI, LORI LAIN, DAN KUBOTA TIDAK BOLEH-JKKK"。这些文字或许是利害所在的最佳表述。它们翻译过来无非是说"稻谷卡车、其他卡车以及拖拉机禁止入内"。并且，警告由村庄发展委员会"签署"。大门只是一个高约六英尺的木栅栏，跨越了道路两侧，并且用链子锁住。它并不妨碍行人、自行车、摩托车、小型的"后挂"拖拉机甚或汽车通过，但它有效地阻止了卡车和大型拖拉机进入。钥匙保存在位于大门左侧的勒拜·彭德克屋内，任何大型交通工具的司机必须停下来要求开门。虽然不是全部，但大多邻近村庄都有类似的大门，而这个大门立在这里已经至 212

少15年了。[①]

大门具有双重用途。首先,它有限制土路上的交通的作用,这条土路在过去许多年中总是泥泞不堪,容易滑倒,并且很容易因此留下车辙。在最潮湿的季节中,装载量大的卡车会被要求停在那里,并且卸下货物——比如柴火、砖石、木材、锌制屋面材料、家具——随后以徒步或自行车运送。往常,开门要收取3马元的费用,然后卡车才可以通过。收费的目的是为了建立一小笔基金,用于每年购买额外的填充土石以修复先前雨季时给道路造成的破坏。在我看来,大门的第二个和最重要的用途,是阻止稻谷经销商的卡车进入村里,以免因此而影响主要付给村民的将装入麻袋的稻谷拖运到主要道路的酬劳。如果稻米像往常一样在附近的凯帕拉·巴斯塔镇卖掉或加工,如果没有很大数量的麻袋要搬运,付钱给村里人,由他们一次一袋地直接搬运到磨坊或买主那儿是合情合理的。由此村民的潜在收入是很可观的。在正常年景,一个年轻男子赚150马元并不罕见,而现在由于种植双季稻,收入会成倍增加。

因此,大门就是一个集体强迫性tolong的例子,即对只留给村民的工作的保护性垄断。[②]大门的最初建立是尤其有利于贫穷村民
213 的,因为稻谷麻袋是用自行车运送的,而即使最贫穷的村民也拥有自行车。我们将会看到,现在摩托车更为普遍,而主要的受益者也发生了变化。大门本身就是其所代表意义的恰当的象征。它表明,仅从这样一个角度来看,塞达卡是一个封闭的经济体,其中运送稻

① 似乎没有人记得建门的确切时间,但大部分人同意,正是由于靠近村庄的公路逐渐改善以及随之而来的卡车运输的增长才有了大门的建造。因此,在20世纪60年代早期之前,村民似乎并没有用村庄大门来保护雇佣工作的计划;更准确地说,直到那时为止都不存在对自行车运输的真正威胁。村民还一致认为,他们最初关心的是,耕地在村庄附近但不住在村里的农场主可能使用拖拉机运输稻谷。

② 有证据表明,吉打州外部也可以观察到类似的风俗。例如,藤本明实介绍说韦尔斯里省的赛义德村(Guar Tok Said),"村民中间有一个协议,稻谷商的货车在稻谷交易期间应该停在村外,这样麻袋装的稻子必须被运到车上,从而可以给村里的年轻人提供工作机会……狭窄的道路使得货车很难开进村里,但其实完全是可能的。" "Land Tenure,"196.

谷的工作只对村民开放,当地对此类工作的垄断并不考虑商业性的稻谷买主或者磨坊主(通常是华裔),尽管他们可以提供更廉价的服务。当然,从经济角度来看,大门代表一种补助,那是由村里较大的农场主付给为他们运送稻谷的邻居的。补助金的数量依据农场主的稻田到大门的距离以及收获量而不同。不管有没有大门,他都得支付将麻袋从田里搬到村庄主路的搬运费(按麻袋计)。但是,一旦打好包的稻谷已经运到村路边,他就不得不为每一袋付钱让搬运工把它们运到村路尽头,随后稻谷将在那里被装上卡车,如果他愿意,也可以付钱给本村的搬运工将稻谷一直运到镇里。可以设想一下,如果没有大门——如果稻谷经销商的卡车可以直接开到距离他的稻田最近的村路上——农场主可以每麻袋节省2马元。对一个大农场主而言,例如一个拥有8里郎土地的农场主,两季度可以节约大约500马元。而拥有2里郎及以下土地的农场主几乎不受影响,因为他们可能将大部分稻谷保存在家中,当他们确实要出卖或碾磨部分稻谷时,他们可以一次一袋自己运过去。

1980年3月底,临近上一个收获季末期,大门暂时被打开允许两个稻谷经销商的卡车通过,由此引起一场激烈的争论,其影响时至今日还在塞达卡回响。大门最初是由法齐勒打开的,这个中年农场主拥有8.5里郎土地,并且曾经是管理村庄事物的巫统委员会(村庄发展委员会)成员。法齐勒即使在他那一派中也不讨人喜欢;他被认为是村里最不经心耕种而且水稻产量一直很低的两三个人之一,并且他作为已故的托·哈里姆最宠爱的养子,从小就被宠坏了。尽管他高傲自大,他作为公共发言人的读写能力和技巧还是得到巴希尔和其他村庄发展委员会成员的重视。他在村委会的立场在这里值得注意,这是因为,塞达卡的每个人都知道,在几年前问题出现的时候,他曾为之辩解并投票支持限制稻谷卡车的禁令。

法齐勒的故事是这样的:在他收获的稻谷打好包放在地里之后,他去和作为运送稻谷小组的成员之一的勒拜·彭德克的儿子穆萨接洽。穆萨告诉他(运送)一麻袋稻谷的价格是1.80马元。法齐勒非常气愤，不仅因为他认为费用太高，而且还因为费用通常由农民们自行决定。但他没有进一步协商，只是说1.80马元的价格太高了。他推断，大门的存在让这些年轻人“敲诈”农场主。他说，前些年
214 搬运费只有1.20马元，没道理暴涨到1.80马元。消费品的价格并没有上涨太多，稻谷价格也一样。[①]这还不是全部。他补充说，道路新近填了土，其状况有了很大改善，这使得摩托车搬运起来更加方便，尤其现在是旱季，道路又不是很滑。既然已经到了收获季的末期并且没有太多稻谷要搬运，搬运价格理应降下来。

假如那天下午运走了稻谷，事情也就仅仅止于法齐勒的抱怨。然而，搬运工们没有露面。法齐勒再次去找穆萨，后者许诺第二天一早就搬。但直到第二天中午，法齐勒的50袋稻谷依然堆在地中间，穆萨传话说当天下午就搬。到下午三点，依然什么都没有发生；法齐勒说，他担心稻子在夜里被偷走，而且他也注意到天边的积雨云，担心稻子被浸湿。他短暂地考虑了一下，打算去找另一群搬运工，但随之改变了看法。穆萨和他的朋友都来自巫统家庭，在政治上和法齐勒以及村庄发展委员会是同盟，而其他群体都属于村里的伊斯兰教党。让伊斯兰教党的人为像法齐勒这样的巫统坚定分子搬稻子，将极大地破坏对本党派的忠诚。

在这一点上，法齐勒显然决定正面冲击大门的规定。他声称要去找巴希尔谈话，解释相关情况并且要求把大门打开，巴希尔不是村长但是公认的巫统的领袖。事情在这里出现了分歧。巴希尔否认他曾涉及了开门的事，而法齐勒声称巴希尔让他把门打开。不管怎样，法齐勒去了凯帕拉·巴斯塔镇联系他的华裔商人，他派了一辆卡车由法齐勒用摩托车带路到了村里。到达大门时，法齐勒下车从勒拜·彭德克妻子手中拿到钥匙，说巴希尔允许打开大门。下午五点钟，华裔司机和他的两名马来搬运工将法齐勒的庄稼搬上了卡

① 此处推理的重要之处在于，它表明了一个理念，即价格应该与生活费用——需求——相连，并且如同农户价格（farm-gate price）反映出的一样，种田人利润的增长总应该与搬运工共享。

车,并运到镇上的经销商那里。

与此同时,消息迅速传开,许多愤怒的人很快聚集在巴希尔在村里的店铺前,那里是巫统在塞达卡集会的地方。他们的语调明白无误。有几个人已经将大门拆下来,看上去要夸大法齐勒的罪过。他们说,他的所作所为是“错误的”和“不诚实的”。而且,他做这一切好像“他是个领导”,好像“他想接管”。另外一些人谈到了暴力,“应该毙了他”,“应该马上把他毙了”。不足为奇的是,巫统搬运小组的成员最为激动,但愤怒是普遍的。 215

伊斯兰教党最为积极的成员立刻做出了反应。当他们聚集在与巴希尔的店铺仅隔两户人家的“自己的店铺”(萨马特的店铺)时,他们极其高兴地观看着巫统领导成员间这场公开内讧造成的不体面的景象。一些人意识到,一旦有人敢于蔑视大门,其他人也可以如此,而且,如果规矩被破坏了,伊斯兰教党成员也有权利带进运稻谷卡车,这点很重要。因此,尼扎姆——他对巴希尔的反感人人皆知(他不和巴希尔说话,也不到其店铺里买东西),而且他地里还有打好包的稻子——出去招来一辆卡车运送他的稻子。法齐勒的卡车离开不到半小时,尼扎姆的卡车就进来停在了萨马特的店铺门前。华裔司机脸上出现的害怕表情说明,他宁愿去任何别的地方;他不愿从车上下来。装载开始前,巴希尔亲自出来和司机谈话。他并未直接要求司机离开,但他说得很清楚,在把稻谷装上更多的卡车之前,如果司机允许村里解决眼下的问题,可能更好一些。抓住这一黄金时机,那个司机开着空车跑了,甚至没有停下来向尼扎姆解释他仓促离去的原因。

巴希尔有充足的理由努力平息潜在的暴力冲突。他很清楚在附近的村庄当大农场主试图省下将稻谷运到主路上的费用时所发生的事。在杜兰村,一个农场主试图用他自己的拖拉机将收获的谷物运到路边,以节省当地价格的运费。那些靠搬运挣工资的年轻人拦住了他的拖拉机,拆走了电池,并且威胁说如果他不放弃企图就要砍破他的轮胎。迫于形势,他退缩了。在明关村,几年前一个华裔土地所有者为了将稻子直接运到磨坊而在旱季将卡车直接开进大田里。第一辆装好的卡车开走后，对威胁十分警惕的一大群村民设法将两棵大椰子树放倒在路上，以防止剩下的卡车离开。一大群叫嚷着威胁使用暴力的人迫使地主相信，谨慎即是大勇；其他卡车最终卸了货，稻谷麻袋被一袋一袋地运到主路上。考虑到这些情况，巴希尔无疑意识到，事态很容易转向暴力，而这一冲突很可能使巫统成员内部以及巫统和伊斯兰教党成员之间陷入对抗。

巴希尔的确进退两难。包括他自己在内的其他大农场主很高兴看到大门被破坏，其他村庄已经这么做了。但是，他同时要面对的是来自他自己最直接的政治追随者的坚决反对，而他们中的许多人都是他的亲戚。他的表亲阿明，村长哈吉·加法尔的两个儿子达乌德和卡立德，勒拜·彭德克的儿子穆萨和沙希尔，还有勒拜·侯赛因的儿子塔哈，他们都是巴希尔“智囊团”的核心成员，同时还是巫统的稻谷搬运小组的核心成员。所有这些人都代表了有影响的
216 家庭，而他需要这些家庭的支持。

当天晚上，巴希尔召集了五个人（勒拜·彭德克、塔哈、阿明、达乌德和法齐勒）讨论这一事端。这群人可能尤其打算孤立法齐勒。巴希尔的立场是，穆萨为搬运稻谷所要过多，但是法齐勒本应与他商议一个较低的价格而不是自行做主把大门打开：“这么重要的事不是一个人能决定的。”意识到这群人可能不利于他，法齐勒努力证明他的行动是正当的，但是由于显然无法将巴希尔牵扯进开门事件而作罢。他意味深长地补充说，他知道其他人认为他既不体谅人又没有同情心，但是他确信“我们有自由（打开大门）”。“别的村子已经拆掉了大门，我们也不得不这么做。”这等于明目张胆地宣称，他的经济行动的自由优先于村庄保护其正在消失的工资收入来源的权利。勒拜·彭德克和三个巫统搬运小组的成员一同争辩说，工作应该给予本村人而不是外人，而且卡车会损坏道路。巴希尔最终支持关闭大门，但他担心，如果就此议题召集全体大会，那些通常参与这类会议的较富裕的巫统农民会真的投票赞成稻谷卡

车进村。

第二天下午，一个小型会议在位于既是村庄会议室又是教室的祈祷室下面的屋子里召开。与会的约有15个村民,全都来自巫统家庭,此外还有两个外村人:作为政府稻米加工厂(LPN)的职员及农会和地区巫统行政官员的阿基勒,杜兰村退休的村长加法尔。会议由阿基勒而非巴希尔主持,因那些高官在场,会上似乎要草拟一个决定来宣布。唯恐人们意识不到此种场合的正式性,阿基勒向所有人显示了一下一份打印好的报告[1]以引起注意。他开始谈到那天的事件，并没有提及有关的姓名，随后给了法齐勒一个说话的机会。法齐勒知道人们要求什么,他拐弯抹角地为他的草率举动道了歉,但也指出许多村民很生气,因为那些搬运稻谷并且从大门受益的人“反过来(为了利益),敲我们的竹杠”——他补充说,其程度之甚迫使他不得不雇用其他的搬运小组。阿基勒随后接着读他的报告,报告完全由保持村庄大门的理由组成。首先,如果允许运送稻谷的卡车进村,道路将被严重破坏,尤其是在雨季。其次,村里“依靠搬运工资为生的人将失去这些收入”。第三,农场主们将“转而求 217
助于那些拥有卡车的不同种族”。他补充说,许多村民因为村庄发展委员会内部争论不休而非常生气,而且,如果塞达卡拆掉大门并且在下一年去要求用政府的钱修路,目前的分区领导阿布杜尔·马吉德会非常不满。会议最后以当地受人尊敬的元老加法尔的简短讲话结束,他谈到伊斯兰教、和平解决事端、帮助他人以及不要自私自利等内容。会议并没有举行投票;事情就这么结束了。两天后,一个新大门在适当位置建成。法齐勒显然没有出现在修建大门的工作班子中。[2]

---

① 巴希尔后来告诉我,这个报告那天早晨由他、达乌德·宾·哈吉·加法尔和阿基勒共同草拟。

② 这次会议还讨论了有关大门的一些调整措施。勒拜·彭德克继续保管钥匙并将得到允许卡车通过所收费用的20%。沙姆苏尔和托·艾哈迈德的地正好在大门里面,将免于服从规则。

随着有关会议决定的消息四处传播，日益明显的是，反对派（伊斯兰教党）成员没有被邀参加会议。他们怒气冲冲，与其说是抗议事件的结果，不如说是抗议执政派处理这件事的方式。他们说，所有人都应该被邀参加会议，应该平等对待每个人。在此，他们充分利用了所有村民概念上的平等来证明自己的观点。与此相反，会议是秘密进行的，并且事情是由一个小群体"选择有利于自己"的方式决定的，而且无论如何这个小群体大多是亲戚构成的。所有这些发生在巫统成员听力范围之外的说法都用"我们——他们"的措辞来表达。[①]巴希尔尤其因为缺少教育、傲慢自大和无力阻止自己派系内部的争吵而受到奚落。苏库尔是一个强硬的伊斯兰教党成员，他指出，巴希尔和他的朋友处理事情时采取的高压方式，就是为什么当政府运来新的填路材料时，只有少数巫统成员到场修复和平整道路的原因。他说，过去当伊斯兰教党和巫统成员都参与村庄发展委员会时，所有的人都会帮忙。他和其他人都认为，甚至卡车的过路费现在也不见了（"谁知道在哪儿"），而且不开具收条。

就封闭的经济而言，依据村庄的首要义务是保护其工资和收入来源这一原则，保留村庄大门无疑是个不大不小的胜利。胜利者是负责将稻谷运到主路上的村民，而失败的一方则包括那些本来可以通过直接装上卡车节省一笔钱的农场主和那些卡车的拥有者
218 （尤其是华裔稻谷经销商和磨坊主）。[②]大门继续代表着对完全"理性化"的资本主义生产关系的一个微小却有意义的障碍。然而，这一障碍之小值得强调。同这一奇特而孤立的古老价值观的残余试

① 这一时期派系情感也达到了高潮，不仅因为大门问题，还因为村庄改进计划所带来利益的派系分配，这一点刚刚总结过。下文将讲述并分析村庄改进计划的故事。

② 唯有一个富有家庭同时包含了胜利者和失败者。因为勒拜·彭德克是一个大农场主，同时还有两个儿子用摩托车搬运稻谷赚钱。当人们意识到法齐勒是个没有子女搬运稻谷的大农场主时，他的态度就更容易理解了。中层农民家庭很少从减少运输成本中获利，这无非是由于他们出售较少稻谷，但他们仍然反对大门，尤其是如果他们家里没有人搬运稻谷。

图恢复的机会相比，租佃关系的变化和收获的机械化早已将工作和收入的更多机会一扫而空。甚至这一微小的胜利也很有限。一次打开大门引起的具体可见的威胁，以及此后大门将永久敞开的可能性,都有其预期的、可怕的后果。下一季节村里搬运稻谷的价格没有更高,并且在很多情况下低于早些时候。加法尔有关自私的罪恶的质朴讲话,不仅指向法齐勒,也同样指向那些搬运稻谷的人。如果不留意他的警告,他们就会冒杀鸡取卵的风险。

如果把这个微小的地方权利的胜利解释为任何意义上的塞达卡穷人的胜利,都将是一个严重的误解。事实是,过去十年中即使在水稻种植这一微不足道的方面,也已全面机械化了。除了少数例外,所有稻谷现在都由摩托车,而不是自行车沿着村路运送。人们可能会想到,摩托车(绝大多数是本田70s)的拥有与收入有很高的相关性。有关的统计数字是,最富有的25户家庭中有19户拥有摩托车,而最穷的25户人家当中只有2户拥有摩托车。而且最贫困家庭的两辆摩托车这一数字,也带有夸大的成分。因为它们经常由于无法支付分期付款而被收回或者因为所有者付不起备用的配件而无法运行,这使得摩托车的存在只能是一个小插曲。将近一半的中层农民都拥有一辆摩托车。因此,人们将发现,大门的主要受益人仅仅是中层农民,尤其是那些富裕家庭。这有助于解释大门为什么得以重建。其支持者在过去数年中从有自行车的穷人和中层农民转变为有特权者，他们的利润使他们能够一次性付清购买摩托车的钱。我的一个猜测是,如果稻谷依然由自行车运送,大门现在就不可能存在。颇具讽刺意味的是,一度保护穷人收益的大门恰恰成功地防御了穷人，因为大门现在很大程度上有利于那些从绿色革命中获利最多的人。事实上,穷人几乎完全退出了这个议题:他们既 219
不给别人运送稻谷,也无心去关注这种或那种方式。[1]

---

① 严格说来,穷人继续运送稻谷,尤其是在田地潮湿时的农闲季之后,从田里运到适合摩托车行驶的路上。然而,这种运送无论大门是否存在都是必需的。

意识形态冲突：村庄改进计划

我在塞达卡期间，对当地影响最大且分歧最大和争论最激烈的事件，是政府的村庄改进计划中有关建筑材料分配的高度派系化问题。这是数月以来日常谈话的主题；它极大地加剧了村里的政治分歧，在几个场合几乎都引发了暴力，并且其社会反响持续至今。与大门事件不同，它发生于五个月前，是一场明显的派系之间的政治争端。但是与大门争端一样，它的爆发成为一场意识形态斗争，其中包含许多至关重要的同样的原则。随着事态的发展，援助的实际配置违背了我们已展示过的推动塞达卡许多道德话语的两项原则：所有村民概念上的平等和富人对其贫穷邻居的义务。村里的统治精英达成了其直接目的，却发现很难向自己的派别证明其行动的正当性，更不用说其他村民了。由于伊斯兰教党主要代表村里的穷人，派系的斗争显然带有阶级的意涵。

如果详细考察这一时期，人们就会发现，还有一个与生产关系的改变类似的有趣现象。在此领域中，大农场主和地主或多或少可以自行其是。然而，为了证明他们索要的正当性，他们就不得不歪曲事实、借口必需，投入几乎没有可信性的不诚实的表演。在村庄改进计划利益的分配过程中，领导村庄的家庭能够随心所欲。然而，他们再次被迫采取一系列的歪曲事实、假装必需的做法，以及做出不可信的保全面子的姿态。当然，当地社会共同的价值观既不能证明以损害邻居为代价而专心追求利润的正当性，也无法说明粗暴拒绝全体村民利益的合理性，这就是问题之所在。利益的获取和政治偏袒在塞达卡都不是什么新鲜事。确切地说，每个人的新的机会都是前所未有的，而且这些机会远远多过为其诉求辩护和证明的可利用的手段。

根据可靠的传言，村庄改进计划是现任总理穆罕默德·马哈蒂
220 尔博士还是副总理时提出的构想。它被认为是一种政治资助的工具，由此，基于需要和政治忠诚，许多村庄被挑选出来接受一大笔

将用于并未明确的“发展”目的的基金。[1]到1979年10月为止，该计划已经在整个吉打州开始实施。在巫统官员与地区办公室之间进行了长时间的谈判之后，燕镇周围的12个村庄被幸运地选中。[2]它们都被宣布为“落后的村庄”。但“落后”还不够;村子还必须是巫统的据点。

塞达卡符合上述两个标准，得到了35000马元。村庄发展委员会从未召开过全体会议讨论如何分配这笔拨款。相反，作为地区巫统官员和住在村外的大土地所有者的哈吉·沙利姆，与巴希尔、法齐勒、阿明以及达乌德，会集村长阿布杜尔·马吉德共同制订计划。与其他村庄一样，这一大笔钱被配置为不同的用途:15000马元用于改善道路状况的填充材料以便于货车运输，还有户外厕所的材料;20000马元用于改善居住条件，包括木材、锌制屋顶材料、粉刷和水泥桩等在内。按照有关的管理规程，被指定接受资助的家户要在挨家挨户调查的基础上选出。主持这一调查的是塔哈，他是地区办公室的职员，还是当地巫统的中坚分子勒拜·侯赛因的儿子。在期待(和预知)的气氛中，实施了调查。如同上一章所指出的那样，问题只和需求有关:收入、土地所有状况、耕地面积、现有住宅的材料、卫生设施、子女数、畜力和小家畜数量。塔哈解释说，资助不是给予现金，而是以授权的形式进行，受助村民可以从附近的三个建筑材料供应商那里获得一定数量的物资。村会议室的一角被划出来用做小办公室，里面有桌椅和一个标牌，上面写着:“塞达卡村庄改进计划工作室”。

---

① 吉本斯(Gibbons)和德·克尼迪克(De Koninck)都在经验基础上表明，穆达的忠诚村民和忠诚农场主，即那些忠于巫统的人，作为政府援助的受益人都有计划地受到了照顾。D. S. Gibbons, Rodolphe de Koninck, and Ibrahim Hassan, *Agricultural Modernization, Poverty, and Inequality: The Distributional Impact of the Green Revolution in Regions of Malaysia and Indonesia* (Farnborough: Saxon House, 1980), chap.7.

② 除了塞达卡村，还包括双溪凯林村、Bedong、Setiti Batu、Dulang Besar、Peropuk、Sinkir Genting、Raga、Kampung Kubang Pasu以及Selankuh等其他村子。

很快，村里伊斯兰教党成员最坏的猜疑就完全被证实。调查就是一个骗局。这不是一个“改善”穷苦村民命运的计划，而是仅仅改
221 善巫统村民命运的计划。事实表明，甚至贫困也不是必不可少的条件，因为实际上所有的巫统成员，无论其多么富有，都参与了油水的瓜分。44户参与了分配，每户至少分得3200马元的户外厕所专用拨款，并且其中3户每户都分到了多达1000马元的建筑材料和厕所款项。巫统家庭之间存在适度的平等。依据官方记算，贫困的巫统家庭平均得到672马元；中等收入的巫统家庭平均得到486 马元；而最富有的巫统家庭平均得到388马元。这些平均数掩盖了在每个类别之内的大量差异。这一点似乎与那些相关家庭同巫统领导关系的密切程度和积极程度有关。由于许多最贫困的村民（25户中的16户）来自反对派家庭，这种对战利品的派系分配几乎不具有再分配的性质。因而，71%的富裕和中等家庭处于小圈子之内，与此同时，只有36%的最贫穷家庭分得了一点东西。在这些不平等当中，村庄发展委员会成员并未忘记他们自己。尽管3/4的村委会成员属于最富有的25户家庭，他们仍然设法使自己正式得到平均579 马元。我们将会看到，他们在非正式层面甚至所获更多。

即使是援助模式的明显例外也揭示了相当显著的党派偏见。只有两户反对派家庭得到了援助，并且他们也不是出于巧合。哈姆扎（1000马元）和罗吉娅（200马元）是仅有的通过交付巫统会费而两面下注的伊斯兰教党家庭。此外，两人还有其他优势，罗吉娅是实施调查的塔哈的好朋友；哈姆扎则是村会议室和祈祷室的看管者，并且经常为巫统地主服务。村里三户中立家庭中的两户，卡米勒和朱基夫里，也得到了帮助，[①]而后者更加贫困的兄弟巴克利则一无所获，因为他还留在伊斯兰教党中。

几天后，指责和反击的气氛骤然紧张，并且其范围并不局限于

① 第三个中立户穆斯塔法是卡米勒的女婿；由于他和妻子住在岳父的房子期间准备把妻子和幼子搬回他父母所在的村子，他被认为两边都没有资格。此外，他还以强烈同情伊斯兰教党闻名。

被排斥的那一群人。几乎所有的指责都针对村庄发展委员会,特别是巴希尔。他们被指控非法占有、受贿、腐败、收取回扣、挪用基金、徇私舞弊和欺骗——马来语为描述这些活动提供了丰富的词汇。仅仅这些指责就可以写满一本书,但仅有少数实例可以传达出真正的味道。人们普遍指责巴希尔和村庄发展委员会与一个华裔的木材场做生意来收取回扣,进而允许商人漫天要价却提供劣质的 222
材料。"瘦骨嶙峋的"玛说,这就是大多数木材尺寸不够、开裂而且像软木塞一样不结实的原因。人们相信,村庄发展委员会成员得到了比"正式的"分配更多的东西。因此,巴希尔声称自己只得到一个厕所,人们却说他拿到了大批木料,而为了避嫌,他把这些木材藏在法齐勒的房子下面。沙姆苏尔正式地获得200马元,但风传他至少得到价值800马元的原材料和油漆。许多贫穷的巫统成员满怀嫉妒地比较了自己和富裕的巫统领导人所得到的东西。卡里姆说,他有权获得价值600马元的材料,但只拿到400马元,而比他富得多的法齐勒却得到了750马元。罗吉娅忽视了她自己只是个见风使舵的巫统成员的事实,她抱怨自己获得的那一小份并不比她更富有的邻居加扎利的那一份多。曼苏尔向巴希尔抗议说,他是一个没有土地的穷人,却比那些拥有8里郎土地的人分得更少。在每个例子中,抱怨都是建立在相对需求的基础之上,而这种相对需求与当地的施舍逻辑是一致的。

甚至用于垫高和加宽村庄道路的300卡车的土方也没能逃脱尖刻的指控。部分土方被廉价卖给个人,用以铺垫他们房屋周围的场地。巴希尔说,这样做是为了酬劳那些帮忙铺路和修整道路的人。而其他人说并非如此;所有修路的巫统成员都得到两三百马元作为工资。事实表明,新土方从未铺垫到村头,大概还缺80码。托·拉德兹房前就堆着些剩下的土方。巴希尔解释说,这只是因为没有足够的预算来完成这项工程,因而那些住在村头的人将不得不自己铺完留下的那一段。伊斯兰教党有一个更简单的解释:发生这样的事就是因为,住在堆积土方另一边的7户人家中至少5户是坚定的伊斯兰教党成员——那里是村中反对派家庭在地理上最集中的地方。由于村里其他部分的土方大都是由推土机铺垫，而剩下的土方不太够用，因而这些家庭拒绝自己铺路。他们说那样做会很丢人。几天后，那些土方消失了——铺在勒拜·侯赛因的院子里，人们说那看上去“像苏丹的花园”。

如果我们首先意识到伊斯兰教党和巫统之间的裂痕从未具有完全的合法性，我们就能更好地领会关于村庄改进计划的斗争的意识形态轮廓。并非与伊斯兰教党或巫统结盟的观念违背了任何村庄礼仪。事实上，塞达卡每户人家在很早以前就选定了政治立场，这是相当清楚的。然而，政治应该保持在其应有的位置，派系斗争不应该破坏仪式共同体和邻里关系，村民们确信，这些关系在社
223 区中应该是主流——这种广泛共享的情感确实是存在的。尽管这种虔诚的希望确实没能阻止派系情感对地方社会关系的侵犯，但它们几乎毫无疑问地对喧闹的党派斗争起到了抑制作用。

在村庄改进计划造成新的和更深的裂痕之前，几乎所有人都认为，由早先的选举煽动起来的派系偏见已经有所减轻。20世纪60年代晚期和20世纪70年代早期被认为是党派斗争最糟糕的时期，那个时候邻居之间有时互不交谈，近亲发现自己站在敌对的立场。对我来说，具有启发意义的是，人们总是带着尴尬和羞耻谈到那些日子。村民责备自己轻信了候选人和他们的追随者，他们被指责为过于狂热地助长了党派情绪。整个时期及与之纠结在一起的事件都被认为是有失体面，并且出现这样的事态：在村庄的家庭内部，父母和子女或者夫妻之间不断地争吵、叫嚷和打斗。村民都注意到，相对的改善无疑应该归因于1974年伊斯兰教党在某种程度上进入政府联合内阁。尽管地方上家户的派系联盟没什么改变，因为它已根植于独立前就存在的家族结盟，其公开的表现却明显减弱。在我1978年到达该村前不久，伊斯兰教党稍后退出政府联盟的时

候,当地的派系斗争并未立即恢复以前的活力。①

村民们认为,早期无节制的派系斗争最不体面的地方在于,它们冒犯了传统的仪式礼节。因而,作为坚定的伊斯兰教党成员的托·卡西姆举例说明那些日子里事态变得多么严重,他谈到在塞达卡的一次婚礼筵席上,由于隔壁邻居属于另一个党派,所以既没有被邀请也没打算参加。他强调说,筵席开始时,客人们都到了,食物就在邻居的窗下烹饪。那种尴尬的感觉那么强烈,以至于邻居只好离开村子一天直到筵席结束才回来。"同一个村的邻居"竟然这么争吵,这一事实令他非常不快。他总结道,"如果村庄社会被毁坏,那就不会有太平日子了"。

托·卡西姆的故事连同它具体表达的价值观,以这样或那样的形式不断重复。每个人都会讲述"当争吵最激烈的时候"塞达卡或者邻村的故事,而且这些故事无一例外地涉及到仪式性筵席,在这些筵席上,邻居或亲戚不是被排除在外,就是拒绝出席。如同罗吉娅所哀叹的,事态变得如此严重,甚至邻居们都有可能不出席一次葬礼,就连亲戚也会联合抵制某个婚礼筵席。②这些或隐或显的重 224
复将共同体价值与党派价值区别开来,而前者总是被赋予优先地位。勒拜·彭德克是巫统的一个领导,他因此认为"村民们变得聪明一些了","他们(现在)知道村落是不同的;以前他们把村落和政治混淆在一起"。当无地的巫统成员曼苏尔解释为什么他参加所有的筵席而不管主人属于哪个党派时,他说,"我只考虑村落"。事实上,

① 对当地许多伊斯兰教党成员来说,达督·阿斯里和其他伊斯兰教党领导人参与领导联盟的决定是一种背叛行为。被出卖的感觉如此强烈,以至于当他随后回到反对派时,他们都心存怀疑。这并未改变他们伊斯兰教党的成员身份,这种身份已牢牢地植根于当地现实中,但的确动摇了他们的信心。正像许多人所说,"他拿了政府的钱"。

② 人们可能会想到,村民所能设想的最糟糕的派系斗争的例子,就是分属不同派系的亲戚拒绝参与彼此的葬礼。围绕葬礼仪式的团结似乎是村庄和宗教价值观最后的栖身之地;一旦这也被破坏,某种不可能失而复得的东西也就一去不复返了。有关类似的哀叹,参见Kelantan in Kessler, *Islam and Politics*, 154。

在塞达卡，向任何人提出有关所属党派的问题都是困难的，除非事先作出免责的声明：当涉及婚姻、疾病、葬礼、甚至帮忙搬家时，“党派没有任何影响”。甚至那些因政治激情偶尔破坏这一规则的人，也总是在口头上表示赞成，从而强化了该规则作为理想的地位。

在这一语境中，人们更容易理解针对村庄改进计划的援助分配所提出的主要异议的基础。自然，叫嚣最强烈的是伊斯兰教党成员，但也不乏巫统信徒的反对之声，而且不仅仅是那些个别感到受骗的人。瓜分金钱的途径基本上有三种。首先，可能优先给予村里的穷人，从而符合了如下规范：帮助应该给予最有需要的人，而不考虑其派系忠诚。这一原则源自古老的农业秩序，适用于个人和村落的义务，它似乎还可能扩展到适用于政府的援助。第二种可能性是在全体村民当中分钱，既不考虑他们的需求也不考虑其政治倾向。这一点将符合所有村民在某一层面上都享有概念上的平等的规范。第三种可能性，也就是被采纳的那种，是严格按照派系分配援助。这对当地的巫统领导人来说当然是最称心如意的选择，但与此同时，它也是在道德规范中最不具合理性的做法。因为无论在塞达卡牢牢扎根的派系忠诚在实践中如何变化，它们都不承载道德的影响，因而当然不足以证明村庄发展委员会行动的正当性。这不仅适用于双耕，同样也适用于政治领域。新的“盈利”活动的机会远
225 比用来证明充分利用此类机会正当性的规范性手段重要得多。

最初的强烈攻击因而指向了派系资助中明显的不公平。村里某些最富有的人——勒拜·彭德克、沙姆苏尔和阿明——在大多数最贫困的村民一无所获的同时为己牟利。帕克·亚赫作为一个突出的例子一再被提及，这个毋庸置疑的穷人本应得到帮助。他的房子难道不是因为缺钱而年久失修吗？毕竟这是一项旨在帮助人们修补房屋的计划！帕克·亚赫还是一个拥有诚实名声的范例，他是一个辛勤工作的劳动者，而且经常为巫统领导人巴希尔干活。如果有人应该得到帮助，那就是他。仅以这个例子为基础，许多村民认为

分配方案“不公平”、“不合体统”、“不正确”。相当一部分巫统成员得到了好处，尽管他们声称穷人应该首先受到照顾。比如，卡米勒说“（只有）在境遇最差的阶层得到帮助后，比他们处境稍好的人才可以受助”。曼苏尔作为一个贫困的巫统成员分得了750马元的物资，他主张，“我们应该帮助穷人，不管什么派系；首先应该是那些拥有不足2里郎土地的穷人”。

巫统成员在得意于自己的好运的同时，他们在伊斯兰教党邻居面前感受到强烈的尴尬，他们不得不与后者保持友好关系。随着新木料分配完毕和工程的开始，他们感受到了来自毗邻而居的家庭的嫉妒与憎恨。这种憎恨由于村路上发生的冷漠的沉默而被强化。许多人同意村庄发展委员会的做法是不公正的，但他们表示对此爱莫能助，他们感到有必要通过这种方式为自己意外的运气向他们的伊斯兰教党的朋友道歉。少数人通过将部分木料廉价卖给其伊斯兰教党邻居来减轻其良心上的不安，并同后者重修旧好。还有人雇用更穷的伊斯兰教党朋友帮助他们修建房子。[①]换句话说，通过将利益再分配给贫困的伊斯兰教党家庭，这些零散的私人努力部分地逆转了村庄发展委员会的做法。

对村庄改进计划未能帮助最贫困村民的指责是恰如其分的，因为分配之前进行的调查只在表面上确定哪些家庭最需要救助。貌似公正的调查，与在实践中对事实的公然违背，这二者之间的强烈对比使得伊斯兰教党成员——还不只他们——有理由宣称，村庄发展委员会公然违背政府的意愿。村里许多人都相信，政府本想把钱分给穷人而不考虑其派系，并且，村里流传着许多别的村庄的故事，在那里资助首先给予了最需要的人。比如说，雅各布声称，他在默布克村和浙伦村有亲戚，这两个村所有最贫穷的家庭都得到了最大份额的补助。曼苏尔说在附近的双溪凯林村，几乎所有人都

① 由于绝大多数伊斯兰教党成员耻于接受这种二手资助，此类事务的谈判非常微妙。

226 得到了帮助。[①]仿佛是为了强化人们对于村庄发展委员会背信弃义的看法，塞迪蒂·班杜村的类似故事也在流传。该村的一个小官吏据信做了一次公正的调查，木料也随之而至。当那里的巫统和村庄发展委员会看到所发生的事情时，他们集结众人向吉打州议会成员抗议，并迫使这个官员调离。人们说在争斗中，已经堆积在伊斯兰教党成员家门口的木材被搬走，并且重新分配给巫统家庭。由此所谓的调查只是一种无端的污辱，以至于最穷的伊斯兰教党成员"瘦骨嶙峋的"玛去见村长阿布杜尔·马吉德，告诉他，如果塔哈回来再做一次调查，他就会"揍死他"。

以一种更为现实的态度，许多伊斯兰教党村民意识到，在这样的环境下，只根据需求分配基金很可能是一个乌托邦，虽然这样做更符合当地的价值观。所有的巫统成员当然坚决主张分得一份政治报酬。他们进而争辩，为什么不给每个人同等数额的一份？愤怒的"瘦骨嶙峋的"玛说，"假使平等地发放，那还好。如果每人分得300元，那也不错。但是我们什么也没得到"。所有人平均分配的原则引起许多其他人，尤其是那些被纯粹的派系标准触怒的普通巫统成员的共鸣。雅米勒是一个相当富有的巫统成员，他也认为平均分配最好："就村庄社会而言，应该平等地对待每一个人。"阿布·哈桑尽管在名义上是村庄发展委员会的成员，却相信"平均享有即公平"。伊斯兰教党成员很快指出，政府用一个标准收税，然而在这件事情上，却用另一个标准分配援助。伊沙克准确地抓住了这个矛盾，他说，"他们收取土地税和灌溉税时没有依照派系，但当他们分发木料和厕所时，却依照了派系的标准"。这里同样流传着关于其他村子、其他村庄发展委员会的故事，那些村庄里每个人都得到一些东西。

有传言说，在哈吉·沙利姆家聚会的巫统组织在决定如何使用

---

① 在我所能收集到可靠信息的五六个村当中，款项的分配似乎同样在很大程度上依赖于派系界限。尽管如此，曼苏尔的意见依然是正确的，因为双溪凯林村以约有90%村民属于巫统阵营而为人们所熟知。

村庄改进计划拨款问题上存在着分歧；这一传言强化了平等对待所有人的主张。双溪通港村颇受尊敬的宗教人物勒拜·萨卜拉尼和负责净化仪式的托·穆丁,显然认为每个人都应有所得,或者至少把像帕克·亚赫那样的非常贫困的伊斯兰教党成员包括进去。随后,当我独自和勒拜·萨卜拉尼聊天时,他说的确如此。他建议把钱平等地分配给所有人,但是,他说,哈吉·沙利姆和巴希尔表示反对,他们认为,如果所有的伊斯兰教党成员都得到一些东西,他们会说,"看见了吧,我们是反对派,但我们还是得到了援助"。哈吉· 227
沙利姆说,不能那么做,而且他的立场被接受了。勒拜·萨卜拉尼不情愿让他的异议广为人知，但是与之相关的消息却对伊斯兰教党成员的愤慨起到了很大作用。他们现在可以引用最受人尊重的巫统宗教人物的观点来证明他们受到了不公正的对待。哈吉·沙利姆和巴希尔随后变成了罪魁祸首。伊斯兰教党成员报告说,哈吉·沙利姆在市场上的咖啡店公开声称"伊斯兰教党成员一根椽子也别想得到",此外,巴希尔给塔哈出示了一份伊斯兰教党家庭的秘密名单,这些家庭绝不会得到任何东西。

这样的谈话充满愤怒甚至暴力。杜拉说,"他们向我们开战,我们不得不回击"。但除了"瘦骨嶙峋的"玛威胁性地谈到塔哈,大多数谈话是安全地限于朋友和盟友的小群体内的。他们通过在咖啡店和村路边冷落怠慢村委会成员而表达自己的愤怒。公开的冲突因而得以避免,村庄发展委员会通过"谣言"间接地知晓了大多数针对他们的指控。缺少正面的挑战源自于自尊和畏惧。洛斯妮就是前一个原因的突出例证。我问她,她的插秧小组是否向经常为之工作的巴希尔或阿明抱怨过,她解释说不好意思去要求[①]。她补充道,他们二人都告诉她应该加入巫统,那样的话她就会被包括在内了,但她没有。除此之外,她还在没有他们的木料的情况下独自修好了自家的房子。"如果他们给我援助,我会接受,但我不会去乞求或者

① 她还附带补充说,他们最近一直躲着她,可能是因为他们很难向她证明其行为的正当性。

制造麻烦。”其他人无论私下里如何抱怨，考虑到事后可能的损害，他们都小心翼翼地避免引起同巴希尔的公开对抗。加扎利是一个巫统成员，入赘到一个坚定的伊斯兰教党家庭，他可能非常烦乱，以至于写了一封正式的抱怨信，但他对巴希尔当面什么也没说。为什么？“我不想破坏我和巴希尔的关系；所以我保持沉默。”

然而，针对村庄发展委员会的抗议并不仅仅限于私下的人格诋毁以及对不公正做法的共同愤慨。在萨马特的村庄小店的一次非正式集会上，一些伊斯兰教党成员鼓动说，他们所有人应该集体去地区办公室抱怨。[①]他们事先已经得知，有一群双溪凯林村的人已经去过位于燕镇的地区办公室，为的是抗议那里的调查方式。但是，人们并没有很高的抗议热情。就像加扎利说的那样，“只不过说说而已，他们没有足够的胆量去”。显然“瘦骨嶙峋的”玛是唯一的生气并且/或者足够勇敢到亲自抗议的人，但他去的是附近的村长
228 办公室，而不是地区办公室。最终，一部分人同意写一封正式抗议信，并且分别送交吉打州的州长、地区长官以及负责反腐败工作的国家调查局（BSN）。信件于当晚起草，并由玛·伊莎、巴克利、玛·纳西——他们都是伊斯兰教党成员——以及实际上在村庄发展委员会的巫统成员（至少名义上如此）加扎利签名。该信有礼貌地抱怨不公正的调查和分配，指责村庄发展委员会应该为事态负责，声称村庄的和睦受到了破坏，并且要求派人来整顿。[②]显然，许多来自其他被选定获得村庄改进计划基金的村庄的类似信件纷至沓来。

尽管人们说几星期以后有国家调查局的人员到村里找巴希尔谈话，但这些抗议未产生任何结果。巴希尔对此予以否认。他当然清楚信已经发出，但他带着自信的微笑补充说，“这些信没什么用”。哈吉·沙利姆也告诉我，他知道写信声讨他并且威胁要把他和村庄发展委员会告上法庭的事。“如果他们不喜欢，那他们就应该

① 根据别人转述给我的话，其中的一人说，“咱们一大群人一起到地区办公室。”

② 我并未真正看到这封信，因为没有保留任何副本，但是四个签署人都告诉了我信的内容。他们尤其为自己有勇气签上名字和身份证号码而骄傲。

赢得下一次选举，选出自己人。”

一天晚上，在只有巫统成员才能获得帮助这件事已经变得清楚之后不久，村办公室里的村庄改进计划的标志被彻底涂黑了。警察第二天被叫来，匆匆忙忙地在几幢房子里搜寻黑色油漆刷和油漆筒，但一无所获。嫌疑犯没有被发现。

一般说来，那些被排除在外的人能够通过故意回避村委会成员，以及某种“仪式上的联合抵抗”来含沙射影，公开的抗议往往局限于此。这种“有意识的轻描淡写”的力量在塞达卡这样的小村庄里并非微不足道。巴希尔首当其冲地受到公众的鄙视。恰好他女儿在接下来的那个月里出嫁，他很看重所有被邀请的家庭都能参加入席典礼。但至少有10户人家没来参加筵席，如果不是因为这次事件，他们中的大多数都应该去赴宴。[①]少数像帕克·亚赫和“瘦骨嶙峋的”玛那样较贫穷的伊斯兰教党成员因为不时给巴希尔干活，出于礼貌不得不到场，但为了表示其不满，只待了一会儿就走了。哈吉·卡迪尔只去吃了一碗糯米饭，然后就走了。少数像曼苏尔那样正常情况下应帮忙准备饭菜的人只是像客人一样来了。有许多种差别细微的暗示不同轻蔑程度的方式，而几乎所有方式都用到了。甚至那些照常赴宴的伊斯兰教党成员也找到了将自己的出席变为 229
一种政治表达的方式。他们对巫统的朋友解释说，并非他们的派别造成了这一切，并不是他们试图“分裂”村庄。他们这么做是要采取有效方式捍卫村庄的价值标准，并且使自己处于在道德上比巫统领导更优越的位置。

并不是只有巴希尔才体验到了邻里关系中新出现的冷漠。吉·敦已经用她的新木料修补了房子，还扩充了她家老房子前面她儿子的一间小屋。现在她想将新房子移到老房子边上并且连在一处。这一工作至少需要70个人，他们无非是把它抬起来移动一下。为此，她安排了一次搬家宴，邀请了她所有的邻居，并且为工人准备

① 他们当中有苏库尔、洛斯妮、伊沙克、萨马特、托·卡西姆、奥斯曼以及诺尔家。

了丰盛的食物。但是结果只有三四十人出席。大多数住在村尾的伊斯兰教党家庭特意外出；[1]他们当然不愿意帮忙搬一个用他们被拒绝给予的木料和锌皮屋顶建造的房子。不止一个人告诉我，“如果巫统成员盖房子，那么，她最好自己搬家”。尽管有人呼喊、嘟哝以及再三地努力，房子仅凭现有的人力还是不能搬动。为了避免已经很尖锐的尴尬进一步延续，巴希尔派了五六个巫统的人用摩托车又接来二三十个人。一小时之内，他们终于找到足够的额外帮助，这样房子才最终得以移到新的位置。但是，这大部分的新面孔并非来自塞达卡，并且那些缺席的伊斯兰教党成员在他们内部一再幸灾乐祸地提起这件让村庄发展委员会和吉·敦丢脸的事。[2]

在了解到村庄改进计划之后的抱怨、受伤的情感、联合抵抗以及群情激愤等社会遗留之后，巴希尔向我倾诉说，这是一场政治灾难。半数的巫统成员对他很生气，因为他们认为自己被欺骗了。一些人联合抵制他的商店，其中包括非常有影响的接生婆托·沙赫·比丹和她的朋友们。“一个店主，”他提醒我，“应该讨每个人喜欢。”总而言之，他总结说，尽管给村民分发了“数千”马元，他在他们当中的“影响”还是下降了。整个事件非但没有加强巫统，反而使其受到了削弱。

在负责分配政治报酬的过程中，巴希尔和其他村庄发展委员
230 会成员或明或暗地被要求证明他们行为的正当性。但他们怎么可能解释村里这种严格的派系处理方式？甚至最贫穷的伊斯兰教党成员都被忽略而富有的巫统成员却得到了酬赏，这一明显的事实又如何解释？更不用说其合理性了。他们根据听众的不同而对处理方式的合理性做出不同的解释，但都不太成功。对于包括伊斯兰教

① 那些故意缺席的人包括帕克·亚赫、杜拉、“瘦骨嶙峋的”玛、巴克利、朱基夫利、沙赫依以及玛·伊莎。但是萨马特和塔伊布出席了。

② 在这种场合人们能召集到的人数，是主人声望和朋友网络的重要反映。然而在这个例子中，到场者的不足更多是对村庄发展委员会而非吉·敦的指责。

党成员在内的整个村庄来说，他们给予一种解释；对于巫统成员，又是另一种解释；对由自己人构成的内部小圈子，还有第三种解释。

由巴希尔和大部分村庄发展委员会成员对伊斯兰教党的朋友公开做出的解释，显然根本没有真正的合理性可言。它只是各地的小官吏由来已久的托词，即，他们只是遵循上面的指示去做他们被要求做的事。在此类事例中总是如此，这些解释只是努力在道义上使自己的行为免受谴责；正如它总是暗示他们的手脚被束缚住了；他们在处理事情时没有选择余地。因此，计划宣布不久之后，巴希尔对来他店里的人解释说所有的事情都是由“上面”决定的。在此情形中的“上面”是指Bahagian Jerai选区的地区长官和巫统执行委员会。政府“研究”了事态并且“命令”村庄发展委员会只能将救助给予巫统成员，是“他们想分裂村庄”。在镇上的咖啡馆里，当看到伊斯兰教党成员就坐在邻桌时，法齐勒采取了同样的姿态。他说，“是上级”，“这是他们的做法”，“我们并不知情，那是他们的决定”。这一为村庄改进计划推脱责任的无用努力有两点值得注意。首先，几乎可以确定，这是一个简便易行的谎言。勒拜·萨卜拉尼和其他有着充分巫统成员资格的人清楚地表明，决议是在哈吉·沙利姆家里作出的，同时还有大部分的巴希尔“参谋团”的成员在场。同样非常清楚的是，村庄改进计划至少在一些村庄里是平均分配给所有家庭的。第二个值得注意的方面是，这一免于指责的尝试只不过相当于明确地承认了，至少对全村来说，村庄改进计划的偏袒无法被证明是正当或合理的。情况既然如此，仅有的策略就是将责任推卸给别人。

当听众完全由受到救助的巫统成员、甚至是那些在公开的派系氛围中感到不自在的人组成时，就会出现另一种正当性的理由。此时虽然只有一类听众，但至少存在一种合理化的努力。针对村里那些最贫困者的诉求或村里所有家庭的权利要求，一个来自家庭生活的朴素比喻被提了出来：实际上，村庄被区分为我们的孩子和他们的孩子、好孩子和坏孩子、“亲生的”孩子和继养的孩子。正如 231

巴希尔常常告诉他的拥护者的那样,“我们必须先给自己的孩子,如果还剩下一些,我们再给继子”。这一主题在村委会核心成员中产生的反响差别很小。阿明说,“我们不得不先把财产给我们的孩子”。法齐勒说,“我们必须帮我们自己的孩子。我们怎么能够给别人家的孩子呢?”当哈吉·沙利姆试图向勒拜·萨卜拉尼和其他人证明只有巫统家庭才能受益时,或许也沿用了这一思路,他进一步推进了这一主题。

> 巫统组织首先要关照那些支持他们的人。没有足够的东西给每一个人,所以并不是所有人都可以得到一些。同父亲作对的那些不服从的孩子必须等着;他们任性并且顽固。要是有许多孩子,我们必须给听话的孩子更多一些,而不是给那些不服从我们的孩子。当我们自己的孩子被安排好之后,我们才可能考虑那些继养的孩子。

我怀疑,这种认为家庭内部的偏袒行为无可厚非的主张,是为了打消村庄发展委员会成员的疑虑,同时为更大范围的巫统成员提供貌似合理的证明,这两点同样重要。[①]例如,贫穷的巫统成员可能欣然接受继子的类比,并且仍然有理由惊讶为什么自己党派内部的分配中有那么多异常做法,即相当一些富裕的巫统积极分子比贫困的成员得到更多。然而,即使在此处,我们也可以发现某种程度的闪烁其辞,这是对其他的村庄价值标准的让步。我们自己的孩子或者忠诚的孩子的说法是极为重要的,但并不是排他性的,并且,这种主张暗示了所有的孩子,甚至是继子,都有权得到“父母”的赏赐。最后这一点常常被巴希尔所强调,他期望随后有第二阶段的村庄改进计划,这样即使是伊斯兰教党成员也将被允许分得一

① 即使伊斯兰教党成员得到了帮助,他们也不会回报这种仁慈或者是说声“感谢”,这种观点也出现过一两次。在此,互惠原则被引用并与忘恩负义或不听话的孩子的隐喻结合了起来。

份。

在更为坚定和党派性更强的村庄发展委员会成员中，流行着更为犬儒主义的气氛，这种氛围即使在普通的巫统成员中也不是公开的。在此，有关伊斯兰教党的报偿和惩罚的谈论可以公开表达。有天晚上巴希尔在自家的房子里私下同阿明和我聊天，他采用了一种坦诚的派系论调，我想这种论调往往局限在巫统内部的小圈子里。他说，那些伊斯兰教党永远不会改变，“即使砍下他们的头也不会改变”。那么为什么要给他们东西？他接着说，即使我们给他们援助，他们仍然会抱怨，就像他们在获得免费的肥料补助时的所作所为一样，说是没有得到他们那一份或者说肥料里掺了沙子。“总是抱怨”，这就是他们的“规则”。当我插话说，有部分巫统成员 232
似乎也认为，每个人或者至少是穷人应该得到帮助，他回答说，“这不是村里的社会关系。政治还是有些不同的。这个世界就是这样”。这是巴希尔最直接地公开承认村庄的价值观所要求的有别于政治需要，并且在此情形当中，前者不得不被有意忽略。

最后，如果离开村庄立场，即使对地方规范的表面敬意也往往烟消云散。我同村长阿布杜尔·马吉德在他位于双溪通港村的办公室进行了一次工作时间以外的谈话，我谨慎地提到对村庄改进计划的怨恨的问题。他的回答与他有关联合收割机取代人工的观点一样直言不讳。他用毫不掩饰的言辞表明，村庄改进计划实际上就是要迫使那些“顽抗者”屈服。“他们迟早会被削弱；富人可能还能维持，但穷人撑不了多久。”阿布杜尔·马吉德的局外人地位能够使他不需要采用任何社会面具或美化事实，他可以毫不隐讳地说出一切。

听众群越小、越具党派性，说话者（哈吉·沙利姆，尤其是阿布杜尔·马吉德）也就越有权力并不可触犯，解释也就越少束缚。如果他们愿意，最大的土地所有者和地位稳固的官员无需向那些地位低下且利益受到威胁的人为自己辩解或证明自身行为的合理性。然而，在塞达卡内部，一些美好的东西在很大程度上保留下来，并且存在一种证明获得新的利润和资助机会的正当性的努力，尽管它相当薄弱。哎，他们可以支配的规范性原料并不足以承担如此重任。胜利者或多或少地被迫歪曲事实，公然做出不诚实的表演，声称他们的手脚被束缚住了，并设法利用他们能够匆忙拼凑的所有道德合理性的残片。他们的行为可能服务于一个更高的或者至少是不同的合理性，但是从村庄层面即从马来乡村社会的道德准则来看，这种合理性并不具有说服力。

作为反抗的争论

总体来看，村里穷人提出的论点对他们而言有着显著的一致性。他们挑选出双季稻和机械化所造成的最具破坏性的经济和社会后果。他们指出有关收入、机械收割、土地租佃的改变以及雇佣等一系列“事实”，用以支持他们的立场。他们宣扬这样的观点：由于习俗、邻里关系、亲属关系和种族等原因，富人应该尽可能地提
233 供工作、土地、信贷以及施舍。根据这些主张，他们谴责那些冷酷无情地只关心利润而破坏了穷人所认为的合理预期的人。这些主题及其所包含的权利主张，在有关村庄大门和村庄改进计划的争论中体现得尤为明显。在第一个事例中，摩托车的拥有者——那些过得不错的家庭——成功地利用了曾经保护村里穷人的逻辑。在第二个事例中，传统的道德逻辑屈服于党派逻辑，但是付出很大的象征性代价，而且只是由于巫统穷人的参与才保证了他们的共谋或沉默。试图保护和宣扬一种特定的世界观（或者是一套规范性的话语）的努力，部分地获得了成功，而且构成了不仅仅是纯粹象征的反抗　形式。

穷人的世界观至少代表了对另一种潜在的话语形式的象征性屏障，这种话语将公然地使大部分富有的农场主当前的做法合理化。话语的这种潜在形式是一种有关狭隘的经济利益、利润最大化、积累以及财产权的直截了当的语言——简而言之，资本主义的语言。实际上，这种语言在村庄生活中没有任何道德地位。富人象

征性的劣势实际上是有物质结果的。穷人竭力倡导的价值观甚至在富人的话语中也得到默认,它将名誉、地位和声望授予那些遵守这些价值观的人。反过来,这些价值观还使得那些故意违背它们的人成为人格诋毁的对象。实际上,许多富人不得不在自己的名誉和双季稻的全额利润之间作出选择,以致只能采取一种不完全对抗那些规范的方式。毕竟,这种选择不是一次性的,而是一个必须天天在许多日常事务中做出的抉择。由此,村里有7个农场主,其中4个是富人,他们至少在灌溉季之后没有在部分或全部田地里使用联合收割机并因此而受到赞扬。还有少数人将小块土地租给邻居或亲戚,而不是自己耕种,这些土地大多不足1里郎。阿布杜尔·拉赫曼偶尔将一两里郎土地租给较穷的朋友并且收取适度的地租,他由此而闻名。正如本研究和其他研究所表明的,在村内出租土地的地租往往比租给外村人要低一些。一些生活舒适的村民,其中包括勒拜·彭德克、哈吉·加法尔以及巴希尔,由于经常举行邀请所有村民参加的筵席而受到褒扬[①]。至少有10个村民——他们并不都是富人——对给予劳动者的扎卡特相当慷慨,并且预先支付工钱。这些事实都不能掩盖富裕村民、特别是外村地主以他们的名声为代 234
价来追逐利润的总体趋势。然而,这些事实的确表明,地方观念和习俗的约束仍旧对人们的行为具有微弱但可以感知的影响力。受人尊重,或者至少不被轻视的愿望,是村里的一种实质性的压力,它仅凭借围绕着特定的传统价值观通过对穷人进行象征性动员就可能实现。[②]换言之,延迟向资本主义生产关系的全面转型,本身就是一个重要的而且人道的成就。在受到包围的农民能力所及的范

① 在巴希尔的事例中,这种表扬因如下意识而被冲淡了:村民意识到,他作为店铺老板和政治领导的双重身份需要他比别人付出更大的努力——这种努力在很大程度上被认为是利己主义的。

② 当然,这种社会压力并不纯然是符号性的,因为对于水稻种植的某些阶段来说,村民的劳动依然是必需的。除此之外,如同我们即将看到的那样,这种社会压力由于暴力威胁以及偷窃行为而被强化了。

围内，它通常是唯一的成就。①

穷人所捍卫的价值观毫无例外地与他们作为一个阶级的物质利益紧密联系在一起。然而，如果我们只局限于斗争的物质结果，我们就会误解斗争的完整本质。只要男人和女人们继续依靠价值观证明自己行为的正当性，那么群体和阶级之间对象征高地的争夺就仍将是所有权力冲突的有机部分。在此情境中，汤普森在其关于18世纪平民文化和抗议的讨论中所作的结论，只要稍作调整就适用于塞达卡。

> 贵族拥有三种主要的控制资源——权势和优先体系（它几乎不包括不受欢迎的穷人）、君权和法律的威吓及其霸权的象征系统。有时会存在一种微妙的社会均衡，此时，统治者被迫做出让步。因而，对象征权威的争夺，不应被视为“真正”争夺的预演，而是其本身就是一种真正的争夺。平民的抗议有时只是挑战贵族霸权的确定性，剥除权力的神秘外衣，或者甚至仅仅是辱骂一番，而没有更进一步的目标。②

倘若我们明白，“抗议”在塞达卡很少公开表现出来，并且富裕阶级的“象征霸权”单薄无力，那么我们仍然要面临“为象征权威而进行的争夺”。通过奖赏（即使是象征性地）那些品行更符合其价值观的人，并且通过诋毁那些品行公然违反其价值观的人，村里的穷
235 人凭借分配他们部分掌控的仅有的资源——名誉和社会声望——

① 我确信，阻滞资本主义生产关系的努力通常被用于论证无产阶级突出的历史作用。参见Georg Lukacs, *History and Class Consciousness: Studies in Marxist Dialectics*, trans. Rodney Livingstone (Cambridge: MIT Press, 1971), 59. 对这一立场的批评，参见我的“Hegemony and the Peasantry”, *Politics and Society* 7, no.3 (1977): 267—296, 和下文第八章。

② “Eighteenth-Century English Society:Class Struggle without Class,” *Social History* 3, no. 2 (May 1978): 158—159.

削弱了敌方的道德权威。在此过程中,基于对事实的特定看法,基于一套特定的要求,基于特定的世界观——或许,“村庄观”是一个更恰当的说法——它们有助于联合大多数因双季稻而受到损害的人。这一象征性屏障决不是不可超越的,但它仍是对富人的企图的真正障碍。①

贫穷村民的象征性反抗就其坚持的和否定的内容而言同样重要。它所反抗的几乎全部是富人对于自身及其行动特性的描述。哈吉·卡迪尔可能当面被称做“哈吉伯伯”,而背后又被称为“高利贷先生”。富裕农场主可能解释说,他们使用联合收割机是因为无法及时找到当地的劳动力,但这种解释遭到那些受伤害最甚的人的反对,他们视之为对快速获取利润的贪婪欲望。地主提高地租时可能会以自己的贫穷为借口,但是穷人“知道”这只不过是一种诡计和虚假的表演。这个清单可能会无限地扩展下去,然而意思却很清楚;事实上,富人的自我描述与合理性解释经常遭到质疑和破坏。

最重要的是,穷人的象征性反抗拒绝了富人试图强加于他们的范畴。他们知道,大农场主越来越认为他们懒惰、不可靠、不诚实和贪婪。他们知道,他们在背后被指责为亲手造成了自身的厄运,而且在日常的社交活动中,他们越来越不被当回事,或者更糟糕的是——被人忽视。他们不得不在内部说的许多话题,都是坚决反对将他们归入永远劣等的经济和仪式地位的企图,而且坚决肯定他们在这个小共同体内的村民权利。

在此,为了理解什么是至关重要的,我们必须首先更为宽泛和深入地理解此种情境下贫穷的含义。我担心在此问题上我可能已

① 凯斯勒在他关于吉兰丹州伊斯兰教党反对派的社会基础的研究中,通过强调象征和物质行动的融合,令人信服地表达了这一点:“[本研究]还省却了在工具性与象征性政治行动、物质和理想因素之间同样勉强的区分。地方问题仅仅是特定伪装下的国家问题,它们具体且易于直接理解,并且,在具有地方特色的特定情境中,对之回应的阐述绝不是虚幻的……象征和象征性行动,只有在它们涉及真实的问题和普遍经验时,才是可行的……它们不仅拥有真实的基础,还有真实的后果。” *Islam and Politics*, 244。

经促成了一种狭隘的观点，因为我既强调了机械化和租佃变动带来的经济损失，又不断地提到塞达卡的"穷人"。

贫穷远远不是卡路里或现金不足这样一个简单的问题。在塞达卡，情况尤其如此，这里并没有人濒临即将饿死的危险。就村里大多数穷人而言，贫穷更多地代表着对他们在村庄内日常地位的236威胁。任何农村社区都有可能在文化上确认一套最低限度的行为准则，用于界定在当地社会中完整的村民身份。这些最低限度的文化礼仪可能包括婚礼和葬礼的某些基本的仪式惯例；回报特定礼物和帮助的能力；对父母、子女、亲属和邻居等最低限度的义务。巴灵顿·摩尔将上述文化要求作为他对普遍的公正概念所做分析的核心：

> 如果我们将注意力限定于下等阶级，他们当然少有像样的财产权……我们经常会发现如下观念：每个个体都应该拥有"足够的"财产权，以便在社会上充任一个"体面的"角色。"足够的"和"体面的"都是由传统术语界定的。一个农民应该拥有足够的土地来供养家庭，并且能够让家长在村落社区中有一个受人尊敬的地位……只要商业关系中的增长威胁到这种类型的自主，它就会产生愤怒的不公正感……这种愤怒远比直接的物质利益更有意义，意识到这一点至关重要。这些人产生了道义上的愤怒，因为他们感受到，他们全部的生活方式受到不公平的攻击。①

如同巴灵顿·摩尔指出的那样，所有这些礼仪都假定某种程度的物质资源，这些资源对于保证其实现是必需的。低于这一水准不仅意味着物质上的贫穷；它还意味着达不到当地标准所界定的完整的人类生存。社会身份的破坏性丧失与收入的丧失同样严重。

① *Injustice: The Social Bases of Obedience and Revolt* (White Plains: M. E. Sharpe, 1978).

在双季稻之前，塞达卡许多贫苦农民的文化和仪式地位已经受到严重威胁。举例来说,村里有超出常规数量的贫穷妇女,她们结婚很晚或者根本嫁不出去。男人们有时称她们是“滞销处女”,但他们也会补充说,她们的父母无法向新郎许诺任何耕地。在斋月期间,许多贫寒人家的男子只能待在家里,而不是去拜访较富裕的邻居。一些人承认,他们不去是因为感到“尴尬”,因为他们“互惠不起”这个重要的穆斯林节日上应有的糖果和蛋糕。[①]由村里的穷人安排庆祝的宴会通常都是简化的,它们缺少标准的仪式、娱乐表演和应有的食物。他们的寒酸总是被富人所利用,作为主人没有能力 237
表现自己尊严的标志。在斋月期间,穷人发现很难或者根本不可能为祈祷后的晚餐贡献食物。在祈祷康复或者在怀孕期间为孩子的特定性别(通常是为男孩)祈祷时,他们实际上避免许诺提供筵席,因为他们知道自己无力履行这个神圣的承诺。富人经常举办的筵席——比方说,为年幼的孩子举办剃发宴,感谢安拉带来好运或者为祖先祈祷而举办筵席——这些在穷人那里很少举办。除了必须的丧葬仪式，至少有7户人家在过去六年中间没有举办过任何筵席。他们都属于村里最贫穷的20户人家。在一种举办筵席可能是最主要交换方式的文化中,他们地位的丧失极其严重。[②]由于贫困,穷人大多被丧葬互助会和相关群体排斥在外，因为他们不能购买和分享任何像样的筵席所必需的陶器。考虑到所需的费用,贫穷的农民家庭极少让子女在小学毕业后继续读书。就像我们已经看到的,他们的孩子很可能早早就外出并且永远地离去，因为村里没有使

① 或许,一个类似的羞辱是,贫穷的美国基督徒无力给孩子们准备真正意义上的圣诞礼物。他们为了获取哪怕最低限度的尊严要做出的牺牲,包括抵押未来,而这种牺牲无异于马来穷人为提供一份拿得出手的开斋节食物要做出的牺牲。同样,据说,在美国中部和南部,许多穷人都皈依新教,他们无力负担天主教徒整套仪式所需的费用。通过这样做,他们可以堂而皇之地不参与先前不得不参与的各种仪式。

② 他们中间相当多的人没有任何土地——不管是租种的还是自己所有的——因此,他们无法参与劳动交易,也无法参与诸如求雨或避免农业灾难这样的筵席。

其立足的稻田。

正是在这个更大的背景下,如同它在塞达卡被感受的那样,贫穷呈现出其全部意义。少地或无地的人们总是被归入相当边缘的仪式地位。但只要他们可以租到土地、找到工作,就能,即使是勉强地,获得最低限度的仪式尊严。在双耕开始的最初四年中,工作充足,在此期间,筵席的盛行是补救积累下来的仪式不足的标志。在这个短暂的兴盛时期,穷人也能够拥有原来只有中等和富裕农民才拥有的地位和仪式尊严。现在,由于机器收割、播种以及租佃权的丧失,维持这些权利的资源或者一去不复返,或者迅速萎缩。

当然,双耕的文化和物质后果在此不可分离。穷人所要求的适度的仪式地位不仅基于他们的收入,而且基于如下事实:他们在水稻种植过程中依然重要,从而对于种植大多数水稻的大农场主也依然重要。如果他们受到尊重,如果他们被邀请参加筵席,如果在收获之后他们得到了扎卡特礼物,如果他们借贷或预付工资的要
238 求得到了关注,在很大程度上这是因为他们的劳动被需要。尽管穷人在生产(用马克思的术语来说是“经济基础”)过程中的角色与他们在文化生活(上层建筑)中的角色之间不存在机械的联系,但不可否认的是,随着对他们劳动的需求的骤降,他们也同时经历了随之而来的对他们的尊重和认可的丧失。因此,当穷人在自己人中间谈话时,与收入本身的丧失相比,他们更为强调地位和认可的丧失。从前穷人们在收割时会外出做工,而现在他们无事可做,我们又该如何理解由这种赋闲引发的许多评论?有关未被邀请参加筵席、或者在村路上不被人理睬或者甚至不被看见、被无礼地对待或者“被晾在一边”,有关这一切的尖刻评论,我们又该如何理解?他们感到没有得到该有的人道关照,这至少与他们家庭收入的跌落一样令人愤怒。当地对于村庄改进计划的愤怒,甚至对于打开大门的愤怒,大都可以依据这些观点来看。在每一种情形中,通过诉诸习俗而抗拒的是这种企图——它要废除一群村民作为当地村民应有的正常权利。

在左翼学者通常专注于工人和农民的低工资、失业、恶劣的居住环境以及营养不良等经济剥夺时,仪式尊严和人格尊重等更为日常的事物却往往被忽视。可是,对受害者自身而言,这些主题看起来才是至关重要的。例如,在历史上骚乱不断的安达卢西亚乡村工人中间,一个主要的怨恨就来自被称为宗派主义的"上层阶级社会性自我免职的实践"。正如吉尔摩所观察到的:

> 他们公开指责宗派主义,因为他们感觉到,那是傲慢和轻蔑的反映……工人阶级激烈的反应部分地源于深切感受到的道德假设:社区内的穷人认为,忽视一个人就是主动地轻视他和侮辱他,就是有意识地不把他当人看。[①]

旺·扎维·伊布拉欣更接近于我们的领域,他出色地研究了近来从东岸村庄招募来的马来平原工人,研究详细地探讨了作者称之为"地位剥削"的反应。[②]一个上了年纪的马来工人期待别人像帕克·吉那样恭敬地对待他,当他被一个马来监工粗鲁地呼来喝去——"嗨,你过来"时,他深感屈辱,如同他被当做"马路中间的垃圾"。以前是农民的工人的许多抱怨不仅集中于工资和工作环境等一般问题,也同样多地集中于不被重视和被无礼地对待。 239

① David Gilmore, "Patronage and Class Conflict in Southern Spain," *Man* (N.S.) 12 (1978): 449.在他有关1848年至1920年间德国工人阶级运动的详尽的历史记录中,巴灵顿·摩尔强调了他称之为"应有的人类待遇"的需求如何频繁地出现在工人的报告中。他在关于第一次世界大战后的工人委员会的文章中总结道:

> 工人们愤怒的来源基本上是两类事物的结合:特定的物质剥夺以及他们自己所称的缺少应有的人类待遇。应有的人类待遇的缺少伤害了他们的公正感。在他们看来,这显然意味着在每天的日常接触中不把工人当人,比如态度过于生硬、不礼貌,等等。

② Wan Zawawi Ibrahim, *A Malay Proletariat*: *The Emergence of Class Relations on a Malay Plantation* (Ph. D. diss., Monash University, 1978), 398 et seq.

如果我们要全方位地理解塞达卡的意识形态斗争，就必须同时理解他们所面临威胁的全部维度。这种威胁至少有三个层面:看得见的永久贫穷的威胁；同样明显的在社区中有意义和受尊敬的生产角色的丧失；以及与之相关的在本村被确定为完全成员资格的社会认可和文化尊严的丧失。将以上事物称为生计问题会在很大程度上错过其重要意义。当穷人通过发明绰号、恶意的谣言、联合抵制筵席、并把当前的事态归咎于富人的贪婪与吝啬,从而象征性地瓦解了富人自我授予的社会地位时，他们同时也在坚持自己对地位的要求。正如平日所发生的那样,甚至当一个贫穷家庭勉为其难地举行筵席时,这也是一个微小的但是意味深长的象征,由此表明他们不接受匮乏所暗示的文化边缘化的决心。正是在此意义上,口舌之战,即塞达卡的意识形态斗争,构成了“日常反抗”的核心部分。拒绝接受从来自上层的情境定义,拒绝认同他们自身的社会和仪式的边缘化，所有这些对于进一步的反抗而言尽管是不充
240 分的,但肯定是必要的。

第七章
超越口舌之战:谨慎反抗与适度遵从

不管发生了什么,帅克都不会变成一个狡猾的暗中破坏者,他只不过是一个利用可能的微小机遇的机会主义者罢了。

贝尔托·布莱希特(1943年5月27日)

那些该诅咒的无礼的政客、教士、文人,还有那些诸如此类的教导实行"唯物主义"的人!工人所要求的只是在其他人看来必不可少的东西,没有这些人们就根本不可能生存下去……工人阶级符合他们的"唯物主义"是多么正确!不是就价值观而言,而是就时间而言,他们意识到肚子先于灵魂又是多么正确。

乔治·奥威尔,《西班牙内战的回顾》(1942)

从迄今为止的论述来看,人们有理由假定穷人与富人之间的斗争在很大程度上只限于口舌之战。这个假设并不全错,但一定会有所误导。因为塞达卡贫穷和富裕的农民并不只是在争辩;他们之间同样有战斗。在这种境况下,此类战斗并非激战,更多的是低级的、打了就跑的游击队行动。我认为,本章要描述并分析的"战斗"

类型将是典型的“田园式”反抗，它表现了大多数农民阶级和其他从属阶级在其大部分不幸的历史中的特点。然而，更为特殊的是，我们这里涉及的是平淡无奇但是普遍存在的反对国家扶植的乡村资本主义发展结果的斗争：获得生产资料的途径的丧失（无产阶级化），工作（边缘化）和收入的丧失，以及双耕前穷人尚拥有的微乎其微的地位和权利的丧失。阅读资本主义发展史的绝大多数读物，或者仅仅看一眼此种背景下当前的不平等，都会从中得出这种斗争注定要失败的结论。有充分理由相信事实不过如此。如果是这样的话，塞达卡贫穷的农民阶级将会发现自己有着声名卓著的和数不清的历史同道。

在考察了公开的集体抗议为什么如此之少的主要原因之后，我考察了为改变生产关系而进行的真实的反抗模式：纵火、怠工、联合抵抗、私下的抗议、偷窃，以及穷人之间的相互支持。随后我将
241 评价高压统治——或许可以称之为“日常的镇压形式”——在从公开的顺从中产生上述抗争的伪装形式中的作用。最后，我将回过头来，用更一般化的术语，探讨反抗的定义以及为什么此处所研究的许多行动有理由被称为反抗。

公开的集体反抗的障碍

观察家不必经过长期观察和艰苦努力就可在塞达卡找到更多反抗的实例。事实上此类事例极其充足。而这些事例正是反映它们得以产生和受到制约的条件的反抗形式。如果斗争是公开的，那就极少是集体性的，而如果斗争是集体性的，它们就极少可以公开。两者相遇几乎等同于“意外事件”，结果通常是不了了之，并且作乱者会在黑暗或匿名的掩护之下逃离，消失在“老百姓”的保护层中。

为了理解为何反抗要采用此类伪装，短暂地停下来考察一下少许“已知事物”是有帮助的，这些特定事物决定了可供选择的范围。这将在一定程度上预见到随后的材料，并且一些此处只是概略提出的主题将在本章和下一章更为详尽地展开。

或许构成塞达卡穷人可能的选择最为重要的“已知事物”无非是他们已经经历过的变迁的本质。其中一些变迁比其他的更容易引起争论——更有可能引发公开的集体违抗。在此范畴之内,我可能提出那些重大的和突发的变迁,这些变迁决定性地破坏了几乎所有日常生活的常规,并且同时威胁到许多人的生计。然而,在塞达卡,构成绿色革命的变迁被体验为一系列在土地使用期限和技术上的逐步完成的变迁。变迁是痛苦的,它们趋向丁逐步呈现,并且一个时间内只影响一小部分村民。比如,从收获后交付的谷物地租到种植前交付的现金地租的变化,只影响佃农并且是在几个季内推进,因此只有极少数佃农发觉自己同时身陷险境。此外,即使这意味着额外的债务负担,他们中的大多数也能够保住租佃权。我们能够想象如果个别的大地主坚决要求村庄中所有佃农在同一季内缴纳现金地租,其后果可能完全两样。当地主决定自己重新开始耕种土地或者将他们的土地租给富裕的商业经营者时,由此而来的租佃权的丧失也遵循相同的模式。增加地租和播种机替代插秧可以说更是如此。压榨以变动不居的速度逐步完成,这样受害者每次总是少数。此情形和其他情形一样,每个坚持变迁的地主或农场主都代表着一个特定的情境,影响一个,或者至多是几个个体。

这一模式唯一的例外是联合收割机的引入,以及我们将要看到的,它所引发的最趋近于公开的集体违抗的情形。然而,即使在 242
这个事例当中,影响也不是即刻发生的,对于村里的许多人而言也不是没有某种模糊性。在最初的两到三个季节中,对于穷人的经济影响引人注意但并不具有毁灭性。中农在迅速收割庄稼的好处和自己或其子女丧失工资收入之间真正地分裂了。正如我提到的,少数最小的农场主已经屈服于使用联合收割机的诱惑,以便早点结束收割,而签订城里的劳动合同。但在任何时刻,联合收割都不意味着对大多数村民的生计的整体威胁。

吉打州农业改革的另一个显著特征——一个用于有效缓和阶

级冲突的特征——是它将穷人转移出生产过程而不是直接剥削他们这个事实。一个接一个地，穆达工程中的大农场主和地主将有关收获和利润分配的潜在斗争从水稻种植中排除出去。现在机器经纪人的单一报酬取代了有关收割和打谷的计件工资率的斗争。播种替代了有关插秧费用的商议，并完全避免了冲突。使用机器自己耕种或者将地租给外村人而收取一次性地租的选择取代了关于时间和租金标准的紧张而有异议的论争。甚至向现金地租的转变也消除了苦难和破产的故事，而此前它们曾主宰收割后调整地租的要求。当然，变迁本身——解雇佃农，转而使用机器，耕种前转为固定地租——都不是那么简单就能完成的。而它们一旦被实施，先前的佃农或雇佣劳动力就不再与此相关：一季接一季的斗争也就不存在了。一旦生产领域中的联系和斗争被切断，同样的联系——以及斗争——在仪式的、慈善的、甚至是社交领域的联系被切断也就很简单了。绿色革命的这一方面，就其自身而言，在解释群众暴力在此处和其他各处都相对缺乏的方向上前进了一大步。假使绿色革命的收益更多地依赖于压榨佃农，而不是解雇他们，或者从收入较少的劳动力身上榨取更多劳动，那么其导致的阶级斗争一定会更激烈。实际上，双耕的利润与其说依赖于剥削穷人，不如说是忽视或取代他们。[①]如同其他的任何冲突，阶级冲突发生在打谷场、流水线以及确定计件工资率或地租的场合，在此，至关重要的利益就是争夺的目标。穆达的双耕取得的成就是，它逐步清除了那些历史
243 上曾经发生过阶级冲突的场所。

公开抗议的第二个障碍早在双耕逐步实现的冲击中就有所暗示。我们讨论过的所有变化的影响都有塞达卡复杂的和重叠的阶级结构作为中介。在这样一个结构中，有比较富裕的和非常贫穷的佃农；有自己（或其子女）同样是租佃者和劳动者的地主；有需要有薪工作来维持生存同时也租用联合收割机的小土地所有者。因而

① 如同近来被解雇的一个工人曾可怜巴巴地告诉我的那样："比被剥削更糟糕的唯一的事情是不被剥削。"

租佃权和产品的每一个重要转变不仅造成了受害者和受益人,还造成利益同样并不那么容易辨别清楚的实质的分层。塞达卡并非莫雷洛斯,后者那里的糖料种植园中穷人和大量未曾分化的农民面临着共同的敌人。事实上只有在为数极少的环境中,乡间的阶级结构才会产生决定性的单一分裂或者对于外部压力的接近一致的反应。塞达卡阶级结构的复杂性妨碍了在多数问题上形成集体意见,以及因此而来的集体行动。

由当地阶级结构所呈现的集体行动的障碍还混合了其他超越阶级的断裂和联盟。这些因素是亲属、朋友、派系、资助关系以及仪式性纽带,这些联系实际上搅浑了所有小共同体中的“阶级之水”。几乎毫无例外的是,他们通过建立一种依附关系而有利于富裕农民,而这种依附关系限制了那些谨慎而贫穷的男男女女以阶级的方式行动。因而,没有土地的穷苦劳动者曼苏尔,同村里最富有的沙姆苏尔建立了关系,并且偶尔还有希望在他家中蹭一顿免费午餐或者不时可以打打零工。尽管这一切并未阻止曼苏尔私下里抱怨失去了工作以及富人通常都很吝啬,但这的确有助于解释他的巫统成员的身份以及他在村庄政治中的恭顺态度。“瘦骨嶙峋的”玛极度贫穷,私下在阶级问题上相当心直口快,并且他还是伊斯兰教党的成员。但他从其岳父阿布杜尔·拉赫曼(一个相当富有的巫统地主)那里租了1里郎地,并且小心翼翼地不在村里惹是生非以免让他的岳父为难。还有其他很多例子可以引用,但意思很明确。村里的少数穷人受到亲属关系和/或他们不会轻易破坏的微妙的经济依赖的制约。如果他们与这些亲戚、地主或雇主意见相左,他们多半会谨慎从事。过分强调这类纽带将是错误的,因为较之于从前,它们已经相当稀少并且益发脆弱,而且还有许多穷人根本未被限制于此种形式中。然而尽管如此,它们的确限制了穷人形成派

244 系。[1]

公开反抗的第三个障碍与其说是障碍，不如说是一个可行的选择。正如巴灵顿·摩尔在另一个完全不同的情境中提醒我们的那样，“过去数个世纪中人们对压迫的一个最经常和有效的反应就是逃走。”[2]这一选择通常在东南亚特别是在马来亚具有任何地方都不能及的历史重要性。只要存在陆地疆界，并且只要对人力而非土地的控制是榨取剩余的基础，被一位作者笨拙地称之为“逃避抗议”的可能性就总是比冒公开对抗的风险更具吸引力。[3]让本土领导人和殖民地统治者惊愕的是，马来的乡村人口总是处于异常流动的状态——迁到另一个小的领地，离开一块土地去开辟另一块新的空旷土地和林中家园，并在此过程中改变种植的庄稼和职业（通常是后者）——属于经典意义上的“用脚投票”。由于其独特的人口特性和社会组织，可以毫不夸张地说，正是“退出”而非“表达”表现了马来社会对于压迫的传统的和首选的反应。[4]幸运的是，就绿色革命中的失败者而言，这一传统选择对许多人来说依然可资利用。

① 确实，一旦离开村落，村里穷人间联合行动的微弱可能就几乎消失殆尽，这一点自不待言。甚至穷人用以证明其对工作、田地以及慈善权利要求的正当性的价值标准，在很大程度上也仅在村内适用。尽管亲属关系将绝大多数穷人与别处的亲戚联结了起来，但这些都是家庭联系而非阶级联系。假使存在全国性的甚或是地区性的政治媒介，可以有效表达穷人在诸如土地改革、机械化以及雇佣等方面的阶级利益，那它毫无疑问将得到大批拥护者。但是由大地主主宰的伊斯兰教党并非这样的表达媒介。并且由于镇压和地方自治主义，社会主义政党从未在吉打州建立起真正的根据地。

② Barrington Moore, Jr., *Injustice: The Social Bases of Obedience and Revolt* (White Plains: M. E. Sharpe, 1978), 125.

③ 就通常在地区层面对此模式的具有启发性的探讨而言，参见Michael Adas, “From Avoidance to Confrontation: Peasant Protest in Precolonial and Colonial Southeast Asia,” *Comparative Studies in Society and History* 23, no.2 (April 1981): 217—247。

④ “退出”和“表达”的术语源自Albert O. Hirschman, *Exit, Voice, and Loyalty: Responses to Decline in Firms, Organizations and States* (Cambridge, Mass.: Harvard Univ. Press, 1970)。

至少在过去半个世纪内，吉打州水稻种植区大量增加的人口一直在迁出。他们作为拓荒者对霹雳州、彭亨州、柔佛州以及吉打州内陆地区新水稻种植区的开发做出了贡献。事实上，村里每户贫困家庭都曾申请政府发起的移民计划，那里橡胶尤其是油椰的收入甚至通常都超过一个富有的水稻农场的劳动所得。但入选的只有少数人，并且他们通常都不是最穷的村民。尽管如此，成为被资助的居民的微小机会却是预防地方冲突更公开表达的因素。对谦恭而贫穷的村民子女来说，工厂工作和家庭服务（对女性来说）以及全职的城市合同工（对男性来说）的选择都是可以实现的。对主要选择留下来的贫穷家庭来说，城市里短期合同的劳动提供了一个能维持下去——即使不那么令人满意——的生存方式。这一最后和最为普通的生计方式，不仅减轻了贫穷家庭的经济压力，许多年来还将家里的当家人从村庄事务的积极参与中转移出去。这种半无产者依然主要居住在村庄里，并且甚至可能耕种一小块稻田，但是他们在可能引发阶级冲突的地方议题中扮演的角色却越来越边缘化。外出就业机会的下降当然可能极大地改变这副图景，这一改变是通过增加地方性工作和获得土地而实现的。[①]然而，从目前来看，利用现金经济以补偿地方生存不足的能力将继续为地方冲突提供一种风险更小的替代物。 245

人们可能会从前述内容得出一个印象：塞达卡阶级冲突的障碍完全是复杂的地方分层、生产关系变化的散乱特点，以及收入的替代性来源等因素造成的。我必须补充的是，镇压以及对镇压的恐惧也应该包含在内。正如贫困村民经历过的那样，镇压的快速冷却作用在接下来的描述中将变得清晰异常。只需说明阻止联合收割机增长的努力发生在某种恐怖气氛中就足够了，这一氛围是由地

① 马来西亚人强硬的对外交易立场及其种类繁多的出口商品，使其较之许多其他第三世界经济不容易受到冲击，但容易受到严重、长期暴跌的影响。个人投资和出口收入的不足致使马来西亚需要在过去两年（1981—1982）中削减公共开支，从而使得这种脆弱性日益明显。

方精英、警察、内部安全部队的“特殊部门”、政治拘留和胁迫模式等共同造就的。有充足的理由相信，如果不是由高压统治造成的合乎情理的恐惧，抗拒联合收割机的地方运动将呈现出更为公开和公然反抗的趋势。

只有在考虑到预期镇压的背景时，公开反抗的第五个也是最后一个障碍才有意义。这一障碍无非是日常的谋生需要——为了家庭的生存——马克思恰当地称之为“经济关系的无声的压力”[①]。在暂时缺乏任何直接的和共同改变其处境的现实可能性的情况下，除了尽可能地适应每日所面对的景况之外，村里的穷人们几乎没有什么选择。佃农也许痛苦地憎恨必须为一小块土地缴纳的地租，但他们必须交租，否则就会失去这块土地；近乎无地的人们可能痛惜丧失了薪资工作，但他们必须为少数的可资利用的工作机会拼抢；人们或许满怀对于主宰村庄政治的派系的憎恨，但要指望获得派系赠与的小恩小惠，他们就必须谨慎行事。

谨慎、务实地适应现实至少有两方面值得强调。首先是它并未
246 取消某些形式的反抗，尽管它确实设定了界限，而这界限只有鲁莽的傻瓜才会去逾越。其次，它首先是务实的；而这并不意味着对那些现实的规范性的赞同。理解这一点无非是要领会，在所有情况下，大多数从属阶级历史上的处境究竟是什么。他们要在很大程度上自身无法控制的条件下抗争，并且他们紧迫的物质需求使对于那些条件的日常适应成为必要。来自中层或上层阶级持不同政见的知识分子有时可能有兴趣执著于长时段的结构性变迁的前景，但是，农民或工人阶级不可能从谋生的世俗压力中有稍许解脱。就像我们要做的那样，如果观察塞达卡日常的社会生活中的许多“顺从”行为，我们没有理由臆断它们衍生于精英或国家所操纵的某些符号霸权或者规范性的共识。日常的胁迫已经足够了。像马克思一样，涂尔干和韦伯都意识到，“无论其偏好和倾向如何，人类都被迫

① Karl Marx, *Capital*, vol.1 (Harmondsworth: Penguin, 1970): 737.

按某种方向行动”[①]。涂尔干有关产业工人阶级所受到的日常约束的观点甚至更适用于农民:

> 社会关系的张力应部分归于工人阶级并不真正满足他们生存于其中的环境,但是由于他们没有任何可以改变这些环境的手段,他们常常得被迫接受它们。[②]

最后,在特定条件下,农民和工人阶级的确拥有从根本上改变其处境的手段。但是,在短期内——今天、明天和后天——他们面临着严酷的限制其现实选择的情境[③]。今天,像以往一样,留给塞达卡穷人微乎其微的土地和工作机会依然要靠富人的默许。如果说穷人日复一日的许多公开的行为反映了这个事实,那么,只有对生 247
存健康而合宜的考虑能够解释这一点。农民所处的情境是:“破釜沉舟”的第一个字必须按字面意义理解,那么“破釜沉舟”的做法就没什么吸引力了。

抵制联合收割机的努力

作为伴随着双耕出现的最为突然和最具破坏性的变迁——联

① Nicholas Abercrombie, Stephen Hill, and Bryan S. Turner, *The Dominant Ideology Thesis* (London: Allen & Unwin, 1980), 46. 在这三位作者有关封建主义、早期资本主义以及晚期资本主义的分析中,他们提供了一个颇具说服力的例子来证明,当代著名学者阿尔都塞、普兰查斯、米利班以及哈贝马斯详细阐述过的“支配性意识形态”/“霸权”的概念,无论在逻辑上还是在经验上都不能让人信服。我将在下一章讨论“霸权”和“虚假意识”的问题。

② Emile Durkheim, *The Division of Labour in Society* (New York: Free Press, 1964), 356. quoted in Abercrombie et al., *Dominant Ideology Thesis,* 43.

③ 有两项研究在不同情境下都强调了压迫以及“经济关系的压力”,参见Juan Martinez Alier, *Labourers and Landowners in Southern Spain,* St. Anthony's College, Oxford, Publications, No.4 (London: Allen & Unwin, 1971) and John Gaventa, *Power and Powerlessness: Quiescence and Rebellion in an Appalachian Valley* (Urbana: Univ. of Illinois Press, 1980)。

合收割机的引入同样激发了最为积极的反抗。这种反抗超出了如我已经描述过的关于效率的争论、对失去工资的抱怨以及直接针对使用它的人的流言蜚语。整个吉打水稻种植区都试图阻止机器进入农田,发生过纵火和破坏等事件,组织过水稻插秧工针对率先使用机器的人举行"罢工"。所有这些行动最终都没能阻止水稻收割的机械化,尽管它们毫无疑问在一定程度上延缓了这一进程。精密考察这些反抗形式和大农场主的反应,能够教会我们许多有助于建构此类反抗的可能性与限制。

当然,联合收割机并非威胁穆达贫穷村民生存的第一种机器。我们在前面的章节已经看到,使用拖拉机和卡车将稻谷从地头直接运到镇里在更早的时候就已经在一些村庄引发了英勇而成功的反抗。然而,联合收割机造成的威胁远为巨大。零星的反抗早在1970年就已开始,当时,从日本原装机改装后的第一批小型实验机器在吉特拉镇附近的农田实验中投入使用。穆达农业发展局管理实验的官员回忆了几起暗中破坏的小事件,所有这些事件都是"恶意破坏公物"[①]。贫穷村民从机器里拆除了电池并扔到灌溉渠里;他们弄坏了汽化器和其他重要部件(如配电器和空气过滤器);他们把沙子和泥浆放进油箱;他们把各种物体(石头,电线,钉子)扔到螺丝钻里。这些暗中破坏有两个方面尤其值得强调。首先,暗中破坏的目标绝非简单的偷窃,这一点再清楚不过了,因为事实上什么东西都没被偷走。其次,所有破坏行为都是由几个人或小组在夜间秘密进行的。而且,他们受到乡亲们的保护,后者即使知道谁干的,在警察调查时也会宣称完全不知情,结果,没有任何人做出检举。夜间设置警卫看守联合收割机的做法就可追溯至这些早期的实验。

从1976年开始,联合收割机开始报复了,农民的报复行动也同
248 样在整个水稻种植区蔓延。塞达卡较穷的村民还能回想起几个事

① 如同我们将要看到的那样,暗中破坏这一说法十分准确。村民像19世纪的法国工人那样,在工作中把鞋扔进机器,进而达到毁坏机器的目的。

件,他们讲述这些事件时依然带有某种喜悦之情。比如,托·穆罕默德告诉我他清楚地知道如何阻塞螺丝钻——在哪儿放入有倒刺的金属丝或钉子——因为他的朋友们曾经干过。他拒绝太过仔细的描述,他说,因为如果公开谈论那么他的朋友就可能遭到逮捕。苏库尔描绘了一个更具戏剧性的事件,在我到那里之前的两个季,在距塞达卡南部几公里的托凯村附近有一台联合收割机起火了。他说,有几个穷人围住马来守夜人问他机器究竟是谁的。当后者回答说机器属于一个中国企业所有时,他们命令他爬下来,然后给发动机和驾驶室浇上汽油并且点燃了大火。第二天有两个马来年轻人被逮捕,但是由于缺少证据而很快被释放。村民还讲了发生在斯朗库村附近的其他几起事件,如把大树砍倒放在联合收割机进入村庄或者到其他村的路上,以及螺丝钻被电线卡住等。

尽管有极少数农民连一两个事件也回忆不起来,我还是不费吹灰之力就收集到非常齐全的事件报告的清单。然而,没有人能够回忆起发生在塞达卡本地的任何此类事件。或许这只是反映了可以理解的避免他们自身引起注意的做法。在任何时候,这些暗中破坏活动都未达到19世纪30年代将脱粒机引入英格兰时所导致的砸毁机器的水平①。

在男性的个人和小群体还在袭击机器的同时,为了对那些使用机器的农场主施加压力,还出现了妇女静悄悄地然而更具集体性的努力。那些通常来自同一家庭的男人和女人由于联合收割机

① 有关这次运动当今的经典研究,参见E. J. Hobsbawn and George Rude, *Captain Swing* (New York: Pantheon, 1968)。在未作不可避免的过度比较的情况下,我发现当谈到动员起来反对脱粒机时,19世纪早期乡下的勒德分子比吉打州的农民拥有几个有利条件。他们被相当充分地无产阶级化,并且依赖于雇佣劳动;他们能够期望一套传统的合法保护来强化他们对生存工资的权利要求;并且他们面对的是在乡下设置较少的镇压机制。当然,他们也被征服了,但只是被在当时看来规模空前的军队所镇压。吉打州的抵抗要零散得多,规模更小,尽管从事破坏活动的人们和他们的英国同行都有在黑暗所提供的掩护下匿名行动的偏好。到1979年,官方公开的警告以及对机器更为严格的守卫将此种形式的抵抗减少到了可以忽略不计的程度。

而失去了工作，但是，唯有妇女还有着实际的讨价还价的力量，因
249 为她们暂时还控制着插秧的工作。[1]收割农场主土地的妇女群体通常也是先前耕种同一块土地的那群人。她们失去了大约一半的季节性收入，因而可以理解其痛恨为那些在收获季使用联合收割机的地主插秧。因此，在塞达卡和整个穆达地区，这些妇女决定组织一次联合抵抗行动，拒绝为使用联合收割机的雇主提供插秧服务。

塞达卡五个这样的“共享小组”中的三个显然做了一些努力来推进联合抵抗行动。那些由六到九名妇女组成的小组由洛斯妮（一个寡妇），罗吉娅（玛·布扬的妻子）以及米丽娅姆（玛·伊莎的妻子）领导。其余的两个小组由塔杰丁和阿里芬的妻子领导，看起来并没有卷进去，但是没有一个小组同意为被其他三个小组当中的任何一个小组所抵抗的农场主种植水稻。洛斯妮、罗吉娅以及米丽娅姆的小组发起抵抗的原因还不是特别清楚。她们由来自平均水平比其余两个小组贫穷，但也只是稍穷一些的家庭的妇女组成。同样，前两个小组大多数成员来自伊斯兰教党家庭，但这一点归因于亲属和邻里关系的程度和归因于派系的程度本质上差不多，并且至少她们也经常联合抵抗与自己同一政治派系的农场主。如果我们依赖当地关于反抗模式的解释，那么多数人会认为洛斯妮和罗吉娅严重依靠雇佣劳动来养活家庭，而且与此同时她们是“勇敢无畏”的[2]。

联合抵抗的形式与迄今为止我所描述过的诸种谨慎反抗的种类差不多。在联合收割机的农场主和他的插秧工人之间，并没有出现公开的对抗。相反，这里的对抗是匿名的和间接的。妇女们通过

---

① 播种机在1979年或1980年才开始对人工插秧构成严重威胁。

② 我们早已提到，洛斯妮是个寡妇。由于罗吉娅的丈夫被认为相当无能，这样她就常常被看做一家之主，做出种种重大决策。这样的妇女——尤其是如果她们已过了生孩子的年龄——事实上被视为“名誉”男性，并能免于服从马来社会通常对妇女节制和恭顺的要求。

调停者“让人们知道”她们的小组对于失去收割工作的不满，并且将不愿意为那些在前一季使用联合收割机的地主插秧。她们还让人们知道，如果联合收割机在收割过程中坏掉，这个时候希望人工收割庄稼的农场主别指望先前的工人会帮他摆脱困境。 250

1977年灌溉季初期，当实现这一威胁的时机到来之际，小心谨慎又一次占了上风。三个小组中没有一个直接拒绝给那些上一季使用联合收割机的人插秧。相反，她们拖延时间；共享小组的领头人告诉那些令人讨厌的农场主她们很忙，现在还没办法到他们的田里去。只有大约12个农场主曾在上一个收获季使用过联合收割机，因此共享小组有足够的工作要做，她们忙着给那些尚未机械化的人插秧。[①]插秧者因而公开了她们的选择；她们避免直接拒绝插秧，那样的话可能招致公开的决裂。与联合抵抗的传言紧密配合的是，那些被搪塞的农场主越来越感到焦虑——他们的水稻秧田正在错过最佳插种时节，进而他们担心在水源供应被切断的预定期限前他们的稻谷还未完全成熟。看到自己空着的地块旁邻居新插种的稻田，他们的心里感到不是滋味。

在这场心理战两个多星期后——表面上的联合抵抗从未真正宣布过——6个农场主“让人们知道”，他们正在安排外村劳动力来为他们插秧。依据大多数人的讲述，这6人是哈吉·卡迪尔、哈吉·沙利姆、托·卡西姆拉齐姆、卡米勒和西卡玛赫，他们总共拥有将近100 里郎耕地。他们声称为了捍卫自己的权利，他们敦促当地的共享小组履行一项插秧日程的明确承诺，而且，只是被再次推托之后，他们才转而考虑别的办法。就此而言，联合抵抗瓦解了。三个共

① 在那个季，并非所有塞达卡农场主都能够整齐划一地被分为收割机使用者和共享小组的雇用者，因为至少有4个农场主在一块地上使用联合收割机而在其余地上使用人工劳动。在两例中，如何选择取决于每块地稻谷的成熟程度，一方面要看有没有空闲的联合收割机，一方面要看特定地块能否使用机器收割（由于有些地块可能土质松软、被水浸透或者可能被别的地块或未熟的稻谷包围）。在剩余的两例中，农场主所作的决定几乎肯定是为了避免欠债并避开可能来临的联合抵制。

享小组都面临着背叛，因为妇女们担心插秧工作会永远属于外村人。她们匆匆忙忙地放出话来，说将会在几天内就开始插那些田里的秧。6个农场主有3个取消了让外村人来插秧的安排，而其余的3个农场主继续坚持先前的安排，这也许是因为他们觉得现在取消安排已经太晚了，亦或许是因为他们希望给这些妇女一个教训。插秧者来自燕镇（恰好不属于灌溉计划区域）以及更远一些的新基亚镇和默布克村。哈吉·沙利姆利用他相当的政治影响力同穆达农业发展局商定后，带来一队泰国的插秧人——这一做法他现在依然继续着，并因此而被人恨之入骨。

通过集体行动阻止联合收割机的短暂而且失败的尝试，是令
251 人沮丧的或者自鸣得意的事后议论的主题，这当然取决于人们碰巧站在哪方的立场。除了其所表达出的喜悦或失望，这些事后分析唯有一次集中在这一结局的必然性上。由于机械化而所失甚多的人们意识到，妇女们不可能真正超出议论和威胁。由此，华喜德说，传言中的联合抵抗“只不过是个议论，而她们无论如何会去插秧的”。“她们能做什么？”他绝望地问道。托·穆罕默德也附和这一评价：“其他人会去做这项工作；一旦丢了这份工作，她们就什么也做不成了”。“人们都很聪明”，苏库尔补充说，“如果你不想去插秧，他们就会夺去这份工作和钱。”正是由于这个原因，萨马德宣称，妇女们小心翼翼地不破釜沉舟，并且只在大农场主听不见的地方谈论联合抵抗。最后，哈姆扎以同样的口气总结了妇女们面对的诸多可能：

> 你抱不抱怨都没用。你什么都干不了；你根本赢不了。要是你开口，他们就不会雇你。如果联合收割机坏了，女人们还得去给农场主收割水稻。如果你手头紧，就不得不接受这份工作。如果你拒绝，如果你不去做，其他人会去做。只有那些有钱人才能够拒绝。

我们不可能希求有关“经济关系的无声压力”的更清晰的说明了。富人们不仅清楚这一“无声的压力”,并且还依赖于它。如同玛·伊莎所说的,“他们什么都做不了,只是闲扯”。托·卡西姆在机械化过程中所面临的风险更高,因为他是一个机器经纪人,同时也是一个农场主,他意识到联合抵抗永远不可能实现,“穷人无论如何得工作;他们不可能长久坚持联合抵抗”。勒拜·侯赛因说,虽然她们很生气,对于联合抵抗她们也只能是说说而已,因为她们需要钱。他用一句马来谚语精确地总结了妇女们面临的困境:“生大米的气,就用大米喂鸡”。最为切近的英语表达则是“损人不利己”。

如果从我们单一的村庄视角中后退几步,就会看到更为广泛和更不乐观的模式。塞达卡的妇女共享小组在同一时期偶尔被雇用到30英里外的稻田插秧。洛斯妮告诉我,有一次一个来自塞迪蒂·班杜村——她们的共享小组正在那里插秧——的妇女告诉她,她们正在为之工作的农场主不再雇用当地的插秧工了,因为上个季度他用联合收割机收割。得知这一消息以后,洛斯妮告诉那女人 252
她“心里不舒服”,但是工作差不多就要完成了。[①]非常类似的情形还会有很多,因而,从这一更加宽广的视角出发,塞达卡贫穷的妇女不经意地充当了穆达地区其他村庄的“罢工破坏者”。这些村庄的妇女,或者和她们一样的其他妇女,毫无疑问也破坏了塞达卡的联合抵抗行动。我们在此处看到的是农民的阶级行动功效折损的近乎经典的例证,特别是当这些行动通常被限制在一个相当广阔的劳动力市场中的一个或几个村庄里的时候。[②]

① 他们正在耕种的稻田属于共享小组中一个妇女的兄弟,这一事实使事情进一步复杂化。

② 这有益地指出了一些地方或村庄研究的局限——那些研究只考查阶级的地方碎片,而实际上这些阶级遍布范围更广、成员个人间彼此并不熟悉。关于阶级的更为精确的看法事实上不仅包括空间维度,而且还包括时间维度,因为佃户阶级作为一个概念必须包括那些过去曾是佃户的人以及现在仍是佃户的人。在此情境中,阶级的空间维度就其本身来说似乎赞成精英和知识分子协调并且统一其碎片化的行动。我们随后将会看到,这一结论未必合理。

劳工联合抵抗行动的类似尝试发生在穆达大部分地区。穆达农业发展局指挥部的一位官员向我透露，他怀疑大多数地主，比如哈吉·沙利姆，申请允许引进泰国插秧工人，事实上是为了对付当地劳工的联合抵抗。因为这些人多是大规模的农场主，他们就是最有可能在第一时机使用联合收割机的那批人。有关联合抵抗的议论当然非常普遍。因而罗斯玛丽·巴纳德提到一个距亚罗士打州首府不远的村子，那里（在1978年）有"关于联合各种力量在下一季度阻止联合收割机的议论"[①]。在塞达卡，我也常听到一些村庄的名字，据说这些村子把联合收割机拒于田地之外。勒拜·彭德克说基兰杜村北部依然使用人工收割。布基拉雅地区是伊斯兰教党的据点，这里的古班·哲莱村和其他村庄曾经联合抵抗和捣毁机器以阻止联合收割机的到来，它们经常因此而被提及。曼苏尔说在北部的康港村，穷人"组织得更好"，并且手工收割依然占据统治地位。[②]在
253 附近的明关村，当一个大地主发现能够马上利用附近的联合收割机，并因此试图把他的已经集合起来的收割工人打发回家的时候，警察会被即刻召来以防止可能的骚乱。

然而，此种关系中最经常提及的村子是往北大约12英里的帕玛当·布鲁赫村。许多人说，由于穷人成功地联合在一起，在甘榜这个村中联合收割机尚未被使用。塞达卡的收割工人和插秧工人谈到这个共同体时总是带有某种近乎敬畏的表情，于是为了亲眼看看，我决定到帕玛当·布鲁赫村走访一趟。那天陪同我去的是阿明，他有个舅舅住在那儿。他舅舅自己耕种十多里郎土地，他告诉我

---

① Rosemary Barnard, "The Modernization of Agriculture in a Kedah Village, 1967—1978"(Paper presented at Second National Conference of the Asian Studies Association of Australia, University of New South Wales, Sydney, May 15—19, 1978, 33.

② 位于凯帕拉·巴塔斯的穆达农业发展局分支机构办公室领薪的负责人在向我解释为何未遂的联合抵抗"没用"时，明确强调了这一点，并且补充说，路面改进后，大农场主可以从更远的地方运来劳动力。

们，他和大部分人现在都使用联合收割机，而且联合抵抗行动已经失败了。只有当我独自一人穿过稻田时，我才从一个小佃农那里听到了略有不同的讲述。他说，实际上帕玛当·布鲁赫村的“穷人”在三个季内阻止了联合收割机收割稻谷，直到1978年。当我问到他们如何做到这一点时，他回答说大农场主们“害怕”。我问为什么他们害怕，他只是说golok putihputih，这个词组或许可被译为“弯刀在闪光”（或者非常锋利）。或许他感到对一个陌生人已经无偿地吐露太多，因而拒绝详加描述，但他的谈话已经很清楚地表明，暴力威胁是一个重要因素。帕玛当·布鲁赫村的另外两个特征或许有助于解释其在阻滞机械化过程中的相对成功。看起来村里有超过通常比例的无地者和小土地所有者，他们较多地依赖于工资。村里的领头人同样以不寻常的方式推进了穷人之间的团结。尽管他和大多数领头人一样出生于富有家庭，但他父亲由于赌博欠债失去了几乎全部土地，因而当前的领头人自己也兼作收割工人。然而即使考虑到那些特殊的“有利条件”，帕玛当·布鲁赫村的成功也是相当短暂的。

塞达卡的那些试图联合抵抗和破坏机器的人们谈到他们自身的经历或者其他人相对的成功时，人们听到的不止是灰心丧气和悲观绝望的老调重谈，还有关于如果穷人更团结更有力地行动，本来应该（或可能）发生的就不会只是隐约闪现的念头。因此萨马德把帕玛当·布鲁赫村视为一种鼓舞：“如果我们在这里也做了同样的事，机器就不会到来。如果我们曾经做了，事情本该好一些，但我们没被组织起来。”罗吉娅自己把塞达卡的共享小组同帕玛当·布鲁赫村作比较时不无鄙视地说：“在这里她们根本不想坚持”，“如果她们都同意，如果她们罢工了，机器就不敢进村”。曼苏尔是村子里少数几个完全没有土地的体力劳动者之一，他非常明确地附和 254
了这种观点。“这里的人没有被团结起来；他们总是害怕并且只会跟随有钱人；如果他们再强大一些，他们自身才能被发动起来。”当谈话转到总有一天插秧机会取代妇女劳力的可能性时，对当前不团结的类似评论连同可能团结起来的暗淡前景就再清楚不过了。巴克利说,如果此类机器进来,妇女们会为从秧田中每拔一小捆秧苗要价一美元,“这将演变成一场战争”,他补充说。伊沙克更加现实地指出,如果妇女们每捆要价1马元,那么其他人将同意90分就去做,还有其他人会同意80分或70分,这就是“事情的结局”。

正如大农场主看到的,未遂的联合抵抗行动是“说说而已”——事实上只是“雷声大雨点小”。这种观点不无道理,因为联合抵抗行动从未公开宣布并且悄无声息地瓦解了。拖延的做法和近乎似是而非的借口意味着,联合抵抗自身的目标也可以被否定。然而,正如失败者看到的那样,它是朝向最终未能到达的正确方向的一种努力。他们对于自身的弱势地位或者路途中的障碍并不存在任何幻想,但是,他们的确期望在别处一定程度的成功作为激励和鼓舞。

“常规的”反抗

阻止联合收割机的努力,尽管很难成为激动人心的戏剧素材,但至少是非同寻常的——即使无甚效果,它仍不失为一种崭新的主动精神。它发生在很少为人注意的背景下,即有关工资、租佃权、地租以及稻谷分配的常规性反抗是塞达卡和任何业已分层的农业社区中的永久生活特点。对这一斗争领域的详尽分析将揭示地方工团主义的隐蔽形式,这种地方工团主义因穷人间的团结以及针对财产的数量可观的偷窃和暴力行为而得以强化。我们将会看到,无论就物质意义或象征意义而言,这种行动都极少会对土地不平等的基本结构构成任何根本性的威胁。然而,它所代表的却是一种阶级之间生产关系的检验和再协商的持续过程。就双方——地主—佃农,农场主—雇佣劳动力——而言,他们都不断地试图抓住每一个小的优势并使之坚持到底,试探现存关系的边界,准确地把握如何能够越界而逃避惩罚,以及将此边界作为可接受的部分或至少是可以容忍的领地要求。在过去的10年中，这一边界之战的潮流当然是有利于大农场主和地主的。他们不仅侵吞了大量由薪资工人和佃农守卫的领地，还在此过程中（通过边缘化）缩小了斗争持续的范围。然而，即使沿着这一缩减了的边界来看，那些希望重 255
新获得一小块土地——这些土地都是他们极不情愿失去的——的人们所施加的持续压力依旧存在。反抗者几乎不需要外部的协同就能够实施这一斗争，因为维持一种尚可忍受的生活的简单需求足以使他们坚持自己的立场。

在这里，我的目标只是传达出此种常规反抗的某些特点及做法，而不是其全部，因为那个题目可以自成一本大部头的书。由于大量的反抗行动与水稻种植过程的安排有关，我们最好从进行打谷工作的田间地头开始。

没有工会的工团主义

与收割工人不同，打谷工人是作为个人被农场主雇用并付钱的。他们通过同一根脱粒的管子两两在一起工作，然后在一个工作日结束时分配计件工资收入。在1979年，平均每麻袋的计件工资数是2马元。这项工作的计件工作组织方式在打谷工人和那些稻谷正在脱粒的农场主之间引发了利益冲突。农场主自然想获得田里所有的稻谷，为此，他们倾向于让打谷工敲打每一捆割下来的稻谷，直到实际上所有的稻谷都进入管子里。相反，打谷工人却对他一日工作能赚得的现金更感兴趣。[①]根据稻谷的成熟度，粗略说来头两三下可能打下80%—90%的谷粒。而为了打下大多数剩余的谷粒却需要再敲打六至七次。如果打谷工人每捆稻谷只敲打两三下然后

---

① 如果是在忙季，并且在结束这项工作时还有其他打谷的活儿等在一边时就更是如此。通常，打谷工作实际上是上午的活儿而不需要干一整天，因为这项工作尤其需要体力以致工作要从黎明开始，并且刚到晌午就得结束。如果月光明亮，偶尔也会利用夜间凉爽的天气进行打谷作业。

就迅速换到下一捆，管子就会满得更快，而他们每天可以赚得更多。[①]如果有人能按照这种方式工作，他就有可能每天打下10麻袋稻谷（20马元）。相比之下，比如说，如果他把每捆稻谷打得更彻底，就只能赚10或12马元。对穷人而言，打谷是每个季节当中收入最好的工作，收割期间如果能打下尽可能多的稻谷还有额外的奖赏，考虑到这些，上述区别就是至关重要的。打谷工的工资收入和农场主的稻谷收入之间的利益冲突到此还未结束，如果打谷工家里有人
256 拾穗，他事实上还可以再获得一部分留在稻秆上的稻谷。穷人留在脱粒桶之外的稻谷越多，他们家里的女人收割后能收集到的稻谷就越多。这就为他们多留下一些稻谷提供了进一步的动机。

每捆稻谷根据其品种及成熟度应该打多少次，相关的期望当然会逐步增大。但这些期望需要持续的压力和持续的监督才能实现。经历了最初几次打谷后，我想了解农场主为什么不自己打谷，即使他自己比较穷。我考虑，毕竟他可以省下付给别人的20马元的工资。当我在那天工作结束后询问一个农场主（玛·伊莎）时，他说如果他不监视那些打谷工，就可能损失一半的稻谷。这当然是夸大之词，但解释了为何大多数小农场主监视他们的打谷工而自己不干活的原因。当劳动者工作的时候，农场主慢慢地穿梭于田间并且让人感觉到他就在眼前。当他在田里遥远的一角时，当脱粒桶周围防止稻谷被吹走的席子挡住他的视线时，或者当他忙于准备食物时，每捆稻谷被敲打的次数就会略微降低。由此而获得的好处是微薄的且极为有限，因为农场主——马来语中的称呼，"稻谷的主人"——会觉察到桶装满的速度，可能临时检验被敲打过的稻捆，并且无论如何总是可以决定在下一季不再请这些工人回来工作[①]。

① 自然，还存在打谷工之间的竞争因素，每一对打谷工都在给定稻田中竞相打下尽可能多的稻谷。

我被告知，偶尔也会发生由于打谷工的工作让农场主感到很不满意而被告知第二天不用来了的事,但此类事件是极少数。农场主同样尽可能避免雇用家里有很多人拾穗的打谷工。因此,全家拥有大量的拾穗者的“瘦骨嶙峋的”玛很少在塞达卡被请去打谷。其他的穷人偶尔也会让他们的妻子或女儿在他们收割过的田里拾穗,但是他们小心翼翼地不养成习惯以免危害到他们的雇佣地位。

由于现有的打谷工作大量减少，上述常规性反抗的边界也收缩了。然而,反抗并未完全消失。一捆稻谷的实际敲打次数仍然是农场主的意愿和他的强制能力之间的一个折衷——一个不仅由两种力量的综合平衡，而且还由稻田里日常的持续不断的斗争所决定的折衷。

常规反抗的另一个焦点是耕种、收割和打谷的工资额的确定。其变动的范围相对较小，因为如同基于劳动力市场环境的现行工 257
资率,它是在每个季中确定的。但是,在确定工资额之前的特定时期或是当临时的劳动力短缺出现时，还存在着一定的变数和机动空间。妇女共享小组与男性打谷工令人难以置信地对于任何农场主支付哪怕只比上一季高出一点点工资的消息保持警觉。如洛斯妮所说,“一旦有人得到更高的工资,其他人就不得不跟着”。事实是既定工作的现行工资额是几乎每个季的激烈争论的主题，共享小组的头领会引用她听到的(或者是看似确有其事地杜撰的)最高工资额,而雇主会用同样的方式引用最低工资额。工人们受制于工作被其他人夺去的可能性，而农场主则因考虑他的庄稼能否适时栽种或收割而受到限制。就劳动者来说,在这一地区经营农场的华

---

① 如果是农场主的近亲在打谷，就会在一定程度上对此类行为睁一只眼闭一只眼。如果他的亲戚是穷人,就会充分利用这种回旋余地。许多农场主告诉我,他们因此更喜欢雇用没有亲属关系的人(或者,为此原因,雇用非亲属佃户),因为这样的话就更容易要求他们认真工作。他们补充说,雇用亲戚打谷更容易使其他打谷工模仿他们的行为。农场主很难拒绝亲属在他们的地里拾穗的权利，这也是只要可能就尽量避免雇用亲戚打谷的另一个原因。

裔在谈判过程中扮演了有益的角色，因为他们最有可能打乱原有的排列并且支付更多的工资。[1]谈到现行的工资额时，人们可以非常普遍地听到大农场主抱怨工人如何撒谎和欺骗。他们时刻打听来自田间地头的消息，尽可能地怀疑有关更高工资的报告，或者通过对照自己田里并不适用的特殊条件（比如，收割和打谷时的水深、倒伏情况）来加以辩解。从劳动力市场的竞争性表现中获取的好处看上去可能微不足道，但是，对处于边缘的人而言，微薄收益的可能性从来不是微不足道的。穆达的季节性“劳动力市场”的统计材料表明——插秧、收割和打谷的平均价格——在村庄的水平上，是持续的变动的产物。

当前机械化造成的打击意味着人工收获的稻谷大量来自低洼地带的涝地或者暴风骤雨造成大量稻穗倒伏的田地。此类特殊的条件原则上要求特殊的工资；这些特殊工资的确切数额应该是多少又将是一个斗争的舞台。处理这场争斗的方式揭示出与我们在反抗联合收割机事件中所看到的“罢工”行为和小心谨慎同样的因素。比如，在收割的案例中，一个共享小组的头领（如洛斯妮）通常会预先查看一遍稻田。如果水特别深或者稻子被风吹倒了（或者两者兼有），她很少会直接要求农场主为每里郎付更高的工资。相反，她会“让人们知道”收割需要比往常更多的时间，工资也应该相应
258 地比35马元的标准（1979年农忙季节）更高。对此农场主可能通过几种方式“答复”：他可能也“让人们知道”，他愿意按照工作如何进行支付更高的工资，他也可能会保持沉默，或者可能让人们知道他认为标准工资对这种情况来说已经足够了。然而，除非农场主给出的工资额明显地差距过大而且还有可获得的替代性工作，妇女们都会到场工作。如果稻田的条件和预期一样差或者更差一些，她们有可能在割稻子时公然抱怨，提出诸如“你的稻子很难收割；我们

① 这究竟是因为他们拥有更巨大、更多样化的财富，还是因为作为外来者，只要他们需要就能绝对保证劳力供给（后者可能性更大）？这一点并不确定。但是他们被看成是确定工资额度的人。

吃亏了"等批评。这是农场主面临失去劳动力的危险的清楚信号,他通常暗示他会涨一点工资作为回应,尽管很少说清具体数额。另一方面,如果他确信他们的要求很无理,他只会保持沉默,这可被视做拒绝的信号。在此情形之下,女人们面临着困难的选择;她们可能继续工作而同时抱怨不休,或者辞掉这份工作。

辞工的决定并不是轻易做出的,因为农场主可以有充分的理由在下个季转而雇用另一个共享小组,而且任何宝贵的收割收入的丧失都是一种损失。如果农场主大体上拥有以前支付合理工资的好名声,妇女们就会继续工作同时让她们的不满被人们知道。[①]但是如果农场主有一个吝啬的名声,妇女们就会罢工,她们一年中会这样做一两次。"罢工"并不宣布,但是每个人都知道正在发生什么。她们并不直接离开稻田,而是更有可能午饭后或第二天早晨不再回来。农场主随后的典型做法是派某人去共享小组的头领那里建议适当增加工资以结束罢工。农场主也可能拒绝改变立场,但这种情况较少发生,如果他这么做了,就必须重新雇用外面的劳动力,因为一旦工作已经开始,村里就没有一个共享小组会同意接替另一个小组的工作。

有关收割工资的争论随着更多农场主转而采用撒播法播种而变得愈加普遍。撒播种植的稻田收割起来要困难得多,因为缺乏整齐的稻行并且成熟稻秆的高度更加变化不定。收割这样的稻田,妇女们要求并且能得到高达每里郎60马元的工资,尤其是在灌溉时期,那时已经是收割季,但地还是湿的。她们还注意到高额的收割工资对那些不雇用插秧工的农场主来说也是一种适当的报应。洛斯妮在她的小组收割阿布杜尔·拉赫曼的撒播稻田时每里郎要价 259
50马元,她私下里说,"要是他剥夺了我们插秧的活儿,我们就在收割时夺回来"。在可能的情况下,农场主对高额收割成本的对策是

① 妇女们的态度或许可由一句英国谚语最好地表达出来:"愚我一次,你之羞耻;愚我两次,我之羞耻。"

转向将一上午的工作包给一些个人并支付统一费用（3或3.50马元)的现金工资制。这是只有当农场主的稻田同其他人的稻田不发生冲突时的一种选择。然而,即使在那个时候,共享小组的许多妇女仍将拒绝为现金工资去插秧或收割，因为她们知道这是减少她们收入并且打破她们的初级组织的另一种方式。判断大农场主能否成功地把现金工资制确立为插秧和收割的规范还为时过早,然而,贫穷妇女对现金工资制的反抗是迄今阻止其应用的主要因素,这一点却非常清楚。

有关打谷工作的计件工资的冲突与收割时的矛盾如出一辙。在正常环境下，那些从事稻谷脱粒工作的人们可以预期一个大上午可以打大约4麻袋稻谷;依照1978—1979年收获季通行的每麻袋2马元的标准薪水,劳动者就可以至少收入8马元。但是如果稻谷是湿的或不成熟并且水很深，那么整个上午时间只能打一两麻袋稻谷。因此公开的抱怨将不可避免地出现,并且农场主明白需要进行调整。[1]这时他面临着作出让步的强大压力,因为收获和晒干庄稼过程中的任何拖延都必将造成损失。此外,如同收割时一样,直接表达要求也是很少出现的,但农场主知道潜在的威胁。如果他做出或者许诺做出适当的调整——如同通常情形中那样——工作就会在得到改善的气氛中继续。如果他不提高工资,就可能引发一场罢工。然而,和共享小组不同——她们作为一个集体罢工,打谷工人却是作为个人停止工作的，尽管这会给那些坚持参加罢工的人带来压力。就此方面来说,1979年灌溉季的收割对于村中的打谷工人是一个非同一般的时机,因为大雨在紧要关头造成大面积倒伏,并且收割的很大一部分不得不通过人工完成,否则就会颗粒无收。农

① 当庄稼被冰雹打倒因而需要更长时间来收割时,俄国收割工人对标准计件工资率做出了更为激烈的反应,可将其与此进行对比。此例中的劳动力团体更加暴力,这似乎尤其应归因于他们是外乡人、陌生人这一事实。Timothy Mixter, “Of Grandfather Beaters and Fat-Heeled Pacifists: Perceptions of Agricultural Labor and Hiring-Market Disturbances in Saratov, 1872—1905,” *Russian History/Histoire Russe 7*, Pts. Ⅰ& Ⅱ(1980): 139—168.

场主们不顾一切地挽救他们的稻谷，而且打谷工人的两起罢工帮助确立了最低限度每麻袋3马元的工资。在每起罢工中，所有的打谷工都一致同意第二天早上不再回来工作，并且放出话来他们生病了或者被其他人叫去做更紧迫的工作了。他们的一致行动使他 260
们免于农场主在随后的季节不再雇用他们打谷的可能。两个农场主都没有试图雇用其他的村民来干活，因为他们知道没有人会来。[①]有人（扎哈鲁丁）想到可以从他姻亲的村子里重新雇用外人，但当他知道他们无法在三天内过来，而这三天他将在潮湿中损失掉大部分割倒的庄稼时，他马上决定不这么做。打谷工人因而抓住这个千载难逢的时机坚持自己的权利要求。而他们和收割工人仍然继续谨慎行事，只要可能就避免公开对峙和罢工，因为他们知道自己未来的收入依赖于他们自己和雇主之间保持一定的友善。在这些适当的限制之内，他们作为以工资为生的人仍然进行了保护自身利益的斗争。[②]

强制的相互性

显然，塞达卡所上演的即使是最节制的反抗形式，其效果也有赖于穷人之间一定程度的相互关系。阶级团结首要的和最低限度的必备条件是一个消极的条件：穷人至少要避免彼此削弱而扩大其雇主和地主已经可观的经济权力。“否则”，如同马克思所说，“他们就会像对手那样彼此敌对”[③]，以彼此为代价换取生存。现存的相

---

① 在此情境下，值得注意的是村里只有一个人——也就是哈吉·沙利姆“收养”的儿子——阿布杜尔·拉希姆，可以被看做“受约束的”劳动力，他只给一个富人干活。他的立场为其他穷苦村民所鄙弃，他们称他为“奴隶”，部分是因为他必须接受雇主所强加的任何条款。

② 有迹象表明，打谷工在对待相对较穷并享有好名声的农场主时不太苛刻，而在对待富有、吝啬的农场主时则更为严苛。

③ Karl Marx, *Pre-Capitalist Economic Formations,* trans. Jack Cohen, with an Introduction by E. J. Hobsbawm (London: London & Wishart, 1964), 133.

互性能够在其他的共享小组或打谷工人拒绝充当村里的罢工破坏者时显现出来。我们将看到，相互性还存在于最重要的租佃领域，在此领域中那些力图得到土地的人们并不愿意损害他们的邻居。基于这个约定俗成的自我约束，人们不会做出任何过分的权利要求，这些约束只在村庄自身的边界内起作用，并且即使在此情境下
261 其运作范围也是很有限的[①]。然而，它的确预防了大多数发生在穷人之间的为有限机会而进行的有害的过度竞争。[②]

这种最低程度的团结，在这里和在别处一样，不仅依赖于表面上对同伴的尊重，而且依赖于穷人所能达到的相互保持一致的道德约束。由于破坏秩序的诱惑对于那些长期以来很难保持收支平衡的阶级成员总是具有吸引力的，这些约束必须是强有力的，足以避免穷人当中固有的霍布斯式的斗争。已经达成一致的适度约束充分利用了社会约束力，诸如流言蜚语、人身攻击以及公开回避等。对于贫穷的男人或女人来说，没有比为低于普遍工资的工资额而工作、或者从事习惯上“属于”他人的工作更遭人鄙视的做法了。那不仅仅是名声的问题，因为冒犯者将发现他或她在劳动交换中会受到排斥，不会被纳入共享小组，也不会被告知找到工作的可能性，不会得到穷人偶尔提供的零星的工作，也无法加入邻里之间相互帮助的“信贷协会”。所有这些物质性约束力，分开来看相当微不

① 因此，举例来说，共享小组不会同意取代其“罢工”的同事，而是会在下一个季接受大农场主的工作，而这个农场主希望雇用一个新组以取代前一个季给他带来麻烦的那批人。

② 盛行于塞达卡的是埃里尔在西班牙南部称之为“同盟”的变量。他描述道，“劳动者在试图解释规范存在的原因时使用同盟一词。这些规范造就了义不容辞的——或者至少是值得称颂的——旨在维持或增加工资或降低失业率的行为方式。这些行为方式在许多场合同单个工人的利益相对立，甚至可能会使他们遭受一定的风险或牺牲。”尽管此类规范偶尔会被违背，但看起来它们在小村庄里运行最为良好。因此一个劳工告诉埃里尔，“这个村里很少有人会做低于普遍工资的工作，因为村子很小并且人们相互都认识。他们不那么做；他们会被瞧不起的”。Alier, *Labourers and Landowners in Southern Spain*, 122, 136.

足道,但总起来看却代表着某些潜在的重大损失。正如我们即将看到的那样,暴力威胁在这些社会约束力中并非完全不存在。因此,那些想破坏阵营的穷人必须认真权衡其短期收益和他的愤怒的邻居能够强加给他的损失。依据他们的意见和限制,穷人建立起一套习惯性禁令,标示出可接受的利己主义的限度。

通过考察那些想要成为佃农的人对土地的不断追求所适用的价值观,上述限度再好不过地呈现出来。因为有权使用土地对于穷人的福祉如此重要,他们处于持续的诱惑之下——同意出更高的租金而将土地从其他穷人家庭那里夺走。然而,对此种行为方式的约束使这种情况极少发生。我总是有机会就询问较穷的村民,为什么没有更多的人尝试向有特权者出更高的价从当地佃农那儿租走土地。他们的回答表明了他们的一致性,他们说得很明白,那样做是对其他佃农的冒犯。雅各布说,那样的尝试很少,因为那会违背当地的"社会舆论"。总是要找地租种的卡里姆说,他不会试图出高 262
价把地租走,因为那样他会"在朋友面前感到尴尬"。"在我们的社会中,你不能那么做",他补充说。苏库尔和雅米勒在解释为什么这种行为很卑鄙时用了同样的措辞:"你不能伤害你的朋友们。"当哈姆扎解释为什么不能这么做时,他强调自己对于穷人中通行的礼节的感受:"我们的朋友们不会同意那么做;那样争来抢去是不合适的。"甚至比较富裕的村民也意识到这些规范的力量并且谨防破坏它们。因此,阿明谈到引发价格战的地主或者试图通过这种做法取代另一佃农的穷人将"不会受到尊敬。我们都是朋友;我们都在一个村里;他会觉得问心有愧的"。

部分村民暗示,限制利己行为的约束力还不止于有关羞耻、名誉以及习惯性规则的内容。萨马德说得很清楚,任何以这种方式失去土地的佃农都将"非常生气并且可能做任何事情"。"瘦骨嶙峋的"玛在谈到被冒犯的佃农时更不隐晦:"你不能那么做,他会生气,他会动刀子的。"

在这方面,罗吉娅和萨马特的意见尤其值得一提,这倒不是因为他们在已经描述过的内容之上补充了许多，而是因为他们提供了一个清晰的例子，在这个例子中反对佃农间竞争的禁令被打破了。萨马特解释说穷人极少试图出价高于当前的佃农，因为，如果他那么做，“就会受到谴责：（我们会说）咱们完了”。罗吉娅的观点同样有说服力：“那样偷取别人土地的人会被人瞧不起”。事情发生时，罗吉娅有了按她的信条行动的机会。在1975年之前，罗吉娅和萨马特从同一个外村地主那里租种了相邻的两块稻田：4里郎租给罗吉娅，1里郎租给了萨马特。凭借其岳母曾经拥有所有这些土地的事实，萨马特在1975年闲季前去找地主，提出以高出租金20马元的价格，说服地主把额外的1里郎地从罗吉娅那儿转租给他。从那天起，罗吉娅家的人就不再和萨马特家的任何人以及他的父亲托·穆罕默德说话。尽管她以支持伊斯兰教党闻名，她和她家里的所有人都再不踏入萨马特的小店一步，而这个小店被认为是伊斯兰教党的集会地。事实上，一些村民认为，她应该为萨马特的小店受到其他人非正式的联合抵制负有责任，这或许可以解释我在那里逗留期间小店濒于破产的原因，而罗吉娅并不承认这一点。[①]1980年
263 罗吉娅的女儿出嫁，萨马特和托·穆罕默德告诉我他们是村里唯一未被邀请的两户人家。罗吉娅宣称，事实上她邀请了他们，但他们自己觉得过于尴尬而没有出席。确定某一特定规范是否存在的一个可靠途径就是观察它被违背时会发生什么。在这个例子当中，涉及罗吉娅和萨马特的事件从反面证明了规则的存在。[②]

---

① 小店最终还是破产了，并在我离开一年之后关门，因为那时萨马特欠债太多，没办法再贷款进货。

② 正在讨论的规则是被统治阶级为了限制阶级剥削而发展出来的属于更大范畴的规则之一。正如巴灵顿·摩尔曾说过的，“对原有道德权威的挑战、对习惯性行为方式（从属群体创造出这些行为规范来保护自身利益、对抗上层利益并整合他们自己的社会群体）的挑战，通常会引发道德义愤。（当挑战来自从属群体自身的成员时事情也是如此，正如速度极快的、以致超出非正式产量限定的工人会引发愤怒一样）”；*Injustice*, 30—31。在这个例子中，萨马特等同于耕作中的高速度者，他破坏了一个穷人为保护自身而设立的微小然而至关重要的规则。

为了回到这一规则来讨论，必须说明它并未阻止佃农之间的某些竞争形式。因此,如果一个地主要将地租提高到他一向承租的佃农不愿续租的程度,那么在新的租约下是允许其他人承租的。对一个想要承租土地的人来说,为了土地而去接近地主,而他想取代的佃农既非乡亲又非亲属,这也是被允许的——但是不被赞许。同反抗联合收割机一样,相互性的约束力又一次在村落外部失败了,其效用部分地被村庄外部的竞争破坏了。然而,在村庄里不被支持的是穷人主动并试图通过提出更高的地租来“偷取”租佃权。①

穷人们强加于彼此的限制的实际效用是什么?就此而言,租佃市场依然是地方性事物,连同亲属关系的作用,它很可能略微阻碍了地主榨取最大可能地租的努力。事实上,许多有关穆达地区农业经济的研究谈及了地租水平通常略低于纯经济分析所预言的水平,即使对非亲属关系的租佃也是如此。尽管区别不大,但它至少可部分归因于穷人努力开创的程度较低的地方性相互依存。当涉 264
及插秧、收割、打谷,或者这类工作的雇佣量的工资率时,这种相互性的影响可能并不显著，因为劳动力市场相对于租佃市场更加地方化。相互关系的地方主义因而是这一领域中更为严重的障碍。尽管如此,以微小然而意味深长的方式,穷人之间的相互性代表了一种日常反抗的形式,它阻止或至少延缓了农村生产关系完全“理性化”的最坏的结果。

自助以及/或者强制

迄今为止我一直试图研究集体行动——以及穷人为防止“狗

---

① 上一章托·玛赫将3里郎土地的租佃权从勒拜·侯赛因和他儿子塔哈那里转给帕克·亚赫,这就是一个不明确的事件。看起来帕克·亚赫只是在托·玛赫说勒拜·侯赛因不再想按她提议的新租金租地之后,才为了土地接近她。勒拜·侯赛因和塔哈声明,是他们的女地主而不是他们错误地支持了帕克·亚赫,因为她选择将他们最初对新地租的抱怨理解为彻底拒绝。这一规范同佃农不应试图彼此削弱的规范一样强而有力。在这个事例中,是前者而非后者被明显违背了。

咬狗式的"竞争而加诸地主和雇主以及他们自身的“约束力”。然而，更为隐蔽和更加个人化的反抗领域是存在的；它包括种类繁多的偷窃和杀害牲畜的行为。研究这一领域必然是一件棘手的事情，因为绝大多数参与者的沉默与就研究者而言可理解的规避危险的要求混合在一起。在没有积极寻求这方面事实的情况下，两年来的闲谈依然可以浮现这类事实的某种模式，它表明此类行动与阶级关系和反抗是有关联的。

乡下的偷窃行为很平常；它在任何时候任何地方几乎都是农业生活的持久特点，并且国家及其代理人也无力控制。然而，当此类行为表现出对财产权的质疑斗争的特点时，它却成为所有认真分析阶级关系的关键因素。英国部分地区的案例就很典型，至少在过去两个世纪当中，偷猎在这些地区是再普遍不过的——并且是非常流行的——犯罪行为。在法国，左拉毫不夸大地宣称“每个农民的内心里都藏着一个偷猎者”。[①]在此偷猎的政治和阶级意涵极其明显，因为农民从未完全承认过那些宣称对森林、河流、“荒地”以及先前属于社区共同财产的公共牧场拥有所有权的人的财产权。偷猎并不仅仅是一种必需的生存选择，而且还是被视做自然权
265 利的实现。[②]

与今天相比，1950年以前吉打州的偷窃行为要普遍得多。塞达卡上年纪的村民仍能回忆起那个并不久远的年代，那时偷盗水牛

① Emile Zola, *The Earth,* trans. Douglas Permee (Harmondsworth: Penguin, 1980), 317. 从法国乡村获得的其他文字证据参见Honoré de Balzac, *Les Paysans* (Paris: Pleiades, 1949)。就英国材料而言，参见Douglas Hay, “Poaching and the Game Laws on Cannock Chase,” in *Albion's Fatal Tree: Crime and Society in Eighteenth-Century England,* by Douglas Hay, Peter Linebaugh, John G. Rule, E. P. Thompson, and Cal Winslow (New York: Pantheon, 1975), 189—253。

② 据说马克思曾告诉恩格斯，正是对与木料偷窃行为相关法律的研究以及对摩泽尔(Mosell)农民阶级境遇的研究，才使他从单纯的政治观点转向经济研究，进而转向社会主义。Peter Linebaugh, “Karl Marx, The Theft of Wood, and Working Class Composition: A Contribution to the Current Debate,” *Crime and Social Justice* 6 (Fall—Winter, 1976): 5—16.

的事件那么普遍,以致每个男人睡觉时都在手腕上系一根绳子,这根绳子沿着地板拴到水牛鼻子下面来提醒他防止偷牛贼靠近。他们还能记起最著名的乡间盗贼的姓名和行为,比如阿旺·坡、沙勒·图伊和纳扬,他们劫富济贫,赢得了“社会强盗”的名声。那个时候,村落比较小而且很分散,丛林和森林还没有被清除。吉打地区的这种边疆性质、乡下警察部门的弱小,以及农民的贫困和流动状态,都为抢劫和偷窃行为提供了便利环境。

今天,为任何怀抱野心的抢劫行为提供有利条件的地形和逃离追击的便利都不存在了。塞达卡周围的所有土地都很平坦并被开垦出来,而且凯帕拉·巴斯塔镇和燕镇的警察数量更多,机动能力强且武装精良。针对一两个特大地主的阶级挑衅行为也不复存在,这些地主实际上垄断了所有土地,面对的是同样贫穷并团结起来的农民。人们发现,塞达卡现在的偷窃类型反映出这样一些情况:它在黑暗的掩护下匿名进行;它看上去是个人的行动,或者至多是两人配合进行;它仅被警察记录为“小偷小摸”。

各种各样的东西在塞达卡经常丢失。水果经常性地从富裕农场主的房屋周围和树上消失,几乎没人能够指望收获超过一半产量的芒果、木瓜、掉到地上的椰子或者香蕉。由于棕榈树的叶子能编织席子、篮子或用来做传统的屋顶,那些拥有棕榈树的人经常抱怨叶子总是消失不见。饲养鸡、鸭子或者鹅等小家畜的人不断地抱怨蛋和家禽经常被偷。在干旱季节,当饮用水偶尔要由政府的水罐车运来时,村民必须把他们的塑料或金属水罐放在主路边以便获得不定期送来的饮用水;这些通常大约值5马元的容器经常被偷走。在略大一些的范围内,不时也会有自行车、水牛甚至摩托车被偷窃(在过去两年中发生过三起)。

这些或大或小的偷窃行为具有一种铭刻在村庄社会结构中的模式。可能除了自行车之外,偷窃的目标是塞达卡较为富有的居民。相对较富有的人才最有可能拥有周围有果树和棕榈树的大房 266
子,他们有为数最多的装水容器,他们饲养小家畜,并且最有可能拥有水牛或摩托车。看到这一事实，上述目标也就毫不令人惊讶了。人们通常承认，犯罪者应该到塞达卡较贫穷的居民当中找寻。这一模式本身并不能证明此类偷窃行为被穷人视做一种反抗手段或某种形式的“社会抢劫”。在这一范围内证据无从获得。然而，有意义的是，偷窃行为的阶级特征已成为塞达卡现行的财产关系的组成部分。一般说来，富人拥有值得被拿走的东西，而穷人有最强的动机拿走它。这使人们想起一个美国银行劫匪的答复——当问他为什么要抢劫银行时，“狡猾的”威利·萨顿回答说：“因为里边有钱。”

除了水牛和摩托车的失踪之外，我们所遇到的其他类型的偷窃也让家境较好的村民叹息不止，但它们更多地是一种烦扰，而不是一种严重威胁。这类偷窃集中在这一单一作物经济的主要产品——水稻——上面。对一个想要成为盗贼的人来说，偷窃水稻的好处不言而喻。一切都对他有利，很容易少量拿走，并且一旦拿走，几乎无从寻找。

一个季偷走的水稻数量即使不占收获总量的很大部分，也足以让大农场主们警醒。此外，他们确信这一数量还在增长。当然，并无可供利用的确切的统计数字，但我努力将1979—1980年主产季里人们告诉我的所有丢失了的稻谷总量记录了下来。到目前为止最大的偷窃行为是拿走收获季留在稻田里过夜的整麻袋的脱粒后的稻谷。这些都在附表中列出。

1979—1980年主季节中报告的被偷窃的稻谷袋数

农场主	报告损失量(麻袋数)
沙赫侬	1
哈吉·卡迪尔	1
萨马特	1
阿布·哈桑	2

加尼·勒拜·玛	1
阿明	2
托·隆格	2
伊德里斯	1
勒拜·彭德克	2
法齐勒	1
总计	14
估计现金价值=532马元	

在这一总量之上还必须加上通过其他方式被偷走的稻谷。至少有4麻袋晾晒在席子上的稻谷不见了,其中有2麻袋是从阿布·哈桑那里拿走的。哈吉·加法尔和卡米勒每人丢了1袋,这些稻子都是储藏在他们各自家里的。据报告,约有同样数量的稻谷在收获季被从谷仓里偷走。[①]还有少量稻子据报告从田里的稻秆上就被偷了,很难判断具体数量,但数目不大;村民指出,打谷的声音和稻草的处理是偷窃的一个难题,富人们说,实际上小偷太过懒惰,不会亲自动手打谷。[②]最后,对水稻偷窃行为的全面清算将不得不包括那些打谷人在一天工作结束时塞满衣兜和装满衬衫的稻谷的估算量。对此类偷窃行为绝大多数农场主都睁一只眼闭一只眼,我也没有试图计算过有多少稻谷通过这种方式被偷走。 267

有必要关注关于偷窃模式的某些事实。首先,除了萨马特和法齐勒这两个只是稍稍富有的人,所有受害人都属于塞达卡最富有的1/3家庭。这或许仅仅表明一个显而易见的事实:此类家庭可能

① 这只是个粗略估计。通过撬开谷仓的门板或者开一个小洞来收集稻谷,仓里的稻谷就被偷走了。虽然许多农场主定期在谷仓内标记稻谷的数量,依然很难精确知道到底有多少稻谷被偷走了。通常,只有富裕农场主才有这样的谷仓;穷人将他们的稻谷存放在屋角。这种蓄意偷窃只有一次被阻止,当时是伊沙克被屋子下面的吵闹声惊醒,他冲过去时却只发现两双被丢弃的拖鞋和两个装满稻谷的麻布口袋。

② 在六到七个传到我耳朵里的此类描述中,大部分偷窃事件中的贼都来自于住在村外的华裔地主或佃户。在此类偷窃中,藏匿或者秘密打谷的问题都不是那么严重。

在收获时节留在地里的稻谷最多，而那些小土地所有者由于无法负担损失而想方设法将打下的稻子迅速运到家中。大农场主的农田都离家很远，因而无法在一天当中脱粒（并且存储）完毕，这使得他们尤其易于被偷，这当然是千真万确的。但是早先的观察在此又一次适用；偷窃模式是财富分配的典型后果——在此情形中是由农场规模表现的。毋庸置疑，穷人，而且是当地的穷人，应该为绝大多数的稻谷失窃负责。

稻谷失窃的总量可能是20到25麻袋，少于村里所有农场主一个季中收获稻谷的1%。根据这个估算，损失量并不大，并且大部分由那些生产出大量剩余的人承担。[①]然而，如果我们依据它可能增加村里最贫穷的几户人家的食品补给量来估算其重要性的话，它将变得相当重要。值得注意的是，这20到25袋稻谷多于收割之后农
268 场主自愿捐出作为扎卡特礼物的稻谷量的一半。我两次听到穷人微笑着将稻谷失窃称为“人们据为己有的扎卡特礼物”，因而进行这样的比较颇为恰当。这一证据当然不是无可置疑的，但是很可能穷人无论如何不认为这样的行为是偷窃，而是当做他们依据早先的习俗认为理应据为己有的东西——某种强制性的济贫税来代替他们不再收到的礼物和工资。在这一联系中，另外两项间接证据是有相关性的。在丢失了稻谷的农场主当中，只有一个（萨马特）是属于受到穷人称赞的拒绝使用联合收割机的农场主。其他人则是只要可能就使用机器。还有一些迹象表明，稻谷偷窃行为被一些忿忿不平的劳动者用做一种制裁。苏库尔曾经就此告诉我，农场主们小心翼翼地雇用他们通常邀请的打谷工，因为任何被忽略的人都可能出于愤怒而偷窃地里的稻子。事实上，如果稻谷失窃具有某种普遍的正义要素，此种反抗的范围由于联合收割机的使用而在相当程度上被缩小了，它使得在一天之内收割并且储存（或者出售）一

① 依据所有报告，1978—1979年主季的偷窃行为造成的损失，远大于此处所考查季的偷窃行为造成的损失。他们怀疑，其原因在于，前一个灌溉季由于干旱而被取消，因此村里的贫穷家庭比双耕实施以来的任何时候都更加匮乏。

个农场主的全部庄稼成为可能。联合收割机因此不仅排除了人工收割、人工打谷、田间运输以及拾穗,它们还消灭了偷窃行为。

富裕农场主对此类偷窃行为的态度如同人们猜测的那样,是愤怒与恐惧的结合。比如说,哈吉·卡迪尔由于失窃而愤怒至极,以致考虑要在第二天晚上带着猎枪守候在田里保护稻谷①。因为推断自己在地里埋伏等待的传言已经足以吓退任何盗贼,他并没有实施这个计划。在此,我们能够感觉到富人的恐惧,部分原因在于,塞达卡并没有就稻谷失窃报过警②。富有的农场主向我解释说,如果他们报告并且指定了嫌疑人,消息很快会传开,他们担心因此会成为更多盗窃行为的目标。事实上,哈吉·卡迪尔曾经发现有人夜里从邻居的地里偷了一麻袋,他不仅没有插手阻止盗窃,甚至没有通知他的邻居,尽管他非常确定窃贼的身份。当我问他为什么这么做时,他回答说盗贼也看到了他,会知道他就是告密者,接着就会偷他的稻子。曾经有一季,玛·萨里夫丢了2麻袋,但他告诉我不想知道是谁干的。他补充说,自己上了年纪身体又弱,“我 269
担心被人杀死”。对一小撮更胆大的穷人来说,看起来一个有关恐惧的小平衡形成了,因而允许这种有限度的偷窃行为继续下去。③

---

① 他是村里唯一拥有枪支的人。最晚是自从20世纪50年代的“非常事件”以来,枪支在马来西亚的使用就受到了严格控制。比如说,当购买新弹药时,主人必须出示所有用过的弹药筒,以证明他们没有把弹药给第三者。

② 别处亦有此类报告,但就我所知的三个例子来看,每例中失窃的稻子都有3麻袋或者更多。

③ 请将此同乔治·列斐伏尔关于认可恶意的描述进行比较。较穷的农民借此禁令坚持村庄集体财产观的延续。他们显然“为了击退那些赞成加租的佃户,由警告开始(在前院掘墓、在台阶上放子弹、在茅草屋顶上放上未点燃的火把,而后如果必要的话采取更为激烈的表达‘敌意’的手段(残害动物、毁坏庄稼、在谷仓纵火)。”这些行为将会使那些熟悉爱尔兰农业史的人感到吃惊。David Hunt, “Charting the Peasant Route in the French Revolution” (November 1982, mimeo.). 亨特正在讨论列斐伏尔的*Les Paysans du nord pendant la révolution française*(Paris: F.Rieder, 1972), 93ff。

然而，还有一种更微妙的指认嫌疑人的方式，这实际上是“让人知道”的传统方式。它由咨询一位在当地以寻找丢失财产和确认盗贼闻名的巫医构成。[①]在获知细节后，巫医将使用咒语并且施用魔法使窃贼的面容在特别为此种场合准备的水中现形。毫不令人吃惊的是，由此现出的面容总是委托人一直在怀疑的那一位。在失窃水稻的案例中，目的与其说是为了找回稻谷，不如说是为了确定窃贼。农场主返回村子以后将会告诉他的朋友，巫医所看见的像是某某人。如此，无需直接指控，更不用报告给警察，消息就会传开并且被怀疑的盗贼就会知道他被看见了。因此，哈吉·卡迪尔说，这次巫医在水中看见了塔伊布和另一个身份不明的人。如果塔伊布事实上真是嫌疑犯，哈吉·卡迪尔希望这个迂回的指控能从那一刻开始阻止随后的偷窃。然而，村民回忆说，至少有两次，部分或者全部丢失的稻谷在请教了巫医之后又奇迹般地失而复得了。这种为少数农场主采取的求助于巫医的谨慎做法再度表明，公开对抗被认为是危险的。

村里较大的农场主认为他们知道谁应该为大多数的偷窃而受到谴责。三个名字最经常地被提及，而且总是采用秘密暗示的审慎方式：他们是塔伊布、米顿和杜拉。其中最后一位是村里唯一的“被证明的”盗贼，他因为偷窃离双溪布浙村不远的一户人家的稻谷而在监狱里渡过了两个月。五六年前，似乎是他从一个农场主屋子的
270 下面偷了两麻袋稻谷，并且正要返回去偷第三袋时，那个农场主去向邻居求助并把他当场抓获。在这一事件中，警察被叫来而且杜拉被证明有罪。其他的两个人都未曾被当场抓获但他们都知道自己被别人怀疑。拉扎克本人一度也曾处于同样境地，但是由于他身体很差，村民认为他不再有能力从田里搬走整袋的稻谷。如同我们已经看到的那样，在富人看来，所有这四人都是“不争气的”、“声名狼

① 在经典的马来民间传说*Pak Belalang*中，巫医将此交易变为一项有利可图的生意。他的儿子偷了村民的水牛并将它们拴在森林里，然后焦急的失主就会付钱给他，因为他有能力察觉哪里可以找到牛。

藉的”穷人的“典型”代表。就社会和经济限制而言,他们为自己的恶名付出了沉重的代价:没有人愿意租给他们土地;他们极少被邀请参加筵席,他们也很少被雇用,从来得不到贷款,并且总是被拒绝给予任何扎卡特礼物。当然,颇具讽刺意味的是,如果富人的怀疑是正确的,这些窃贼看来正在秘密地享用他们被公开拒绝的扎卡特礼物[①]。

在塞达卡,还有可被称做秘密和匿名反抗的最后一个形式。这表现为穷人宰杀小家畜,偶尔宰杀大牲畜。村里绝大多数的鸡、鸭、鹅、山羊、水牛和三头菜牛构成的畜类都为富裕家户所拥有。它们在许多方面都给穷人带来了麻烦。尽管有栅栏和圈鸡的网线关住它们,它们还是经常进入秧田、稻地和穷人的小菜园里觅食,造成了相当的破坏。当然,穷人并不是唯一被骚扰的人(迄今为止家畜本身并无阶级忠诚),但最为愤怒。他们的怒气并不仅仅来自于他们最经受不起损失这一事实,还来自可以被称为“饮食的道义经济”的内容。这可以从哈姆扎的对于隔壁哈吉·卡迪尔家的鸡的抱怨中看到。哈姆扎发现这些鸡经常从厨房里存放稻谷的口袋上的小洞里啄食稻米。正像哈姆扎所说,“他的肉在吃我的米”。一旦我们回想起哈姆扎家和其他许多穷人家庭只有在被邀参加筵席时才能吃到肉,这里的不公正就显而易见。警告一两次之后,穷人会诉诸于宰杀这些动物,就像时常发生的那样。动物被宰杀而不是被偷走这一事实可以表明,这是一种抗议而不是偷窃。[②]哈吉·卡迪尔的两只山羊冲破了罗吉娅位于屋后河道堤岸上小菜园周围的篱笆,并且吃掉了除西瓜之外的所有蔬菜。她的愤怒的表达与哈姆扎如 271
出一辙:“帕克·哈吉的肉吃掉了我的蔬菜。”每年都有一两只山羊

① 在这样的情境下——让我们回想一下——穷人偶尔会将偷来的稻谷视做“自己动手拿的”礼物,而富裕的村民法齐勒则意识到了慈善救济的减少和偷窃行为之间可能的关联。

② 也有的小鸡是被偷走的,但那与此处的例子不同。如果它们被偷走就一定会被卖掉,因为在穷人住宅区煮鸡的味道将是一个致命的疏漏。

和相当多的鸡(很少是鸭子和鹅)被打伤或者打死。[①]6年前,有人发现托·隆格的水牛受到一把帕兰刀的猛砍并在扯断绳索后死在一个穷人的稻田里。“凶手”没有被发现,但是,这头水牛因为四处乱跑并且踩踏成熟的水稻而声名狼藉。较长的干旱的农闲季中,家畜们可以在收割后的稻茬中闲逛而不用担心造成破坏,但双耕使得这一季不复存在,事情在此情境下变得更糟。比较经常的宰杀家畜的行为就像偷窃庄稼一样,是微不足道的小事,几乎不会触动财产关系和权力的整体结构。但是,这些为数甚少的、相对安全的象征性的反抗行动是对穷人开放的,是他们保护现有生存方式的反抗形式。[②]

原型反抗

我对穷人可以利用的反抗形式的关注,并没有考虑那些同当地阶级关系相关甚少或者无直接关系的大量的冲突和策略。因此,举例来说,我并未涉及许多有关用水权的纠纷,或通过移动界标来侵蚀土地,或者在损害邻居的情况下逐渐移动一家的地界以增加另外一家的田垄等等做法。我也没有分析作为整体的村民对伊斯兰教十一税或者对影响了所有水稻种植者的政府政策的反抗。富人的反抗本身就可成为充满书卷文献的探索研究。我已经描述了这类反抗与工资、雇佣和租佃权有关的那些方面,同时这些反抗还采取了许多其他有利于他们对地方制度和地方经济的支配地位的

---

① 以非正确放血方式屠宰的动物,即使在它们死后立刻就被发现,也不能被穆斯林吃掉。

② 一项颇引人注意的有关范围更大但依然缺乏组织的乡间犯罪和秩序混乱的分析,参见Neil B. Weissman, “Rural Crime in Tsarist Russia: The Question of Hooliganism, 1905—1914,” *Slavic Review* 37, no. 2 (1978): 228— 240.

形式[①]。尽管它将赋予这类反抗更重大的意义,即它对于全面解释塞达卡的社会关系是不可缺少的,但它对于我的主要研究对象而言仍然是边缘性的。

我所研究的穷人的多种反抗形式有着显然不同的标志。无论是抵制机器收割、工资谈判、防止穷人之间破坏性的竞争、偷窃等 272 事件,还是宰杀家畜,阶级之间公开对抗的相对缺乏这一特点都非常显著。在发生集体反抗的地方,它们都是谨慎地进行的;在个人或小群体侵袭财物的反抗中,大多是匿名的或是在夜间进行的[②]。通过审慎的计划和保守秘密,在很大程度上,它成为主导塞达卡公共生活的权力的舞台剧。任何袭击舞台的企图都被拒绝,并且选择总是有意识地保持公开。尽管很少畏缩不前,顺从和遵循仍然是穷人的公开姿态。然而,对于所有这些,人们能够在后台清楚地进行持续的有限度的试验。至少,人们可以说这里有着比简单的同意、顺从和遵循更多的东西。

塞达卡的反抗事实上并没有人们在乡村冲突的典型历史上所期望的发现。这里没有暴动,没有示威,没有纵火,没有有组织的社会抢劫,没有公开的暴力。我所发现的反抗同任何更大的外部政治运动、意识形态或者革命骨干都没有关系,尽管这一地区每个村子事实上同样的斗争一直都在发生。这里发现的行动种类几乎不需要协同,更不必说政治组织,尽管它们可能从中获益。简而言之,它们都是村庄范围内完全本土的斗争形式。倘若我们非常谨慎地使用这一术语,这些行动或许可以被适当地称做*原始*的反抗。使用*原始*一词并非像霍布斯鲍姆认为的那样,意味着这些行动在一定程

---

① 富裕农场主将政府政策和规划——贷款规划、国家肥料津贴、发展津贴、入学许可、移民项目申请、小型商业津贴、大米磨坊以及出租车许可、政府雇佣——转变为对他们有利的条件的方式,将构成所有此类分析的核心。

② 一些有趣的类似行为,参见Thompson, “The Crime of Anonymity,” in *Albion's Fatal Tree,* by Hay et al., 255—344。

度上是一种倒退，并且注定会让位于复杂的意识形态和斗争策略。[1]它只是意味着此类反抗形式几乎是永恒的、持续不断的、在极为困难的条件下乡村从属阶级的日常策略。在危机或重大政治变迁的时代，它们或许可以为其他更为适宜的斗争形式所补充。然而，只要乡村的社会结构还是剥削性的和不公正的，它们就不可能完全消失。它们是坚固的基础，其他形式的反抗可以生长其上，并且，它们可能在其他形式的反抗失败后或者转而产生新的不公正模式
273 后，依然持续下去。

“常规的”镇压

正如塞达卡的反抗形式是“常规的”，镇压形式也是如此。人们徒劳地寻找在东南亚其他地方大多存在的过度的高压统治：大规模拘留、清洗、军事管制，以及容许绑架和杀戮的准军事组织。马来的农民阶级与印度尼西亚的农民阶级不同，他们并未承受迫使他们全然沉默的近期大屠杀所带来的恐怖记忆。[2]取代这些大范围的野蛮行为和病态恐惧的，是日常的镇压所带来的稳固压力，这些日常的压制由偶尔的逮捕、警告、勤奋的警务工作、合法约束和有关不确定的预防性拘留以及禁止多项政治活动的国内安全法案构成。

准确地判断此类镇压在限制我们迄今所观察到的反抗形式中的作用如何，并不是一件简单的事。如果镇压程度减轻或者完全消失，追根溯源地判断其影响如何就是可能的。同样，如果反抗的替

---

① 参见E. J. Hobsbawm, *Primitive Rebels: Studies in Archaic Forms of Social Movement in the 19th and 20th Centuries* (New York: Norton, 1965)。我确信，霍布斯鲍姆的论述中充斥了太多关于下层阶级历史的单线论（否则它也是一个富有启发性的论述），这一理论预言，每一种原始的抵抗形式都会在适当的时候被更高级的形式所取代，直到发展成为成熟的马克思—列宁主义。

② 例如，参见Ann Stoler, “The Limits of Class Consciousness in North Sumatra” (Mimeo. 1979)。

代形式——例如在城市打短工——突然消失不见了，那么，则可能测量出现有的镇压水平是否足以制约处境更为艰难的农民阶级。在缺少此类天然实验的情况下，任何判断都只能是推测性的。然而，我们可以表明的是，在许多村民心中都存在着恐惧的因素，并且它构建了他们关于可能的选择的见解。

恫吓的气氛尤其感染了那些紧密认同反对党伊斯兰教党的村民，但是并不局限于此。1978年选举后不久，所有的伊斯兰教党分子被系统地从州里各个村委会中清除了。这一步骤不仅为避免所有的伊斯兰教党分子得到政府的好处创造了条件，而且自此表明反对派在村庄政治中不再拥有合法地位。1979年年中，吉打州的宗教事务办公室采取进一步措施，禁止包括来自燕镇附近的乌斯塔兹·帕夫兹在内的至少8位著名的伊斯兰教党宗教导师在该州任何清真寺或者村庄里的伊斯兰学校布道。在这样一种普遍气氛中，1978年至1980年间该地区许多伊斯兰教党的会议只能秘密举行。由于巴希尔和其他巫统领导人的反复无常，塞达卡的反对派成员亲身经历了这种不时有可能被捕的普遍威胁气氛。因而一位坚定的伊斯兰教党成员尼扎姆解释说，他从不去巴希尔的店里买东西，因为担心巴希尔说他偷东西并让人把他抓起来。他和其他用摩托车运稻谷的伊斯兰教党成员总是担心巴希尔会安排警察在路上拦住他们，并以未交公路税和保险费的名义罚他们的款。沙赫侬说他在政治上保持“沉默”，因为只要村委会愿意就可以让伊斯兰教党 274
的任何成员被逮捕，并且警察会听村委会的而不是伊斯兰教党农场主的话。如果有人在伊斯兰学校的村庄改进计划标志牌上涂鸦，警察就会在第二天早上被叫来并且质询几个伊斯兰教党成员。虽然没有人被逮捕，但是警察的造访正好起到了村委会所希望的冷却效应。如前所述，托·穆罕默德因为惧怕警察而不敢告诉我他所知道的关于毁坏机器的情况。在塞达卡对于村委会和警察的特别恐惧必然增加了普遍存在的猜疑，甚至对政府发动的看起来最不得罪人的行动也是如此。1980年2月，当情报部门的一个小官员来到村里为即将到来的十年一度的人口普查做准备时，这一点就显而易见了。他的讲话大多用来责备村民过去的一些错误反应及徒劳地打消他们的疑虑，他试图让人们相信，人口普查和税收毫无关系因而他们不应该担心或者逃走。由此可知，典型的农民对于国家的不信任强化了疑惧的气氛，更不必说某种特定的恐惧了。

政府对1980年1月23日在亚罗士打州首府举行的大规模示威的反应提供了一个可容许反抗限度的实际的教训。我们不需要在抗议的起源和细节上纠缠太久，因为这个简要描述的目的在于强调事件的后果所引发的恐惧。激发起示威的表面事端是要求提高稻谷的农场交货价格，并且反对最近出台的降低稻谷价格的计划，这一计划将从每pikful稻谷的价格中截取2马元，留给销售商。尽管被迫存储将产生利润（不是“利息”，这是被禁止的），并且能够在六个月之后兑换回来，这个计划仍然普遍地不受欢迎。显然对许多人来说，生产价格因此被降低2马元，而且将稻谷卖给华裔中间商的大多数生产者能否重新得到“储蓄”尚不清楚[1]。吉打州的首席行政长官曾在竞选中提出提高稻谷价格的承诺，巫统领导的农场主联合会自身也反对降低稻谷价格的事实又给上述不满增加了一定的合理性。无论如何，1月23日约有一万人聚集在州政府办公大楼门
275 口抗议降低稻谷价格，并要求稻谷价格上涨10马元。[2]当首席行政长官最终出现时，他的声音被人们的喊叫声压倒，而警察和防暴部队冲进去驱散并逮捕了示威者，一些人徒劳地穿过大街逃进了清真寺。据说，这是至少自1954年以来吉打地区的稻谷种植者举行的规模最大的一次示威，当时成千上万的农场主在灾难性的一季之

① 当时，塞达卡所产稻谷只有11%直接卖到了州稻谷行销处（LPN）。剩余的绝大多数被卖给了个体商贩，并且其中许多不是现金交易，而是用于还清在稻谷商贩商店的积压债务。

② 这个总结性的陈述基于以下三部分内容：塞达卡村民的言论——其中有4人参加过示威、亚罗士打附近的穆达农业发展局官员的报告以及那段时间*Utusan Malaysia*，*Berita Harian*，*The Star*及*the Straits Times*等报纸的报道。

后为争取到政府救济而进行示威。

当场有超过90人被逮捕并拘留。首席行政长官当即宣布,示威是“由某些好战派团伙挑起的”[①],并且以不祥的口气谈到布尔什维克、法国以及伊朗革命都“利用了”农民[②]。示威过后的几星期之内,更多的人被逮捕并被起诉。吉打州包括一个州议员在内的7个伊斯兰教党官员被逮捕和拘留。300名特别警官进驻吉打州以协助调查。首席行政长官指责“伊斯兰教党制造恐怖和恐惧的策略,并且吉打州的伊斯兰教党全体领导必须为……组织这次示威负责”[③]。一个同伊斯兰教党有着相同的首字母缩写(Pertubuhan Angkatan Sabilullah, PAS)并暗示一场“圣战”的隐蔽的地下组织,被确定为阴谋的中心。

政治围捕的影响马上就在塞达卡被感觉到了。由于附近村庄的人受到怀疑,消息迅速传开。邻近凯帕拉·巴斯塔的3个人和1个来自双溪布浙村的人被指认、受到质疑,之后被保释出狱。来自明关村、古阿·贞布达镇、爪哇村以及彭当村和布基拉雅地区的著名伊斯兰教党成员,也遭受了同样的命运。[④]他们中的绝大多数并未参与示威。随着持续逮捕的消息滚滚而来,一种不难理解的恐惧开始紧紧扼住当地的伊斯兰教党成员,他们当中有3人的确赶去参与了示威。塔伊布是伊斯兰教党成员,他将政府的反应解释为一个“将我们粉碎”的尝试,还说他想找个镰刀保护自己[⑤]。另一个伊斯兰教党成员苏库尔则提到村里的“奸细”,他们可能叫来警察和做出虚假的指控。“即使你没偷他们也会说你偷了;他们什么事都做

① “Curfew Sekitar Alor Setar,” *Berita Harian*, Jan. 24, 1980, p.1.

② “Tunjuk perasaan issue padi bukan politik,” *Utusan Malaysia*, Feb. 7, 1980, bahagian kedua, p.4.

③ “MB: PAS out to create fear, terror,” *Straits Times*, Mar. 20, 1981, p.1.

④ 穆斯塔法、巴克利以及哈吉·卡迪尔的儿子迈哈特跑掉了,巫统分子加扎利也跑掉了。

⑤ 选择镰刀是深思熟虑的,因为它也代表伊斯兰教党的象征“新月”。

得出来，这是暴政。”实际上，塞达卡并没有人被拘留或者被逮捕。
276 但来自特别部门的警察两次同巴希尔和村长哈吉·加法尔谈话。他们的造访产生了预期的效果，我怀疑他们在稻米平原也造访了另外无数个村子。许多伊斯兰教党成员知道，巴希尔或村委会的一句话就可能招致逮捕，他们担心自己成为牺牲品。正如穆斯塔法所说，“我们当然担心；他们想压垮伊斯兰教党”。

如果不考虑这一更大范围的真实的和预期的高压统治情境，就无法理解我们在塞达卡所发现的反抗的类型与顺从的类型。常规性镇压毫不显眼地发挥自己的作用：这里是一次逮捕，那里是特别部门的造访，村委会领导的间接警告等等都是制造边界标志的正常需要，而这些标志任何机警的农民都不会蓄意破坏。然而，可容许异议的相当稳定的边界的存在使之成为一个令人畏惧而并非恐怖的环境，这里不存在安全的边缘地带。至少有一点是清楚的，这些被创造、被改变、偶尔也被历史经验所强化的边界，作用在于抑制某些公开的抗议和挑衅形式。那些从双耕中获益最少的人们有各种理由相信“预料中的反应法则”，并且避免使自己陷于危险境地。正如他们所说，“不管你是不是抱怨都不会有什么结果”，他们不仅谈到大农场主的地方经济势力，还谈到国家及其地方代理人的强制性权力。这里顺从的含义“不是本土的文化产物，而是非精英在其中发现自身的权力情境的产物”①。

正是在这一对反抗的更大制约的背景下，“经济关系的无声压力”的相对效用才能够被理解。富裕农场主依然能够随意提供或者收回稻田里的薪资工作、扎卡特礼物，政府援助（如就业、贷款、补

① John Gaventa, *Power and Powerlessness*, 145. 加文塔就镇压和控制的影响如何能够“自我维持”提供了一个有趣的分析。但我认为他从未充分地论述过“虚假意识”问题。一个马来西亚观点认为，马来农民中的默许植根于文化而非“情境”。参见Chandra Muzaffar, *Protector? An Analysis of the Concept and Practice of Loyalty in Leader-Led Relationships within Malay Society* (Pulau Pinang: Aliran, 1979)。

助)、移民计划的建议、学龄儿童的救助、贷款、短期信贷(比如在巴希尔的商店),并在危机时充任信用担保人。[1]难怪,一些贫穷家庭不希望公开冒犯那些控制这些战略资源的人。但是,这种潜在地属于选择性的"善行"不可避免地同恶意相连。支付合理地租的佃农 277
有可能被提高租金或者解除其租佃权;女儿在学校救助名单上的贫穷家庭可能被从名单上除名;被雇为临时劳动力的人可能被别人取代;被容忍的"好惹是生非"的穷人可能被指控为盗贼。富有农场主偶尔的善心因此与防卫性的欺骗并无太大不同。并且,就其作用的程度来说,它起作用完全是因为乡村阶级关系的更大的压迫情境几乎将可能在实质上改变穷人处境的直接反抗的种类都排除在外。也就是说,强制性情境创造并维持了相对无权的情境,其中"经济关系的无声压力"因而能够榨取其日常的捐税。[2]

常规的顺从与不留痕迹的反抗

塞达卡富裕农场主的经济和政治权力需要那些谨慎的贫穷男女们某种最低限度地公开顺从。对于那些现在经常去别处找工作和几乎不依靠村内帮助或工资的人来说,这样的顺从可以微不足道。但是对那些生计更为确定无疑地倚靠村庄经济的人而言,顺从的压力则无所不在。这样的男人和女人有足够的理由使自己符合"高尚穷人"的老套印象,以谋取这个名声可能带来的好处。因而,

---

① 比如,哈姆扎的母亲去世时,他没有用于购买葬礼必需品的存款。巴塞尔同意为他向不同店铺做担保,以便他能够买到寿衣材料、棺材底部的帆布以及送葬者的食物。许多(但并非全部)债务由随后的捐献支付。

② 佩里·安德森在讨论不满和强制之间的关系时采用了一个类比,这一类比也适用于此。他写道,纸币由黄金支持并且由于其支持而流通,但在平时黄金是看不见的。只有在危机时,纸币崩溃并且让位于黄金抢购。同意就像纸币一样,在通常情况下盛行,但它盛行是因为它是"由一个沉默的、不在场的力量组成,这种力量使国家拥有了对合法暴力的垄断……少了它,文化控制的体系将即刻变得脆弱,因为针对它的、对可能行动的限制将会消失不见"。"The Antinomies of Antonio Gramsci," *New Left Review* 100 (1976): 43.

发现这一农业体系所能榨取的象征“税”的地方，就在那些最贴近上述形象的人中间。即使我们在此发现常规的遵从和顺从或许不是一味的犬儒主义，但无疑是精于算计的。

我们有机会听到帕克·亚赫和朋友们在一起时关于巫统领导(“他们想瞒着我们”)和有关村里富人的态度(“他们认为，没钱的人让人看不起”)的见解。但帕克·亚赫并不总是处在可靠的同伴中间。他设法找到的薪资劳动大都来自巴希尔，就是那些“想瞒着我们”的人的头领。就他和巴希尔的关系而言，他是恭顺的工人的典范：可靠、从不对工资提出疑议、从不拒绝任何工作。即使正在由于
278 未能获得村庄改进计划的补助而怒火中烧时，他也不敢参与联合抵制巴希尔女儿的婚礼，尽管他只是短暂地露了一面。他的生存状况需要一种公开的态度，而这并不一定与他的私人观点一致。

另外一个“好名声的”穷人哈姆扎的公开行为就更加微妙。他经常性地为哈吉·卡迪尔和巴希尔工作，尽管他们二人是政治对头。或许由于我是他隔壁的邻居，我和他非常熟悉，他并无戒备地向我坦言他为何不像绝大多数伊斯兰教党成员一样，而是通过巴希尔和村委会接受村庄改进计划的援助。他说受到优待是因为自己穷，因为他给巴希尔工作并且从无怨言，因为他照看伊斯兰学校，还因为他并不“在意”政治派别。他还补充说，他从村中两个店里买东西，并且只要被邀请就会参加所有人的筵席。哈姆扎接着还描述了他的策略和谨慎给他带来的好处。上一个斋月之前他生了病，没办法去工作，他仍得到了一些大米，而他的兄弟拉扎克得到的施舍要比其他人少得多；他得到巴希尔店铺赊账的最高限额60马元；当其他人找不到工作时他仍能得到稀缺的工作；并且他近来生病在家期间，很多村民顺路探望并且愿意提供帮助。听他的讲述人们可以得到一个印象，如同在听一个会计主动地历数合计一个财政年度投资于遵从和取悦他人所得到的收益。他了解巴希尔和其他人知道他倾向于伊斯兰教党，但他补充说，他并不是一个积极的伊斯兰教党成员，因为“如果我是一个坚定的伊斯兰教党分子，

巫统的人就不会雇我了”。哈姆扎的做法是为了让自己和家人安全度过不可避免的经济危机而精心设计的走钢丝般的微妙平衡。这并不意味着他没有经历过生气和愤怒，而只是为了自己的利益小心翼翼地加以控制。在这里值得再次回顾的是,当我问他把从机器里出来的稻谷装入麻袋时哈吉·卡迪尔给的报酬过低,他是否抱怨的时候,他不得不说:“穷人不能抱怨;如果我生病了或需要工作,我不得不再次去求他”,“我在心里很生气”。这里并没有虚假意识,只有穷人必须的日常姿态。哈姆扎毫无困难地意识到他什么时候受到剥削或者被不公平地对待;在一定意义上,他的努力和成就抑制了他的愤怒以免危及到他的生计。[1]人们可以要求哈姆扎式的顺 279
从,它早在18世纪英格兰乡下的穷人那里就被要求过了:

> 顺从通常并没有丝毫的幻想色彩；从下层来看它是自我保存的必须部分，是所有可榨取的东西中经过算计的榨取部分。由此来看,穷人向富人要求的某些义务和家长式职能与富人反过来向他们要求的顺从是一样的。[2]

穷人的需求可能还促使他们积极讨好富有农场主。因此,当哈姆扎生病而无法再给哈吉·卡迪尔工作时,塔伊布夜里开始经常出现在哈吉·卡迪尔家,陪他聊天。当我随意问及沙赫侬为何以前从

---

① 罗伯特·科尔斯关于美国黑人的看法与此相似,他写道,“现在,黑人自然而然地采取非暴力行动,因为他们唯一的选择就是将苦难归诸于自身,将之转化为沉闷的沮丧。黑人并不是现在变得生气,而是一直很生气,在内心的某一层面这种气愤已经超出白人的视线，而且通常也超出了他们自己的视线。” *Children of Crisis: A Study of Courage and Fear* (Boston: Little Brown, 1967), 322. 着重标记为原作者所加。

② Thompson, “Eighteenth-Century English Society,” 163. 关于当代的证据，参见Howard Newby, “Agricultural Workers in the Class Structure,” *Sociological Review* 20, no.3 (1971): 413—439. 类似的有关美国奴隶制度的更为详尽的讨论参见Eugene D. Genovese, *Roll, Jordan, Roll: The World the Slaves Made* (New York: Pantheon, 1974), 特别是第一卷。

末前来的塔伊布总是来顺路拜访时，他解释说塔伊布是来“搭讪”并奉承哈吉·卡迪尔的，希望能得到那份工作。他的策略奏效了，对于塔伊布来说，那需要相当的意志力，我在其他情境中听到过他对哈吉·卡迪尔完全不同的评价①。

自我保护性顺从的要素在许多贫穷村民结党的选择上最为直观。曼苏尔也是一个“好”穷人，就像他经常为之工作的沙姆苏尔一样，他也是一个巫统成员。当曼苏尔解释为什么他作为村里相对的新来者加入巫统时，他毫不掩饰对可能得到的好处的简单算计：

> 我谨记自己是个穷人。我这么打算：如果加入巫统，我就能从一个富人那儿得到工作。我可以给他干活拿工资。如果我加入穷人这一派，他们没办法让我有活儿干。我得关心我自己的家。为此我对每个人都表示友好。

人们几乎想不到党派选择背后还有什么比这更不带情感的原因；如果获利的逻辑反过来，转换派系也是同样的道理。

近来的两次政治“转变”将有助于说明巫统成员资格背后的算
280 计。朱基夫里来自另一个村子的一个坚定的伊斯兰教党家庭，但在1979年，他决定转而皈依巫统。当我问他为何转变时，他回答说“在巫统稍好一些；这里有发展”，此处他指的是政府补助。他补充说，“伊斯兰教党”，“什么事都干不了”。就他而言，他从村庄改进计划中得到一小笔款子（200马元），而他住在隔壁的还留在伊斯兰教党的兄弟巴克利则一无所获。卡里姆是近来的又一个“背叛者”。他对我解释说如果留在伊斯兰教党，“就很难申请援助”，并且“很难去见小学校长”（为了一项给孩子们的学校基金的特殊补助）。他说，离开伊斯兰教党，是因为那里“没有服务”而巫统则提供“很多服

① 我对他的成功完全是始料未及，因为哈吉·卡迪尔已经清楚地暗示塔伊布应该为他失窃的大米负责。我想到了塔伊布在此使用了他自己的保护策略，但没办法证实这种可能性。

务”。然而,卡里姆可能在玩一个双重游戏,因为苏库尔和哈吉·卡迪尔宣称,卡里姆还是投票给伊斯兰教党,尽管他付了巫统的会费。哈吉·卡迪尔总结说,“他很聪明”,“他真正地跟随我们”。不管这件事是否清楚,卡里姆也不准备澄清事实,但可以肯定的是,穷人尤其可能为了获得执政党一方名义上的成员资格所带来的好处而希望伪装其所属党派的身份,这一点对于塞达卡任何人来说都很有道理。罗吉娅和哈姆扎为了自己获益已经那样做了。

当普通的巫统成员说他们只是想站在“大多数一边”或者他们想通过加入巫统“得到一点好处”时,起作用的是非常相似的权力与利益逻辑。相当多的人暗示最安全的做法是和执政党站在一边,这是一个结合了对好处的许诺和一定恐惧因素的推理。因此,阿布杜尔·拉赫曼说:“我每天都觉察到(谁拥有)权力,我处在邦主(Raja)的控制之下。”他以此来解释他的巫统成员资格。至多有六七个村民,他们大多数是村委会成员,甚至不耐烦为站在巫统一边提供任何热心公益的理由。

在塞达卡,顺从、遵循和政治服从的压力对所有相关的人都是显而易见和不证自明的。考虑到顺从的回报,许多村民选择做“好名声穷人”的典型也就不足为奇了。或许更令人吃惊的倒是还有那么多人坚持自己的冷漠和疏远,留在伊斯兰教党,极少去讨好村委会或富裕农场主,并且在一些情境下成为“声名狼藉的”穷人的典型。然而,即使对那些顺从的人来说,顺从也是在算计和无任何幻想的意义上成为常规的。

在这方面,在常规的顺从和常规的反抗之间有一个引人注目的类比。如果常规的顺从是在算计村庄的权力格局和回报的眼光下做出的,那么常规的反抗也是一样。如果常规的顺从规避了不必要的风险,那么常规的反抗也是如此。我们在塞达卡遇到的几乎所有的反抗都是那种相当有效地“掩盖其踪迹”的反抗。在村庄道路
上的冷漠会以匆忙或疏忽作为借口。一次对插秧的联合抵抗似乎 281
能够被合理地解释为劳动力集合时的延误或困难。而且,偷窃、怠

工、故意破坏等行为理所当然地根本没有始作俑者。因而，尽管塞达卡存在相当数量的反抗，实际上却没有公开宣布的反抗者或麻烦制造者。

即使是我们已研究过的更为纯粹的象征性反抗——恶意的流言蜚语、人格污蔑、起外号、谣传——也遵循了同样的模式。[①]毕竟，流言蜚语根据定义差不多就是关于不在场的第三方的故事；一旦被发起，它就变成了没有作者但有许多传播者的匿名故事。尽管绝非对人的尊重，恶意的流言却是对它运作于其中的更大的规范秩序的尊重。在每一条不仅是消息的流言背后，是对被破坏的规则或规范的含蓄陈述。事实上唯有对预期行为的违背才值得让一个事件成为流言蜚语。正在被讨论的规则或规范经常只是因为被违背才得以阐明或引起人们的注意。在此意义上，越轨定义了什么是规范。因而，在通行的服饰规范被违背并因此引起何为得体着装的议论之前，没有人会注意到它。[②]人们心照不宣的语法规则，不被注意地起着作用，直至某个言说者或写作者犯了一个明显的错误为止。许多与塞达卡的阶级关系相关的流言蜚语和人格诋毁都是穷人对租佃权、慷慨、慈善、雇佣和双耕之前被视做当然的筵席的一种诉求。在名声被流言中伤的同时，某种曾经被广泛认可的规则正在被肯定和提倡。流言蜚语从来不是“公正无私的”；它是一种针对他人的为实现自己的诉求和利益的党派的（如阶级、派系、家庭）努力。然而，这种对规则的操纵只有在把诉求变成普遍接受的行为标准的时候才能够成功。因此，流言作为一种公认的弱社会约束只有或多或少地保持在业已建立的规范框架内才能实现其恶意的功能。在此方面，不管其如何操纵，穷人使用流言蜚语就其自身而言同样表明了某种谨慎和恭敬。

① 我在这里非常感谢约翰·比得·哈维兰德有关流言蜚语的讨论。John Beard Haviland, *Gossip, Reputation, and Knowledge in Zinacantan* (Chicago: Univ. of Chicago Press,1977).

② 同上，第160页。

因而,作为一种反抗形式,流言蜚语是一种在权力和可能的镇压使公开的不敬举动变得危险的情境下的民主之声。富人当然能更为自由地公开表明他们对“不值得尊敬的穷人”的蔑视。然而对穷人来说,流言蜚语在把被指认和报复的风险减到最低的同时也实现了看法、轻蔑和不同意的表达。在塞达卡,正如夜间匿名的偷窃行为在物质上损毁富人的财产一样,恶意的流言蜚语象征性地损毁富人的声誉。这种一点点的蚕食,对权力结构的整体影响不大,但它是可供从属阶级利用的为反抗实践穿上表面顺从的安全外衣的少数方式之一。 282

毫无疑问,在塞达卡反抗的谨慎和匿名性把对“公共舞台”的控制交给了村庄精英。通过避开所有直接和公开的进攻——象征的或物质的——公开互动的精英控制模式持续占据支配地位。如果那些企图从事未声张的联合抵抗的人公开和公然地致力于此种行动过程,如果那些私下谴责村庄改进计划弊端的人在村庄会议上公开地谴责村委会,随之而来的骚乱就可想而知。仅凭这一点人们也会注重前台行为的支配地位的重要性。穷人不去选择烧毁桥梁的方式完全可以理解,他们的审慎保持了表面的礼仪,这种礼仪有助于富人的象征利益。表象是重要的[①],并且正如布迪厄恰如其分地指出的那样,“礼貌的[②]让步总是包含了政治让步”。

---

① 在许多情景中,表面的决定性断裂等同于宣战。其他场景下的三个简要的例子很有启发性。在英迪拉·甘地去世前的最后一次普选中,她的反对者所使用的最有效、最具煽动性的策略之一就是,当她在人群中开始演说时,听众中成千上万的反对者默默地转过身去。在爪哇1965年对共产党人大屠杀期间,据说当载有士兵及其平民支持者的卡车经过时,农村妇女偶尔会排列于路边,并以完全蔑视的姿态掀起她们的纱笼来露出背部,为此而付出生命代价的在她们中并非绝无仅有。在波兰罗兹(Lodz)市,紧随戒严令的宣布和团结工会被宣布为非法,成千上万愤怒的市民在官方新闻准时开播的晚上7:30将电视机屏幕朝外放在窗台上,借此表达他们对于政府电视新闻联播的蔑视。

② Pierre Bourdieu, *Outline of Practice,* trans. Richard Nice (Cambridge: Cambridge Univ. Press, 1977).

然而，穷人对于官方构建的村庄秩序的象征性“付出”，并非仅仅是恐惧和自卫本能的反应。例如，当穷人觊觎可租的土地、工作、贷款、或施舍而去接近较富的村民时，他们经常非常间接地进行，这样只有在实际上确保一个有利的答复之后问题才会真正被提出来。如果回答有可能是否定性的，人们就会悄悄地不再询问。以这种方式可以避免明确的和令人丢脸的回绝的可能。然而，同样会被避免的是富裕的一方直接提出疑问驳斥那些需求本身的合理性的机会。因为正如我们已经看到的那样，穷人发觉自己正在保卫古老的救助原则的正义性，就他们的利益而言，就是要避免造成一个使
283 这些原则最终被公然否认的情境。①

当然，基于更为宽泛的观点，所有这些反抗形式诸如流言蜚语和人格诋毁等诉诸共享的规范性标准的形式，都在不断地失去它们的约束力。稻谷生产关系的转变侵蚀了贫穷家庭作为佃农和劳动力提供者的价值，同时，也使他们的意见变得无足轻重。越来越多的富人现在能够安全地不理睬穷人对他们的看法，他们正在逐步超出社会约束的范围，而这些社会约束不再被经济力量所强化。在这方面，“名誉政治”作为穷人的武器失去了多半效力。由过时武器构成的穷人的社会武器库尽管在双耕引进前似乎是有用的，现在却难以适用于他们身处其中的不利的新的战场。

服从以及部分的文本

塞达卡的穷人在和更有权势的村民或外村人的关系上几乎总是采取保护性的伪装。这种伪装在他们的服从和反抗方面同样明显。因而，哈姆扎在哈吉·卡迪尔不付足工资时隐藏他的愤怒，但在家里的私下场合，却为受到不公正对待而发泄怒火。因而，帕克·亚赫尽管因为被排除出村庄改进计划的补助而忿忿不平，却仍然本

① 例如，参见Erving Goffman, *Interaction Ritual: Essays on Face-to-Face Behavior* (Garden City: Anchor Books, Doubleday, 1967), 30,106—107。

本分分地去参加巴希尔的筵席。对机器使用者蓄意的联合抵抗表现为插秧的延误，而它可以随时被放弃和否认。一场针对打谷工资的罢工是通过工人们称病或者突然记起先前的许诺来实施的。塞达卡阶级关系的"完全文本"，并不能简单地从富人与穷人、强者与弱者之间的公开互动中获知。为了超越作态和掩饰盛行的范围，事实上必须与穷人单独交谈或者在他们都是朋友的小群体中交谈。只有在这个时候，人们才会看到完全文本的局部，而如果在其他情境中公开宣布这种文本，就会危及穷人的生计。

穷人在权力面前应该伪装，这一点都不令人惊讶。掩饰是大多数时间中任何地方的从属阶级典型的和必要的姿态，这是一个当这种姿态被放弃时非常的和危险的时刻就变得明显的事实。所有对从属阶级生活的详细说明都会区分所谓"后台"和可以安全地公开宣布的不同。曾经收集到的一份出色的口述历史，即生于1823年并一直活到20世纪初的法国佃农"年迈的梯也侬"（Old Tiennon）的讲述，通篇充满了被压抑的愤怒的记录。[①]在他与地主、监工、官员 284
和权贵们日常遭遇的过程中，他不无小心翼翼地采用遵从和顺服的公开伪装，并且对自己的危险观点守口如瓶：

> 当他（曾解雇他父亲的地主）穿过勒克劳（Le Craux）去往梅勒斯（Meillers）的时候，他会停下来和我说话，而我强迫自己表现出亲切，而不论我多么轻蔑他。[②]

年迈的梯也侬从他自己父亲的鲁莽中直接获知直率所带来的危险：

> 我父亲通常从事喂马之类的工作，当别处有如此之多的

① Emile Guillaumin, *The Life of a Simple Man,* ed. Eugene Weber, rev. trans. Margaret Crosland (Hanover, New Hampshire: University Press of New England, 1983).

② 同上，第83页。还可参见第38，62，64，102，140，153页的其他例子。

> 工作要做时，他从来都没有忘记告诉主人待在家里是如何令人厌烦。**他对生活中如此必要的伪装艺术完全无知。**[1]

或许正是这种必要的“伪装艺术”在很大程度上解释了大量的农民保守的历史。因为资源几乎总是由高于小农的阶级创造的，且不论意识形态目的，他们可能只是看到农民阶级面对权力时采取的谨慎和恭顺的方面。他们在此基础上的描述并非错误，但是就采取必要方式获知整个事实来说，至多只是局部的和有误导的事实。此时，我们会得到一幅汤普森以扭曲方式描绘的18世纪英国乡土社会的图画：

> 表面看来所有人都意见一致、恭顺、相互迁就；依赖者卑贱地祈求恩惠；每个乡下人都在抓紧时机；没有一句针对杰出的汉诺威议院（House of Hanover）或光荣宪法（Glorious Constitution）的话打破同意的虚幻之水。进而，在匿名和模糊的层次上，突然间出现激进的二世党人或者平均主义的滥用主张。我们不能将服从和祈求当做终极事实的指标；在境遇和算计利益允许的时候，二者都可能源自同一心灵。[2]

即使像左拉那样仔细的观察者，也在这一方式的引导下得出小农是一个在卑微的、不问是非的恭顺和暴怒之间摇摆不定的阶级的观点。大量的中间状态被忽视了，其中，遵从通常是一个自觉的策略，反抗则是谨慎地留有余地的事情，它避免极端的直接对抗。如果左拉更为细致地观察恭顺，他或许会发觉信仰和价值观之
285 间的鸿沟几乎已经成为现代的奴隶制研究的主题，它既体现在奴

① Emile Guillaumin *The life of a simple Man,* ed. Engene Weber, rev. trans. Margaret Crostand (Hanover, New Hempshire: University Press of New England, 1983), 48. 着重标记为本书作者所加。

② Thompson, “The Crime of Anonymity,” 307.

隶们在其居住区的安全环境里的表现中,也体现在同一群男女面对权力时典型的审慎行为中。[①]正是此类至关重要的考虑让一个有洞察力的社会学家拒绝所有那些恭顺的概念,即将其作为人们的一种属性或态度,并且坚持视之为发生在传统权威运作环境中的社会互动形式。[②]

实际上,权力负载(power-laden)的环境几乎总是不可靠的;权力的运作几乎总是使得完整文本的一部分处于秘密状态。在考虑到总是有失去控制的愤怒和铤而走险的例外情况下,对依赖性的个体而言,正常的趋势是在面对强权时,他或她的完整文本只能展现其安全的和适于展现的那一部分。何为安全和适当当然是由权势者单方面定义的。双方权力上的不平等越大,完整文本中可能被隐藏的部分也就越大。[③]

因而,我们或许可以思考一个连续性的情境,这些境遇涵盖了从十分接近于哈贝马斯所称的"理想的言谈情境"(ideal speech

---

① 例如,参见Lawrence W. Levine, *Black Culture and Black Consciousness* (New York: Oxford Univ. Press, 1977); *Genovese, Roll, Jordan, Roll;* and Gerald W. Mullin, *Flight and Rebellion: Slave Resistance in Eighteenth-Century Virginia* (New York: Oxford Univ. Press, 1972)。

② Howard Newby, "The Deferential Dialectic," *Comparative Studies in Society and History* 17, no. 2 (April 1975): 146.

③ 此处应作一些限制。在权力平衡但各个派系能对其他派系造成相当破坏的情境下,大量完整文本同样会被隐藏。其中每一个超级强权都能破坏其他的权力而在暗中玩牌。因此,不受限制的交流最有可能发生在两个不仅在权力上平等,并且不能利用其权力给对方造成丝毫影响的行动者之间。在权力实践已严格制度化并与法律有关的情境下,这一原则也不那么适用。在此类事例中,较弱的一方可能不会那么局限于隐藏那部分显然处于固定的权力领域之外的文本。最后,人们可能还会期望将一般来说仁慈的权力(比如说父母—子女关系)排除在这种规则情境之外。孩子们确信父母的行动是为了子女的利益,这种认识使他们展现出他或她的完全文本而不用担心因此受害。然而,在不求回报的爱的情形当中,较弱的一方会隐藏他或她的文本当中那些不可能赢得他们所珍视的人的爱的那些部分。

situation)[①]的平等双方之间的自由对话,到绝大多数受害者的文本被迫进入地下状态、而只留下对于实际上因致命恐惧而生的假装顺从的老套模仿的集中营。事实上,在极端的卡里古拉恐怖
286 (Caligulan terror)的情境下,没有任何规则是被允许的,全部的文本可能都被隐藏了,剩下的只有麻痹。大量更为普遍的情形分布于上述极端情境的中间,从属阶级总是发现自己身处这些普遍情形之中:老板和工人、地主和佃农、领主和农奴、主人和奴隶。在每种情形之下,较弱的一方不可能谈及他/她的内心,完整文本的一部分将为了符合于掌权者预期的"表演"而被抑制。[②]

如果我们期待不只看到台上的表演,就必须移至后台,在那里面具可以被揭开,至少部分被揭开。就奴隶而言,这意味着从"大房子"转移到奴隶的住所;就工人阶级而言,这意味着从有意设计的富人与穷人的相遇转移到相对私密的室内或比较封闭的同伴群体中。正是在这些"不戴面具的"情境下,某些经习惯性审查的内容最终会跃然而现。我们已经看到,这些内容的大部分与发生在权力关系舞台上的内容直接和完全地矛盾:哈吉·卡迪尔变成了Pak Ceti。这种不戴面具的、或后台的文本与舞台中央的文本之间的关系直接涉及到虚假意识这一主题。我怀疑,许多支持"神秘化"和"意识

① 参见Jurgen Habermas, *Knowledge and Human Interests*, trans. Jeremy J. Shapiro (Boston: Beacon, 1971) 和 "Towards a Theory of Communicative Competence," *Inquiry* 13 (1970): 360—375。

② 完全文本有多少被隐藏无法简单地从权力关系的标签中推论出来。比如,奴隶制和农奴制的不同形式在此方面可能差别相当大。进而,在给定的从属形式内,特定的个体,比如说掌握稀缺、有价值技术的铸铁奴隶,可能拥有相对较大的自主权。此外,大部分从属形式都会允许在一些领域内发生大量的不加限制的交流,即在那些被界定为权力关系中立的领域。罗马农神节、宫廷滑稽戏、基督教传统的狂欢节、印度的胡里节都是允许从属者暂时扭转局面的宗教节日。沿此线索,参见James C. Scott, "Protest and Profanation: Agrarian Revolt and the Little Tradition," *Theory and Society* 4, no. 1 (1977): 1—38, and 4 no.2 (1977): 211—246。

形态霸权”观念的民族志材料只是将权力负载情境下的文本假定为完整文本的产物。然而，除了在集中营这样的极端机构中，大多数从属阶级都能够不时进入限制较少的社会环境。就此发现的文本而言，它显著地区别于或否定权力关系背景下发现的文本，虚假意识在此被弱化了。① 287

权势者的公开的文本与其全部文本的契合可能远远多于弱者的文本的情形。毕竟，由于其权力，他们更为自由，能够相对泰然地谈及他们的内心。拉扎克可以用哈吉·卡迪尔或巴希尔所不能的方式安全而公开地无礼。然而，权势者也要多少受到限制，这既来自于对其名誉的关注——正在衰退但仍具有实际价值，也来自于支撑权力“表演”的需要。因而，他们会在自己家中指责许多村里的穷人，却很少当面这么做。这一点同样不令人吃惊；工厂经理和他的工人谈话的文本不同于他在自己所属俱乐部的安全环境中的文本；奴隶主对待奴隶的文本不同于他在席间和其他奴隶主不加防备的谈论。只有当我们对“未经编辑的”精英文本和未经编辑的从属阶级文本进行比较时，我们才会发现在权力关系背景下盛行的相互掩饰的程度。在通常的阶级关系的日常运作中，这些未经编辑的文本从不会直接相遇。只有在极少的历史危机时刻这些文本和它们所暗示的行动才导致直接冲突。在此情况下，通常假定会出现改变阶级关系的新的意识、新的愤怒、新的意识形态。然而，更有可能的是这种新“意识”已经存在于未经编辑的文本中，并且它还构成以允许或要求一方或双方在此基础上行动的方式发生改变的环境。

---

① 当然，就后台文本证实并强化了前台行为来说，意识形态霸权被加强了。然而，真正的趣味在于对两种文本之间关系的详尽分析之中，这两种文本可能既不全然相同又不全然矛盾。在这个分析中，我并没有试图暗示作为外来者的人类学家私下参与了各种村民的全部隐藏文本。尽管外来者的地位具有某种优势，但它肯定也阻滞了了解其他信息的途径。比如说，我总是会记住，绝大多数村民非常不愿意谈及治疗术和魔法实践，他们猜测我可能会认为那是迷信。

塞达卡的穷人和富人当然都清楚权力关系领域发生的并非故事的全部。他们怀疑并通常知晓大量发生在他们背后的村庄话语。然而,他们的知识并不对称。在此,穷人至少在信息领域——如果可以这么说的话——拥有微弱优势。正如我们已经从他们的评论中得到的,他们知道大量的富人对他们的看法。他们消息更灵通不仅缘于村庄精英能更加自由和轻蔑地谈论他们这一事实，还由于打听各种消息对穷人来说更为重要和关键这一事实。相反,富人较少知道穷人未经编辑的文本,因为穷人更为谨慎,并且富人更不屑去倾听。知道得少,他们就能免于怀疑到最坏的情形。他们知道的是,尽管他们感觉到公开恭顺和尊重的常态背后的轻蔑与愤怒,却
288 无法轻易洞察掩饰的姿态。他们恰好处于黑格尔的领主和奴隶辩证法（Hegel's dialectic of lord and bondsman）所描述的主人的境遇。[①]正是权力的运作妨碍了村庄精英了解较穷村民的真实想法,因而损害了对富人仪式性的遵从和恭顺的价值。可能正是由于这个原因,大多数统治精英过去经常认为,他们的下层阶级拥有各种源于复仇欲望的恶性力量和意图。[②]塞达卡的情境并不那么极端,但其形式在性质上并无二致。村庄精英在匿名偷窃、诽谤、忘恩负义以及伪饰等方面对穷人抱以最坏的揣测。然而,他们的恐惧在地

---

① 例如,参见George Kelly, *Hegel's Retreat from Eleusis* (Princeton: Princeton Univ. Press, 1979); Hans-Gerog Gadamer, *Hegel's Dialectic* (New Haven: Yale Univ. Press), 54—74; and G. W. F. Hegel, *Phenomenology of the Spirit*, trans. A. V. Miller, with analysis and foreword by J. N. Findlay (Oxford: Clarendon, 1977), 111—119, 520—523。

② 意识到穷人一定怨恨自己在村庄经济和社会生活中的边缘化地位时,有一种罪恶感在发生作用,这一点看上去似乎很有道理。这种解释非常符合I. M.刘易斯对各种文化形态中的妇女和地位低下的男性拥有的精神财富的分析。在印度纳亚(Nayar)低等种姓的礼拜式的情境中,他总结道:“因此像在其他地方的通常状况一样,从客观的观点来看,可以认为这些精神起到了某种‘富人的良心’的作用……他们恶毒的权力反映了嫉妒和怨恨的感情。高等种姓的人假定，不幸的低等种姓对上层种姓一定怀有这些感情。” *Ecstatic Religions: An Anthropological Study of Spirit Possession and Shamanism* (Harmondsworth: Penguin,1971),115.

方权力关系的性质上有着真实的基础。[1]

何谓反抗?

我们已经在塞达卡内部遇到一连串含混不清的反抗和顺从。由于环境引导许多穷人用表面赞同的语言掩盖他们的反抗，因而确定顺从在哪里结束和反抗在哪里开始并不是一件简单的事。如果按照字典对动词反抗的定义——“努力使自己抵挡或抗拒某种力量或影响……”,如何区分微妙地混在一起的表面的顺从和试探性的反抗，例如试图对使用联合收割机的农场主进行联合抵抗就成为一个问题。就公共记录而言,它从未发生过,而在另一层面,它是一次罢工,尽管是失败的罢工。此外还存在其他问题。诸如偷窃或屠杀牲畜的个体行为,尽管并不包含集体行动,也未公开挑战财 289
产和统治的基本结构,能否被认为是反抗?尽管看起来在资源分配方面很少或根本没有造成任何影响，大量的象征行动诸如联合抵抗筵席或诋毁名誉的举动能否被称为反抗？每一个这样的疑问背后都有一个更重要的问题,“何谓反抗”？由于定义是分析工具而非目的,说得更清楚一点,就我的目的而言,什么是真正的反抗行动?

作为初步的大致定义,我认为,阶级的反抗包括从属阶级成员所有如下行动:有意识地减少或拒绝上层阶级(如地主、大农场主、国家)的索要(如租金、税款、声望)或提高自己对于上层阶级的要求(如工作、土地、慈善施舍、尊重)。如我们所见,这一定义并非没有问题,但它有几点长处:它集中于阶级关系和阶级斗争的物质基础;它既指个人的也指集体的反抗行动;它不排除那些向支配性情境定义挑战和要求不同的公正与平等标准的意识形态反抗形式;

---

① 关于这一过程是如何被应用于阶级关系和性别关系的有趣记述，还可参见 Elizabeth Janeway, *The Powers of the Weak* (New York: Morrow Quill Paperbacks,1981), chaps.9—10。

最后,它强调目的而非结果,意识到许多反抗行动并不能达到其预期的结果。

在行动背后的意图有着有力根据的地方,反抗的理由会相应加强。因此,共享小组的妇女打算拒绝给机器使用者提供插秧服务并因此迫使他们恢复人工收割的道理就清楚了。穷人之间的相互关系防止他们为租佃权而竞争,同样清楚地意在阻止最终会伤害所有佃农的争夺发生。在任何个案中意图都不是从行动中直接推断,而是从参与者对其行为的解释中得出。对诸如针对富裕者的人格诋毁或恶意传言等“言语行为”来说,行动与意图融为一体;对吝啬富人的指责在其身上明确地显示了唤起他们不同的行为标准,或至少破坏其社会名望和影响的意图。

然而,坚持认为反抗行动必定会显示反抗的意图,却给在塞达卡和其他地方被视做反抗的农民行动的整个领域制造了巨大的难题。例如,考虑一下偷盗和窃取的问题:我们如何称呼从富人田里“盗用”一麻袋稻谷的塞达卡穷人?只是小偷?还是也算反抗者?我们又如何看待那些打谷者的行为:他故意在秸秆上留下许多稻穗以便他的老婆孩子第二天来收集?这是小偷小摸行为还是反抗的行动?这里有两个问题:第一个问题很实际,就是为行动背后的意图,即行动对行动者的意义,找到证据。其根本问题在于,行动者连行动本身都不可能承认,就更不用说解释其内心的想法了。塞达卡
290 的一些穷人将此类偷窃视为自助性地获得扎卡特礼物的方式,这可以视为这类小偷认为自己有权获得属于自己的东西的间接证据,但这一点并不确定。因此,尽管有可能揭示出一个视偷盗和窃取为合法行为的阶级所共有的一套信念,但要发现行动者的个人信念几乎是不可能的。小偷尤其是那些尚未确认的小偷的“文本”,是异乎寻常地难以获得。

第二个问题关系到更广泛的定义和分析。我们倾向于将反抗视为个体或群体为得到较长远利益而作短期牺牲的行动。罢工、联合抵抗,甚至避免与本阶级其他成员竞争土地或工作所带来的直

接损失即是上述牺牲的明证。但是当涉及偷盗之类的行为时,我们所看到的是直接的个人获利和可能的反抗合二为一。我们如何判断这两个目的中哪一个是主要的和决定性的?关键并不在于如何精确地定义,而是解释整个行动系列,对我来说,它历史地呈现于日常阶级关系的核心位置。18世纪的英格兰偷猎者或许一直在反抗贵族们所宣称的对野物的所有权,但他一定也对炖兔肉感兴趣。南北战争前美国南方的奴隶秘密宰杀其主人的肥猪或许是一直在坚持他们体面生存的权利,但是他们无疑也在满足他们对于烤猪肉的喜好。东南亚农民将大米和财产隐藏起来不让收税官发现可能是在抗议高额税收,但他也是在确保他的家庭能在下一次收获到来之前拥有足够的大米。被征入伍并从军队开小差逃跑的农民可能是一个战争反抗者,但他也是通过逃离前线以确保自己的安全。这些无可避免地融为一体的动机当中哪一个应该置于首位?即使我们能够向这些行动者发问,即使他们能够坦率地作答,也还是无法确定他们能否做出清晰的答复。由于这些自助形式通常是奴隶们唯一可能的选择,那些密切关注此事的奴隶制研究者们倾向于并不认为这些行动是"真正的"反抗,这缘于三个理由。这三点都见于杰拉尔德·马林有关奴隶"造反"的分析:

> 在处理奴隶行为中这些可观察到的不同时,学者们通常会问,是否一种特定的叛乱类型代表了对奴隶制弊端的反抗或**真正的**对奴隶制本身的反抗。当在其政治背景中研究奴隶行为时,那些最卑下的工作者、大田里的奴隶情况最糟。一般来说,他们的"懒惰"、消极怠工和小偷小摸代表了一种**有限的**,或许是**自我放纵的**造反类型。他们对预料之外的虐待或耕作常规的突然改变的反应至多是对奴隶制的象征性行动。但是种植园奴隶为了阻碍种植劳动的**有组织和系统的**计划——他们持久地消耗庄稼和仓储的行为,以及维持黑市交易的夜 291
> 间合伙抢劫——则是更具"政治性"的后果并且表现了对奴隶

制本身的反抗。[1]

尽管尤金·基诺维斯对此问题的态度在某些重要特点上有所不同，他也坚持对反抗的前政治形式与更为重要的对奴隶政体的反抗加以区别。对他而言，正如下述引语所表明的，上述区分既存在于结果领域也存在于意图领域：

> 严格说来，只有起义才是政治行动的表现，它被定义为唯一真正的反抗，因为只有它直接挑战了政权。从此观点出发，那些被一些人称为“对奴隶制的日常反抗”的行动——偷窃、撒谎、伪装、开小差、谋杀、杀婴、自杀、纵火——最多被定性为前政治的和至少被当做非政治的……但是“对奴隶制的日常反抗”通常意指迁就，并且除了假定某些已被奴隶认识或界定的规范和现状已遭到破坏之外没有任何意义。[2]

结合这些相互重合的视角，结果是真正的反抗和象征的、偶然的甚至附带的行动构成一种二元关系。真正的反抗被认为是(a)有组织的、系统的与合作的，(b)有原则的或非自利的，(c)具有革命性的后果并且/或者（d）将观念或动机具体化为对统治基础的否定。与之相反，象征的、偶然的、或附带性的行动则是(a)无组织的、非系统的和个体的，(b)机会主义的和自我放纵的，(c)没有革命性的后果而且/或者(d)就其意图或意义而言，含有一种与统治体系的融合。上述区别对于任何试图描述各种反抗形式和它们如何相互关联或与统治形式关联的分析都是重要的。我不同意这样一种观点，即认为后一种反抗形式是无足轻重和毫无结果的，只有前一种才能称得上构成真正的反抗。在我看来，这种观点从根本上曲解了从属阶级——不仅是奴隶，还有农民和工人——在强制背景下

① Mullin, *Flight and Rebellion*, 35, 着重标记为本书作者所加。

② Genovese, *Roll, Jordan, Roll,* 598.

从事日常的经济和政治斗争的真正的基础。它是列宁主义者和资产阶级对政治行动的构成的两种臆断的具有讽刺意味的组合。上述对比中的前三个问题将在此讨论，而最后一个也是最重要的一个,关于意图是妥协的还是革命的主题,将简单提及并在下一章更 292
为详尽地加以探讨。

让我们从“自我放纵的”、个人化的和非组织化行动的问题开始。嵌于基诺维斯的逻辑特别是马林逻辑的假定是,此类行动从根本上缺乏革命性成果。或许通常都是如此,但当此类行动大规模发生时，几乎没有一种现代革命能在不精确参照此类行动的情况下成功地得以解释,这一点也同样是事实。举例来说,可以考虑一下从军队开小差这件事及其在革命中所起的作用。

俄国革命是一个非常明显的例证。1917年夏天,军队中的大量普通农民士兵开小差的行为日渐增长,至少从两方面来看,这正是革命进程中主要的和不可或缺的部分。首先,他们造成了沙皇专制国家主要镇压制度的崩溃，这是由临时政府继承的并且早在1905年就曾镇压过一起革命暴动的制度。其次,通过参与遍及俄国在欧洲核心省份夺取土地的运动，逃兵们直接为农村的革命进程做出了贡献。而且尽管成千上万的个体扔掉武器跑回家去,沙皇军队的失血在很大程度上仍是“自我放纵的”、“无组织的”和“个人化的”,这一点也足够清楚。[①]对奥地利的六月进攻以军队和军官的大量流失而被粉碎;面包配给减少并且“斋戒日”仪式也在前线举行;此外,士兵们都清楚,如果继续待在前线,他们就可能失去在村庄爆

① 参见Allan Wildman, “The February Revolution in the Russian Army,” *Soviet Studies* 22, no. 1 (July 1970):3—23; Marc Ferro, “The Russian Soldier in 1917: Undisciplined, Patriotic, and Revolutionary,” *Slavic Review* 30, no. 3 (September 1971): 483 —512; Barrington Moore, Jr., *Injustice*, 364, and Theda Skocpol, *States and Social Revolutions* (Cambridge: Cambridge Univ. Press, 1979), 135—138。 布尔什维克在前线的宣传并未有助于引发这些开小差行为,这一点是一个共识。

发的夺取土地运动中获利的机会。[①]开小差给农民雇佣兵提供了保全自身并且回到可以获得面包而现在还可以获得土地的家乡的机会。由于军队的纪律已经涣散，风险就微乎其微。人们难以想象一
293 套更加“自我放纵”的目标了。但恰恰这些非组织化的大量的“自我遣散”的农民士兵完成了自我放纵的目标，从而使革命成为可能。[②]

俄国军队的瓦解只是许多微不足道的、利己主义的不顺从或开小差行为的诸多例证中的一个，这些行动都不具备革命的意图，却引发了革命的形势。1948年蒋介石的国民党军队和1975年西贡军队的瓦解无疑可以按照同样的思路分析。在最终崩溃之前很久，每支部队——包括越战中的美国军队——的反抗和不服从行为已经严重限制了反革命的军队对其普通士兵的预期和要求。[③]此类反抗当然并不是为反革命的力量所专有，如同乔治·华盛顿和埃米利亚诺·萨帕塔[④]所发现的。可以想象，作为曾经的萨帕塔军队的一员，佩佐·马丁内斯非同寻常的个人逻辑和逃离前线的沙皇军队的

① 有人可能希望将夺取土地和洗劫贵族的财产称为革命行动，并且从它在1917年导致的后果来看它也的确是革命性的。但它在很大程度上是脱离任何政党控制的自发行为，而且那些夺取土地的人极不可能自觉地将自己视做能带来一个革命性政府的人，更不用说是建立一个布尔什维克政府了。参见Skocpol, *States*, 135, 138。

② E. H. Carr, *The Bolshevik Revolution: 1917—1923*, vol.1 (Harmondsworth: Penguin, 1966), 103. 倘若我们期望将俄国农民的“自我遣散”带回历史，我们或许会看似正确地把18世纪规模宏大和持久的农奴在前线的斗争算进去。努力保留农奴及其劳动或许是这一时期国内治理术的关键。杰罗姆·布卢姆提醒我们说：“有关逃跑及返回的法律远远多过其他方面的法律——这一事实本身就证明了农民逃跑的比例。” *Lord and Peasant in Russia: From the 9th to the 19th Century* (Princeton: Princeton Univ. Press, 1961), 553.

③ 波兰团结工会最初的成功也可以类似地大致归功于这一事实，即不受欢迎的政体无法依靠它的军队积极镇压反叛的民众，并且不得不转而依靠可恨的辅助军队——警察组织Zomos。

④ 萨帕塔（Emiliano Zapata, 1879—1919）为墨西哥农民革命领袖，发动莫雷洛斯州农民起义（1910年），反对P. Diaz独裁政权，提出“土地与自由”的口号，后在莫雷洛斯遭伏击被杀害。——校注

逻辑并没有显著的不同。

> 我就是在那儿(蒂萨潘战役)进行最后一战的。战斗极其可怕:惊人的射击!完全是一场流血战斗,三天三夜。而我只参加了一天之后就走掉了。我离开了军队……我告诉自己,“现在是回到妻子和孩子身边的时候了,我要逃出去”……我告诉自己,“不,我的家庭是第一位的,现在他们在挨饿。现在我要离开了”。①

佩佐·马丁内斯与众不同的坦率有助于提醒我们,一方面是自我保护行动和家庭义务的平凡陈述,另一方面是此类行动后果的平凡陈述,此二者之间并不存在必然的联系。

尽管农民自利的后果对于任何更大的阶级关系或国家的分析都是基本的,但我并不想争辩这种反抗只能参照其后果来做出界 294
定。如果只是因为“非预期后果定律”而不考虑任何其他理由,这样的观点会陷入极大的困境。几乎所有通情达理的观察者都会称之为反抗行动的诸多行为可能会导致事与愿违,并造成与预期截然相反的结果。明确的旨在颠覆国家的革命运动的恐怖主义却可能导致更糟糕的和持久的独裁。明确要求增加工资和增进就业的农业工人的有效罢工,或许反而会促发大规模的生产机械化,并因此缩减了工作机会。②

因而有关现存的反抗概念的问题并不是一定要涉及目的、意义与结果的问题。问题在于,若坚持区分“自我放纵”的个体行动与

---

① Oscar Lewis, *Pedro Martinez: A Mexican Peasant and His Family* (New York: Vintage, 1964), 102.

② 更为牵强但依然可能的是相反的情形,即我们无论如何都想象不到,一个我们不希望称之为反抗行动的行动(例如,无意中在贵族的稻田里放火或者在一次打猎事故中一个农民误杀了州的官员),可能会引发一系列削弱乡村精英阶级统治的事件。因此,任何关于反抗的定义多少都要考虑一下行动者的意图。

假定的有原则的、非自利的集体行动，并将前者排除在真正的反抗范畴之外，会造成误导、没有结果和社会学上的天真。坚持将这一区别作为比较反抗形式及其结果的方式是一回事，但是，将它们作为基本标准以决定什么构成了反抗就会忽视农民政治的真正来源。

经常处于农民造反的核心内容，即对“面包”、“土地”和“无税”的诉求与农民家庭基本的物质生存需求相结合并不是什么巧合。农民的日常政治和日常反抗（当然还有日常的顺从）都源自这些同样基本的物质需要，这是再平凡不过的常识而已。就农民家庭而言，我们只需假定一个可以理解的生存需求——确保其身体的安全、确保其食物供给、确保其必需的现金收入，由此就可以明了针对统治集团、征税者、地主和雇主的索要的反抗之来源。

忽略农民反抗中的自利性质就会忽略农民政治，同时也忽略了大多数低等阶级政治的决定性背景。自利与反抗融合在一起，正是激发农民和无产阶级反抗的关键动力。当一个农民把他的一部分谷物藏匿起来逃避付税时，他既是要填饱肚子也是夺走国家的谷物。[1]当一个农民士兵因食物太差和家里庄稼成熟等待收割而从
295 军队中开小差时，他既是关心自己也是拒绝当国家的炮灰。当这类行动稀少而孤立时，几乎无关紧要；但是当它们成为一种固定的模式（尽管没有协调、没有组织）时，我们就将其视为反抗。在某种意义上，许多农民反抗的内在本质和“优点”就在于，它往往带来直接的和具体的好处，与此同时它夺走有产阶级的资源，而且，它极少或者根本不需要明显的组织。此类反抗的顽强与力量直接源于其如此坚实地根植于一个阶级所经历的共同的物质斗争这一事实。

① 另外，此类反抗不是下层阶级专有的。在发达的资本主义国家，逃税以及所谓的黑色经济（black economy）同样也是进行反抗的方式，但仅是中层和上层阶级热衷于此并取得极大成功。

要求下层阶级的反抗具有某些“原则性”或是“非自利性”，不仅是乌托邦的和对于基本物质需求的道德意义的贬低，而且是一种对阶级斗争基础的错误建构，阶级斗争首先是关于占有工作、产品、财产和税收的斗争。“面包与黄油”的问题是低等阶级的政治与反抗的本质所在。从这一角度看，消费对反抗和反反抗来说既是目的也是结果。尤沙·帕特耐克指出，“消费不过是历史性的‘必要劳动’，作为他们与剩余占有阶级（the surplus-appropriating classes）斗争的结果，小生产者得以获得净产出的份额”[①]。这就是常规阶级斗争的自利性内核：减轻或击败占有的经常的防御性努力。[②]从有利的一面来说，少量的偷窃稻谷和打谷场上的小偷小摸看上去像是微不足道地“对付”机械化，但从更广阔的阶级关系的观点来看，实际上如何分配收获才是问题的中心。

始于自利的物质需求的反抗概念的另一个长处在于，它与“阶级”如何被历史行动者自身所感受密切关联。在此我完全赞同汤普森基于他卓越的工人阶级历史分析所得出的判断：

> 在我看来，人们的理论关注（许多明显是非历史的）给予“阶级”的过多，而给予“阶级斗争”的过少。实际上，阶级斗争 296
> 是更为优先也更为普遍的概念。坦率地说，阶级并不是作为相互分割的实体而存在，并不是环顾四周，发现敌对的阶级，然

① Utsa Patnaik, “Neo-Populism and Marxism: The Chayanovian View of the Agrarian Question and Its Fundamental Fallacy,” *Journal of Peasant Studies* 6, no.4 (July 1979): 398—399.

② 在一个工厂或“国有农场”中，“阶级斗争的自利内核”包含对时间的再分配，人们以看似非常琐碎的形式尽量将时间花在自己身上。因此，阿尔夫·吕德克和谢尔比·卡拉姆主张，德国工厂的“闹腾”以及其他一些“表达和说明个人需要”的事例理应被视为“政治行为”。他们还补充说，对纪律和等级制度的反抗不仅在工厂中有所体现，而且在反抗社会主义政党本身的行动中也有所体现。Alf Ludke, Shelby Cullam, “Cash, Coffee-Breaks, Horse-Play: Eigensinn and Politics among Factory Workers in Late 19th and Early 20th Century,” Davis Center Seminar, Princeton University, April 2, 1982, mimeo.

> 后开始斗争。而是相反，人们通过社会的结构化以特定方式（在生产关系中至关重要但并不是排他的）发现自身，他们经受剥削（或需要保持对他们所剥削的人的权力），他们意识到与自己相反的利益，开始围绕着这些争端进行斗争并且在斗争过程中，发现自己作为阶级而存在，他们知道这一发现就是阶级意识。在现实的历史进程中，阶级与阶级意识总是最后的、而不是最初的阶段。①

当然，斗争的物质基础不可能从价值观的斗争——意识形态斗争中分离出来。反抗一种索要或占有同时也是对抗这一索要背后的理由和道理。在塞达卡，这一意识形态反抗通常会避开公共视线，但它形成了穷人的规范性亚文化的关键部分。

将“个人化的”反抗行动贬低为无意义和将“反抗”术语限定为集体的或有组织行动的倾向与强调“有原则的”行动一样具有误导性。我怀疑，符合组织化运动的特权地位出自于两种政治取向之一：其一，本质上的列宁主义，认为可行的阶级行动只能是由一个充当“总参谋部”的先锋政党所领导的行动；另一个则更为直接地源于熟悉的和偏好公开的制度化的政治，即运作于资本主义民主制中的政治。然而，这两个主张中都有不足。

当然，许多农民反抗的个人化的和通常匿名的性质都非常适合于产生于其中的阶级的社会学研究。作为分布在小社区中而且通常缺少集体行动的制度化方式的下层无阶级（low classlessness）的阶级，它更可能使用那些当地的几乎不需要合作的反抗方式。在普遍的物质剥夺、公开政治行动的合法保护或镇压制度发生崩溃（在少数情况下，三者都具备）的特定历史背景下，农民可能而且已经成就一种有组织的、政治性的群众运动。然而这种背景极为少见而且通常是短命的——即使它们对革命有所贡献。在大多数地方

① “Eighteenth-Century English Society,” 149.

和大多数时间中,这种政治选择都是被阻止的。个人化的和谨慎的反抗形式的偏好不仅是一个马克思主义者对小商品生产者和乡村劳动者的预期,而且这种形式有几个优势。与等级化的正式组织不 297
同,它没有中心、没有领导、缺少可辨识的结构,不会被同化或失效。缺少中心协调的情形或许可由其灵活性和持久性加以弥补。这些反抗形式所赢得的不是固定形式的战斗,但它们极其适合于长期的消耗战。

如果我们把对农民反抗的研究限定于正式的组织行动,我们的研究在很大程度上会成为徒劳,因为在马来西亚如同在其他第三世界国家,或是缺少这样的组织,或者它们是官员和农村精英创造的结果。如此我们会错过许多正在发生的事情。例如,马来农民反抗国家的历史仍需要被书写,然而,当它被书写时,它将不会是公开反叛或者正式组织在其中扮演重要角色的历史。前殖民主义时代有关反抗的记录或许将由逃亡和逃避强迫劳动、逃避大量的税费占据主导地位。有关对殖民统治的反抗,对公开对抗的记录会远少于对故意的和大量的不顺从的记录,例如,其最有威胁的方面是持续地少报土地拥有量和庄稼产量以尽可能减少税费,无情地漠视所有旨在限制小土地所有者的橡胶种植和交易的规定,以及不懈地在新土地上开发定居点而无视许多禁止这样做的法律。上述做法中许多持续至今。这类反抗在档案中有大量证据[1],但由于

① 逃税的证据显然来自吉打州一贯的土地税欠款的报告以及系统性的谎报产量的迹象。因此,非联邦制的马来州在*Annual Report of the Advisor to the Kedah Government, 1921* (Alor Setar: Government Printer,1922)的第38页记录道:“水稻种植者怀疑收集统计数据是为了使进一步征税成为可能,并使他们的收成减到最小。”1930年5月到1931年5月的报告指出,瞒报量应在15%至18%之间(第8页),部分地区几乎达到50%(第55页)。有关1913至第二次世界大战期间逃避限制橡胶计划的情况,参见Lim Teck Ghee, *Peasants and Their Agricultural Economy in Colonial Malaya,* 1874—1941 (Kuala Lumpur: Oxford Univ. Press, 1977), and Donald M. Nonini, Paul Diener, and Eugene E. Robkin, “Ecology and Evolution: Population, Primitive Accumulation, and the Malay Peasantry” (Typescript,1979)。

这类反抗的目的是逃避国家和法律秩序而不是进攻它们，它所受到的历史学关注远少于那些相当稀少的小规模的造反，而这种造反对殖民统治进程的影响却很有限。即使在先进的资本主义国家，
298 穷人的运动也大多发生在正式的政治活动领域以外。[①]由此可知，如果在高度工业化的、有很高识字率的城市经济和相对公开的政治体系中穷人以这种形式进行的政治活动是令人信服的，那么，农业经济中的农民这样做就更合理了，因为在这样一个背景中公开的政治活动是被严格限制的。正式的政治活动对精英、知识分子和中产阶级来说可能是规范性的，他们在第三世界以及在西方国家几乎垄断了制度性的技能和途径。但是如果期待农民的反抗能够或将会规范性地采取同样方式，那将是幼稚可笑的。

我们不应忘记农民反抗的形式不仅是农民社会生态的产物。反抗的参数也是部分地被镇压制度所设定的。在相当程度上，这类制度运作得十分有效，它们几乎可以排除任何形式的反抗，只除了那些个体的、非正式的和秘密的反抗。[②]因而，甚为合理和至关重要的是区分不同水平和不同形式的反抗：正式的—非正式的，个体的—集体的，公开的—匿名的，挑战统治体系的—旨在边际收益

① “无论错误源于何种智识，将运动和运动的组织等同起来（因而错误地认为抗议行动要有一个领导、一个章程、一个立法程序或者至少在他们被认出之前要有一面旗帜）的后果就在于将注意力从许多政治动荡形式中移走，并将其指向更为隐蔽的社会问题和越轨行为的领域。结果，诸如大规模的逃学，或日益增加的工人缺勤，或日益攀升的公众福利需求，或四处蔓延的拒交地租等事件，很少吸引政治分析家的注意。当法令明确裁定没有任何政治事件发生时，什么都不需要被解释，至少政治抗议是不需要被解释的。” Frances Fox Piven and Richard A. Cloward, *Poor People's Movement: Why They Succeed, How They Fail* (New York: Vintage, 1977), 5.

② 参见此情境下威廉·雷迪所撰写的精彩篇章。William M. Reddy, “The Textile Trade and the Language of the Crowd of Rouen 1752－1871,” *Past and Present* 74 (February 1977): 62—89. 雷迪认为恰是缺乏组织的群体行为才是可行的，并且认为人们开始重视和利用自发性，因为他们认识到它是最有效和成本最低的抗议方式。他说，文化默契发展得如此之好，以至于任何不平都能够聚合人群而无需计划或组织，更不用说正式的领导了。

的。但是在这一点上，我们应该完全明白，我们实际能够度量的是构成可能选择的镇压水平。根据他们所面临的情境，农民可能在有组织的选举行动到暴力对抗和沉默匿名的偷懒和偷盗行为之间摇摆不定。这样的摇摆在部分情况下可能是由于农民社会组织的改变，也可能是由于镇压水平的变化。不只一类农民阶级被粗暴地迫使从某一时刻的公开、激进的政治运动退缩为随后的顽强而零散的微小反抗行动。如果我们只允许自己将前者称为"反抗"，我们就只能让统治结构来为我们界定什么是反抗，什么不是反抗了。

我考察过的许多反抗形式或许都是个人行动，但这并不意味着他们是没有协同的。[1]在此，源自正式的和官僚体制的合作概念 299
对于理解小共同体的行为再次无所助益，这些小共同体有着密集的非正式网络和丰富的、历史深厚的、反抗外部要求的亚文化。[2]例如，可以毫不夸张地说，许多属于农民"小传统"的民间文化都将我所研究过的逃避性的、狡猾的反抗形式合理化甚至对其进行颂扬。在马来社会，这一传统在所有农民都熟悉的鼠鹿传说（mouse deer tales）中被记载下来。鼠鹿是一个定型化的"骗子"形象：一个弱小但却敏捷的动物，它利用自己的智慧、欺骗和狡诈存活下来并战胜了比它远为强大的野兽。在此无需任何文学技巧就可以认识到，鼠鹿传说是小农必需的生存技术的通俗的隐喻。当然，这类形象有着历史上的其他从属群体在其民间传统中的文化对等物——Til

[1] 弗朗西丝·赫恩在他有关19世纪工人阶级历史的阐述中发现，只有在这种非正式的仪式和共同体结构中，才有工人阶级全心全意的直接行动。他确信，它们的腐蚀是工人阶级在中世纪被"驯化"的关键。"在所有社会中，严重威胁现存安排稳定性的正式组织，如果不是直接被禁止，就是屈从于限制其行动范围的法律约束……因此，维持生存的共同体的非正式的、往往是晦暗不明的结构和制度对维系集体行动来说是绝对必要的。" Francis Hearn, *Domination, Legitimation, and Resistance: The Interpretation of the 19th Century English Working Class,* Contributions in Labor History, No. 3 (Westport: Greenwood, 1978).

[2] 沿此路径的进一步分析，参见Scott, "Protest and Profanation," and "Hegemony and the Peasantry," *Politics and Society* 7, no. 3 (1977): 267—296。

Eulenspiegel 和 Brer Rabbit [1]就是两个例子。至少它们鼓励一种反抗，如同南卡罗来纳州黑人奴隶的谚语所说："白人有他们的阴谋，黑鬼也有自己的伎俩。白人想出一个阴谋，黑鬼可以用两个来对付，道高一尺，魔高一丈。"[2]

通过这种和其他方式（例如强盗、农民英雄的传说、宗教神话等），农民的亚文化对于伪饰、偷猎、盗窃、逃税、逃避服兵役等等都有所助益。尽管民间文化在其形式上并不一致，但它通常能形成一种"思潮"，在其他更为制度化的社会中，这种思潮则需要一种公共关系活动。[3]农民社会令人惊讶的一点是一系列复杂活动——从劳动力交易到搬家，再到出席婚宴——都经由理解和实践的网络而得以高度协调。对于联合抵抗、工资"协商"、佃农拒绝彼此竞争，或
300 者有关偷窃的共谋的沉默等都是同样的逻辑。没有正式的组织被创立，因为没有这种需要；然而，某种协调形式的达成提醒我们正在发生的一切并不仅仅是个体的行动。

根据这些思考，让我们再短暂地回到意图的问题。从农民反抗的多种形式来看，我们完全有理由认为，行动者总是对他们的意图保持沉默。他们的安全有赖于沉默和匿名；这类反抗本身的有效性建立在表面一致的基础上；他们的目的可以埋藏在农民的亚文化或常规之中，为生存和家庭生计而进行的斗争是被视做当然、不必言说的。就好比鱼儿从不谈论水。

当然，从一定意义上说，他们的意图体现在他们的行动中。一

---

[1] Til Eulenspiegel是德国民间传说中的捣蛋鬼形象，善于惹事生非；Brer Rabbit 是美国民间传说中的形象，其特性是能在不利形势下进行斗争并且往往取得胜利。——译注

[2] Levine, *Black Culture and Black Consciousness,* 81.

[3] 有关如何动员民间信仰和仪式来服务于政治目标和社会阶级目标的具有启发性的详尽分析，参见莫里斯·阿古龙的出色讨论。Maurice Agulhon, *La République au village: Les populations du Var de la Révolution à la Seconde République* (Paris: Plon, 1970).

个开小差逃跑的农民士兵用他的行动清楚地“说出”,现行制度的目的和他所承担的风险与艰辛比不过他的家庭和个人需求。一个从雇主那里偷窃稻谷的收割工人“说出”的则是他对大米的需求比他老板的正式财产权重要得多。

当涉及到占有阶级的物质利益直接与农民发生冲突(有关地租、工资、雇用、税收、征兵、收获分配)的社会场景时,我想,我们可以从行动本身的性质推断几分意图。当对农民的盈余的克扣和剥夺行为表现出系统性时,情形尤其如此。当然,有关意图的证据总是受欢迎的,但我们不应期望太多。因而,此前给出的反抗的定义特别强调了反对统治阶级的物质和象征的索要的努力。毕竟,大量的农民反抗的目的都不是要直接推翻或转变统治体系,而是要在其中生存下去——活过今天,这个星期,这个季节。正如霍布斯鲍姆准确地指出的,农民的目标通常在于“让制度的不利达到最小”[①]。他们坚持不懈地努力“蚕食”可能会适得其反,他们可能非常有限地减轻了剥削,他们可能促成一次关于拨款限制的再谈判,他们或许可以改变后来的发展过程,但他们极少能够带来制度的改变。这些都是可能的后果。而他们的目标几乎总是生存和持续。根据具体环境,对这一目标的追逐也需要我们已经看到的微弱的反抗,或者更激进些的自我防卫行动。无论如何,他们的大多数努力将无产阶级视做野蛮、欺骗、逃避、偷窃、傲慢——简而言之,所有的标签都是为了诋毁反抗的形象。

显而易见,反抗并不仅仅是农民为维持自身和家庭生计所做的一切。他们的许多作为在我们看来,可以被理解为顺从,尽管有 301
些勉强。一部分小商品生产者或劳动者可能会为生计所迫而以同伴为代价来保全自己。从另一个穷人那里偷窃稻谷或者出高价来获取租佃权的贫穷无地的劳动者存活下来,但他肯定不是在此所

① Eric Hobsbawm, “Peasants and Politics,” *Journal of Peasant Studies* 1, no.1 (1973): 7.

定义的意义上进行反抗。必须提出的有关统治制度的一个关键问题是，在何种程度上这种制度成功地迫使从属阶级为了生存而全然采用“损人利己的”策略。原子化、恐怖、镇压和压抑物质需求相结合的确能够达致统治的终极梦想：让被统治者相互剥削。

假定唯有那些拒绝或减少来自剥削阶级的索要的生存策略才能被称为反抗，我们仍需认真思考许多行动。这些行动的多样性掩盖了其根本的连续性。这种连续性存在于相对自主的小商品生产者为保护其基本的物质和身体需求以及再生产自身所进行的不懈努力的历史中。在不同时间和不同场合，他们使自己免受强迫劳役、税收和传统农业国家征兵的伤害，免受来自殖民政府、资本主义的侵袭（例如租金、利息、无产阶级化、机械化），免受现代资本主义国家以及许多据称是社会主义国家的伤害。如果当革命真的到来时，它可能清除许多古代政体的最坏的罪恶，但是它极少成为农民进行反抗的目的。由于夺取国家的激进精英很可能在内心有着和他们以往的农民支持者不同的目标。他们会期待集体化的农业，而农民阶级则执著于小土地所有；精英们可能想要一个中央集权的政治架构，而农民阶级却与地方自治相结合；精英们可能为发展工业化而在乡村收税，而且他们几乎肯定会期待一个相对于市民社会的强有力的国家。因此，像戈兰·海登那样敏锐的观察者很可能会发现，坦桑尼亚的农民阶级早期对于殖民主义和资本主义的反抗，同其当下对坦桑尼亚社会主义国家的制度和政策的反抗之间有着明显的类似。[①]他提供了有关“农民生产方式”——通过消极
302 怠工、将政府夺去的土地和工作私有化、通过规避、逃亡和“破坏”

① Goran Hyden, *Beyond Ujamaa in Tanzania* (London: Heinemann, 1980). 还可见Issa Shivji, *Class Struggles in Tanzania* (London: Heinemann, 1976). 有关阿尔及利亚国立农业组织以及试图逃避这一组织的类似论述，参见Peter Knauss, “Algeria's Agrarian Revolution: Peasant Control or Control of Peasants,” *Africans Studies Review* 20, no.3 (1977): 65—78. 正如一个国有企业成员所说，“以前我们是大土地所有者的(佃户)……现在我们是国家的佃户……所有工人都知道这一点。”

政府为自己的利益而实施的项目等方式——如何阻碍了国家计划的引人注目的论述。在越南也是如此,在南方和北方的革命完成之后,农民反抗的日常形式同样在继续着。小块私有土地的暗中扩张,为了家户生产而从国有企业撤回劳动力,不向国家交付粮食和牲畜,国家信贷和资源被家庭和工作小组“挪用”,以及黑市的稳步增长,所有这些都证明了社会主义国家形式下小商品生产的顽强性。[①]我已经分析过的这种顽固、持久和难以削弱的反抗形式或许正代表了真正持久的弱者的武器,在革命之前和之后都是如此。 303

① 例如,参见Christine White和Adam Fforde即将发表于*Journal of Peasant Studies*的文章。

第八章
霸权与意识：意识形态斗争的日常形式

至于社会变迁的原因，我用这种方式看待它——思想类似于一种议会，但其外部还有整个国民，而且大量的正在致力于变革的国民并不知晓议会在做什么。

乔治·艾略特：《丹尼尔·狄隆达》

如果只是稍稍观察塞达卡阶级关系相当平静的官方表面之下的内容，人们不会轻易认为，穷人对他们的境遇是迷惑不解的。他们关于绿色革命及其社会后果的说明同富人的描述全然不同。谁是富人、谁是穷人——以及富裕和贫穷的程度——这个看似直截了当的社会事实在这个共同体内存有异议。穷人在相对安全的情况下这样做时，便展现了他们令人印象深刻的能力，换言之，他们有能力对富裕农场主的虔诚和道理背后的东西进行洞察，有能力对资本积累、无产阶级化、边缘化的更宏大的现实加以理解。他们重视并操纵那些对他们作为一个阶级的物质和象征利益有利的价值观。他们拒绝富人强加给他们的污蔑性特征。在镇压的恐惧和“经济关系的无声压力”造成的狭窄范围内，他们通过联合抵抗、不声张的罢工、偷窃和恶意的流言等方式为保护自己的利益而行动。

在本书最后一章，我希望将这些来自塞达卡本土的见解与更大的关于阶级的社会经验以及典型的阶级斗争语境联系起来。应该说,这对于阶级意识、神秘化和意识形态霸权的理解,都是有意义的。研究的目标是深入地分析象征性反抗的日常形式和经济反抗的日常行动的表达方式。正如左拉等人指出的,农民并不是简单地在盲目的服从和凶恶的愤怒之间摇摆，他们也不是从意识形态共谋直接走向敏锐的阶级意识。如果我们在精英所强加的行为一致的表象背后发现无数的匿名的反抗行动,我们也会发现,在象征的和仪式的顺从背后也存在着无数的意识形态反抗的行动。当然,这两种反抗形式不可避免地结合在一起。以更加细致的分析来考察这些问题——尽管这需要我们稍稍离开塞达卡几步——将有助于我们澄清这样一些争论,即,在何种程度上统治阶级能够将其自己的公正社会秩序的设想,不仅强加给从属阶级的行为,而且强加 304
给他们的意识。然而,在进入这些重大主题之前,我们首先要认清塞达卡意识形态斗争的性质。

塞达卡的物质基础和规范性上层建筑

由政府支持的双耕和机械化使生产关系的重大改变成为可能,毫无疑问,塞达卡目前正在上演的意识形态冲突是对这一变迁的反应。正是这些物质基础的外源型变迁允许大地主和农场主改变租佃制度,增加地租,解雇佃农,用机器取代薪资工人,并且或者长期出租大量土地,或者收回土地自己耕种。经济权力平衡的这种改变还让富裕农民取消或减少了许多社会习惯:诸如举办筵席、伊斯兰慈善施舍、借贷和预付工资,甚至包括许多先前的给予贫穷村民的社会承认和尊重，而这些社会实践曾是以前的生产关系安排中至关重要的部分。简言之,不再为富有农场主的物质利益所认可的先前的生产关系正在被逐步或整个地放弃，这就是已经发生的一切。

物质基础的变迁及其在阶级关系方面的经济和社会后果，是在既定的规范化环境的背景中产生出来的。有关这一规范化环境有两个一般性事实值得注意。首先，并不像某种帕森斯理论的价值共识那样，行动者遵从于在一定程度上外在于和高于他们自身的规范性秩序，而是遵从一个冲突的和有着不同解释的规范性环境。例如，在双耕之前，大农场主认为给予收割工人的扎卡特馈赠是一种恩惠或礼物，而工人自身却认为这是自己理应被赋予的像收入一样的一项权利。其次，这种规范性环境自身也部分地是双耕和机械化之前物质生产条件的一个产物。因而，我们并非研究纯粹外在于日常实际行动的精神构造，而是研究稳定地固化在大量平凡的物质性实践之中的价值观。[①] 我的目标要点在于，塞达卡的农民并非简单地对客观条件本身做出反应，而是对由嵌于具体实践的价值观所传达的对那些条件的解释做出回应。

在这种关系中，重要的是简要勾勒出和稻米生产联系在一起
305 的物质实践，以及双耕之前普遍对这些物质实践的规范性理解。就实践本身来说，人们可以圆满地几乎完全按照相关行动者具体的物质利益加以说明。反过来，这些物质利益很大程度上是双耕之前的生产资料（稻田）的分配中明显的不公平的产物。对于有实力的农场主来说，生产的关键问题是及时可靠地动员劳动力进行插秧、收割和打谷等主要作业。靠降雨量决定的生产计划的限制造成了对于劳动力的峰值需求，即使有流动的工人，也需要有随时性的地方援助以应对种植和收获稻谷的不可避免的急需。因而，对大农场主而言，通过社会性体谅和友好的物质与象征行动开发忠诚的劳动力就有着突出的好处。在实行双耕的最初几年中，由于流动工人不再容易获得，而联合收割机还没有出现，这种策略就变得尤为重

① 参见，例如 Nicholas Abercrombie, *Class Structure and Knowledge* (Oxford: Blackwell,1980),68。

要。在地主与其佃农的关系中这一过程也很显著。那时,佃农很容易租到土地,而地主为了留住种田好手,也会因既定利益而不时做出让步。除此之外,村庄精英的经济动机还包括通过培养忠诚的政治追随者而使自己获得当地政府和党派机构提供的好处,特别是自独立以来精英们更是这样做。

那些需要土地和工作——或两者都需要——的人,也有着同样的、甚至更迫不得已的算计。对那些仅能糊口、经常不得不在收获后外出寻找工作的人来说,每个季能获得稳定的租佃权或者可靠的田间工作是非常重要的。偶然但不可避免的危机,如歉收、家庭中死亡或疾病的发生,或者临时性的仪式开销都意味着能获得借贷、施舍或紧急援助,对家庭来说并非只是一种便利,而更是一种至关重要的必需。① 如果他们公开地使自己适应于这些社会生产关系,并不断努力重新定义其利害,那么他们的行为也就有了充分的理由。

然而仅仅理解这些社会生产关系表面的自利基础是不够的。就我的目的而言,关键是对于意识形态冲突的分析,即掌握规范的过滤器的性质——这些自利的行动必须通过这一过滤器,以及它们如何、为何经历这一过程而发生社会性的转变。换言之,为什么经济力量要以这种方式"委婉地表达"以及它的委婉化的结果是什么。② 从一种角度看,富人所做的就是通过那些他们曾经自愿付出 306
的慷慨或施舍行为,将其不成比例占有的经济方式的一部分转变成地位、声望和社会控制的形式。当然,这种社会控制会再次转变为劳动服务——并因而再度成为物质财富。正如布迪厄在类似背

---

① 正如我们已经看到的,这个阶级还能够意识到并且强烈地怨恨富裕的土地所有者利用此类贷款的方式:富裕的土地所有者通过穷人的土地抵押而接管了更多地权,从而强化了经济依附的基础。

② 这是皮埃尔·布迪厄的术语(*Outline of a Theory of Practice*, trans. Richard Nice [Ambridge: Cambridge Univ. Press, 1997], 191)。本段和下一段的分析多有赖于布迪厄对于前资本主义统治形式细致入微的分析。

景下所发问的,我们是否会从这种只不过是聪明的伎俩中看到"劳动力购买的伪装形式或者强制劳役的隐蔽性勒索"?他回 答道:

> 只要分析与在实践中相互结合的东西不分离,即认识到本质上模棱两可,暧昧不明行为的双重现实……这种占有服务的全部现实就必定取决于如下事实,它只能发生在一种无私的礼物赠与仪式的伪装之下,自愿援助同样是一种强制劳役,因而也是一种自愿的强制劳役和强迫性援助。[①]

经济力量的委婉化在两种情况下成为必要:在直接的物质性强迫尚无可能的地方;在单纯的资本主义市场的间接统治本身还不足以确保其占有的地方。[②]在以上情境下,占有必须通过社会认可的统治方式实现。这种统治并不仅仅是用力量强加的,它也必须采取一种形式达到社会顺从。如果它要行之有效,它需要弱势的一方默认——即使只是在公共场合——这种委婉方式。

这种经济控制的委婉形式的三种后果是我分析的中心。第一
307 个就是,如果它能够完全实现,它不可能没有代价而实现。对人的培养如同种植稻谷,需要时间、精力和资源。想确保其劳动力供给

① *Outline of Theory of Practice*, trans. Richard Nice (Cambridge: Cambridge Univ. Press, 1977),179,着重标记为原作者所加。布迪厄还详细阐述道:"和缓、隐蔽的剥削是当人们在不能公开、野蛮地剥削时采取的一种剥削形式。将这一本质上的二元经济等同于官方现实(慷慨、相互救助等)是错误的,将其化约为客观现实(将相互救助看成是强制劳役,将委托人、保证人看成是奴隶等等)也同样是错误的。礼物、慷慨、炫耀性分配——其极端例子是美洲印第安人的冬宴——都是社会炼金术(social alchemy)的运作方式,每当公开的物质或经济暴力的直接应用受到否定性限制时,它们就会出现,并且倾向于使经济资本向象征资本转变。"同上,第192页。

② 在这方面,有人认为封建统治是直接的、赤裸裸的攫取,而资本主义统治经由商品拜物教(工人看似将自己的劳动力当做商品出卖)这一神秘化形式而起作用。变相攫取的"礼物"可以被看做资本主义制度下商品拜物教的实用等价物。然而,这并不是虚假意识的论据——这一点随后将会明晰起来。

和政治追随者的大农场主，不得不一环扣一环地通过策略性的礼物、施舍、借贷、社交、宴请以及其他具体的和象征性的服务打造自己的社会权威。[①]

第二个且密切相关的后果是，经济支配的委婉化只能通过耕种利润的一定程度的社会化而实现。我非常谨慎地使用社会化这个词,因为从来都不存在生产资料的所有权的任何社会化。相反,实际发生的是对一部分农作物本身及其带来的收益的适度的和策略性的社会化，它表现为危急时刻的馈赠、收获之后的扎卡特礼物、筵席、慷慨等形式。这一有限的财富的社会化——确切地说是在私人之间实现的——是财富能够成功地转化为社会信誉和劳动服务的唯一途径。在此,我们拥有了类似于马克思所说的私人占有与社会化生产之间的矛盾的乡村对等物,只不过,在塞达卡的案例中呈现的是财产的私人占有和社会使用之间的矛盾。当我们着眼于穷人对富人的指责时，他们几乎毫无例外地赞同财产的社会使用。因此,对拒绝宴请、取消收获之后的扎卡特礼物、拒绝施舍的谴责,以及由此而来的对小气和吝啬的更为普遍的谴责,与财产的社会使用直接相关。即使是生产关系中的主要问题——联合收割机的使用、租佃权的持有、加速递增的地租征收以及村庄改进计划的滥用——都可以诉诸过去无论是习俗中的还是特殊的伊斯兰文化中的做法,其中,富人的财产和影响只有在它们同时有助于为社区的其他成员提供土地、工作和收入时,才能够得到宽恕。这或许也是意识形态斗争主要限制在马来社区的原因——只有在这一范围内,财产的社会使用才会得到人们积极的赞许。此类权利主张现在得到顽强的辩护,原因在于它们根植于共同(即使存在争议)传统的象征和物质做法当中。

① 我想,人们可能看似正确地认为这些服务的全部——就其成本而言——并不比自由市场工资和租佃市场为达到同一目标所需的成本更多。然而,关键并不在于这些传统的攫取形式更为方便简易,而在于它们在此种情境下是必须的。

财产关系委婉化的第三个方面是,它总是有关象征的操纵、斗争与冲突的焦点。我们不能将这些模式视为仅仅是用以蒙蔽从属
308 阶级的眼睛的一种策略,或一种神秘化。富人的象征行为当然是自利的,但构成自利内容的真正定义是阶级斗争的产物。因而,对于偶尔的礼物或扎卡特,如果我们像精英希望的那样去看待它们,即视其为无私的慷慨,或者当我们将其视为仅仅是对占有的犬儒式伪装时,我们就不能理解它们的全部意义。一种更为完备的观点要求我们掌握委婉化本身的双重象征操纵,正如汤普森在相关情境中所观察到的:

> 甚至"慷慨"和"施舍"都可能被当做匮乏时期阶级和解的算计行动,或者是(在暴乱的威胁下)群众有计划地勒索:(从上面看)"给予的行为"(从下面看)就是"获得的行为"。[1]

让我们将这一见解用于我们所熟悉的塞达卡的一个特定案例:哈姆扎和他经常的雇主哈吉·卡迪尔的关系。哈姆扎知道,哈吉·卡迪尔处在给他提供工作或预支未来工资的地位。他还知道,哈吉·卡迪尔和同他类似的人总是把此类行动描述为帮助或援助。哈姆扎进而利用这一点来追求他的具体目标;他使用所有的尊重和礼貌的恰当语言形式接近哈吉·卡迪尔,并且要求他的"帮助"和"援助"[2]。换句话说,他诉诸于自利的表述,那也是哈吉·卡迪尔对其自身行为的描述,从而将这些行动置于最有利的位置。我们对哈姆扎有足够的了解,因而多少可以获知他内心的真正想法究竟是什么。如果他赢了,他会实现自己要求的目标(工作或者一笔贷

---

① E. P. Thompson, "Eighteenth-Century English Society: Class Struggle without Class," *Social History* 3, no.2 (May 1978): 150.

② 实际上,他可能会谨慎地对他所提出的要求进行试探。他通过暗示工作会被完成或者通过表明自己的财政困境来预先试探这个要求是否会被满足。如果看上去有可能被拒绝,他就会就此打住,因为直率地说"不"将危及到将来再次请求的可能性。

款),并且在此过程中,他有意无意中加强了对自己策略性地使用的原则的公共合理性。在此类细微的事物中究竟是谁在操纵谁,并不是能够简单确定的。或许,最好将其视为一种委婉象征的互惠性的操纵。

稍后我会回到这个主题,但现阶段认识到在塞达卡激发阶级关系的关键象征——慷慨、吝啬、傲慢、谦恭、帮忙、协助以及富裕和贫穷——并未建立起一套行动者可简单遵循的既定的规则或原则就已经足够了。相反,这些只是规范性的原材料,它们为人们的日常行动所创造、保持、改变和操纵。我在此处进行的关于围绕着富人与穷人关系的规范的讨论非常类似于布迪厄在“亲属制度”和 309
“亲属关系”之间所做的区分,前者被视为一个应该遵循的“封闭的、紧密的纯粹逻辑关系”,而后者则是实际的社会行动者的实践活动:

> 简而言之,考虑到经济决定因素以及相关的近乎完善的内在联系,结构主义传统或多或少地将完全的自主性归诸于亲属的逻辑关系,而事实上只有通过并且为了正式与非正式的使用,它们才能在实践中存在,这些参与其中在其正常运作中保持它们并使其有效运作的行动者——经由不断地使用——更加容易在一定程度上实际地或潜在地实现其不可缺少的功能,或者用更明确的说法,它们的确或者能够满足至关重要的物质与象征的利益。①

就亲属关系来说,对阶级关系的意识形态进行社会分析的目标并非要对商定的规范达成共识,而是理解那些规范的制定和实施会因阶级利益的不同存在很大差异。因而,不足为奇的是,我们看到了塞达卡的穷人不断地致力于维持、强化和确认关于谁是富

① Bourdieu, *Outline*, 37—38.

人、谁是穷人以及他们应该如何针对彼此而行动的看法。他们关于何谓得体行为的看法、他们的流言蜚语、他们对于"事实"的描述、他们对于绰号的使用、他们对于伊斯兰义务的看法、他们的罢工和联合抵抗、他们对于习俗性做法的选择性使用,都服从于满足他们物质和象征利益的规范性见解。正如现实中所发生的,由于生产关系的转变在很大程度上造成对他们的不利,他们发现自己正在捍卫大量的早先的惯例。

就富裕村民而言,他们同样利用所有规范话语的弹性来最有利地表达他们自身、他们的权利主张和他们的利益。然而,我们已经看到,他们的问题略有不同。他们无法简单地否认旧有惯例及其背后的规范性预设,但他们同样不愿意放弃遵循惯例所要损失的利益。因而,他们很大程度上被推入一种"事实"的建构中,即他们可以声称原有的惯例已不再适用。正如我们已经看到的,他们坚称收入上的差距是微不足道的,宣称这里所有人都在大致相同的立足点上种植水稻,并且断言那些明显贫穷的人的行为在道德上不具备获得任何同情照顾的资格。

富人的意识形态地位有两个方面值得特别注意。首先,尽管它很少受到公开的挑战,但我们从穷人不留心作出的嘲弄性解释中可以得知,他们认为其没有说服力——更不用说具有霸权了。其
310 次,同样重要的是,事实上富人从不公开否认富人应该考虑穷人的需要这一原则——而是争论事实以及它们对特定情形的适用性——具有讽刺意味的是,这意味着,他们自己不经意地"促进了——完全正式的——规范的保持"。[①]

从一个更大的视角来看,塞达卡富裕农民的意识形态困境源于这样的事实,即他们的经济行为日益建立在新的市场机会的逻辑上,而同时他们的社会权威依然建立在传统的支配形式上。因而,他们面临着转向更为资本主义的生产方式的经典性意识形态

---

① Bourdieu, *outline*, 40—41.

矛盾。[1]在新的生产关系占支配地位的情况下,财富的社会性使用随之减少,进而无产阶级的社会权威就相应地衰落。

此过程的直接结果就是与占统治地位的巫统结盟的大农场主和地主丧失了他们对于穷人的社会控制。过去,巫统对乡村的政治控制直接建立在较富有的家庭能够以经济依赖关系,特别是租佃和雇佣关系来实施的对小土地所有者的社会控制之上。对巫统而言,依靠占比例较人的较富有的村民已经足够了;这样,在经济上依附于他们的村民自然也就被拉拢过来。随着对生产关系的"有机"依赖被拆解,随着利益不断地与对较贫穷村民的社会控制相脱离,地方权威的这些经济网络变得愈加脆弱。它们并未随之消失,但数量日减,益发不可靠。而且,那些依然保留下来的经济依赖关系现在日益紧密地被非个人化的市场力量——例如,现金工资制、契约租赁、全额且固定的经济地租——所组织,以致就系统化的社会从属而言产出愈少。

在此背景下值得指出的是,穆达地区稻田的不公平分配就其本身而言从来都不具合理性。毕竟,该地区大多数大片的土地都是通过抵押和其他精明的交易获得的,这些交易则是利用了小土地所有者周期性的贫困。正如哈吉·布鲁姆的故事充分表明的,富有的土地所有者的特 311
权地位带来的社会权威(与控制相对)的程度,只是建立在他们的财产满足贫穷村民对于租佃权、工作和救助的实际需求的程度上。[2]我正在

---

① Raymond Williams, *The Country and the City* (New York: Oxford Univ. Press, 1973), 182. 他们的境遇和雷蒙·威廉斯所描绘的19世纪早期的英格兰土地所有者的境遇并非没有相似之处:

> 然而,英格兰农业资本主义内部始终存在一个矛盾:其经济是市场秩序的经济,其政治是自称的贵族和地主阶级政治,需要完全不同的和"传统的"纪律和控制。

虽然塞达卡几乎没有贵族阶层,但非常清楚的是机械化、契约租佃以及二者对从属、依附关系造成的后果同"传统的纪律与控制"是矛盾的。

② 贫穷村民肯定会对这种合理化行为抱有怀疑。然而关键在于,在任何有组织的不平等结构当中,特权唯一可能的正当性必然存在于其社会功能中。就像在塞达卡一样,当富人行之有效的自利行动(这些行动强化了这种合理性)在很大程度上被抛弃,唯有花言巧语留存下来时,有产阶级的社会权威必会受损。

强调的社会控制同财产的社会使用的联系，或许最好地体现在自称的慈善的例证中——扎卡特礼物、施舍礼物、偶尔的贷款和施舍。此类行动同时起到符号化和确认现存社会等级的作用。由于其非同寻常的可区别性和任意性，它们还用于挑选出"应受奖赏的"穷人给予优惠待遇，从而加强他们——至少公开地——对于从属规范的顺从。[①]一旦此类慈善背后的策略理性丧失其经济和政治力量，社会控制的主要元素也会失去。因此，许多村民为了自己的生计都开始极力"放纵"，并且，这正是富有农场主极力要加以合理化的。这种"自由"的结果给穷人带来经济痛苦，而为富人带来财政回报。但是，它们也瓦解了有产阶级的社会统治基础。

这并不意味着村里的大农场主丧失了对地方事务的控制，更不必担心他们会面对叛乱的农民。然而，已经发生的是他们的统治基础已经改变了。曾经嵌于生产关系的原本依附性的控制，现在更多地基于法律、财产、政治强制、市场力量和政治资助。为了保证他们的信誉和投入，为了他们资助资源的提供，以及为了确保他们对于稀缺的土地和资本的持续控制的根本势力，他们使得自己越来越依赖于国家。利益的纽带现在不可避免地将这个阶级与国家绑在一起，而这些纽带当然意味着，其成员在面对任何可能危及其权力和影响的事件（例如持续的不景气或重大的政治变革）时，变得
312 越来越脆弱。颇具讽刺意味却又完全符合逻辑的是，这个阶级一直如此放心地与国家相结合，恰恰在此时，他们自身对于从属阶级的自发控制正在迅速地削弱。缺少了从早期的生产关系中生成的经

---

① 参见，例如Howard Newby, "The Deferential Dialectic", *Comparative Studies in Society and History* 17, no.2 (April 1975):161—164和Brian Harrison, "Philanthropy and the Victorians," *Victorian Studies* 9, no.4 (June 1966): 353—374。在另一项有关土地所有者农业"庇护"的敏锐的分析中，罗纳德·赫宁(Ronald Herring)指出，对此类行动的投资应该被称为"合法投资(legitimacy fund)"。"Landlordism as a Social System: Quiescence and Protest in Kerala" (Paper presented to Annual Meeting of the Association for Asian Studies, San Francisco, March 23—27, 1983).

济控制,缺少了令人信服的嵌于现实的习俗中的意识形态位置,这些精英在依靠国家所能配置的资助、利益和控制资源的基础上,也就只能孤身奋战、自主沉浮了。

假使穆达地区乡村人口中最贫穷的阶层不再是稻谷生产的不可或缺的部分,假使他们在剩余分配的过程中不再必要,人们有理由提问:为何富有农场主还要不厌其烦地证明他们新的行为模式的正当性?为何还要对那些与农业制度几乎无关的人证明农业制度的合理?这里有两个密切相关的说法。其一,为富裕农场主的新行为提供的理由实际上相当草率、粗浅并且容易识破。它们无论如何很难让那些处于不利地位的人信服。其次,富有农场主自己也是早期农业制度以及支撑这一制度的规范化观念的产物;如果他们选择用自己最为熟悉的范畴理解和解释新的安排,我们就不应该大惊小怪。

然而,人们可能想到,即使意识形态霸权作为稻作农业中日常生产关系的一部分变得越来越不必要,但它对于国家本身的剩余分配却举足轻重。我确信,甚至这个推断对于1900年以来任何时期的稻谷产区在很大程度上都是错误的。关于马来半岛的殖民地和独立国家的最值得注意的事就是,它们对取自于稻谷耕作者的系统占有的依赖是如此之少。稻田的税收总是最小限度的,而且当地的生产价格通常高于世界市场价格。即使在殖民时代早期,吉打州的财政岁入的大部分来源都不是乡村收入。例如,1918年和1919年,鸦片和赌博专营的"包税制"提供了地方岁入的主要来源。[①]国家从穆达平原的农民那里一直以来需求的并且以后也会需求的是价格合理的作为商品稻米的剩余部分,这些大米可以用来养活矿场、种植园和当时城市地区的工业劳动力。穆达地区绝大多数的小土地所有者现在而且一直与这一目标基本无关。我们只需回想一下,穆达地区大部分(大概3/4)在市场上销售的稻谷是由少数(11%)

---

① 参见,例如Unfederated Malay States, Annual Report of the Advisor to the Kedah Government for each year。这一模式至少可以追溯到很久之前泰国人的控制时期。

耕种面积超过10里郎土地的耕作者出售的。剩余部分当然在很大程度上不需要穷人劳动力来生产。并且这一劳动力并不被其他地方所需要。最近的估算表明，目前在种植园和城市中的现存劳动力
313 的自然增长，将大大超过这些领域可预期未来的人力需求。[①]一个简单的事实是，在穆达地区，占农村人口2/3的最为贫困的那部分人，现在已经基本上与生产或占有过程不相关了，无论对富裕农民还是对国家而言都是如此。

地方精英和国家为证明其统治不断地进行意识形态的努力，如果我们想理解他们这样做的理由，只看稻作农业地区的生产关系是徒劳的，因而我们必须关注政治领域。在这样一个多元化、开放的、外向型经济中，国家收入主要取自于进出口税、公司收入税、执照、特许、消费税和贷款。如果保守的马来精英要继续从经济与国家所提供的特权和机会中获利，作为基本的前提条件，就必须保持其对所在州的政治统治。在现行的半竞争性选举体制中，达到这一目标要求大多数马来选民的政治支持。[②]马来人口占最大多数的吉打州和吉兰丹州恰恰也是水稻主产地区，它们的政治支持是必要的。在此背景下，就不难理解国家在发展计划、拨款、诊所、学校、贷款和基础建设等领域中所做的许多努力，都是着眼于政治支持的最大化的。甚至可以说，正是国家和执政党以向农村地区发放补贴的方式，在目前承担了将统治委婉化的任务。这一委婉化的实现当然是以富裕的、拥有土地的当地巫统精英为中介的。在任何事件中，对稻作农民的政治控制本身都不是目的，也不是证明直接占有方式正当性的手段。政治控制是占有的基本前提条件，在其他地方

---

① 源自Economic Consultants Ltd，*Kedah Perlis Development Study: Interim Report* (Alor Setar: 1977)。虽然咨询专家预测同过去类似的人口外迁模式仍然不会减弱。甚至在城市工人和种植园劳力的供给主要源于中国和印度移民而非马来人的殖民时期，情况亦然。

② 如果这一政治统治在选举中受到严重威胁，那么已成为障碍的选举制度就会被迅速废除（1969年暴乱后的情况就是如此），这一点我毫不怀疑。

也是如此。

重新思考霸权概念

我们对于塞达卡阶级关系的考察相当有力地表明，和意识形态统治相关的霸权概念值得从根本上进行重新思考。我希望说明的是，此类重新思考不仅是在这一分析中所涉及的70个家庭的情境所需要的，而且也是在普遍意义上分析从属阶级所需要的。 314

此处使用的霸权概念当然是来自杰出的意大利斗士、学者安东尼奥·葛兰西的著作。[①]自从他的狱中札记变得广为人知以后，大批有影响力的修正主义者和马克思主义学者(其中包括阿尔都塞、米里班、普兰查斯、哈贝马斯以及马尔库塞)都曾以这样或那样的方式使用过这一概念。这一分析传统可溯源至马克思、恩格斯所著的《德意志意识形态》中的著名篇章。其详细内容如下：

> 统治阶级的思想在每一时代都是占统治地位的思想。这就是说，一个阶级是社会上占统治地位的物质力量，同时也是社会上占统治地位的精神力量。支配着物质生产资料的阶级，同时也支配着精神生产资料，因此，那些没有精神生产资料的人的思想，一般地是受统治阶级支配的。占统治地位的思想不过是占统治地位的物质关系在观念上的表现，不过是以思想的形式表现出来的占统治地位的物质关系；因而，这就是那些使一个阶级成为统治阶级的各种关系的表现，因而这也就是这个阶级的统治的思想。此外，构成统治阶级的各个个人也都具有意识，因而他们也思维；既然他们正是作为一个阶级而进

① Antoni Gramsci, *Selections from the Prison Notebooks*, ed. and trans. Quinten Hoare and Geoffrey Nowell Smith (London: Lawrence & Wishart, 1971). 安德森认为，“霸权”的概念首先由布尔什维克提出，用来指无产阶级为了战胜革命的敌人而必须建立的对农民阶级的统治。就此而论，它意味着政治控制，而未必是认同。这很有讽刺性。Perry Anderson, “The Antinomies of Antonio Gramsci,” *New Left Review* 100 (1976):6.

> 行统治，并且决定着某一历史时代的整个面貌，不言而喻，他们在这个历史时代的一切领域中也会这样做，就是说，他们还作为思维着的人，作为思想的生产者而进行统治，他们调节着自己时代的思想的生产和分配；而这就意味着他们的思想是一个时代的占统治地位的思想。[①]

霸权只不过是葛兰西赋予意识形态支配过程的一个名称。其背后的核心概念是统治阶级不仅要支配物质生产方式，也要支配象征生产方式的要求。从观念层面上看，其对物质生产力的控制与其对社会的意识形态“部门”——文化、宗教、教育和媒体——的控制相同，使之可以传播那些可以强化其位置的价值观。简而言之，葛兰西所做的就是解释虚假意识的制度基础。

我要说明的是，取得从属阶级的认同和被动顺从，是比制裁和
315 强迫更为有效的阶级统治方式，这才是霸权的关键意涵。当然，霸权可能被用于指涉社会统治的全部综合。然而，此处是在其象征意义或者说理想意义上使用这一术语的，因为这恰恰是葛兰西对于马克思主义思想的主要贡献之所在。事实上，通常情况下，正是意识形态霸权的普遍性、深入性确保了社会和平，并将政府的强制性机器推至后台。唯有“当预期到危机将至、自发性认同失去效用时，国家才会公开诉诸暴力”[②]。

严格说来，即使详细解读葛兰西的观点，这种霸权的自发性和完整性究竟怎样仍不完全明晰[③]。有时，他似乎暗示霸权包含了对统治集团的合法性和优越性的主动认可；有时，他又暗示这种认可

---

① Karl Marx and Friedrich Engles, *The German Ideology* (London: Lawrence & Wishart, 1965), 61. 中文译文参见《马克思恩格斯选集》(第一卷)，《德意志意识形态》第一卷第一章，第52页。——译注

② Gramsci, *Selections,* 12.

③ 参见约瑟夫·费米亚(Joseph Femia)的杰出讨论，“Hegemony and Consciousness in the Thought of Antonio Gramsci,” *Political Studies* 23, no. 1 (March 1975)。

是一种更为消极的行动,在这种行动中,社会秩序的主要特质仅仅由于已被给定而被接受。然而,葛兰西的确敏锐地指出了思想和行动之间的区别。[①]例如,工人保卫其物质利益的具体行动可能代表一种激进的意识,但在思想层面——即霸权起作用的层面——由上层决定的、为社会认可的价值和观念的土壤会破坏掉这种初始的激进意识。费米亚写道,这一阻碍意味着"如果西方国家的大众仅仅采用自己的策略,他们是无力克服自身的知识和道德从属地位的……漫长而艰险的去神秘化历程需要借助外在的力量"[②]。因此,革命性政党的功能是给工人阶级提供其自身无法生产的概念工具和"批判意识"。只有这样的政党才能够打破资产阶级霸权,并用自身的霸权取而代之;葛兰西坚持认为,这一新霸权并非革命的后果,而是真正的革命的前提。[③]

当然,为了解释为何《资本论》所述的资本主义物质矛盾并未在工业化的民主社会中引发社会主义革命,葛兰西和其他20世纪的马克思主义者在很大程度上推进了他们对意识形态统治的分析。正是资本主义显而易见的持久生命力迫使他们将关注的焦点转移至意识形态和"上层建筑"。这一关注点在很多方面都颇受欢迎并具有指导意义。首先,它避免了经济决定论的极端形式的弊 316
病,并且赋予广义上的意识形态领域一定程度的自主性。文化、价值观和意识形态不能直接被解读为客观的、物质性的条件,毕竟,霸权和虚假意识这两个术语就是对这一观点的明确认可。[④]但是,在为意识形态统治本身的分析开辟延误已久的空间的过程中,在

① Gramsci, *Selections*, 326—327, 419.

② Femia, "Hegemony," 35.

③ Gramsci, *Selections,* 57, 207. 这表明,在处理其他事情时,革命性政党将在一定程度上能够创造其独立的制度,这些制度将防止革命前的统治阶级的联合。但葛兰西认为,它将如何发生这一点却从来都不清楚。

④ 参见,例如,Philip Carl Salzman, "Culture as Enhabilments," in *The Structure of Folk Models,* ed. Ladislav Holy and Milan Stuchlik, ASA Monograph No.20 (New York: Academic, 1981), 233—256。

我看来，葛兰西的许多继承者用某种意识形态决定论取代了他们试图规避的物质决定论。令人好奇的是，葛兰西自己的著作则较少招致这种指责，而那些追随这一传统的人(例如，米里班和阿尔都塞)的更为纯粹的、理论上的精雕细琢之作却引发了更多此类的批评。①

下面，我希望对霸权的观念和与之相关的虚假意识、神秘化以及意识形态的国家机器等概念加以说明，它们不仅无法帮助我们理解塞达卡的阶级关系，而且恰恰可能严重误导我们对大多数情境中阶级冲突的理解。②接下来，我将相当简要地概括我还会展开详尽论述的内容的要点，这将有助于安排随后的讨论：

首先，霸权概念忽略了大多数从属阶级能够在其日常物质经验的基础上对主流意识形态进行洞察和去神秘化的程度。

第二，霸权理论经常混淆何为不可避免的与何为正当的区别，这种错误从属阶级是很少会犯的。这种结论出自对负载权力情境中公开行动的表面观察，既忽视了"隐藏的文本"，也没有看到常规的必要性和对于"经济关系压力"和压迫现实的实用性服从。

第三，根据定义，一种霸权的意识形态必然表现为一种理想状态，因而不可避免地造成矛盾，它可以被用来对自身进行批判。群众激进主义的意识形态来源在此意义上既可以在现行意识形态秩序的内部寻找，也可以在其外部寻找。

第四，对几乎任何明显的革命群众运动的普遍参与者的历史

---

① 知识分子进一步离开政治斗争和工人阶级自身，纠缠于将几乎强制性的影响归诸他们自己阶级的产品——也就是意识形态——的分析，或许这一点也不令人吃惊。

② 我非常感谢接下来尼古拉斯·阿伯克龙比、斯蒂芬·希尔以及布莱恩·特纳所作的分析，他们对诸种伪装下掩饰的霸权做出了精彩的一般性批判。Nicholas Abercrombie, Stephen Hill, and Bryan S.Turner, *The Dominant Ideology Thesis* (London: Allen & Unwin, 1980)，以及更具论辩性的——并且更有趣的——对阿尔都塞的猛烈攻击，in E .P. Thompson, *The Poverty of Theory and Other Essays* (New York: Monthly Review Press, 1978), 1—210。

考察都表明,目标的确定通常是有限的,而且多带有改革色彩,尽 317
管为达到目标所采取的方式可能是革命性的。因而,"工团意识"并非如列宁所称是革命的主要障碍,而是其唯一可能的基础。

第五,历史地看,一种支配性意识形态的规范与价值体系的崩溃,典型地是新的生产方式承载者——例如资产阶级——的任务,而不是从属阶级如农民和工人的任务。因此,从属阶级经常被视为向后看的,因为他们要维护他们自己对早期主流意识形态的解释以对抗由精英和/或国家所强加的新的和痛苦的安排。

洞悉[①]

假使在塞达卡存在一个支配性的霸权意识形态,那么,它会通过不同途径让人们知晓自己的存在。至少,它要求农业精英的信仰和价值体系能够渗透并主宰穷人的世界观,使之产生对本质上并不是服务于他们客观利益的农业秩序的同意和赞许。这一主流意识形态的功能在于掩盖或误传我们已经考察过的阶级利益的真正冲突,从而对穷人加以有效地利用,使之成为牺牲自身利益的共谋者。

我们从塞达卡较贫穷农民那里听到的描述,的确足以立即驳斥人们对他们的意识形态状况特点的概括。如果这里存在任何需要说明的洞悉,那么,同精英信仰对穷人的洞悉相比,穷人有着更强的洞察能力,这就是他们对富裕农场主、地主以及外界官员所表现出的自私自利图景的几乎每一个细节的洞察。当然,穷人要求的权利及主张都是双耕之前盛行的。或许,在此意义上,他们大多诉诸以前的/既有的意识形态秩序。我将在稍后讨论这一话题,但在此我应该立刻指出的是,他们的这种诉求是基于自身的物质利益

① 此处使用的洞悉一词借用了两处来源:Anthony Giddens, *Central Problems in Social Theory: Action, Structure, and Contradiction in Social Analysis* (Berkeley: Univ. of California Press, 1979), and Paul Willis, *Learning to Labour* (Westmead: Saxon House, 1977)。我特别感谢保罗·威利斯对于工人阶级学校文化的研究,它是可靠地基于阶级体验的细致的民族志研究和微妙的意识形态分析的出色结合。

的，而富人用他们自己的方式赞同同样的价值体系，尽管他们的经济行为现在更多地因循了资本主义的路径。具有讽刺意味的是，恰恰是塞达卡的富人不再认同这种意识形态，而这种意识形态将最有利于解释他们如何行动并且为那些行动提供似乎很有道理的依据。

有充分的理由假定，塞达卡的穷人对于“官方”现实的有效洞察并非独一无二或为数极少，而是极为常见。认为塞达卡的农民阶
318 级具有特殊的洞察能力，这显然是高估了任何主流意识形态的力量、分量以及凝聚力。这里我完全同意保罗·威利斯对阿尔都塞极富洞见的批评：

> 结构主义的再生产理论认为主流意识形态（其中包含文化）是难以穿透的。一切都巧妙契合。意识形态总是先于任何真实的批评而存在并且优先于这种批评。弹子游戏的弹珠如果要平滑运行就不能有裂缝。所有具体的矛盾都被普遍的意识形态再生产功能抹平了……相反，我更为乐观地认为……社会和文化再生产内部存在很深的官能障碍和强烈的张力。社会行动者并非意识形态的被动承载者，而是意识形态的主动使用者，他们只是通过斗争、争论和部分地洞察那些结构来再生产现存的结构。①

因为官方的陈词滥调不可能具有人们通常设想的连贯性或统一性，并且由于处于不同社会地位的行动者对其又会作不同的解读，因此，从属阶级对于任何官方陈词滥调的洞悉都是值得期待的。反过来，这些多种多样的理解根植于日常经验。这类陈词滥调并未作为空洞的象征信息而被接受，而是在为保卫物质利益而进

① Willis, *Learning to Labour,* 175. 吉登斯认为他的“主要法则”之一是“每个社会行动者都知道很多他/她身为其中一员的社会再生产的条件。” *Central Problems,* 5 and see also 72.

行持续斗争的情境中被赋予了意义。①

任何政治或宗教信仰体系的从上向下发送的过程都是重新解释的过程,它调和了先在的信仰,被洞察又发生转变,这是分层社会的共有特征。在此意义上,人们可以在一个农业社会中谈论"民间"社会主义、"民间"民族主义和"民间"共产主义,如同谈论民间宗教那样。如果设想一下在奴隶当中所信仰和实践的基督教形式同奴隶主所信仰和传授的基督教形式分歧甚大,我们就不必惊讶 319
佃农持有的对家长式统治的理解同地主对家长式统治的理解完全不同。②这些外在于农民阶级而形成的信仰体系的原则被改变,这些原则是多种多样的,但非常明确的是,在很大程度上,这些原则被接受它们的阶级根据自身的物质和象征利益重新解释了。当看到离经叛道的解释——意识形态异端——源自于从属阶级时(根据定义,这些从属阶级在官方的现实描述中最无关紧要),也就不足为奇了。③

① 无根据的结论的原因往往在于人们无法将意识形态和实际的阶级经验联系起来。正如阿伯克龙比等人在分析其他人的研究时(*Dominant Ideology Thesis,* 141)指出的那样,"在使用标准化问卷的访问调查中,工人们通常会认同统治要素,当这些要素被表达为抽象原则或指涉为一般情境时尤其如此。但当工人们身处其中或者当这些要素通过与日常现实相符的具体词汇表述出来时,他们就会接受与前述截然不同的价值"。他们进一步认为工人阶级意识形态的这种"混乱"并不会比统治群体更多。第144页。

② 有关奴隶社会的论述,参见Eugene D. Genovese, *Roll, Jordan Roll: The World the Slaves Made* (New York: Pantheon, 1974)。有关一般进程,参见我的"Hegemony and the Peasantry," *Politics and Society* 7, no.3 (1977), and "Protest and Profanation: Agrarian Revolt and the Little Tradition," *Theory and Society* 4, nos. 1and 2 (1977)。其他与此主题直接相关的著述,参见R. C. Cobb, *The Police and the People*:*French Popular Protest*,1789—1820 (Oxford:Clarendon, 1970); McKim Marriott, "Little Communities in an Indigenous Civilization," in *Village India*, ed. Mckim Marriott (Chicago: Univ. of Chicago Press, 1955); and Christopher Hill, *The World Turned Upside Down* (New York: Viking, 1972)。

③ "一般情况下,社会提供给特定群体的回报越少,这一群体对待该社会的规范的态度就越发自主。"Lee Rainwater, "Crucible of Identity: The Negro Lower Class Family," *Daedalus* 95 (1966): 212, cited in Lawrence W. Levine, *Black Culture and Black Consciousness* (New York: Oxford Univ. Press, 1977), 283.

人们或许可以将此逻辑推进一步并且像某些人一样提出主张：从属阶级的规范性合作并不是“社会秩序的必然要求”[1]。阿伯克龙比及其合作者在他们对“主流意识形态理论”的一般性批评中令人信服地证明，资本主义和封建主义都未能成功地将主流意识形态内化于从属阶级之中。他们将这一失败解释为社会化机制（反抗强度的另一名称？）的弱点以及其他强制形式（包括导致我们早先称之为“常规性顺从”的压迫）的效力。从这一角度来看，主流意识形态的功能可能主要在于确保统治阶级的凝聚力。与此同时，从属阶级的顺从则基本上源于他们这样的认知：所有其他路线都是不切实际的、危险的或者两者皆具。

如果此逻辑适用于发达资本主义国家的工人阶级，那么它当然更适用于早期资本主义的工人阶级和第三世界的农民阶级。这是因为霸权的制度化基础——如学校、媒体——在晚期资本主义
320 有更加深厚的根基，并且可能因此而更为有效[2]。相反，依据多数资料记载，早期工人阶级事实上在几乎所有方面都是外在于资本主义制度框架的，只有在工作方面除外。正如恩格斯在其对19世纪英国工人阶级的研究中所观察到的：

> 工人阶级和资产阶级讲话方式不同，拥有不同的思想和观念、不同的习俗和道德准则以及不同的宗教信仰和政治理念。因此他们是两个存在根本差异的族群，就像种族所造成的差别一样。[3]

① Abercrombie et al., *Dominant Ideology Thesis*, 50.

② 或许宗教是个例外，但我们这里只观察早期工人阶级和农民阶级创造自己的教派和外在于官方正统学说的宗教的方式，其中包括革命性的千年信仰。例如，有关“边缘精神”及刻画各种社会中底层男女的占有形式的有趣讨论，参见I. M. Lewis, *Ecstatic Religion: An Anthropological Study of Spirit Possession and Shamanism* (Harmondsworth: Penguin, 1971)。

③ Friedrich Engels, *The Condition of the Working Class in England* (Moscow: Progress Publishers,1973). 162—163. 恩格斯赞许地引用了保守派所说的文化隔阂，参见Disraeli, *Sybil: or the Two Nations*。

农民阶级则更加远离了象征性权力的制度圈子。他们居住在霸权机构驻扎的城市以外,主要依据口头传统行事,这使之与印刷传媒也相对疏离。作为一个有着自身文化传统和反抗模式的古老阶级(与无产阶级不同),作为拥有自身的影子制度(如非正式的宗教学校、仪式和节日)的阶级,农民阶级较少受到霸权行为的影响。贫穷农民的物质和象征利益很可能使其质疑主流的意识形态,而正是这些主流意识形态将对农民阶级的物质剥夺和小农低下的地位合理化。当我们意识到这一事实后,我们就能够理解为何他们会拒绝"象征性合作"了。

在塞达卡的个案中,穷人可以洞悉官方现实这一事实显而易见,这有理由让人提出疑问:在其他类似的情境下它为何没能引起人们的注意呢?然而,如果人们只观察到富人和穷人之间的公开遭遇("部分的文本")而完全忽视表层之下的含沙射影,忽视了对权力关系情景之外的问题的讨论,忽视了每天都在发生的匿名的、不声不响的常规性的实际反抗行动,那么这个问题就会随之被忽略掉[1]。因为,在几乎所有负载权力的情境下,支持官方现实正是为了维护大多数贫穷村民的直接利益。因此,如果仅仅采用部分的文本,则会造成神秘化的印象。但是,我们可能会犯这样的错误,即没有意识到神秘化和印象管理既是无权者的一种姿态也是富有者的意识形态统治方式。当葛兰西宣称从属阶级的激进主义更多地存 321
在于其行动而非信仰时,我确信他是被误导了。事实几乎完全相反,行动领域——特别是在负载权力的情境下——正是被统治阶级最受制约之地。而恰恰是在信仰和解释层面——在这个层面他们可以安全地冒险——从属阶级才最少受到束缚。塞达卡的富人往往坚持公开行动的一致性并且做到了这一点;他们可以不坚持

① 吉登斯在关于工人阶级的著述中写道,"误解实际的、讽刺的(例如怠工)、滑稽的、在制造规范化认同的异化劳动程序中的疏远的参与,这正是20世纪50年代至60年代社会学正统的几大错误之一。" *Central Problems*, 148.

私人的意识形态一致,他们也不需要那样做。[①]

必然性、顺化与公正

还有一个更加深奥且影响深远的有关神秘化和虚假意识的论点,该论点并不依赖于假定统治阶级具有将其自身的信仰强加给从属阶级的能力。如果霸权思想暗示的是上层秩序对下层秩序的强加,那么,考虑到情境的影响,这第二个立场就暗示着神秘化至少有几分是从属阶级自己选择的行为。简言之,我的论点是:一个社会统治的体系往往看起来是不可避免的。而一旦它被认为是不可避免的,按照这一逻辑,即使是那些因这一体系而处于劣势的人也会倾向于承认这一体系的自然性,进而也会倾向于认为,凡是自然的就是正当的或合理的。人们可以在理查德·霍格特有关英国工人阶级文化的细致分析中发现对上述立场最有限的陈述——一个省略了最后一步并且谨慎地避免将自然等同于合理的陈述:

> 当人们感到无力应付他们所处情境中的主要问题时,当人们感到已经没有必要失望、绝望或怨恨时,当人们认为一切只是生活的现实时,他们就会采取在现实的阴影下得过且过的态度来面对他们所处的情境,即一种对更大的环境没有持续感和紧迫感的生活。这种态度将情境中的主要因素归结为既有的和现实的**自然法则领域**,这一领域是维持生计的几乎无可替代的物质资料来源。就其最消极的层次来说,诸如此类的态度是一种宿命论或简单地承受,它们通常都处于悲惨的境地;它们极其缺少可以征用的选择。[②]

---

① 这一点上,朱安·马丁内斯·埃里尔对于澳大利亚农业工人的分析相当细致,颇具说服力。Juan Martinez Alier, *Labourers and Landowners in Southern Spain*, St. Anthony's College, Oxford, Publications, No.4 (London: Allen & Unwin, 1971), chap.1.

② *The Use of Literacy* (London: Chatto & Windus, 1954), 77—78. 着重标记为本书作者所加。

巴灵顿·摩尔更为一般地关注系统性从属的历史模式，他毫不迟疑地迈出了将必然性与正当性、合理性联系在一起的最后一步： 322

> 所有这些人都以不同的形式、在不同程度上感到了他们苦难的不可避免。对某些受害者来说，这样的苦难似乎在一定程度上是必然的与合理的。人们显然倾向于将合理性赋予那些本来是或者看上去是不可避免的事物，无论它让人们感到多么痛苦。否则，这样的苦难将是无法忍受的。[1]

皮文和科洛沃德在他们关于美国穷人运动的研究中回应了摩尔的判断：

> 不管他们的命运何等艰难，人们通常会保持沉默，遵从其共同体日常生活的惯有模式，并且确信这些模式不仅是不可避免的而且是正当的。[2]

上述内容看上去类似于不可避免的“顺化”——持续存在的

---

① *The Social Bases of Obedience and Revolt* (White Plains: M. E. Sharpe, 1978). 458—459. 巴灵顿·摩尔在别处还写道，“不可避免的必然在某种程度上似乎是正当的。”同上，第64页。同往常一样，巴灵顿·摩尔在驳斥某些证据时非常谨慎，以至于他的大胆主张只有在他的个案研究中才是有效的。引文第二句所补充的“某些”和“一定程度上”相对于最后一句则更为精确地反映了他的立场。这里值得指出的是，他给出从不可避免向“正当”转变的唯一原因和霍格特给出的相同，即受害者渴望稍稍逃离持续的心理苦痛，这些苦痛源自于他们必须承受他们处在让人无法容忍的环境中这一事实。

② Frances Fox Piven and Richard A. Cloward, *Poor People's Movement: Why They Succeed, How They Fail* (New York: Vintage, 1977), 6.

“经济关系的无声压力”的具体化。[①]因而，布迪厄将此信仰表述为“不可思议的”，称社会“行动者”的倾向是“将不得不做的当成是主动做的”，也就是说，“拒绝那些无论如何不被接受的，喜欢那些不可避免的”[②]。

除了随后我将再次谈论的极其稀少和特殊的情况外，我确信所有这些同神秘化有密切关联的论点都是误导性的或错误的——或两者兼具。首先，它们没有为从不可避免转为正当这一过程提供任何令人信服的逻辑。其次，它们忽视了必然性概念本身可能而且实际上也被从属阶级的历史性实践加以否定的多种方式。下面我
323 将依次讨论每一个论点。

有关这一虚假意识的特殊形式的论点，看似具有内在的合理性，这一合理性有赖于这样一个简单的事实：大多数从属阶级生存于其中的分层体系的更大范围必定是看似必然的因而也就是自然的。照此推论，19世纪印度的贱民、13世纪法国的农奴甚或是今日塞达卡的佃农，要严肃地思考提升自身的基础地位的可能性，都是不太可能的，更不用提生活在一个没有种姓制度、领主或地主的世界中的可能性了。即使他们能够，他们也不可能投入太多时间或思想来考虑这些看起来完全被排除在现实目标之外的可能性。如我所理解的那样，这种观点要求我们相信，从属阶级应该像农民看待天气那样来看待宏大的统治架构。如果为了讨论问题，我们可以接受这一类比。但是仅仅基于这一点，完全无法解释为什么必然的、不可避免的、甚至是命中注定的天气就应该被认为是正当的或是

---

① 人们可能会认为学者们的这些结论带有保守倾向，而没有考虑问题本身需要对被视为剥削的情境有一个居先的认同这一事实。尤其是因为这些学者都被说成是致力于社会主义问题的左翼学者，所以我引用了他们的观点。这种一般化进程正是布迪厄在写作“每个已经建立的秩序都倾向于生产……其专断的顺化”时所思所想的——这部分产生于“边界感”(a sense of limits)，部分产生于“现实感”(a sense of reality)。 Bourdieu, *Outline*, 164.

② 同上，第77页。

合理的。因此,假定正当或合理概念同既有的不可避免的东西——比如天气——完全不相干则看上去更为可信。我们没有任何逻辑上的依据把正当与不可避免性视为同一事物；由于缺乏进一步的证明,我们只能将所有的不可避免都作为不过是必然的而已。事实上,天气的类比在另一层面上看颇具启发性。天气的不可避免性并未阻止任何一个传统的耕作者群体将天气这种自然力量拟人化,或者发展出仪式来影响其进程,或者,当他们的努力失败时则咒骂自己的命运不济。因此,在历史上,农民阶级非但没有将天气视为必然范畴,甚至认为天气应该服从于人类的操纵。如果说传统社会中存在对自然规律的"神秘化",那也是朝着将其置于人类控制之下的方向发展,而不是相反。[①]

稍后我还将回到对必然性的批判上来,但首先值得考虑的是,为什么必然性与正当性如此经常地发生混淆。当然,表象几乎总是证实不可避免事物的正当性。即使从属阶级的成员已经意识到他们遭受到不公平的待遇,谋取生计的日常压力和公开挑战的风险通常都足以系统地使这类民族志记录偏离其原有方向——有关即使不是接受,也是不可避免的顺从的记录。然而,此处对看似不可避免的东西的顺从,仍然不等于赋予其合理性,尽管合理性可能恰好有效地帮助制造了日常生活中的顺从。当人们面对短期内无法从根本上改变的情境时,某种特定姿态的顺从是完全有可能的。当塞达卡的穷人谈到联合收割机并且说,"你抗议不抗议都没用,不 324
会有什么结果"时,他们只是在表达一种有关他们正在体验的情境的现实的、务实的观点。他们曾试图阻止联合收割机的使用,但失败了。他们的确必须接受这样的结果,但这并不代表他们赞同这一结果。在这方面,他们的处境同大多数情况下的大多数从属阶级并

① 参见,例如Maurice Godelier, "Fetishism, Religion and Marx's General Theories Concerning Ideology," in his *Perspectives in Marxist Anthropology*, trans. Robert Brain, Cambridge Studies in Social Anthropology, No. 18 (Cambridge: Cambridge Univ. Press, 1977), 169—185。

无区别。除了当一种政治开放或一个革命情境创造了新的可能性或复兴了旧的渴望时，大多数情况下务实的顺从态度都会占上风。①

当然，顺从可能出于不情愿的依从，也可能出于积极的意识形态支持。然而，我们应该了解，即使看似最明显的忠实的顺从也不等同于对意识形态的支持。为了验证意识形态支持即霸权是否存在，我们需要提供独立的证据加以证明：从属阶级的价值观的确在很大程度上同统治精英的价值观是相符的。为了可靠，这样的证据必须出自于从属阶级成员最少受到权力关系制约的社会情境中。

那些即使在着眼于权力制约最小化前提下收集到的民族志记录，也可能被曲解为人们的表面顺从，这个问题还有另一个原因，那就是这些记录总是指向日常生活并且很少包含对看起来力所不及的选择的讨论。②例如，塞达卡的小土地所有者并不谈论土地改革。然而，当我和他们提及这个话题时，他们几乎一致地充满热情，
325 如同人们期盼的那样，这通常表明10里郎稻田足以让富人过上舒

① 故此，阿伯克龙比、希尔以及特纳在他们有关1850年后的几十年间英国工人阶级的"沉默"的研究中，没有发现任何关于有效的教化或规范化的赞同的证据，他们发现的是对"资本主义经济秩序及其阶级基础上的社会组织"的"实际的"接受。*Dominant Ideology Thesis,* 122. 约翰·加文塔在其关于阿巴拉契亚山脉煤矿工人的研究中同样发现了顺从甚至士气消沉的态度。但这种态度远非意识形态霸权或认同的证据，"它并非不具有理性……它经由历史上一再重复的失败体验而逐渐被灌输。" *Power and Powerless: Quiescence and Rebellion in an Appalalchian Valley* (Urban: Univ. of Illinois Press, 1980), 254. 最后，埃里尔关于安达卢西亚农场工人的翔实分析认真区分了顺从与合法性。"安达卢西亚劳工的行动选择，既与大庄园的维持相协调，又与基于其上的社会结构相协调；但他们同样持有对将会引发阻碍大庄园维持行为的价值判断。如果他们不采取这些形式的行动，那也是由于控制的缘故，这种控制并非源于农业市镇价值体系的社会约束，而是源于地方资本和马德里行使的政治控制以及他们对1936年以后的恐怖时期的记忆。" *Labourers and Landowners in Southern Spain,* 314—315.

② 对日常的关注恰好引发了这一观念：传统社会结构被当做一种宿命而被接受。毫无疑问，作为一种社会事实，对在短时期内不可更改的环境的适应，是强加于自身的。但我们没有正当理由认为这就是事实的终点，这一点我们随后就会看到。

适的生活。但土地改革并不是一个自发产生的话题,它只是一个纯粹的学术问题;它从未被任何熟悉它的政党提出,也未被农业官员提出。相反,他们的注意力更为现实地集中在保持现有土地所有制下合理的租佃权的可能性上。[①]无论土地改革如何值得向往,在现有的环境下那都是一个不切实际的目标。

从更为适当的角度来考察有关霸权的各个方面,我们或许可以这样说:一个统治体系的主要功能在于界定什么是现实的什么不是现实的,并且将某些目标和渴望归入决无可能、白日做梦、痴心妄想的范围。由于这一统治体系意识到权力对于界定何为现实的至关重要的影响,因而关于这一霸权的有限建构肯定有许多内容可说。然而,如果我们采纳这个看上去更为合理的霸权概念,那么至少需要两个限定条件。首先,我们不再提及正当性与合理性,而只会谈到对既有情境中什么是可行的或多或少的理性理解。第二,更加重要的是,这一观点毫无疑问是静态的观点,因为它从我们的分析中系统地排除了新环境下可能的领域如何扩展。[②]塞达卡的穷人目前并不把土地改革看成是现实的选择,这一点确定无疑。同样真实的是他们对当下不公平的看法、他们对大土地所有者的怨恨以及他们不被关注的苦痛都强有力地表明,如果土地改革真的成为历史性的选择,他们很可能成为土地改革的热心支持者。今天看起来不过是无价值的思索,明天很可能会变成一个现实的目标,并且我们应该根据农民阶级对于他们身处其中的社会秩序的全面评价来推测他们可能的反应,而不是从他们现在认为是可能

① 我意识到,没有一个社会情境能够完全免受权力关系的羁绊。无权人士所表达的意见往往要受限于他们同伴的意见。在完全不受限制的文本这个意义上,根本不存在"真实的"文本。这里我要比较的是相对的限制。

② 安达卢西亚工人同样不会经常谈及土地分配的问题,尽管它在很久之前曾是真正的选择,并且依然被认为是有关不公平的唯一解决措施。

的东西中推测他们的反应。[①]例如，人们不会想到可以从1788年法国农民的谈话当中发现他们将在1789年上演洗劫城堡的行动，人们同样不会想到俄国农民会在1916年讨论他们将在下一年实施夺取土地的行动。然而，人们多半会发现的是，农民对于贵族统治和
326 土地权利的态度与他们随后的行动是完全一致的。

我们已经说明，务实性的服从和来自阶级话语的不可信目标的相对缺乏可能模拟了霸权的效果，仍需考虑的一个最终的问题是，如何将必然性和霸权连接起来。这正是巴灵顿·摩尔在纳粹集中营的记录和较小范围内印度种姓制度记录的基础上所研究的问题。他认为，存在这样一种情境，在此情境下压迫被如此总体性地和普遍地实行，以至于对无权者来说作出姿态通常是必要的——谄媚、恭顺等等——这表现出从属群体的全部现实和完整文本。"人们很难在尚未习得与角色相符的特征的情况下持续地戴一个面具或扮演一个角色"，他在指出这一点的同时提出了疑问：如果实际上人们必须时刻戴着面具那又会怎样。[②]他指出，当人们在必

① 这里我暂时不考虑这一事实——往往是从属阶级的行动在创造新的可能性方面极富影响力，并且常常包括那些连行动者自己都没有预见到的新的可能性。

② 另一种表达这个主题的方式是聚焦于从属阶级意识不可避免的二重性——或者说多样性。正如我们在哈姆扎和其他地区的案例中看到的那样，许多为了谋生的日常斗争，必然包含对于统治阶级规范化制度的屈从——谄媚、恭顺、溜须拍马的说话方式等等。几乎总是存在着与这些表面伪装相矛盾的其他后台的价值标准。并且，我们还不能完全把前者单单看成是虚假的伪装而把后者看成事情的真相。在权力行使相当普遍且深入的情境中，后台话语可能被限制在社会生活的隐匿之处，因此使得实践中精英的霸权强加于行动规则。阿诺德·斯特里肯在他关于阿根廷农业乡镇的著作中认为，牧人有两套分层话语：一个是完全基于保护人—被保护人关系的，另一个则是基于阶级的分层。然而，前者在地方情境的日常生活中占据主导地位；它对底层阶级行动来说既是一种解释又是一种策略。后者则更适于及其少见的地方和全国选举场合。观察者可能看似正确地总结出传统的、庇护主义的意识占据了主导地位，但这样的结论仅仅等同于这样一种发现：与那种行动方式相应的情境是占主导地位的情境。如果同阶级话语相应的情境变得更为常见，那么同阶级话语相应的阶级术语和阶级行动也会更为常见。那么，随后人们可能观察到的与其说是意识本身的变化，倒不如说是出现某一情境的相对出现频率的变化，这一情境同一种行动方式有关而同另一种行动方式相反。"Folk Models of Stratification, Political Ideology, and Socio-cultural Systems," *Sociological Review Monographs*, No. 11 (1967), 93—117.

须的领域中耗尽所有的行动时，合理性和公正性的问题就几乎不在他们的考虑之列了。此种极端情形,很可能如同摩尔所表明的那样，某些受害者确实认同了其压迫者并且复制他们的行为和他们的价值观。[1]但是我的目的在于说明,恰恰是为实现该目标所要求的极端性使它成为证明这一统治的例外。像大多数极权制度一样，纳粹集中营系统地着手破坏独立的社会生活的每一丝残余。受害者在被屠杀之前被剥夺了全部财产和家庭,他们工作至精疲力竭， 327
他们营养不良乃至饿死，他们遭受了系统的和反复无常的残酷虐待,与此同时,他们清醒时的每一刻都受到卫兵控制。纳粹分子不遗余力地破坏所有的非正式团结网络和使囚犯彻底地原子化。事实上自杀是留给囚犯的唯一自主的选择。但是,值得注意的是,这种极端性并没有生产出某种“对压迫者的认同”,而是仅有“一些集中营的居住者接受了其压迫者的道德权威”。[2]

在此背景下,人们可能会对不同的压迫形式进行比较,其依据就是它们允许受害者对其自主的社会存在进行伪装的程度。据此标准,集中营是一个极端的例子,紧随其后的或许是精神病院以及民事的和军事的监狱。在此,人们可能会以为原子化和近乎总体性的控制可以造成一个邪恶的道德权威。[3]然而,事实是所有“常规性”的和历史上普通的社会从属与剥削模式——奴隶制、农奴制、

① Moore, *Injustice*, 464.

② 巴灵顿·摩尔在他的分析(*Injustice*, 64)中借鉴了大量布鲁诺·贝特尔海姆的观点。Bruno Bettelheim, *The Informed Heart: Autonomy in a Mass Age* (Glencoe, Ⅱ.: Free Press, 1960). 至于种种道德抵抗和有组织的抵抗何以在稍不严酷的条件下产生出来,可参见Emmanuel Rigelblum, *Notes From the Warsaw Ghetto,* trans. Jacob Sloan (New York: Schocken, 1974)。

③ 或许,在精神病院和平民监狱中,至少会存在一种宣称其开设是为病人/囚犯的根本利益着想的意识形态。然而即使在这里控制也并不是总体性的,反抗也显而易见。参见Erving Goffman, *Asylums* (New York: Anchor Books, Doubleday, 1961), and Jack Henry Abbot, *In the Belly of the Beast* (New York: Vintage, 1982)。

佃农制甚或是雇用劳动——和集中营相比都不相同，在这些模式中，其“受害者”都保持了相当的自主性来建构一种不被统治阶级完全控制的生活和文化。[1]换句话说，对所有这些群体而言，在一些情境下，他们可能摘掉自己巴结奉承、恭顺及象征性服从的面具。这种相对“安全”的话语的领域虽然十分狭窄，却是发展出象征性反抗的必要条件。在象征性反抗这一社会空间中，由统治强加的定义和表演不再是主流。[2]此外，这一社会空间不仅是由纵向权力关系的缺失来确定的，也是由那些处境相同的其他人所施加的约束
328 和影响的存在来确定的。[3]因此，当帕克·亚赫按他的步骤将另外一些属于伊斯兰教党的劳动者和小土地所有者集中起来时，人们听到的话语不仅会不同于巴塞尔或哈吉·卡迪尔在场时人们可能听到的话语，而且由于集中起来的人都是穷人并且都反对巫统，因而他们话语的内容也受到这一社会事实的影响。由于这些人还要在大量的小恩小惠和交易中彼此依赖这一事实，上述影响就愈发强烈；尽管他们之间的关系更接近于互惠与平衡，权力关系在此依然存在。如果说统治行使的创新和维持有赖于一定的社会背景，那么，反抗的行使也是如此。[4]

当然，甚至在“没有面具的”情境中发现的话语在大多数或全部特性上符合统治意识形态在理论上是可能的。但每当我们涉及任何更大范围的社会从属结构时——该结构不仅总是暗示着劳动

---

① 人们通常指出，这样的自主性的存在不应简单地归结为控制的失败，那正是制度运行所必需的。

② 统治阶级或许会派间谍力图渗透进这个社会空间。这些间谍的作用或许主要并不在于带回信息，而更多地在于对有间谍存在这一事实本身的恐惧会压制自主话语空间存在的可能性。

③ 处在单一的外部地主的控制之下单一阶级的村庄，即使村民的经济条件不尽相同，它在阶级动员方面仍有显著优势。他们还拥有同村庄本身相连的自主话语空间。

④ 我们从精密的心理学实验中足以得出这样的结论，一旦稍有获得同类群体社会支持的可能，对统治的抵抗就会显著增加。参见Stanley Milgram, *Obedience to Authority: An Experimental View* (New York: Harper & Row, 1974), 116—121。

的占有,还暗示着将低劣的(即便不是不体面的)地位指派给从属者——这就是不可能的。因而,有证据表明,印度的贱民等级在可以安全行动的情境中,会拒绝种姓制度赋予他们的大部分污名化的身份[①]。基诺维斯和其他一些人的著述表明,在南北战争前的南方蓄奴区,人们会遇到一套完全不同于官方主流价值标准的价值观[②]。在《旧约》的文本中可以发现一种对解放与平等的宗教强调,这既是奴隶主的世俗看法,也是奴隶的世俗看法,它为行窃、偷盗、逃跑以及开小差等形式的反抗提供了正当性的辩护。正如基诺维斯所述,并非所有的这些态度都与奴隶制的延续水火不容,但它们是有别于主流意识形态的。一般说来,奴隶区创造的亚文化都是隐藏于奴隶主视线之外的。然而,当烈酒一时冲破奴隶惯有的谨慎小心时,这种亚文化偶尔也闯入公共舞台。马林在他关于19世纪弗吉尼亚奴隶制的研究中说道:

> 醉酒趋向于让大多数人或是保持沉默、退缩,或是情绪失控、大叫大嚷,但被文化同化了的奴隶在喝醉后与主人交谈时——毫无例外地——总是“大胆的”、“固执的”、“鲁莽的”、“放肆的”或“狂躁的”。[③]

只有在极少数情况下,掩盖亚文化的幕布才会暂时揭开。其他时候,如果我们想看到相对来说无保留的从属阶级亚文化,我们就必须在亚文化诞生的幕后场所中——即脱离统治阶级密切监视那些社会情境中——寻找它。由于从属阶级的亚文化在非正式话语 329

① Joan P. Mencher, “On Being an Untouchable in India: A Materialist Perspective,” in *Beyond the Myths of Culture: Essays in Cultural Materialism*, ed. Eirc B. Ross (New York: Academic, 1980), 261—294.

② Genovese, *Roll, Jordan, Roll.*

③ Gerald W. Mullin, *Flight and Rebellion: Slave Resistance in Eighteenth-Century Virginia* (New York: Oxford Univ. Press, 1972), 100.

中被遮蔽但仍可觉察的存在状况，这种亚文化系统地驳斥主流意识形态的可能性就很小。不会有人期望《资本论》诞生于工人阶级的酒馆，尽管他可能相当了解劳动价值论！只有在出现公开叛乱、追求政治自由或是爆发革命的情况下（这种革命允许亚文化以公共的、制度化的面貌呈现），掩盖亚文化的幕布才会被揭开。除此之外，从属群体的亚文化仍将保持为一种不易被觉察的和伪装的状态。然而可以确定的是，尽管统治或许是不可避免的社会事实，但它作为一种意识形态在无权者可以自由言论的小社会范围内也不可能具有支配性。

在这一点上，我的论述重点在于：将必然性的可能事实等同于正当与合理的规范是十分危险的，尽管民族志的记录可能鼓励这种做法。我还强调了在除了总体性制度以外的任何情境下自主领域的重要性，在这一领域中，尽管精英的价值观从其实践上来说是不可避免的，但它依然会受到挑战。为了完成这一批判，我需要再次考察必然性这一概念，一个迄今为止我认同的概念。问题并不在于一个既定的统治结构在事实层面是否为不可避免的，因为在那种意义上没有任何事件的历史偶然性是不可避免的。问题在于，一个统治制度在何种程度上能够使那些居于其中并在其统治之下的人们认为这一制度是不可避免的。

首要的问题是详细确切地说明什么是“不可避免的”。假如不可避免就其全部历史细节来说意味着一种统治制度，那么非常清楚的是，在此意义上没有一种制度对其臣民来说是必然的。那些已经建立许久的制度，比如封建制或奴隶制，即使在其全盛时期被看成是不可避免的，以至于那些生活于其中的人们并未一再尝试并继而改变其边界，假如我们如此设想，那就是将没有根据的“客观现实”归于任何社会的秩序。

然而，如果我们将“不可避免”理解为某种统治模式的核心特质，而不仅仅是其细节，那么对于可感知的必然性的论证，就变得可信多了。从某种角度看，这些论证事实上既是不证自明的又是强制性的。对一个13世纪的法国农奴或18世纪的印度贱民来说,我们不能假定他们对除了身处其中的社会以外的任何社会秩序有过体验,那么除了他们知晓的封建制度和种姓制度,他们怎么可能想象得出任何其他的制度呢?声称这些认知局限在原则上消除了任何可能的革命意识,这只不过是一个简短的逻辑步骤。如果鱼儿从不谈论水,我们又怎能期待它们去谈论空气呢?让-保罗·萨特的观点背后似乎也包含着同样的逻辑推理: 330

> 我们有必要颠覆一般性的观点并且承认,并非是现有情境的严酷性或其所强加的苦难致使人们去构想另一种所有人的境况都会好于现在的情境。只有当有一天我们能够构想另一种情境时,才会有一束新的光芒投射到我们的困境和苦难之上,于是我们便会认定这些困境和苦难是让人无法忍受的。[①]

我确信,这一立场是完全错误的。基于我对种种证据的解读,事实上以下的观点更加可信:*就意识形态领域而言*,没有任何社会秩序——即使在更宽泛的意义上讲——对于其所有臣民而言,*似乎是不可避免的*。农奴、奴隶或贱民没有任何有关其他社会秩序的直接的知识或经验,我确信这一事实并不会成为他们创造所谓的“革命性”思想的障碍。我们沿着这些思路来讨论问题,与其说是为了反驳萨特,不如说是为了说明从属群体颠覆和/或否定主流意识形态的想象力是如此广泛——即使不是普遍的——以至于它可以被看做从属群体的标准文化和宗教素养的重要部分。这里我们再一次站在葛兰西的立场上,从属阶级——特别是农民阶级——很可能在意识形态层面比在其行动层面更为激进,这是因为他们在行动层面受到权力的日常行使的更有力的束缚。

① Jean-Paul Sartre, *Being and Nothingness* (London: Methuen,1957), 434—435. quoted Bourdieu, *Outline*, 74.

反驳必然性的争论主要集中在两个方面。由于我在别处已经充分阐述过这一点,此处我将仅限于概要性的说明。[①]首先要指出的是,即使人们承认农奴、奴隶和贱民很难想象除了封建制、奴隶制或种姓制以外的其他社会安排,但他们能毫无困难地在想象中颠覆他们所处的社会秩序中的地位与酬劳的配置。在许多社会里,这种朴素的想象能力并非只是抽象的:历史地看,它是嵌于现存的仪式习俗中的。这里只提及少量例证,印度许多地区的克利须那神节、西方和拉美罗马天主教社会的狂欢节、罗马社会中的农神节、信奉佛教的东南亚地区形式各异的泼水节、古代社会的酒神崇拜——都包含了相当程度的对地位的颠覆、对顺从的常规礼法的破坏以及对现存社会秩序的亵渎。在某种意义上,这些颠覆性的仪式可以被看做是一种被认可的、可容忍的仪式性努力,其目的就在于暂时缓解由严格的等级制带来的不可避免的紧张。然而,如果只说到此则会忽略这些仪式经常脱离控制的程度和统治精英为了消除或限制它们而做的努力。罗马天主教会进行了长达数个世纪的运动以清除狂欢节的异教表现,如大众滑稽表演、享乐主义,并用基督受难剧和更正统的仪式取代它们,便是一个有代表性
331 的例证。

假如颠覆现存的社会秩序并不需要想象力的飞跃,那么它很容易被否认也就不足为奇了。这正是几乎所有千禧年宗教意识形态所包含的内容,这些意识形态构成了历史上大部分的大规模农民起义的规范性基础。此类运动经常同我们以前讨论过的颠覆紧密相连,但考虑到它们对于政治控制的实际影响,它们并不像空洞的仪式那样容易被忽视。我们最好将千禧年和乌托邦意识形态中所包含的激进幻想理解为人们对现存剥削模式和他们正在经历的地位下降的抗拒。冒着过度概括(overgeneralizing)的危险,人们可以认为,这种自反式象征主义经常暗示着一种充满手足情谊的社会:

① “Protest and Profanation,” 224—242.

那里没有贫富差别,也没有等级区分(除了在信徒和非信徒之间)。在那样的社会中,财产通常是——虽然并非总是——公有的和共享的。有关税收、租金以及贡赋的不公正要求都将是无效的。想象中的乌托邦可能还包括一个能自行生产的丰饶的大自然,人类特性会发生根本性转变——贪婪、嫉妒以及仇恨将不复存在。尽管现世的乌托邦是对未来的预期,它往往会回溯到神话中人类开始堕落的伊甸园。我们可以从这些历史上普通的意识形态中看到宗教象征主义在服务于阶级利益过程中的革命性运用,这一点并不夸张。

只有当千禧年和乌托邦思想采取了教派形式或社会运动形式,而且这些形式对国家构成威胁时,它们才会出现在官方档案中。在这方面,书面记录既疏忽了普通形式的象征性反抗,又疏忽了日常形式的物质反抗。成为此类教派基础的先知性传统可能在很长时期内都保持隐匿状态和边缘地位。但正如马克·布洛赫所观察到的,这一传统持续存在并深深地植根于大众文化之中。布洛赫引用了泰纳所称的“自发性无政府状态”的法国农民起义案例,这些起义始于821年而持续到“1789年的炎炎夏日”。布洛赫写道:

> 但是,这种“无政府状态”没有任何新奇之处。那些被误导的哲学家眼中的新产生的愤怒,实际上仅是长期地方性的传统现象的再现。就连叛乱所采取的形式(叛乱的形式几乎总是相同的)也同样是传统的:神秘的幻象,福音书的原始平等主义的强大吸引力,它在宗教改革之前就已经控制了卑微的心智。①

用现代的眼光来看,这些信念必须借助一定的情境才得以发动大众行动,而这些情境具备革命性危机的全部特质。因而,在欧

① Marc Bloch, *French Rural History: An Essay on Its Basic Characteristics,* trans. Janet Sondheimer (Berkeley: Univ. of California Press, 1970), 169.

332 洲和其他一些地方，当饥荒、瘟疫、战争和侵略爆发时，当人们面临新的沉重税赋和生存危机时，或是当“传统的社会纽带被削弱或破坏、穷人和富人之间的隔阂日益变成鸿沟”[①]时，这些都可能成为将人们对千禧年的期待转化为动员奇迹的背景。当日常生活的常规被打破时，据以理解社会现实的规范性范畴则不再适用。可以说，在为千禧年行动提供社会土壤方面，日常生活的去常规化和物质剥夺看起来几乎发挥了同样重要的作用。

人们偶尔会假定千禧年主义是犹太教—基督教世界的先知和预言传统的特殊产物。但我们在东南亚的佛教地区、伊斯兰地区和绝大多数信奉基督教的菲律宾人那里发现了类似的宗教传统。例如，在缅甸，人们坚信一个公正的国王的归来，他将正确地安排一切事物，与之并存的信仰是人们坚信一个佛教引渡者将会把人们带入一个佛教的千禧年。在信奉伊斯兰教的印度尼西亚地区，我们既发现了认为救世主将重现的传统信仰，也发现了相信一个伊斯兰征服者将肃清异教徒并重建正义的传统信仰。对于公正国王重现的信仰，与俄国对于沙皇引渡者重现的信仰一样，都是代表以往关于神圣王权的保守神话如何能够在农民阶级手中，经由某种象征性的柔道(symbolic jujitsu)而转化成革命性神话的典型案例。然而，王权本身只是象征性地保留下来，真实的国王和他所代表的社会秩序都已经被否认了。这些东南亚宗教传统还为不计其数的叛乱奠定了意识形态基础，这一点不言而喻。[②]

千禧年信仰的自相矛盾当然在于，它们总是期待权力、地位和财富的分配——且不说人的本性——发生最为激进的变革，但与

---

① Norman Cohn, *The Pursuit of the Millennium* (London: Seecker & Warburg, 1957), 32.

② 至于来自缅甸和印度尼西亚的事例，参见E. Sarkisyanz, *Buddhist Backgrounds of the Burmese Revolution* (The Hague: Martinus Nijhoff, 1965)和Saetono Kartodirdjo, *Protest Movements in Rural Java: A Study of Agrarian Unrest in the 19th and Early 20th Centuries* (Singapore: Institute of Southeast Asian Studies, 1973)。

此同时又期望这些变迁是以领导者为中心的。事实上,所有此类运动的核心都是一个领袖、一位先知、一个公正的国王、一个救世主,他们将公正处事。与为了具体利益和微小收益而避免直接的象征性冲突的日常反抗形式相比,千禧年信仰是没有折衷的极端行为[①],它一旦被激发,就打算彻底改变这个世界。同样地,它反对正统的符号和神话,它在本质上是超地域性的,并且依赖于共同的集体性历史。 333

在塞达卡,人们很难谈论一个真实的千禧年传统。然而,有证据表明,宗教预言绝非是完全隐匿的。有四五个村民向我提起过宗教人士所做的预言,这些宗教人士在该地区各种非正式的宗教学校中教学。此类预言通常非常隐晦,并且预报了许多流血事件、对邪恶的惩罚、自然灾害(地震、洪水),并常常指出所有这些灾难将发生的伊斯兰年份。偶尔,预言也会以匿名创作的"飞翔信"的形式流传——这些信据称写于中东的伊斯兰圣地,出于幻觉或梦境的灵感(我接到过一封此类信件,其译文见附录D)。1969年,当种族暴乱在几个马来西亚城市爆发以后,一种预示着恐怖的气氛席卷了吉打州的大部分地区。当地的宗教人士、政治家以及那些精通传统的马来自卫术的人加入了一个名为红色绶带会的组织,这是一个同该国首都的巫统政治家有秘密联系的团体。其目标在于保护种族和宗教,为此,来自塞达卡和双溪通港村的至少40人在哈吉·沙利姆(他现在已成为该地区著名的巫统官员)家举行了一个"宣誓"仪式。一个自称是从吉隆坡派来的人通过唱圣歌、涂油(酸橙汁和水)礼的方式举行了入会仪式,他还向成员示范了如何利用身上佩带的红绶带使自己免受弯刀的伤害。最终动乱的局面并没有蔓延至吉打州,这个团体也从未有过行动。

对塞达卡的预言和宗教动员的简要说明,并非要宣称此类特

① 相当多的千禧年教派在历史上以或多或少的持续性融入了社会结构,区域共同体的目标要么是脱离社会相对孤立地过自己的生活,要么是仅凭其虔敬等典范来变革社会。和平成果的取得既有赖于政府对这一教派的态度,又和该教派的初始信仰相关。

殊事件可以吸引村民，他们并未被吸引。这些记录只是为了说明，无论预言和宗教动员在相对平常的日子里多么隐而不显，它们都是马来农民阶级文化特质的一部分。1979年，一个据说在吉打州拥有三万成员的隐蔽组织（Nasrul Haq）被取缔了。政府宣称这个组织有政治诉求、教授自卫术，并且其倡导的“非伊斯兰”性质的圣歌、阴魂附体、妇女参与和非正统装束都对公共秩序构成了威胁。几乎在同时，一种出现在吉打州贫困地区且不为人知的名为Auratis mailiyyah的神秘崇拜仪式也被伊斯兰法庭宣布为非法。[1]从马来西亚的整体上看，斯托克维尔已经证明，实际上在每个爆发历史危机
334 的时段，都会有千禧年和令人沉迷的伊斯兰崇拜再现。[2]如果我更仔细地关注这一点，我肯定会发现更多的飞翔信以及地方性预言[3]。在一些特殊的情境下，此类边缘现象完全有可能迅速地移至政治舞台的中心。[4]

在此，我的关注点完全指向了一个主题，即一个没有任何关于其他社会制度的体验或知识的从属阶级，是否能把他们居于其中的统治秩序看成并非是完全不可避免的。历史事实是，他们能够并且也这么做了。这一节所考察的三种主张都被证明是站不住脚的。认为从属阶级把不可避免等同于正当，这是毫无根据的，尽管务实

---

① Judith Nagata, *The Reflowering of Islam: Modern Religious Radicals and Their Roots* (Vancouver: Univ. of British Columbia Press, forthcoming), chaps.3, 6.

② A. J. Stockwell, *British Policy and Malay Politics during the Malayan Union Experiment,* 1945—1948, Malaysian Branch of the Royal Asiatic Society, Monograph No. 8 (Kuala Lumpur: Art Printing Works, 1979), 151—161.

③ 几乎每个月报纸上都有关于指控宗教教师传播虚假教义的报道。1979年，一个身为缅甸穆斯林的教师，带领他的信徒攻击了位于彭亨州的警察局。

④ 借助于巫术和神圣戒律而产生的有关刀枪不入的信念，是绝大多数千禧年实践的标准特质。它还说明了否认必然性的终极、关键要素。千禧年意识形态的作用并不仅仅是否定了社会秩序本身，而且否定了用于稳固社会秩序的权力。当然，唉，对宗教意识形态必然性的征服，不同于其在实践中对宗教本身的征服，参与此类叛乱的大多数人的命运就悲剧性地证明了这一点。

性顺从的需要可能往往使人们以为从属阶级会将二者等同。设想任何统治的一般历史模式都能全面地控制从属阶级的社会生活,以至于消解了部分自主的、反抗性亚文化的创造力,这同样是毫无根据的。最后,我们没有理由臆测下层秩序被现有的统治体系严密包裹,以至于他们无法想象进行革命性的否定或者基于这种否定的行动。

霸权内部的冲突

出于讨论的需要,我一直把我认为的霸权和虚假意识的核心假设看成是理所当然的。坦率地说,这个假设就是,如果说统治阶级能够说服从属阶级接受其对现存社会关系的自利性观点,那么,结果将会造成意识形态的同一与和谐,这又将转而阻碍对利益冲突和阶级冲突的感知。毕竟,霸权基本上是对"客观"利益的曲解。一旦承认这个假设,我们就会考查从属阶级是否能够以及使用何种方式来洞察、抵制与否定这个霸权。但这个初始前提是否可信呢?出于至少三种原因,我认为它并不可信,其中之一是理论的或者说是概念性的,另外两个是经验性的。理论问题需要我们优先关注,因为它源自于对所谓的主流意识形态本质的误解,至少在我看来是如此。

回顾塞达卡意识形态斗争的基本特性能够最好地帮助我们领会这种误解:事实在于这类斗争几乎完全发生在旧有的农业制度 335
的规范性框架内部。换句话说,斗争发生于绝大多数观察者称之为现存霸权的内部。[①]小土地所有者、小佃农及无地劳动者不断地利用早先社会秩序的价值观和道理来坚持自己的权利主张并且贬低对方的权利主张。他们充分利用了帮助或援助这一价值标准,而这

① 由于霸权术语经常暗示着霸权意识形态是精英单独创造的,然而事实上它往往是一再被试验、修正的先前斗争和妥协的产物,因此霸权术语本身就存在问题。相关内容可参见有关"对应"的富有启发性的讨论。W. F. Wertheim, Evolution or Revolution (London: Pelican Books,1973).

也正是富裕村民一直用以形容其自身行为的标准。小土地所有者、小佃农和无地劳动者将吝啬和冷酷无情的污名给予富人，借此他们使慷慨和大方这些价值标准变得不利于那些富人，因为那些富人正是用这些词汇来证明他们财产和特权的正当性的。穷人的努力尽管徒劳，他们仍然坚持自己工作和租佃的权利，这些权利曾一度是大土地所有者以救助的名义给予他们的。从各个方面看，地方统治精英仍在对穷人做出空头承诺，这一事实是穷人权利主张的来源，而且由此衍生出他们的规范性力量和策略性价值。实际上，并不存在任何针对财产权或国家及其地方官员的激进质疑，尽管其政策设计都旨在推进资本主义农业。穷人所说的一切几乎都很容易地符合地方精英在霸权范围内公开宣称的价值标准。如果说村里的穷人所寻求的目的是适度的，那么，他们用以达致目标的手段也是如此。然而，手段的非极端性更多是由其他原因决定的，包括当时的经济选择的可能性、“无声的压迫”的事实以及对可能的镇压的认知——而不是小小野心的驱动。

除了所谓的引起千禧年期待的非常规化危机以外，或许可以在大多数阶级冲突的核心中发现上述温和的权利主张。当条件允许时，这些小的诉求与更为暴力的、甚至革命性的行动并非互不相容。换言之，目的的温和不必然等同于手段的温和。任何霸权都必然做出承诺，社会秩序必然不能实现部分或全部承诺，可以说承诺和失信之间的鸿沟正是那些权利主张产生的原因。假如理解恰当，任何霸权意识形态本身在其内部都包含了矛盾和冲突的素材。

为了理解其中的原因，我们只需求助于前面详细引述的《德意志意识形态》相关章节的内容即可。“统治思想(也就是霸权意识形态)不过是支配性经济关系的理想化表达。”葛兰西准确地意识到在支配性经济关系理想化的过程中包含了哪些要素，他对这一点的理解远远超过他的继承者：

> 毫无疑问，事实上霸权预先设定应该考虑到的群体的利益和取向，而霸权将行使于这些群体，霸权也应该形成某种妥协性的平衡——换言之，领导集团应该做出一种经济合作性的牺牲。但同样毫无疑问的是，这样的牺牲与妥协不能是实质性的；因为尽管霸权是道义—政治的，它同时也必须是经济的。[①] 336

因而，霸权意识形态需要把实际上是特殊的利益重构并表达为普遍的利益。如果它要成为制造认同的有效工具，就必须满足两个标准。首先，它必须宣称它所维护的特权、地位及财产等制度不仅是为精英谋取利益，也是为从属群体谋取利益的，以此获得从属群体的顺从或支持。有效地做到这一点必须做出使从属群体受益的确定承诺，这些承诺将成为他们在主流社会秩序中同样重要的基础[②]。其次，正如葛兰西意识到的那样，如果统治阶级对获得顺从抱有一线希望，那么，他们必须至少部分地实现其承诺。也就是说，霸权并不仅仅是投给从属阶级的一块象征性的骨头；它也需要统治集团做出一些实际的牺牲或克制。

我们或许恰好可利用这些术语来理解在吉打地区双耕之前发展起来的、在很在程度上依然作为主导的规范性框架的主流意识形态。大农场主通过强调他们给村里其他人带来的好处——租佃

① Gramsci, *Selections,* 161.

② 葛兰西随后在同一篇文章有关政府的部分就主流意识形态做了类似的观察：

> [获胜的政党带来的]经济目标和政治目标的调和、知识和道德的一致，将使冲突的所有问题伪装成“普遍性”而非团体性的问题。并由此生产出重要的社会群体对一系列从属群体的霸权……换言之，统治群体努力使自己与从属群体的一般利益相协调，并且政府的存在被看成是一种持续的形成过程和取代不稳定均衡的过程……此均衡是在重要群体和从属群体利益间、在某种程度上为统治群体利益主宰的均衡。但这种均衡终止于一点，即缺乏紧密的共同经济利益的那一点。

Selections, 181—182. 因此，主流意识形态的关键功能就是约束精英，这样，他们的短期利益就不会危及整体社会秩序的稳定。

权、薪资劳动、慈善、借贷、筵席、扎卡特——将其社会地位、财产和特权合理化。这一合理化过程被嵌于具体的经济实践中，并且为了其持续的统治，采取了适度的将其利益社会化的过程。就这一点来
337 看，这种合理化以及与之相关的实践是否是斗争的产物并不重要，它们是否侵害了农业精英的基本利益也不重要。重要的是：试图通过将社会秩序理想化而赋予其合理性的过程，总是给其臣民提供了批判的手段、象征工具和思想，并且这种批判完全在霸权内部运作。因而，从属阶级在统治理想内部就可以获得一种批判性的力量，用于实现他们大部分的目标。阶级斗争最常见的形式源自于主流意识形态无法真正实现他们必须做出的含蓄的承诺。主流意识形态有可能转变成为对抗其优先获益的工具，这不仅由于从属群体对那些暧昧不明的话语可以做出自己的诠释、理解和解读，而且由于统治阶级必须首先进行宣传的那些承诺。[①]

在这一背景下，我们在塞达卡发现的是一个正在消蚀的主流意识形态，它从未真正履行过诺言并且现在也不再为那些大耕作者带来利益。因而，这个正在消失、甚至衰退的传统变成了意识形态的武器，在它的作用下，富人的合理性可能进一步丧失。当然，具有讽刺意味的是，穷人现在发觉如此有用的意识形态武器却是早先流行过的，而且正是由那些富裕的耕种者和地主交到他们手中的。"共同的"意识形态决不是同意或和谐的保证。[②]

塞达卡意识形态冲突的结构并非不同寻常。例如，基诺维斯在他关于美国奴隶制的透彻分析中，展示了奴隶是如何利用合理性规范及其父权制意识形态——两者在实践中都被免于责罚地违背了——来表达他们对于生存、人道待遇和家庭维系等权利诉求的。

---

① 在此情境中，可参考吉登斯有关工人阶级为了使最初是资产阶级的"局部"利益一般化而进行的斗争的讨论。*Central Problems*, 193ff.

② 在我看来，这里又一次对霸权概念反思不足，因为"顺从"和"共同牺牲"既是由抵抗和斗争赢得的，也是由精英给予或强加的。换句话说，从属阶级的斗争有助于决定何种类型的从属将使同意成为可能。

正如在塞达卡，大部分对统治集团实践的批评都能够从统治集团意识形态的文本中直接读出。[①]从团结工会运动所表达的对波兰 338
“实际存在的社会主义”的批判中,也可以确定地进行许多同类的分析。[②]除了在意识形态上强调代表了无产阶级利益的所谓社会主义制度的背景之外，如何去理解是什么导致了波兰针对政府的大部分市民社会的反抗呢？[③]波兰工人每天都要面对的现实是,从官方意识形态(在此意义上很难说是霸权)面前略过的现实——积习难改的特权与腐败、工人日益下降的生活水准、党派官员的特供商店、对工人抗议的镇压,等等。这并不是说,奴隶或波兰工人都想象不出一个沿着不同路线运行的社会秩序。它只是表明,统治阶级为了证明其统治合理性而定义的意识形态，为最具毁灭性的批判提供了大部分的象征性素材,从而使其得以产生和维系。

相同的逻辑或许也适用于发达资本主义国家工人阶级不满的常规形式。尽管此类国家的工人更容易接触到激进的意识形态,但

① 例如，参见Frank Parkin, *Class Inequality and Political Order* (New York: Praeger, 1971), 72—102。保罗·威利斯(在*Learning to Labour,* 110中)讨论得更为深入,并且宣称,如果事实上统治阶级成功地反复灌输了主流意识形态,那么它将发现自己面对了更多工人阶级的愤怒和憎恨。特别是,他认为,如果英国工人阶级的子女相信学校教授给他们的东西——也就是说，他们在学校表现良好并遵守学校规范将有助于他们工作场所中的社会流动——他们在未来岁月中将更加感到被残酷地欺骗了。因此,他含蓄地表明,只有学校无法将意识形态强加给工人阶级的子女，才会带来社会稳定和顺从。事实上,那些最令学校头痛的工人阶级子女以玩世不恭的态度投入工作,他们不抱任何可以被辜负的期望。我认为,在任何情况下,*Learning to Labour*都是有关霸权的最好的研究。

② “实际存在的社会主义”这个术语取自Rudolf Bahro, *The Alternative in Eastern Europe,* trans. David Fernbach (London: Verso, 1981)。

③ 参见罗马·拉巴(Roman Laba)即将出版的有关团结工会的著作。有关匈牙利工人生活的社会主义批判,可参见米克罗斯·哈拉茨的杰出报道。Miklós Haraszti, *A Worker in a Worker's State,* trans. Michael Wright (New York: Universe Books,1978).

宽泛地说，大部分的对社会秩序的批评似乎都基于这样一个前提：即批评也是源自统治意识形态本身。[1]在不偏离主流意识形态的情况下，工人们可以将精英领导层的社会道义同现实中的拉“关系”、偏袒以及不公平的高等教育机会等进行对比；他们可以将“一人一票”的民主意识形态与法团（corporate）影响媒体和选举的现实进行对比；他们也可以将资本主义的慷慨承诺与周期性的萧条和失业进行对比。由激进的政党和知识分子提出的解决方案有可能会超出主流意识形态的边界，并且通常情况下都是如此。但就我的目的而言，非常明确的一点是，对现有制度安排的激进批评实际上可能产生于任何一个从属阶级，这些从属阶级对统治意识形态了然于胸，而同时对日常生活中种种背离或忽视该意识形态许诺的现实
339 又洞察无余。进而，当我们更仔细地观察时就会发现：奴隶制、共产主义，自由民主主义，甚至塞达卡的“农业父权制”等意识形态都可能成为一种刺激和激励，而并非霸权意识形态所假定的全身麻醉。[2]

嵌于任何所谓的霸权意识形态中的暗含的许诺，就其众多臣民而言，或许只不过是一种犬儒式的“保护”骗局。如果封建领主不是在保护农奴使之免受其他领主的伤害（那些领主和他一样具有掠夺性），那么，他们又是在保护农奴免受谁的伤害呢？当事实上是

① 就这一点来说，参见Abercrombie et al., *Dominant Ideology Thesis*, 17; Richard Hoggart, *Uses of Literacy,* and Charles Sabel, *Work and Politics: The Division of Labor in Industry* (Cambridge: Cambridge Univ. Press, 1982)。

② 托马斯·马蒂森在其有关挪威囚犯的精彩研究中强调，尽管事实上几乎不存在囚徒之间的团结，“吹毛求疵”的态度依然普遍存在。他想通过这一点说明，囚徒常常时刻准备着抓住狱警自己宣扬的标准，借此指控狱警违背了他们自己的标准。在这个事例当中，狱警进步的（家长作风的？）意识形态为服务于囚徒的利益提供了有效的素材。囚犯坚持不懈地奋力争取“机械的”平等、自主权利、资历规则，并根据工会的路线表达最低的需求。与此同时，同管理者一样，狱警们在努力地维持全权控制。Thomas Mathiesen, *The Defenses of the Weak:A Sociological Study of a Norwegian Correctional Institution* (London: Tavistock,1965).

奴隶在养活他们自己和奴隶主时,又怎么能说是奴隶主为奴隶提供了生存"供给"呢?然而,这样的伪善是"罪恶支付给美德的礼物",并且它们有着实际的结果。[①]在塞达卡,穷人按照旧有的农业规范处事,这在策略上是明智的。它们不仅是村民藉以进行实际思考的道德范畴,而且还是农民可以利用的并能使之转化为对自己有利的富人的意识形态资源。最后,通过谨慎地保持在可以接受的和熟悉的道德话语范畴之内,穷人将更加激烈的正面冲突的危险减至最小。

工团意识与革命

> 常识并不是同一而整体的概念,它随时空的不同而不同……其最基本的特征在于,即使在单一个体的头脑中,它也是一个支离破碎的、不连贯的而且非逻辑的概念,它符合那些群众的社会和文化位置,它就是他们的哲学。
>
> 常识是多数人自发的哲学而且**必须在意识形态上具有连贯性**,这仍然是必定的起点。[②]

对葛兰西等学者而言,激进变革的首要障碍存在于思想层面。340
葛兰西认为,由于"智识方面的从属性"[③],工人阶级的思想大多是从统治群体那里获得的二手思想,因而无法超越一种关于他们自身处境的"不连贯的"、"支离破碎的"的概念。其结果形成的最多是某种集中于有限的具体利益的"工团意识",而不是使激进变革成为可能的"革命意识"。当然,正是无产阶级意识形态的这一缺点定

---

① Moore, *Injustice,* 508 and 84. 还可参见James C. Scott, *The Moral Economy of the Peasant: Subsistence and Rebellion in Southeast Asia* (New Haven: Yale Univ. Press, 1976), chap.6。非常有趣的是,在此情境中,当俄国的东正教牧师通过仪式保护的庄稼歉收时,他们偶尔会被攻击。

② Gramsci, *Selections*, 419, 421. 着重标记为本书作者所加。

③ 同上,第327页。

义了先进党派的智识角色。

这一立场背后有着诸多假设,但它们中的每一个都需要检验。首先,统治阶级事实上的确有一个定义明确而且一致的共同意识形态。此处我不再详细考察这种说法,但有必要指出,这种意识形态的一致性可能相当稀少——或许即使在那些思想形成体系知识分子中间也是如此。换句话说,以什么作为标准来比较工人阶级的意识是否一致,这一点也不完全清楚。其次,一个更为明确的假设是,革命的行动只能从十分激进的意识中产生出来,这种意识不仅直接对抗统治意识形态,而且预期一种全新的社会秩序即将出现。如果我们仅仅根据行动者的意识来定义革命行动,这个假设当然是正确的,但是同义反复的。然而,如果我们不采用这一招数,一个并非革命性的意识将不可避免地导致对统治阶级的迁就——即改良主义和/或“工团政治”,这样的假定是否正确呢?

在此我希望简要说明的是,典型的“改良主义”意识中存在的微小和有限的要求与达成这些要求所采取行动的种类之间并不存在必然的关系。可能有人会进一步和比较确定地认为,在大部分——如果不是全部——的革命情境中,普通的行动者事实上是在为一些世俗的(至关重要的)目标而战,这些目标原则上是与主流社会秩序相容的,但在实践中通常并非如此。换句话说,典型的革命性危机是由一些微不足道但却根本性的要求引发的,这些要求为许多人同时经历,并且由于它们受到阻断,因而只能经由革命行动才能达成。革命性危机的产生肯定有赖于许多因素,这些因素可能在我的直接关注之外,但是产生革命性危机不一定需要的一个因素就是普通人当中的革命野心。在此意义上,目标和手段并不相符。在一个层面上,这不过是常识;从属阶级的要求源自其日常经历及其所面对的物质生活。但这一平凡事物值得重申的唯一理由在于,许多理论讨论显然没有意识到这一点,并且将想象的意识
341 形态要求强加于工人阶级意识。据我所知,那些要求从未被任何真正的工人阶级满足过。

让我们暂时返回到两种革命性情境，并考察每种背景下的工人阶级意识问题。巴灵顿·摩尔对一战后德国鲁尔地区工人的分析以及他对布尔什维克革命前夜的俄国无产阶级的分析已经为此打下了基础,他自己就曾参与被他称为“发生于现代工业国家的最接近于自发性的无产阶级革命”。[①]

至于德国，摩尔在1912年前后对无产阶级的价值观进行了开放式调查,他从这些调查中发现了一些非同寻常的证据,这使得他能够展开对这一问题的探讨。尽管对社会民主党的支持非常普遍,但工人的期待和渴望却在很大程度上是个人化的，而非公共性的或政治化的。这些最普通的愿望包括提高工资、食可果腹、适当的人道对待以及更高的要求——属于自己的房子和一些土地。这些都是工人阶级谨慎适当的期望，但在他们的行动层面却已经相当激进并且将更加激进。毕竟,成为社会主义者的人是少数,而且他们中的绝大多数显然对社会主义理论并不熟知。即便是煤矿工人——他们在1914年之前就是工人阶级当中最富战斗性的部分——也“没有一丝一毫线索表明他们是革命情感的承载者”。[②]

> 种种证据一再表明,工人群众并不是革命性的。他们并不想推翻现存的社会秩序并用别的什么取而代之，尤其不想用那些由普通工人统治的社会取而代之。尽管如此,他们却非常愤怒,他们被逼入绝境并进行自卫性斗争……
>
> 但即使人们承认所有这些论点，从政治后果的立场来看它们并非真的至关重要。一般说来,革命性的目标都是由领导者强加给愤怒的群众的，这些群众在其他条件具备的情况下会帮助摧毁旧有的社会秩序。我冒险地猜测,在任何成功了的

① Moore, *Injustice,* 351. 近来波兰发生的事件在此意义上提供了另一个令人信服的事例。

② 同上,第340页。

> 伟大革命中，作为追随者的群众都不是自觉地有意识地要颠覆社会秩序的……
>
> 就愤怒的程度而言，人们很少因此而要求某些新生事物，人们只不过希望从旧有的制度中剔除那些令人厌恶和压制性的特性。[①]

如果我们将德国近似革命的背后的问题称做“生计”问题，并认为那只是适当处理的小问题，那么，正如摩尔所说，就是忽视了
342 它们的重要性。[②]它们不仅对于走投无路的工人阶级来说具有本质上的重要性，而且还由于产生于人们所感受到的正当性的愤怒而得到强化。事实上，公正地说，对那些小目标的不懈追求，部分地是因为它们看起来仍处于现存秩序的规范框架之内。这一时期的德国工人阶级的权利要求并不比塞达卡穷人的权利要求更具雄心或走得更远。革命的情境存在于前一个案例，却并未存在于后一个案例，其原因可以归结为许多其他因素；然而，这与有无革命的阶级意识本身并无关联。

就在十月革命之前和二月革命之后的俄国，工人阶级要求的证据来自于位于欧洲的整个俄国的工厂委员会的自治要求。[③]它们再一次明确地反映出列宁所说的改良主义、工团意识。最普遍的要求是争取八小时工作制。其他的要求还包括废除计件工作制、最低额的加薪和解雇时支付解雇金。在工作场所，劳动者坚持主张管理人员对他们应该以礼相待、停止以从工资中扣除的方式随意罚款、提供饮食和卫生设施以及由工厂而非工人提供工具。他们最激进的要求显然是废除童工和停止性别歧视，但是，他们完全支持基于

---

① Moore, *Injustice*, 351—352.

② 同上，第273页。亦可参见E. P. Thompson, *The Making of the English Working Class* (New York: Vintage, 1966), 168。

③ Moore, *Injustice,* 369.

技术和经验的差别酬劳。这些要求本身很难说是那种预示着一场革命的要求。[①]正如摩尔所概括的:"这些要求的全部动力……在于改善工作条件,而不是改变它们……我们又一次看到,工人关于美好社会的理念……是缓和或消除了最不如人意的那些特征的现存秩序"[②]。

在此,我们还需要进一步补充一些实例——例如墨西哥革命期间莫雷洛斯地区农民的要求和法国革命期间的《抱怨备忘录》(*cahiers de doleances*)——以增加证据的分量。[③]我们之所以从工人阶级中援引证据,是因为根据马克思主义理论,只有在此阶级而非其他阶级中才有可能产生革命意识。然而,在这里,我们发现不仅革命意识在很大程度上是缺失的,而且微小的改良主义要求与革命性行动之间是相当兼容的。一个革命的先锋党派对于革命的 343

① 至于俄国农民阶级,他们的行动当然非常激进,他们没收土地并且焚烧贵族和官员们的家。然而,他们的目的非常适度并且视野狭小。一项评估指出:

> 在各路精英在首都争论立宪和政策问题的同时,农民正在乡下形成他们自己的政治秩序……他们拒绝接受国家标准,并且他们的替代措施截然不同于现代中央集权政府朴素的新说法……彼得格勒或许会设立为国家的政治中心,但是农民联合抵抗这样的把戏,并且正在着手书写他们自己的产品的剧本。

John H. Kress, "The Political Consciousness of the Russian Peasantry," *Soviet Studies* 31, no.4 (October 1979): 576.

② Moore, *Injustice,* 370.

③ 恰好在革命前汇编好的陈情书(*cabiers*),实质上是每个部门抱怨和要求的清单。因为陈情书是由地方上的精英撰写的,虽然人们由此可能会断定陈情书更接近资产阶级革命的最终计划,但它们并不完全是大众的意见。事实上,所有的陈情书都聚焦于地方上的不满;多半认为应该维持封建主义但要求对其进行修正(例如,限制领主狩猎权、统一度量衡、要求对林地的权利、对牧师工资的限制)。巴黎之外的陈情书甚至没有提及普遍的主权,并且绝大多数人是依据习俗提出自己的要求。就像一个历史学家总结的那样,"由此可以断定,内心的革命状态在人权宣言中得到表达,1789年到1791年的政令是1787年开始的危机的产物而非原因。"George V. Taylor, "Revolutionary and Non-Revolutionary Content in the Cahires of 1789: An Interim Report," *French Historical Studies* 7, no. 4 (Fall 1972): 501.

发生来说或许是必不可少的，但其必要性并非来自意识形态教导和提升从属阶级意识水平的需要。[①]对于普通人来说，革命性冲突通常是在现存霸权的边界之内生成的。通常情况下，只有它所采用的手段是非同寻常的。这一观察至少对农民运动和无产阶级运动同样适用。

正如霍布斯鲍姆非常正确地观察到的，“实际上，革命可以由那些并不否认现存的权力结构、法律、国家甚或是地主的合法性的农民造成”[②]。作为一个例证，莫雷洛斯的农民阶级仅仅是要重新获得甘蔗种植园从他们那里夺走的公共土地，而不是要摧毁种植园制度，更不是要改变墨西哥政体。然而，他们对收回自己土地的顽强坚持却有助于带来这样两个更大的后果。正是这些微小的、未经协调的琐碎反抗行动聚集到一个点上，就可能达到危及国家结构的地步。同样，细微的、改良主义的、“意识形态的”目标聚集到一起也可能达到成就革命的地步。

当然，仍有可能断言，某种形式的外部领导——例如政党、知
344 识分子——对于将大量的叛乱转变为夺取权力并改变整个国家的革命，是非常必要的。在此我不就这个特殊的问题加以阐述，我要说明的是：如果这一论点被接受，那么，究竟是从属阶级如果没有激进的知识分子就完全无能，还是激进知识分子如果没有造反的群众便衰弱无力？这在很大程度上是一个个人理解的问题。然而，可以明确断言的是，作为通常理解的两个术语，“革命的意识”和精心制作的意识形态，对于造成那些其领导者确信可以从中获益的革命性危机来说，并不是必不可少的。

---

① 我确信，此处与卢森堡和列宁的论辩有关，但是他们都没有意识到工人阶级或农民阶级适度的要求可能带来的激进后果。参见Kathy E. Ferguson, “Class-Consciousness and the Marxist Dialectic: The Elusive Synthesis,” *Review of Politics* 42, no.4 (October 1980): 504—532。

② Eric Hobsbawm, “Peasants and Politics,” *Journal of Peasant Studies* 1, no.1 (October 1973): 12.

谁打破了霸权?

> 总而言之,从目前来看,前工厂工人、工厂工人以及现代的革命性农民当中自发产生的观念主要是向后看的。他们力图恢复已经被破坏的社会契约,因为那些契约经常是修补其特定职业中的特殊的和具体的不平的力量。①

有无可能讨论塞达卡正在被破坏的社会契约呢?倘若社会契约被理解为一套实践以及与之相关联的规范,倘若我们意识到不同阶级对这一契约的解释会有显著差异,倘若我们认识到在很大程度上只有当这些契约被破坏时,穷人才创造出并意识到他们自己的契约版本,那么,我相信讨论就是可能的。对契约的违背几乎完全是经由大农场主而实现的,他们试图以此来增加回报,尽管创造新的生产关系的机会是由国家建立的灌溉工程提供的。这些萌芽状态的资本家解雇佃农、增加地租、改变租佃契约和引进机器。正是他们逐渐取消了扎卡特、施舍、借贷以及盛宴等习俗。正是他们因此几乎取消了曾经对他们有利的稻谷收益的适度"公有化"。也正是他们日益垄断了国家补助和投入的供给以及村庄生活的政治安排。

塞达卡的富人因而发觉自身处于一种虽然有权但是反常的境地。先前使他们的财富、地位、领导权合理化的习俗已经被系统地瓦解,而这正是他们获得新财富的前提条件。他们的经济统治的实现是以他们的社会地位和对贫穷邻居的社会控制的丧失为代价的——他们打破了自身的霸权暗示着这些代价。与此相对照,穷人则发现他们的过去在意识形态上是大可利用的;它们对于维护先前农业秩序的规范和习俗来说都至关重要。在此情境中,区别两种传统是有益的:一种传统被视为理所当然的,布迪厄将其称之为信

① Moore, *Injustice*, 476.

345 念(doxa),并且由此人们并不把它视为一种传统而是看做就是如此;另一种传统,是为了服务于当下的利益而对过去进行的想象性重构。[1]穷人创造和保卫的正是后一种形式的传统。当然,它并不是凭空建构出来的——如果是凭空建构,它就很难具有任何意识形态价值——相反,它是对早先价值观和习俗的摹写,这种摹写是可辨识的但带有党派性,其目的在于使基本的阶级利益合理化。

如果塞达卡的意识形态情境从根本上具有早期资本主义的特征,那么,我认为,有关统治意识形态的论证将不得不从根本上重新建构。葛兰西和其他许多人都认为,对任何从属阶级而言,其关键任务就是去创造一个最终能够改变社会的对立性霸权(counterhegemony)。[2]这种观点或许对成熟的资本主义社会具有一定价值,在那些社会中精心制作的意识形态可能已经就位。但它忽视了一个重要事实,那就是,正是资本主义历史性地改变了社会,并打破了现存的生产关系。即使随意地扫视一下历史记录也会发现,资本主义的发展需要不断地打破先前的"社会契约",而在大多数情况下,正是资本主义在早期帮助建立和维系了那些契约。因而,一种现存霸权的去神秘化至少经由两个同样重要的因素而实现,一是必不可少的对资本主义固有习俗的漠视,一是从属群体本身的"洞察能力"。事实上,资本主义的历史恰恰可以按照这一思路来书写。圈地、农业机械的引进、工厂制度的发明、蒸气动力的使用、流水线的发展以及今日的计算机革命和机器人的发明都具有重大的经济和社会影响,它们破坏了先前的有关工作、公平、安全、义务和权利的理解。

只有依靠资本主义的改造力量的这一背景——其激进地瓦解过去和现在的趋势——才能理解发生在塞达卡的冲突。雷蒙·威廉斯生动地记录了这一过程:

---

① 同样参见Bourdieu, *Outline*, 164—171.

② Gramsci, *Selections,* 178, 334.

> 自从它相继控制了一个又一个地区，它已经变得难以控制地骚动和不安，它只有立即离开某个地方才能使那个地方达到稳定，它留下了各种社会的和技术的碎片，破坏了人类的连惯性和安定，并且带着一贯追求新事业的傲慢自信继续前行。[1]

这也正是布莱希特宣称资本主义具有革命性时，他心里所思所想的。

> 许多从属阶级的意识形态和抗议行动的向后看的特征，在此背景下可以得到完整的理解。正是资本主义的革命性质 346
> 赋予了他们一个自卫的角色。如果他们为一个旧有的霸权辩护，那是因为原有的制度安排同当下的图景相比看起来要好一些，还因为它在早先的习俗中具有特定的合理性根基。保卫和经营业已被资本主义发展消解的社会契约，或许是农民和早期资本主义工人最持久不变的意识形态主题[2]——从英国革命中的平等主义者和掘地派到濒临灭绝的手艺人和纺织工，再到抵制使用脱粒机的“斯温上尉”(Captain Swing)叛乱。从以科贝特、佩因和卡莱尔等作为意识形态异端所代表的大众知识分子抨击资本主义的核心内容中[3]，同样可以发现保卫传统权力使其免受围攻的情况。

---

① *Problems in Materialism and Culture: Selected Essays* (London: New Left Books, 1980), 259.

② 现代政府的创建对于地方上的制度安排具有许多同样的破坏性影响，我们可以以同一方式加以考察。

③ 参见汤普森在*The Making of the English Working Class*一书中有关古伯特(Cobbett)的分析，第761页。

塞达卡和19世纪的英格兰一样，人们的抨击较少地直接指向资本主义本身，更多的是针对资本家的。对来之不易的先前制度安排的违背，在其受害者看来，是具体个人的无情的、故意的选择，而并非出自某种更大的制度逻辑的非人性化运作。正如埃利尔所描述的安达卢西亚劳工的案例那样，当仅仅涉及到经济理性时，受害者就会看到恶意：

> 我的看法是，从过去到现在一直存在失业现象，而无论在过去还是现在，劳动者都把失业归因于土地所有者不愿意为他们提供工作。正如我们所看到的那样，这种观点确实有些实质性意涵。尽管如此，我们与其将失业看成是土地所有者一方的恶意，不如把它看成从企业个体的角度出发的经济理性的决定。①

然而，从另一层面看，将不幸的成因人格化完全不是一种误解。塞达卡或安达卢西亚的大农场主做出的决定——尽管可能受到经济逻辑的限制——显然也是有意识地个人选择的结果。考虑到事物可能的其他方面，那些将这一问题人格化的人同样会意识到一个更大的事实：即使是资本主义逻辑也是一种社会创造，而不是一种实物。此外，可以确定的是，无论是在狄更斯的小说还是塞达卡穷人的言说中，如果人们认为吝啬、贪婪以及冷酷无情显然是由人格化因素导致的，这将更容易引发愤怒和可能的行动；而如果人们将上述特性归结为非个人因素和不可避免的，则引发愤怒和行动的可能性就小得多。如果人格化在一定程度上是一个神话，那么它就是一个强有力的、极具政治能量的神话。

347 这一必然性意义上的征服对于产生有政治影响的道德愤怒至关重要。为了达到这一点，人们必须将他们的境遇理解并

① Alier, *Labourers and Landowners in Southern Spain*, 93—94.

> 界定为人类不公正的后果:一种他们不必、不能、也不应该承受的境遇。当然,仅凭这种理解本身……并不能保证政治和社会变迁的来临。但是如果没有某些相当可观的道德愤怒的洪流,这样的变迁也不可能发生。[①]

我在塞达卡所观察到的人格化,在很大程度上是那里所经历的资本主义转变的自然结果。对于那些被我们称为资本主义、帝国主义或绿色革命的更为抽象的概念的受害者和获益者来说,体验本身是以非常个人化的、具体的、局部的、间接的方式获得的。

让我们暂且假定,塞达卡的贫穷农民转而强调导致其困境的更大的原因。如我们已经看到的那样,他们并非没有意识到这些更大的问题。但是,如果他们像马来西亚发展过程中的知识分子批评家(或支持者)那样,强调诸如财富积累、资本密集型农业的发展和国家政策(这些政策是偏袒富有农场主利益的,以保证对城市工业区廉价工资产品的供给)等问题,那又会是怎样一番情景呢?人们能否想象打着"结束农业资本主义"或"打倒金钱关系"旗号的乡村抗议运动呢?当然不行。这些无可置疑的事实太过抽象和遥远了;它们根本抓不住地方经验的本质。如果它们实际上成为人们关注的中心,那么可以想象,当乡村的小土地所有者和无地劳动者意识到塑造他们未来的显然是不可抗力的时候,他们很可能会袖手旁观、无所作为。相反,把不幸归结为由个人化的、邪恶的因素造成,是可识别的个人在他们自己的社区中没有做到行为适当的后果,也是一种不全面的看法,但不是一个错误的观点。需要特别指出的是,它完全有可能是唯一的能够并且已经成为日常反抗基础的观点。

我猜想,塞达卡反抗的起点如同历史上所有从属阶级反抗的起点一样:接近土地,牢牢地植根于日常经历的朴素然而有意义的现实。其敌人不是非人格化的历史力量,而是真实的人。也就是说,

① Moore, *Injustice*, 459.

他们被视为应当为自己的行动负责的行动者，而非抽象概念的承载者。反抗者所护卫的价值观念不但近在咫尺而且熟悉常见。他们的出发点是一些习惯和规范，这些习惯和规范在过去被证明是有效的，而且显然有望减少或挽回他们所遭受的损失。反抗所要达到的目标与其价值观念一样地温和。穷人为获得工作、土地和收入而奋斗；他们的目标并未指向诸如社会主义等大的历史的抽象概念，更不必说马克思—列宁主义了。除非爆发了可能激起更大梦想的罕见的危机，通常他们用于达到上述目标的典型手段既谨慎又现
348 实。倘若可以逃跑到边境或城市，他们也会那样做。当直接对抗地主或国家看起来是徒劳之举时，他们就会避免这种对抗。包括我们考察过的象征的反抗和物质的反抗，我们可以在两种极端策略之间的广大区域中发现日常反抗的所有形式。

此类反抗在人们头脑中从未想过要取得革命性的结果，也从未那样做过。但是，它们可能有助于革命性结果的出现，并且偶尔也的确引发了革命性结果。此类情形之下，具有讽刺意味的是，导致革命在农民或工人阶级看来可能根本就不是一个结果，而毋宁是达到他们温和目标的必要手段。即使当从属阶级打出了诸如“社会主义”之类的口号，它们对于普通民众和激进知识分子的意义可能全然不同。奥威尔关于1930年代英格兰工人阶级的论述对于一般的下层阶级来说几乎完全适用：

> 我们必须记住，一个工人……在完全的逻辑一致的意义上，极少或从来不是一个社会主义者……对于普通工人（你会在周六晚上任何一个酒吧里遇见的那种工人）来说，社会主义并不比更高的工资、更少的劳动时间以及没人对你指手划脚更有意义。对于那些更具革命性的绝食游行者和被雇主列入黑名单的人来说，社会主义这个词是一种对抗镇压力量的战斗口号，是一种对未来暴力的含糊的威慑……但我仍然必须接触那些矿工、钢铁工人、纺织工人、码头工人、筑路工人或者

任何有"意识形态"意义的人。[①]

这种观察当然只不过是智力的劳动分工，人们可以在任何以阶级为基础的运动中预期这一分工，这些运动可以是工人或农民源于物质生活现实的斗争，也可以是其视野投向更遥远的地平线的知识分子运动。在此意义上的劳动分工与其他分工一样，不仅是一种恭维赞美，其中还包含着冲突的可能性。

正如卢卡奇所认为的，事实上农民作为一个阶级不可能想象出一个关于总体性社会组织的新计划：

> 其他阶级的见解(小资产阶级或农民)是暧昧不清或缺乏创意的，这是因为他们的存在不仅是基于他们在资本主义生产体系中的位置，还同封建社会的残余息息相关。因而，他们的目标并不是推进或超越资本主义，而是扭转资本主义的行动方向或至少阻止其充分发展。他们的阶级利益集中于发展 349
> 的征兆，而不是发展本身。[②]

然而，他本来可以加上这样一点：工人阶级本身，也许出于不同的原因而处于同一条船上。如果摩尔、汤普森、奥威尔和卢森堡都是正确的，工人阶级也要应对发展的"征兆"，如同他们在日常生活中表现出来的那样。我们没有理由指望无产阶级或农民阶级会出于某种原因而不再坚持世俗的目标，那些目标将有利于达到尚可忍受的物质生活和起码的尊严。相反，真正重要的在于，准确地了解这些目标和它们或多或少带着对一个更人道的社会秩序的期望的顽强追求——这是以象征的和行动的方式对所有建立于农民

① George Orwell, *The Road to Wigan Pier* (London: Left Book Club, 1937), 173, 176—177.

② George Lukacs, *History and Class Consciousness: Studies in Marxist Dialectics*, trans. Rodney Livingstone (Cambridge: MIT Press, 1971), 59. 着重标记为原作者所加。

和工人之上的、声称服务于他们利益的全部社会秩序进行批判的核心内容。

读者将正确地察觉到一种关于革命性变迁前景的悲观主义，这些观点将系统地和确实地关注农民或工人阶级所主张的虽然是微不足道的尊严，却是他们阶级意识的核心内容。小小的愉悦和些许仁慈往往会鼓励革命主体的奋斗，如果革命连给予人们这种微小的愉悦和仁慈都做不到的话，那么，无论它取得了何种成就都没有什么值得夸耀的。这种悲观主义，唉，我以为，与其说是对多数革命国家中工人和农民命运的偏见，不如说是一种现实的评价——当命运寄托于革命的许诺时就让人读出了悲哀。[①]如果在这样的国家创建之前就很少发生革命，那么，现在革命更是销声匿迹了。因而，更加有理由说，即使我们不去赞美弱者的武器，也应该尊重它们。我们更加应该看到的是自我保存的韧性——用嘲笑、粗野、讽刺、不服从的小动作，用偷懒、装糊涂、反抗者的相互性、不相信精英的说教，用坚定强韧的努力对抗无法抗拒的不平等——从这一
350 切当中看到一种防止最坏的和期待较好的结果的精神和实践。

① 请允许我最后一次引用奥威尔的话："对一个当权的左翼政党来说，它最危险的敌人总是它过去的宣传。" Sonia Orwell and Ian Angus eds., *The Collected Essays,Journalism, and Letters of George Orwell*, vol.1 (New York: Harcourt, Brace, 1968), 515.

附　录

附录A　村庄人口记录，1967—1979

尽管塞达卡的人口在增长，我们首先应该看到的一点是它的增长速度远远低于自然的增长速度。如果家庭形成速度与自然增长速度保持同步，那么到1979年，就应该有大概83户人家了，这一数字接近于实际增长率的两倍。这一发现并不新鲜也不足为奇。[①]因为人口一度从吉打州水稻平原地区流失了。[②]这一方面是因为全国和都市大范围的经济繁荣，另一方面是因为即使引进了双耕，佃农和自耕农子女的前景依然不容乐观。他们的离去减缓了地方经济的衰退，但很难逆转这一进程。

除去只是减小已有家庭规模的年轻人的离去外，14户在1967年还存在的家庭如今已经不复存在了。6户家庭完全消亡[③]8户离开

① 当然，这是假设家庭平均规模没有增加。由于所有的证据都表明即使在乡村地区，家庭规模也一直在减小，故这是一个有把握的假设。

② S. Jegatheesan, *Land Tenure in the Muda Irrigation Scheme*, MADA Monograph No. 29 (Alor Setar: MADA, 1976), 26, 其中记录了1957年至1970年间，穆达地区乡村人口仅以1.54%的年增长率增长，而同期全国人口增长率为3.1%。

③ 这些例子当中有2例是还活着的寡妇或鳏夫，已经移居到附近燕镇的庞多克（pondok）去了。在许多情形中，庞多克既是宗教教育的中心，又是某种伊斯兰退休养老场所，在那里，老人们可以为自己的死亡做精神上的准备。

了村庄。其中有4户在别处购买了稻田，并在此过程中出租或出售了他们在原籍拥有的土地。4户中有3户在实勿朗霹雳（Seberang Perak）购进了土地，实勿朗霹雳地区是最后的“稻作区域”之一，在那里人们能够以合理的价格购买到合适土地并清理干净以便用作耕种。这种形式的迁移需要资本；在塞达卡，有一户这样的家庭拥有10里郎土地，另一户拥有6里郎土地，还有一户租了至少15里郎土地，剩下一户只有2里郎土地的家庭，其生活仅能果腹。其余的4户人家有幸被接纳为政府种植园计划的移民。受高收入保证的吸引，他们离开了家乡，其中有3例是他们带领其一个或多个兄弟一并离开。同样的，这些人家在村里无论如何算不上穷户。其中1户拥有一家店铺和小磨坊，另外2户各拥有将近5里郎土地，剩下的那户
351 虽然只有1里郎土地，但据村民说他家相当富有。事实上，在成功申请到移民计划的11个人当中约有2/3来自村里收入分配层级的上半部分。①

自相矛盾的是，此类移民计划本是用于造福乡村的穷人的，然而，像很多的政府计划一样，其效果却适得其反。其原因显而易见。该计划的收入高到甚至足以打动最富有村民的儿子。申请至少需要两步，通常要特地去彭亨州，并且许多书面材料需要特别贿赂才能获得。这其中包含的成本相当大。然而，即使贫穷的申请者已经尽力，基于两个原因，他们成功的几率依然较小。②首先，他们很少有可能满足必需的教育水平，因为他们的父母可能在他们很小的时候就让他们从小学退学了。其次，他们拥有政治关系的可能性更小，而这些关系往往决定着成败。

① 在一子或与其共同居住于同一家庭的弟弟因被接纳至移民计划而离开的情形中，1967年和1979年两次人口普查显示，这些人家都还是留了下来。因为这个原因，被纳入政府移民计划的单个人数要多于1979年人口普查中离开的家庭数。同样，在2例中，被接纳的个人选择了放弃这个机会。

② 在我所逗留的18个月中，政府的移民计划吸引了至少12个村民提交申请。半数申请者来自较贫穷的人家，并且为了申请冒了相当大的风险，花了很多钱（通常是200马元）。

穷人和富人都离开了村庄，但他们离开的方式却截然不同。穷人倾向于单个离开——他们常常是在村里前景相当黯淡的家庭的儿子或者女儿，但女儿的情形非常少见。只有少数拥有初中文凭的人离开，他们去城里找工作，比如体力劳动、建筑工，如果是年轻女性就去做家政服务或工厂工作。而当富人离开时，经常是全家搬迁到他们购买的土地上或者移民计划指定的地点。换句话说，穷人离开是加入无产阶级的行列，而富人则作为有产者离开，再差也是资产阶级。

在过去12年中，共有28户新家庭在塞达卡定居。有13户的情况反映了新家庭形成的自然过程：其中6户是村民的儿子婚后分家；7户是村民的女儿婚后其夫入赘并且建立了新家。另有10户迁入塞达卡村是由于公公或者岳父（这较为少见）在村里拥有土地（尽管他/她的父亲不住在塞达卡村），因而，这些夫妻就可以在塞达卡村租种那些土地了。所以说，在23个个案中，亲属关系和可资利用的土地（不管是租种的还是继承的）的结合为塞达卡新家庭的出现提供了解释。在此情境下，亲属关系只是因为它提供了使用耕地的权力才具有决定性。马来社会并不存在决定新家庭应居于夫家附近还是妻家附近的不可违逆的规则。并且这23个案例几乎都是依据 352
哪一边可以提供更多的稻田来做选择的，这一点几乎毋庸置疑。在剩余的5户中，2户纯粹是薪资劳工，在村里只有一间房子，还有3户是特殊情况。[①]

这些新人家的经济地位多多少少为我们回顾过去的10年提供了一个窗口。尽管几乎所有在塞达卡定居的人都是因为认为那样做在经济上有利才在塞达卡定居，但他们的收入状况使他们当中的绝大多数都位列村里最贫穷的那一半。然而，更重要的一点是这

① 在这些特例当中，有一人靠领取全国铁路退休金生活，他出生于塞达卡并且选择在那儿退休；另一个是在主路边开店的店主；而第三个人是寡妇，她从老房子搬到小房子里，和还在上学的外甥女一起居住。

一群体的平均耕种规模①。除了一些特例，他们现在从父母那里租种的土地面积很可能代表着他们将来最终继承的最大土地面积；而在许多情况下，他们可能继承的更少。②因此，这一群体中活跃的稻米种植者现有的农田规模也清楚地表明了他们未来的农田规模。1979年，这一群体拥有的农田的平均规模是3.5里郎，几乎比村庄平均水平低1里郎。然而，假使我们在28户中除去现在耕种超过6里郎的5户享有特权的家庭，其余23户的平均农场规模是可怜的2.6里郎，远远低于生存所需的4里郎的最低限度。

这23户家庭的境遇证明了村庄农业长期的人口难题。用更为人类学化的术语来表达，有论者将此问题称为“成家立业基金”问题，也就是“建立一个家庭的成本——这个家庭应该具有一定的谋生手段，使其能够过比得上上一代的生活”③。对一个农业社会而言，这种路径首先意味着土地的使用权。考虑到稻作区域的逐渐消
353 失以及高出生率，每一个新生代都发现自身已经被局限在一个基本固定的资源基础之上了。诚然，双耕和趋于上升的城市经济为人们提供了一个受欢迎的喘息空间。然而，它们所提供的空间却在很大程度上被现在超过半数的耕地人口早已缺乏足够的土地这一事实，以及薪资工作机会和可供出租的土地同时减少这些结构变迁的影响抵消了。村庄经济完全没有给下一代中的绝大多数提供生
354 存的空间，这才是严酷的现实。

① 该集团拥有的土地显而易见地低于村庄的平均水平，但这也在意料之中，因为很少有人处于可以期望继承土地的年龄。通常的惯例是父亲去世前土地不会真正让与他人；当一个农场主退出实际的耕种时，他有可能因此将土地租给他的孩子们。

② 拥有大量土地的农场主或许偶尔会让一个儿子租种多于他将最终继承的数目的土地。这在以下两种情况下都可能发生：一是农场主其他的儿子还未达到耕种年龄，二是农场主其他的儿子已经从事了其他工作因而无法耕种土地。当土地最终被继承时，这些年纪尚幼和不事耕作的儿子们通常会接受一份全额财产。在新出现家庭中，只有四个农场主能预期继承超过其现有耕种数目的土地，而且全部多余的土地不超过6里郎。

③ Brian Fegan, “The Establishment Fund of Peasants and Population Increase in Central Luzon: Changing Class Structures” (Paper presented at Second Conference of the Asia Studies Association of Austrialia, University of New South Wales, Sydney, May 15—19, 1978).

附录B 不同土地使用类型/农场规模的农场收入比较(穆达地区,1966、1974和1979年)

	佃农平均值			自耕农平均			土地所有者/佃农平均值[g]			小土地所有者平均值			小佃农平均值		
年份	1966	1974	1979	1966	1974	1979	1966	1974	1979	1966	1974	1979	1966	1974	1979
平均稻田面积(英亩)[a]	3.76	3.69	3.69	3.55	3.20	3.20	6.11	6.60	6.60	1.78	1.42	1.42	1.78	1.42	1.42
平均家庭规模[b]	5.58	5.58	5.58	5.58	5.58	5.58	5.58	5.58	5.58	4.94	4.94	4.94	4.94	4.94	4.94
稻谷总收入(马元)[c]	1365	5384	5564	1289	4670	4826	2219	9631	9952	643	2072	2141	643	2072	2141
生产成本[d]	383	2837	3603	269	1660	2018	570	4246	5306	98	694	853	161	1048	1344
稻谷净收入[e]	982	2547	1961	1020	3110	2808	1649	5385	4646	545	1378	1288	482	1024	797
其它收入[f]	426	922	956	359	722	740	237	1020	1155	476	831	809	476	831	809
年净收入总值(市价)	1408	3469	2917	1379	3732	3548	1886	6405	5801	1021	2209	2097	958	1855	1606
真实收入:1974年、1979年数据依消费价格指数做了修正(以1966年为基数)	1408	2417	1664	1379	2601	2023	1886	4463	3309	1021	1539	1196	958	1293	916
较1966年真实收入超出的马元数		1009	256		1222	644		2577	1423		518	175		335	(42)
较1966年超出的百分比(实际马元)		72	18		89	47		137	75		51	17		35	(4)
每户每月净收入(名义马元)	117	289	243	115	311	296	157	534	483	85	184	175	80	155	134
官方的农村贫困线指数(马元:每户每月)		215	267		215	267		215	267		215	267		215	267

a 1966年平均稻田面积源自*Farm Economy Survey of the Muda River Project,* 1966 (Ministry of Agriculture, 1967), table Ⅱ.1974年的数据源自the 1975 *USM-MADA Land Tenure Study,* 153；由于没有新数据，故假定1979年稻田面积与1975年相同。因此，从1966年到1975年，有一个变化就是：不同种类农场的稻田面积就代表了其实际耕作面积。1英亩等于1.4里郎。

b 为了反映*USM-MADA Land Tenure Survey* 报告的数据，对1966年到1974年小农场的家庭规模进行了修正。

c 我们假设所有收获的稻谷都卖掉了，目的是获得与总产量等值的现金。

d 农场中家庭成员的无酬劳动并未被算做是生产成本的一部分。尽管我们计算的生产成本并非精确的生产成本，伊斯兰扎卡特税却依然包括在内，但是已缴纳的总产出百分比是从符合近来田野调查结果的通用数字中推算出的。至于佃户，地租也被归入生产成本。

e 有充分理由相信，该数据估价过高。产出计算是基于收割调查基础上的，该调查系统地高估了约10%的产出。此外，稻谷出售的收据并未核定由水分含量等造成的缩减量，该缩减量1977年的两个季平均为14.5%，1979年平均为17.5%。更为真实的稻谷总收入数字将因此不得不减少超过20%。净稻谷收入将减少更大比例——随着稻谷总收入生产成本所占比例的扩张，该减少比例也将随之增长。

f 其中包括：为消费和出售而进行的家庭生产，在其他稻作农场上的雇佣劳动工资以及其他工资、薪水、汇款、礼物等形式的收入。有理由相信，"其他收入"，尤其是小农场的"其他收入"被夸大了。因为通常该类别中只有很少人会从公共或私人部门的工作中定期获得工资，但是计算时采用的是这一类别的均值。实际上，此类收入的中位数会低很多，并且或许该收入整体会减少20%到30%。

355 g 假定半数稻田面积是自己所有的，半数是租赁的。

附录C 关于土地使用情况变更、净利润及政治事务的数据

表C1 1967年塞达卡土地使用情况

（1里郎=0.71英亩）

拥有面积（里郎）		地主	地主/自耕农[a]	自耕农/地主	佃农/地主	自耕农/佃农/地主	自耕农	自耕农/佃农	佃农/自耕农	佃农	总计
0.01-3	家庭数	—	—	—	—	—	3	—	—	9	12
	耕种面积	—	—	—	—	—	5.25	—	—	21.5	26.75
	出租面积	—	—	—	—	—	—	—	—	—	—
3+-7	家庭数	—	1	—	1	—	3	1	1	10	17
	耕种面积	—	2	—	5	—	11.75	7	7	46.5	79.25
	出租面积	—	3	—	2	—	—	—	—	—	5
7+-10	家庭数	—	1	1	—	—	1	1	1	1	6
	耕种面积	—	4	5	—	—	8	8	9.25	10	44.25
	出租面积	—	5.5	3	—	—	—	—	—	—	8.5
10+-20	家庭数	—	2	2	1	3	—	1	2	2	13
	耕种面积	—	8	16	8	28.5	—	11	26	25.5	123
	出租面积	—	23	6.5	5	14.5	—	—	—	—	49
20+-40	家庭数	—	1	—	—	—	—	1	1	1	4
	耕种面积	—	1	—	—	—	—	23	21.5	38	83.5
	出租面积	—	20.5	—	—	—	—	—	—	—	20.5
总计	家庭数	—	5	3	2	3	7	4	5	23	52[b]
	耕种面积	—	15	21	13	28.5	25	49	63.75	142.5	357.75
	出租面积	—	52	9.5	7	14.5	—	—	—	—	83
平均值	耕种面积	—	3	7	6.5	9.5	3.6	12.3	12.8	6.2	6.9[c]
	出租面积	—	10.4	3.2	3.5	4.8	—	—	—	—	6.4[d]

数据来源：Kenzo Horii, “The Land Tenure System of Malay Padi Farmers: A Case Study... in the State of Kedah,” *Developing Economics* 10, no.1 (1972): 55. 汇总数据中少数明显错误已更正。

a 每种混合类别中，分类基础是他们大部分的土地归谁耕种。因此地主/自耕农是将他们大部分的土地出租，而自耕农/地主是将他们大部分的土地自留并自己耕种。

b 总家庭数中排除了4户不从事耕种的家庭，因此总数为52而非56。

c 总耕种里郎数（357.75）除以家庭数（52）。

d 掘井健三公布的此项观察数据为3.6。但我从表中未发现任何此观察数据的依据。于是我用总出租英亩数（83）除以出租土地
356 的家庭总数（13）得到6.4这一数据。

表 C2 1979 年塞达卡土地使用情况

（1 里郎 =0.71 英亩）

拥有面积（里郎）		地主	地主 / 自耕农[a]	自耕农 / 地主	佃农 / 地主	自耕农 / 佃农 / 地主	自耕农	自耕农 / 佃农	佃农 / 自耕农	佃农 /	总计
0.01-1	家庭数	2	—	—	—	—	1	—	—	2	5
	耕种面积	—	—	—	—	—	0.25	—	—	1.75	2
	出租面积	0.36	—	—	—	—	—	—	—	0.36	0.36
1+-3	家庭数	—	1	—	—	1	4	3	—	10	19
	耕种面积	—	1	—	—	2	7	7.5	—	24	41.5
	出租面积	—	1.5	—	—	0.5	—	—	—	—	2
3+-7	家庭数	1	1	1	—	1	2	6	2	11	25
	耕种面积	—	2	3	—	5	11	31.5	10.5	50	113
	出租面积	6	3	1	—	2	—	—	—	—	12
7+-10	家庭数	1	1	1	—	—	—	8	1	2	7
	耕种面积	—	4	7	—	—	—	11	10	16.5	45.5
	出租面积	9.75	6	3	—	—	—	—	—	—	18.75
10+-20	家庭数	1	1	1	—	6	1	—	1	1	12
	耕种面积	—	6	11.5	—	51	11	—	13.5	15	108
	出租面积	15	9	5	—	28.25	—	—	—	—	57.25
10+-20	家庭数	—	—	1	—	—	—	—	—	—	1
	耕种面积	—	—	15	—	—	—	—	—	—	15
	出租面积	—	—	15	—	—	—	—	—	—	15
总计	家庭数	5	4	4	—	8	8	10	4	26	6.9[b]
	耕种面积	—	13	36.5	—	58	29.25	47	34	107.25	325
	出租面积	31.11	19.5	24	—	30.75	—	—	—	—	105.36
平均值	耕种面积	—	3.25	9.1		7.25	3.7	4.7	8.5	4.1	4.7[c]
	出租面积	6.2	4.9	6		3.8	—	—	—	—	5[d]

a 参见表C1的注解a。

b 总家庭数减去4户不耕种的家庭(薪资劳动者)和1户领养老抚恤金的,因此是69户而非74户。

c 总耕种里郎数(325)除以家庭数(69)。如果我们从该计算中去除5户纯地主,结果将变为5.1。

357 d 总出租里郎数(105.36)除以出租土地的家庭总数(21)。

表 C3 1979 年取决于产出规模的塞达卡不同阶级每里郎净收益

产量(麻袋)[a]	6		8		10		12		14		16		18	
	生产成本[b]	净现金收益[c]	生产成本	净现金收益	生产成本	净现金收益	生产成本	净现金收益	生产成本	净现金收益	生产成本	净现金收益	生产成本	净现金收益
耕种者类别														
A. 无地租—低生产成本[d](土地所有者)	76	133	82	197	88	261	94	325	100	389	106	433	112	517
B. 无地租—高生产成本[e](土地所有者)	171	39	178	102	185	165	192	228	199	291	206	354	213	417
C. 特许地租—低生产成本(100 马元)(佃农)	176	33	182	97	188	161	194	225	200	289	206	353	212	417
D. 特许地租—高生产成本(100 马元)(佃农)	271	(61)	278	2	285	65	292	128	299	191	306	254	313	317
E. 经济地租—低生产成本(160 马元)(佃农)	236	(26)	242	37	248	101	254	165	260	229	266	293	272	357
F. 经济地租—高生产成本(160 马元)(佃农)	331	(121)	338	(58)	345	5	352	68	359	131	366	194	373	257
G. 高地租—低生产成本(180 马元)(佃农)	256	(46)	262	17	268	81	274	145	280	209	286	273	292	337
H. 高地租—高生产成本(180 马元)(佃农)	351	(141)	358	(78)	365	(15)	372	48	379	111	386	174	393	237

a 麻袋被用做产量的单位，这是因为它是农场主陈述自己产量的方式。

b 生产成本包括所有投入加上租金(如果有租金的话)。它仅指雇佣劳动力的成本;不包括家庭成员的无酬劳动。

c 基于1979年的标准麻袋重量的农业准入稻谷价格,假定全部收获都上市。

d 低生产成本假定耕作家庭使用家庭劳力及/或交换劳力而非雇佣劳力来插秧和收割。他们还假定田地只由拖拉机犁耕一次,使用相对较少的肥料,并且运输成本很低。

e 高生产成本假定用雇佣劳力来插秧和收割,田地耕作两遍,使用相对较多的肥料,并且运输成本更高。

类别解释

A. 只对那些拥有充足的家庭劳动力供给、拥有土地数少于3里郎的小土地所有者才发生。B. 在许多大规模的土地所有者以及/或者那些只有少量可资利用的家庭劳动力的情形下发生。C. 如同在A中一样,除了农场主是一个以特许地租(往往是从父母或岳父母那里)租地的佃户。D. 如同在B中一样,除了农场主是一个以特许地租租地的佃户。E. 如同在A中一样,除了农场主是一个以非亲属标准获得新的租赁期限的佃户。F. 如同在B中一样,除了农场主是一个以非亲属标准获得新的租赁期限的佃户。G. 如同在A中一样,除了农场主是一个以当地最高地租租地的佃户。H. 如同在B中
358 一样,除了农场主是一个以当地最高地租租地的佃户。

图C3a 1979年取决于产出规模的塞达卡各阶级耕种者每里郎净收益

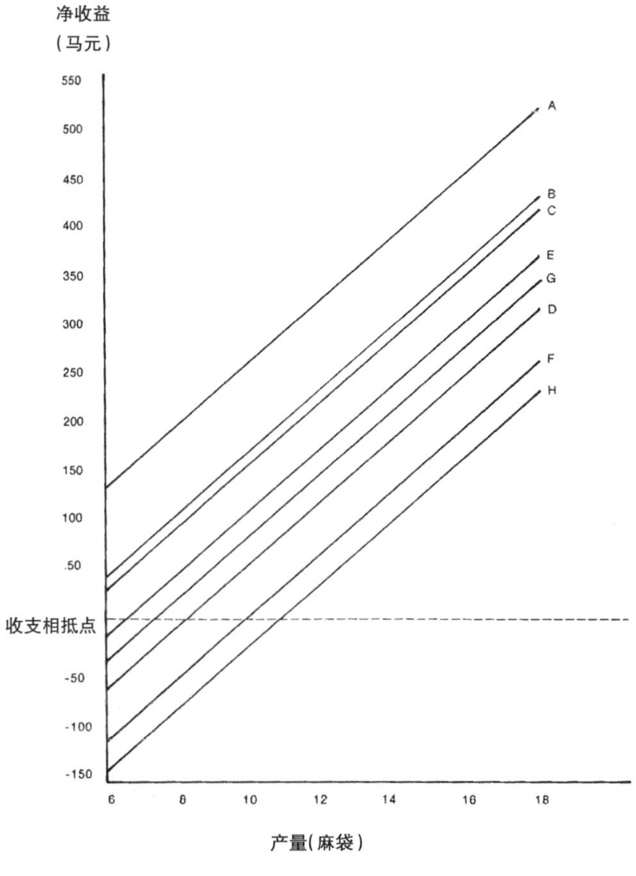

注：参见表C3的实际数据以及那些收益已被记录的耕种者阶级的数据。

表C4 1979年塞达卡巫统村庄发展委员会(JKK)官员及成员(附家庭收入排名)

姓名	在巫统中的职务	家庭收入排名
沙姆苏尔	负责人	66
法齐勒	负责人助理	42
塔哈	财务主管	35
巴塞尔	执行委员	64
加扎利	执行委员	65
阿明	执行委员	72
尤努斯	执行委员	*
索非亚哈 (托·隆格的妻子)	执行委员	61
达乌德	执行委员	70
沙希尔	执行委员	73
阿布·哈桑	执行委员	57

*极其富有的土地所有者(拥有45里郎土地、两辆卡车、小型稻米磨坊)的儿子,住在村边。他父亲被选为包括塞达卡在内的联邦议会选区(Jerai)的巫统委员会的头领。 360

附录D 飞翔信的译文

注：1979年3月，飞翔信的这份复本在塞达卡地区流传。其形式类似于其他诸如此类的信件。它们以类似于西方的连锁信的方式散布。

以最仁厚和慈悲的，
安拉的名义。
（这封信一字一句
毫无更改地
来自一封匿名信）

此信，以来自麦加圣地遗嘱之形式，由赛义德·艾哈迈德发给全体穆斯林。它由哈吉·马利克传至印度尼西亚。赛义德·艾哈迈德在先知穆罕默德的灵寝前安睡（愿安拉保佑，安宁降临于他），睡梦中先知降谕给他。

"我将不再赐予穆斯林神恩，不再保护他们免受真主的惩处，因为许多人早已犯下严重的罪孽，诸如通奸、酗酒；他们不再为支付扎卡特而费心；他们总是把自己的自私自利当成崇拜的对象。赛义德·艾哈迈德，我命汝提醒那些自称为穆斯林者。要一心信仰至真至全的安拉，耐心应对所有困境，莫让信徒背叛安拉。"

末日审判的征兆

1.1971年，许多家庭主妇在未通知其丈夫的情况下离家，此类事例为数甚多。

2.1972年，两星视若牝鸡。

3.1980年，尘世将陷入黑暗三天三夜；
太阳将西升北落，
从那一刻起，
安拉将不再接受忏悔。

赛义德·艾哈迈德誓言

我谨向安拉立誓，倘使我的梦是编造，我将被逐出穆斯林之列，谁不相信我梦境，将会变为异教徒，并且，当末日审判即刻到来的那一日，将被逐入地狱。

注意：1. 写给所有自称穆斯林者；此信应该传给其他地区的穆斯林。仔细阅读这封信，因为此信是赛义德·艾哈迈德以安拉遗嘱及誓言之名给所有穆斯林信众的。

沙特阿拉伯

2. 在先知穆罕默德灵寝前读《古兰经》的时候，赛义德·艾哈迈德安然入睡并做了这个梦。80000穆斯林已去世，但是就其总体而言，甚至无一人真正虔诚。家庭主妇不听从她们的丈夫的训诫。富人不怜悯穷人。许多人不支付扎卡特，不事善功。这就是赛义德·艾哈迈德向信众散发此圣约的缘由，其目的在于让信众走上正途，因为末日审判将突然降临。星辰将升上天穹，忏悔之门将会关闭。所有圣述都将衰落，太阳将逼近（地球）。

读到此种信件的穷人将变得富有。如果印制此信30份并传播出去，所有愿望都将实现。两周后，听从此训谕的人都将被酬以良好的生活。在孟买，有一个人誊抄了此意愿，因而给其生意带来利润。另一方面，谁认为此圣约为伪，他的男性子嗣将会死去。谁读过此信并且理解其意，却不告知他人，他就将面临生活中诸种窘境。但谁誊抄并传播此信，谁就将获诸多好处。

唯有安拉全知
唯有安拉吾信
唯有安拉可护佑，引领吾辈。

参考文献

Abercrombie, Nicholas. 1980. *Class Structure and Knowledge*. Oxford: Blackwell.

Abercrombie. Nicholas, Stephen Hill, and Bryan S. Turner. 1980. *The Dominant Ideology Thesis*. London: Alien & Unwin.

Adas, Michael. 1981. "From Avoidance to Confrontation: Peasant Protest in Precolonial and Colonial Southeast Asia." *Comparative Studies in Society and History* 23 (2): 217–47.

Afifuddin Haji Omar. 1977. *Irrigation Structure and Local Peasant Organization*, MADA Monograph No.32. Ator Setar: MADA.

——.1978. *Peasants, Institutions, and Development in Malaysia: The Political Economy of Development in the Muda Region*. MADA Monograph No.36. Alor Setar: MADA.

——.1980. "The Pivotal Role of an Integrated Institutional Reform in Socioeconomic Development of Rice Peasantry in Malaysia." Paper presented at Conference on Development: The Peasantry and Development in the ASEAN Region, Universiti Kebangsaan Malaysia, Bangi.

Ahmad Mahdzan bin Ayob. 1980. "Choice of Technology in Rice Harvesting in the Muda Irrigation Scheme, Malaysia." Ph.D. diss. University of Florida.

Alavi, Hamza. 1972. "The State in Post-colonial Societies: Pakistan and Bangladesh." *New Left Review* 74:59–81.

Alier, Juan Martinez 1971. *Labourers and Landowners in Southern Spain*. St. Anthony's College. Oxford, Publications, No. 4, London: Allen & Unwin.

Anand, S. Forthcoming. *The Size Distribution of Income in Malaysia* Washington, D.C.: World Bank.

Ayoob, M. 1981. *The politics of Islamic Reassertion*. London: Croom Helm.

Badan Dakwah Islamiah, Pejabat Zakat Negeri Kedah. N.d., probably about 1970, *Panduan Zakat*. Alor Setar: Majlis Ugama Negeri Kedah.

Bahro, Rudolf. 1981. *The Alternative in Eastern Europe*. Trans. David Fernbach. London: Verso.

Bailey, Connor. 1976. "Broker, Mediator, Patron and Kinsman." Athens, Ohio: Ohio University Center for International Studies.

Bailey, F. G. 1971. *Gifts and Poison: The Politics of Reputation.* New York: Schocken.

Balzac, Honoré de. 1949. *Les Paysans*. Paris: Pleiades.

Banks, David. 1972. "Changing Kinship in North Malaya." *American Anthropologist* 74 (2): 1254–75.

Barnard, Rosemary. 1973. "The Role of Capital and Credit in a Malay Rice-Producing Village." *Pacific Viewpoint* 14 (2): 113–36.

——.1978. "The Modernization of Agriculture in a Kedah Village, 1967–1978." Paper presented at Second National Conference of the Asian Studies Association of Australia, University of New South Waits, Sydney, May 15–19.

Bell, Clive. 1979. "Some Effects in the Barter Terms of Trade on a Small Regional Economy." Washington, D.C.: Development Research Center, World Bank. Mimeo.

Bell, Clive, Peter Hazell and Roger Slade. Forthcoming. *The Evaluation of Projects in Regional Perspective: A Case Study of the Muda Irrigation Project.* Baltimore: Johns Hopkins Univ. Press.

Berwick, E. J. H. 1956. *Census of Padi Planters in Kedah*, 1955. Alor Setar: Department of Agriculture, Government of Malaysia.

Bloch, Marc. 1970. *French Rural History: An Essay on Its Basic Characteristics.* Trans. Janet Sondheimer. Berkeley: Univ. of California Press.

Bonney, R. 1971. *Kedah, 1771–I821: The Search for Serurty and Independence* . Kuala Lumpur: Oxford Univ. Press.

Bourdieu, Pierre. 1977. *Outline of a Theory of Practice*. Trans. Richard Nice. Cambridge Univ. Press.

Brow, James. 1981. "Some Problems in the Analysis of Agrarian Classes in South Asia." *Peasant Studies* 9 (1): 15–33.

Caldwell, M., and M. Amin. 1977. *Malaya: The Making of a Neo-Colony.* London: Spokesman.

Carr, E. H. 1966. *The Bolshevik Revolution*: 1917–1923. Vol.1. Harmondsworth: Penguin.

Cheah Boon Kheng. 1981. "Social Banditry and Rural Crime in North Kedah,1909–

22." *Journal of the Malaysian Branch of the Royal Asiatic Society* 54 (2): 98–130.

——.1980. "Social Banditry and Rural Crime in Kedah, 1910—1929: Historical and Folk Perceptions." Paper presented to Conference of International Association of Historians of Asia, Kuala Lumpur.

Cobb, R. C. 1970. *The Police and the People: French Popular Protest, 1789–1820*. Oxford: Clarendon.

Cohn, Norman, 1957. *The Pursuit of the Millennium*. London: Seecker and Warburg.

Corner, Lorraine. 1979. "The Impact of Rural Out-Migration Labour: Supply and Cultivation, Techniques in a Double-Cropped Padi Area." Typescript.

——.1980. "Mobility in the Context of Traditional Family and Social Relationships: Linkages, Reciprocity and Flow of Remittances." Typescript.

——.1982. "The Impact of Rural Outmigration on Labour Utilization of Padi Households in Muda." Paper presented at Second International Conference of the Canadian Council for Southeast Asian Studies, Singapore, June.

Couillard, Marie-André.1982. "A Brief Exploration into the Nature of Men/Women Relations among Pre-Colonial Malayan People." Paper presented at Second International Conference of the Canadian Council for Southeast Asian Studies, Singapore, June.

Daane, John R. V. 1978. "Farmers and Farmers' Organizations: A Study of Changing Resource Use Patterns in the Muda Area." Preliminary Report No. 2. Mimeo.

Daane, John R. V., and Gert Kalshoven. 1979. "Rural Organizations and Rural Development in West Malaysia." Mimeo.

De Koninck, Rodolphe. 1979. "The Integration of the Peasantry: Examples from Malaysia and Indonesia." *Pacific Affairs* 52:265–93.

Department of Statistics, Government of Malaysia. 1973. *Household Expenditure Survey*. Kuala Lumpur.

Dickens, Charles. 1971. *Our Mutual Friend*. Harmondsworth: Penguin.

Disraeli, Benjamin. 1950. *Sybil: Or the Two Nations*. Oxford: Oxford Univ. Press.

Djamour, J. 1959. *Malay Kinship and Marriage in Singapore*. London: Athlone Press, Univ. of London.

Dobby. E. H. G. 1951. "The North Kedah Plain: A Study in the Environment of Pioneering for Rice Cultivation." *Economic Geography* 27:287–315.

Doering, Otto Charles, Ⅲ. 1973. "Malaysian Rice Policy and the Muda Irrigation

Project." Ph.D. diss., Cornell Univ.

Donohue, J. J., and J. L Esposito. 1982. *Islam in Transition: Muslim Perspectives*. New York: Oxford Univ. Press.

Dumont, Louis. 1970. *Homo Hierarchicus* . London: Weidenfeld & Nicholson.

Dunn, John. 1979. "Practising History and Social Science on 'Realist' Assumptions." In *Action and Interpretation: Studies in the Philosophy of the Social Sciences*, edited by C. Hookway and P. Pettit. Cambridge: Cambridge Univ. Press.

Durkheim, Emile. 1964. *The Division of Labour in Society* . NewYork: Free Press.

Economic Consultants Ltd.1977. *Kedah-Perlis Development Study: Interim Report*, Alor Setar.

Edelman, Murray. 1974. "The Political Language of the Helping Professions." *Politics and Society* 4 (3): 295–310.

Elwert-Krerschmar, K. 1983. "Zur sozialen und ökonomischen Organization von Haushalten im ländlichen Westmalaysia." Diplom Thesis, Universität Bielefeld.

Engels, Friedrich. 1973. *The Condition of the Working Class in England*. Moscow: Progress Publishers.

Far Eatern Economic Review. 1981. *Asia 1980 Yearbook*. Hong Kong: South China Morning Post.

Fatimah, H. 1980. "Differentiation of the Peasantry: A Study of the Rural Communities in West Malaysia." *Journal of Contemporary Asia* 10 (4): 400–22.

Farimah, M. A. 1978. "The Effectiveness of the Government Policy Measures Relating to Padi and Rice Industry." Ph.D. diss., University of Newcastle-upon-Tyne.

Fegan, Brian. 1979. "Folk-Capitalism: Economizing Strategies of Wet Rice Farmers in a Philippine Village." Ph.D. diss., Yale University.

——.1978. "The Establishment Fund of Peasants and Population Increase in Central Luzon: Changing Class Structures." Paper presented at Second Conference of the Asian Studies Association of Australia, University of New South Wales, Sydney, May 15–19.

Femia, Joseph. 1975. "Hegemony and Consciousness in the Thought of Antonio Gramsci." *Political Studies* 23 (1).

Ferro, Marc. 1971. "The Russian Soldier in 1917: Undisciplined, Patriotic, and

Revolutionary." *Slavic Review* 30 (3): 483–512.

Firth, R. 1981. "Spiritual Aroma: Religion and Politics." *American Anthropologist* 83: 582–301.

Firth, R., and B. D. Yamey, eds. 1964. *Capital, Saving and Credit in Peasant Societies*. London: Allen & Unwin.

Food and Agriculture Organization/World Bank Cooperative Program. 1975. *The Muda Study*. 2 vols. Rome: FAO.

Fredericks, L. J., G. Kalshoven, and J. R. V. Daane.1980. "The Role of Farmers' Organizations in Two Paddy Farming Areas in West Malaysia." Bulletin Nr. 40. Wageningen: Afdelingen voor Sociale Wetenschappen aan de Landbouwhogeschool.

Fujimoto, Akimi. 1980. "Land Tenure, Rice Production, and Income Sharing among Malay Peasants: Study of Four Village." Ph.D. diss. Flinders University, Australia.

Fukui, H., and Y. Takaya. 1978. "Some Ecological Observations on Rice-Growing in Malaysia." *Southeast Asian Studies* 16 (2): 189–97.

Funston, J. N. 1980. *Malay Politics in Malaysia: A Study of PAS and UMNO*. Kuala Lumpur: Heinemann.

Gaventa, John. 1980. *Power and Powerlessness: Quiescence and Rebellion in an Appalachian Valley*. Urbana: Univ. of Illinois Press.

Geertz, Clifford. 1973. "Thick Description: Toward an interpretive Theory of Culture." Chap.1 in *The Interpretation of Culture*. New York: Basic.

——.1980. "Blurred Genres: The Refiguration of Social Thought." *American Scholar* 49 (2): 165–79.

Genovese, Eugene D. 1974. *Roll, Jordan, Roll: The World the Slaves Made*. New York: Pantheon.

Gibbons, D. S. 1983. "Paddy Poverty and Public Policy." Mimeo.

Gibbons, D. S., Rodolpbe de Koninck, and Ibrahim Hassan. 1980. *Agricultural Modernization, Poverty and Inequality: The Distributional Impact of the Green Revolution in Regions of Malaysia and Indonesia.* Farnsborough: Saxon House.

Gibbons, D. S., Lim Teck Ghee, G. B. Elliston, and Shukur Kassim. 1981. *Hak Milik Tanah di Kawasan Perairan Mnda: Lapuran Akbir* (Land tenure in the Muda irrigation area: Final report). Part 2, *Findings*. Pulau Pinang: Pusat Penyelidekan Dasar and Universiti Sains Malaysia.

Giddens, Anthony. 1979. *Central Problems in Social Theory: Action, Structure, and Contradiction in Social Analysis*. Berkeley: Univ. of California Press.

Gilmore, David. 1978. "Patronage and Class Conflict in Southern Spain" *Man* (n.s.) 12: 446–58.

Goffman, Erving. 1956. "The Nature of Deference and Demeanor." *American Anthropologist* 58 (June).

——.1967. *Interaction Ritual: Essays on Face-to-Face Behavior*. Garden City: Anchor Books, Doubleday.

Goldman, R., and L. Squire. 1977. "Technical Change, Labour Use and Income Distribution in the Muda irrigation Project." Development Discussion Paper No. 35. Cambridge: Harvard Institute for International Development.

Gramsci, Antonio. 1971. *Selections from the Prison Notebooks*. Ed. and trans. Quinten Hoare and Geoffrey Nowell Smith. London: Lawrence & Wishart.

Griffin, Keith. 1974. *The Political Economy of Agrarian Change: An Essay on the Green Revolution.* Cambridge, Mass.: Harvard Univ. Press.

Guillaumin, Emile. 1983. *The Lift of a Simple Man*. Ed. Eugene Weber, rev. trans. Margaret Crosland. Hanover, New Hampshire: University Press of New England.

Habermas, Jurgen. 1971. *Knowledge and Human Interests.* Trans. Jeremy J. Shapiro. Boston: Beacon.

——.1970. "Towards a Theory of Communicative Competence." *Inquiry* 13: 360–75.

Haraszti, Miklós. 1978. *A worker in a worker's State*. Trans. Michael Wright. New York: Universe Books.

Harrison, Brian. 1966. "Philanthropy and the Victorians." *Victorian Studies* 9 (4): 353–74.

Haviland, John Beard. 1977. *Gossip, Reputation and Knowledge in Zinacantan*. Chicago: Univ. of Chicago Press.

Hay, Douglas. 1975. "Poaching and the Game Laws on Cannock Chase" In *Albion's Fatal Tree:Crime and Society in Eighteenth-Century England,* by Douglas Hay, Peter Linebaugh, John G.. Rule, E. P. Thompson, and Cal Winslow. New York: Pantheon.

Hegel, G. W. F. 1977. *Phenomenology of the Spirit*. Trans. A. V. Miller, with analysis and foreword by J. N. Findlay. Oxford: Clarendon.

Herring, Ronald. 1983. "Landlordism as a Social System: Quiescence and Protest in

Kerala." Paper presented to Annual Meeting of the Association for Asian Studies, San Francisco, March 23–27.

Hill, Christopher. 1972. *The World Tunred Upside Down*. New York: Viking.

Hill, R. D. 1977. *Rice in Malaysia: A study in Historical Geography*. Kuala Lumpur: Oxford Univ. Press.

Hirschman, Albert O. 1970. *Exit, Voice, and Loyalty: Responses to Decline in Firms, Organizations and States*. Cambridge: Harvard Univ. Press.

Hobsbawm, Eric. 1965. *Primitive Rebels: Studies in Archaic Forms of Social Movement in the 19th and 20th Centuries*. New York: Norton.

——.1973. "Peasants and Politics." *Journal of Peasant Studies*. 1(1): 3–22.

Hobsbawm E. J., and George Rude. 1968. *Captain Swing*. New York: Pantheon.

Hoggart, Richard. 1954. *The Uses of Literacy*. London: Chatto & Windus.

Ho Nai Kin.1978. *Implementation and Supervision Problem of Institutional Padi Production Credit in MADA's Farmars' Association*. MADA Monograph No. 35 Alor Setar: MADA.

Horii, Kenzo. 1972, "Thc Land Tenure System of Malay Padi Farmers: A Case Study... in the State of Kedah." *Developing Economies* 10 (1) 45–73.

Huizer, Gerrit. 1972. *Peasant Mobilization and Land Reform in Indonesia.* The Hague: Institute of Social Studies.

Husin, Syed Ali. 1975. *Malay Peasant Society and Leadership.* Kuala Lumpur: Oxford Univ. Press,

——. 1978. *Kemiskinan dan Kelaporan Tanah di Kelantan* (Poverty and land hunger in Kelantan). Petaling Jaya: Karangkraf Sdn. Berhad.

Hyden, Goran. *Beyond Ujama in Tanzania*. London: Heinemann.

Ikmal Said. 1980. "Capitalist Encroachment in Padi Production in West Malaysia." Paper presented at Conference on Develoment: The Peasantry and Development In the ASEAN Region, Uninersiti Kebanasaan Malaysia, Bangi.

International Bank for Reconstruction and Development.1975. *Malaysia Loan 434-MA: Muda Irrigation Scheme Completion Report,* No.795-MA. Washington, D.C.

——.1980. *Malaysia: Selected Issues in Rural Poverty*. Vol. 2. World Bank Report No, 2685-MA Washington, D.C.

Isbak Shari and Jomo K. Sundaram. 1980. "Malaysia's 'Green Revolution' in Rice Farming: Capital Accumulation and Technological Change in Peasant Society." Paper presented at Conference on Development: The Peasantry and

Development in the ASEAN Region, Universiti Kebangsaan Malaysia, Bangi.

Janeway, Elizabeth. 1981. *The Powers of the Weak*. New York: Morrow Quill Paperbacks.

Jegatheesan, S. 1976. *Land Tenure in the Muda Irrigation Scheme*. MADA Monograph No. 29. Alor Setar: MADA.

——. 1977. *The Green Revolution and the Muda Irrigation Scheme*. MADA Monograph No. 30. Alor Setar: MADA.

——. 1980. "Progress and Problems of Rice Mechanization in Peninsular Malaysia." Working Paper No. 17, Persidangan Padi Kebangsaan Malaysia (Malaysian national conference on paddy), Kuala Lumpur, February 26–28.

Kartodirdjo, Sartono. 1973. *Protest Movements in Rural Java: A Study of Agrarian Unrest in the 19th and Early 20th Centuries*, Singapore: Institute of Southeast Asian Studies.

Kessler, Clive S. 1972. "Islam, Society and Political Behaviour: Some Implications of the Malay Case." *British Journal of Sociology* 23: 33–50.

——.1974. "The Politics of Islamic Egalitarianism." *Humanniora Islamica* 2: 237–52.

——. 1978. *Islam and Politics in a Malay State: Kelantan* 1838 –1969. Ithaca: Cornell Univ. Press.

Kim, K. K. 1972. *The Western Malay States, 1880 –1873: The Effects of Commercial Development on Malay Politics*. Kuala Lumpur: Oxford Univ. Press.

Kuchiba, Masuo. 1980. "Kin Groupings in a Kedah Malay Village." Paper presented at Third National Conference of the Asian Studies Association of Australia. Brisbane.

Kuchiba, Masuo, and L. Bauzon. eds. 1979. *A Comparative Study of Paddy-Growing Communities in Southeast Asia and Japan*. Kyoto: Ryukoko University.

Kuchiba, Masuo, Yoshihlro Tsubouchi, and Narifumi Maeda, eds. 1979. *Three Malay Villages: A Sociology of Paddy Growers in West Malaysia.* Trans. Peter and Stephanie Hawkes. Honolulu: Univ. of Hawaii Press.

Lai, K. C. 1978. "Income Distribution among Farm Households in the Muda Irrigation Scheme: A Development Perspective." *Kajian. Ekonomi Malaysia* 15 (1): 38–57.

Levine, Lawrence W. 1977. *Black Culture and Black Consciousness.* New York:

Oxford Univ. Press.

Lewis, I. M. 1971, *Eastatic Religions: An Anthropological Study of Spirit Possession and Shamanism.* Harmondsworth: Penguin.

Lewis, Oscar. 1964. *Pedro Martinez: A Mexican Peasant and His Family.* New York: Vintage.

Lim, Joo-Jock. 1954. "Tradition and Peasant Agriculture in Malaya." *Malayan Journal of Tropical Geography* 3: 44–57.

Lim, Mah Hui. 1980. "Ethnic and Class Relations in Malaysia." *Journal of Contemporary Asia* 10: 130–54.

Lim, Teck Ghee. 1977. *Peasants and Their Agricultural Economy in Colonial Malaya,* 1874–1941. Kuala Lumpur: Oxford Univ. Press.

Lim Teck Ghee, D. S. Gibbons, and Shukur Kassim. 1980. "Accumulation of Padi Land in the Muda Region: Some Findings and Thoughts on their Implications for the Peasantry and Development." Paper presented at Conference on Development: The Peasantry and Development in the ASEAN Region, Universiti Kebangsaan Malaysia, Bangi.

Lukacs, Georg. 1971. *History and Class Consciousness: Studies in Marxist Dialectics.* Trans. Rodney Livingstone. Cambridge: MIT Press.

Lyons, M. L. 1979. "The Dakwah Movement in Malaysia." *Review of Indonesian Malaysian Affairs* 13: 34–45.

MacAndrews, Colin. 1978. *Land Settlements Policies in Malaysia and Indonesia: A Preliminary Analysis.* Occasional Papers Series, No. 52. Singapore: Institute of Southeast Asian Studies.

Maeda, N. 1975. "Family Circle, Community and Nation in Malaysia." *Current Anthropology* 16: 163–66.

Malaysia, Government of. 1954. *Report of the Rice Production Committee*, 1953. Vol. 1. Kuala Lumpur.

Mansor Haji Othman. 1978. "Hak Milik Tanah Padi dan Politik di Kedah." Master's thesis, School of Comparative Social Science, Universiti Sains Malaysia.

Marriott, McKim. 1955. "Little Communities in an indigenous Civilization." In *Village India*, edited by McKim Marriott. Chicago: Univ. of Chicago Press.

Marx, Karl. 1970. *Capital.* Vol. 1. Harmondsworth: Penguin.

Massard, J. L. 1983. "Kinship and Exchange Practices in a Malay Village." Paper presented at Seminar on Cognitive Forms of Social Organization in Southeast Asia, Amsterdam.

Meerman, Jacob. 1979. *Public Expenditure in Malaysia: Who Benefits and Why*. A World Bank Research Publication. London: Oxford Univ. Press.

Mencher, Joan P. 1980. "On Being an Untouchable in India: A Materialist Perspective." In *Beyond the Myths of Culture: Essays in Cultural Materialism*, edited by Eric B. Ross. New York: Academic.

Milgram, Stanley 1974. *Obedience to Authority: An Experimental View*. New York: Harper & Row.

Ministry of Agriculture and Fisheries, Government of Malaysia. 1973. *Implementation of Padi Cultivators Act,* 1967. Kuala Lumpur.

Mochtar, Tamin. 1980. "Rural Credit: Past Record, Present and Future." Paper presented at Seminar on Economies, Development and the Consumer, Consumers' Association of Penang. Penang.

Mohamed Abu Bakar.1981. "Islamic Revivalism and the Political Process in Malaysia." *Asian Survey* 21:1040–59.

Mohd. Noh Samik. "Delinquent Loanees." MADA, Bahagian Pertanian.

Mohd. Shadli Abdullah. 1978. "The Relationship of the Kinship System to Land Tenure: A Case Study of Kampung Gelung Rambai." Master's thesis, Universiti Sains Malaysia, Penang.

Mokhtar Mohamed. 1974. *Sistem Pondok dan pendidikan Islam zaman pembangunan: satu tinjauan ke atas Pondok di Pendang, Kedah* (Pondok system and Islamic education in the development area: An examination of the Pondok at Pendang, Kedah). Thesis, Universiti Kebangsaan Malaysia, Bangi.

Mokhzani bin Abdul Rahim. 1973. "Credit in a Malay Peasant Society." Ph.D. diss., University of London.

Moore, Barrington, Jr. 1966. *Social Origins of Dictatorship and Democracy*. Boston: Beacon.

——. 1978. *Injustice: The Social Bases of Obedience and Revolt*. White Plains: M. E. Sharpe.

Mullin, Gerald W.1972. *Flight and Rebellion: Slave Resistance in Eighteenth-Century Virginia*. New York: Oxford Univ. Press.

Muzaffar, Chandra. 1979. *Protector? An Analysis of the Concept and Practice of Loyalty in Leader-Led Relationships within Malay Society*. Pulau Pinang: Aliran.

Nagata, Judith. 1974. "What is a Malay? Situational Selection of Ethnic Identity in a Plural Society." *American Ethnologist* 1 (2): 331–50.

——. 1975. *Pluralism in Malaysia: Myth and Reality*. Leiden: Brill.

——. 1976. "Kinship and Social Mobility among the Malays." *Man* (n.s.) 11: 400–09.

——. 1979. *Malaysian Mosaic: Perspectives from a Poly–ethnic Society*. Vancouver: Univ. of British Columbia Press.

——. 1980. "The New Fundamentalism: Islam in Contemporary Malaysia." *Asian Thought and Society* 5: 128–41.

——. 1980. "Religious Ideology and Social Change: The Islamic Revival in Malaysia." *Pacific Affairs* 53: 405–39.

——. 1982. "Islamic Revial and the Problem of Legitimacy among Rural Religions Elites in Malaysia." *Man* (n,s.) 17: 42–57.

Newby, Howard. 1972. "Agricultural Workers in the Class Structure." *Sociological Review* 20 (3): 413–39.

——. 1975. "The Deferential Dialectic." *Comparative Studies in Society and History* 17 (2): 139–64.

Nonini, Donald M., Paul Diener, Eugene E. Robkin. 1979. "Ecology and Evolution: Population, Primitive Accumulation, and the Malay Peasantry." Typescript.

Ouchi, T., et al. 1977. *Farmer and Village in West Malaysia.* Tokyo: Univ. of Tokyo Press.

Orwell, George. 1937. *The Road to Wigan Pier.* London: Left Book Club.

Paige, Jeffrey M. 1975. *Agrarian Revolution: Social Movements and Expert Agriculture in the Underdeveloped World.* New York: Free Press.

Parkin, Frank. 1971. *Class Inequality and Political Order*. New York: Praeger.

Patnaik, Utsa. 1979. "Neo-Populism and Marxism: The Chayanovian View of the Agrarian Question and Its Fundamental Fallacy." *Journal of Peasant Studies* 6 (4): 375–420.

Piven, Frances Fox, and Richard A. Cloward. 1977. *Poor People's Movements: Why They Succeed, How They Fail.* New York: Vintage.

Popkin, Samuel L. 1979. *The Rational Peasant. Berkeley:* Univ. of California Press.

Purcall, J. T. 1971. *Rice Economy: A Case Study of Village in West Malaysia.* Kuala Lumpur: Univ. of Malaya Press.

Radin, Soenarno. 1960. "Malay Nationalism, 1900–1945." *Journal of South East Asian History* 1: 1–28.

Rainwater, Lee. 1966. "Crucible of Identity: The Negro Lower Class Family." *Daedalus* 95: 172–216.

Roff, W. R. 1967. *The Origins of Malay Nationalism.* New Haven: Yale Univ. Press.

——. ed. 1974. *Kelantan: Religion, Society and Politics in a Malay State,* Kuala Lumpur: Oxford Univ. Press.

Rude, George. 1964. *The Crowd in History,* 1730–1848. New York: Wiley.

Sabel, Charles. 1982. *Work and Politics: The Division of Labor in Industry.* Cambridge: Cambridge Univ. Press.

Said, Eduard. 1981. *Covering Islam: How the Media and the Experts Determine How We See the Rest of the World.* New York: Pantheon.

Salzman, Philip Carl. 1981. "Culture as Enhabilments." In *The Structure of Folk Models.* edited by Ladislav Holy and Milan Stuchlik ASA Monograph No. 20. New York: Academic.

Sarkisyanz, E. 1965. *Buddhist Background of the Burmese Revolution.* The Hague: Martinus Nijhoff.

Scott, James C. 1976. *The Moral Economy of the Peasant: Subsistence and Rebellion in Southeast Asia.* New Haven: Yale Univ. Press.

——. 1977. "Hegemony and the Peasantry." *Politics and Society* 7 (3): 267–96.

——. 1977. "Protest and Profanation: Agrarian Revolt and the Little Tradition." *Theory and Society* 4 (1): 1–38, and 4 (2): 211–46.

——. 1979. "Revolution in the Revolution: Peasants and Commisars." *Theory and Society* 7 (1): 97–134.

Selvadurai, S. 1972. *Padi Farming in West Malaysia.* Bulletin No. 27. Kuala Lumpor: Ministry of Agriculture and Fisheries.

Shamsul, Amri Baharuddin. 1979. "The Development of Underdevelopment of the Malaysian Peasantry." *Journal of Contemporary Asia* 9: 434–54.

——. 1981. "Malay Village Politics: Some Past Observations and Recent Findings." Paper presented at Fourth National Conference of the Asian Studies Association of Australia, Melbourne.

——. 1981. "Politics of Poverty Eradication: Local Level Implementation of Development Programmes in Malaysia." Paper presented at Fifty-second ANZAAS Congress, Section 25, Anthropology. Macquarie University, North Ryde, New South Wales, Australia.

Sharil Talib. 1979. "Malay Society in the Nineteenth Century: Programme for Southeast Asian Studies." Universiti Malaya. Mimeo.

Sharom Ahmat. 1970. "The Structure of the Economy of Kedah, 1879 –1905."

Journal of the Malaysian Branch of the Royal Asiatic Society 43 (2): 1–24.

——. 1970. "The Political Structure of the State of Kedah, 1879–1905." *Journal of Southeast Asian Studies* 1 (2): 115–28.

Shukur Kassim et al. 1983. "Study of Strategy, Impact and Future Development of Integrated Rural Development Projects." 2 vols. Report prepared for the Ministry of Agriculture by the Centre for Policy Research, Universiti Sains Malaysia. Penang.

Singh, Ajit. 1978. "Laporan Kesihatan Kawasan Kedah-Perlis, 1970–1977." Alor Setar: Jabatan Pengarah Perkhidmatan Perubatan dan Kesihatan.

Skocpol, Theda. 1979. *States and Social Revolution. Cambridge:* Cambridge Univ. Press.

Snodgrass, D. 1981. *Inequality and Economic Development in Malaysia.* Kuala Lumpur:Oxford Univ. Press.

Solzhenitsyn, A. 1968. *The First Circle.* Trans. Thomas P. Whitney. New York: Bantam.

Stenson, M. R. 1976. "Class and Race in Malaysia." *Bulletin of Concerned Asian Scholars* 8: 45–54.

Stoler, Ann. 1979. "The Limits of Class Consciousness in North Sumatra." Mimeo.

Sundaram, Jomo Kwame. 1977. "Class Formation in Malaysia." Ph.D. diss., Harvard University.

Swift, M. G. 1964. "Capital, Saving and Credit in a Malay Peasant Economy." In *Capital, Saving, and Credit in Peasant Societies*, edited by R. Firth and B. D. Yamey, 133–56. London: Allen & Unwin.

——. 1965. *Malay Peasant Society in Jelebu.* London School of Economics Monograph on Social Anthropology, No. 29. New York: Humanities Press.

Thillainathan, R. 1977. "Public Policies and Programmes for Redressing Poverty in Malaysia: A Critical Review." In *Some Case Studies on Poverty in Malaysia: Essays Presented to Ungku Aziz,* edited by B. A. R. Mokhzani and Khoo Siew Mun. Kuala Lumpur: Persatuan Ekonomi: Malaysia Press.

Thompson, E. P. 1966. *The Making of the English Working Class.* New York: Vintage.

——.1975. "The Crime of Anonymity." In *Albion's Fatal Tree* by Douglas Hay et al. New York: Pantheon.

——.1978. "Eighteenth-Century English Society: Class Struggle without Class." *Social History* 3 (2).

——. 1978. *The Poverty of Theory and Other Essays.* New York: Monthly Review Press.

Thomson, A. M. 1954. *Report to the Government of the Federation of Malaya on the Marketing of Rice.* Rome: Food and Agriculture Organization.

Turner, Roy, ed. 1974. *Ethnomethodology: Selected Readings.* Harmondsworth: Penguin.

Unfederated Malay States. 1907–1956. *Annual Reports of the Advisor to the Kedah Government.* Alor Setar: Government Printer.

Uphoff, Norman, and Milton Esman. 1974. *Local Organization for Rural Development: Analysis of Asian Experience.* Ithaca: Rural Development Committee, Cornell University.

Wan Zawawi, Ibrahim. 1978. "A Malay Proletariat: The Emergence of Class Relations on a Malay Plantation." Ph.D. diss., Monash University.

Wharton, C. R. 1962. "Marketing, Merchandising and Moneylending: A Note on Middleman Monopsony in Malaya." *Malayan Economic Review* 7(2): 24–44.

Wildman, Allan. 1970. "The February Revolution in the Russian Army." *Soviet Studies* 22 (l): 3–23.

Williams, Raymond. 1973. *The Country and the City.* New York: Oxford Univ. Press.

Willis, Paul. 1977. *Learning to Labour.* Westmead: Saxon House.

Wilson, T. B. 1955. "The Inheritance and Fragmentation of Malay Padi Lands in Krian, Perak." *Malayan Agricultural Journal* 38 (2): 78–109.

Windstedt, R. O. 1936. "Notes on the History of Kedah." *Journal of the Malay Branch of the Royal Asiatic Society* 14:155–89.

Wolf, Eric R. 1969. *Peasant Wars of the Twentieth Century.* New York: Harper & Row.

——. 1975. *Agrarian Revolution: Social Movements and Export Agriculture in the Underdeveloped World.* New York: Free Press.

Wong Hin Soon. 1980. "Field Problems in Post-Production Handling of Padi." Working Paper No 19. Persidangan Padi Kebangsaan Malaysia (Malaysian naional conference on paddy), Kuala Lumpur, February 26–28.

Yamashita, Masanabu, Wong Hin Soon, and S. Jegatheesan. 1980. "MADA-TARC Cooperative Study, Pilot Project ACRBD 4, Muda Irrigation Scheme, Farm Management Studies." Mimeo.

Young, Kevin. William C. F. Bussink, and Parvez Hassan. 1980. *Malaysia's Growth and Equity in a Multiracial Society.* A World Bank Country Economic Report. Baltimore: John Hopkins Univ. Press.

Zakariah Ismail. 1980. "Economic and Social Aspects of Padi Production: Some Recent Trends." Paper presented at Seminar on Economics, Development and the Consumer, Consumers' Association of Penang, Penang.

Zola, Emile. 1980. *The Earth.* Trans. Douglas Parmee. Harmondsworth: Penguin.

索 引

(条目后的数字为原书页码,见本书边码)

译后记

“弱者的武器”:研究农民政治的底层视角

美国耶鲁大学政治学与人类学教授詹姆斯·斯科特笔下的东南亚农民,是处于低下社会地位的小农(peasant)。他们虽然作为农业社会的人口主体,在各种宏大的历史叙事中却从来是无声者和无名者,是少有文字记述其历史的群体;他们即使偶尔出现在历史记录中,也不是作为历史的参与者,而是作为征召、税收、劳动、土地产出和谷物收获的贡献者,因而只是在统计学意义上以数字形式出现的无名者。但农民在历史中的消隐并不意味着他们不受注意,历朝历代的统治者也不可谓不关注农民,但关注的原因在于,农民在很长的时间里一直是索取的对象,是任何社会都不可或缺的重要资源——农副产品、税、费和廉价劳动力——的提供者;而且农民的生存境况和由此导致的集体行动常常关乎整个社会的安定或动荡,甚至导致王朝的更名易主,这便是各个社会的统治者都谙熟的“水可载舟,亦可覆舟”的道理。

对农民的关注,对解决农业、农村问题的呼吁,在一定程度上也是出于这样一种危机意识:农民的生存状况过于恶劣会影响整个社会的安定,或者不如说出于一种自上而下的对危险警示的反应。人们会以历史上大规模的农民暴动或流民之患为例,提请决策者和世人要有足够的危机意识。显而易见,出于“危机”反应的对农民的关注,尚未离开统治的立场、精英的立场或城市既得利益阶层的立场。农民在这样的关注眼光中是作为治理对象、防范对象和怜悯对象而存在的。

以农民的眼光来注视,以农民的立场来思考,已有的农民社会经典研究无疑不能忽视。詹姆斯·斯科特继《农民的道义经济学:东南亚的反叛与生存》之后,又以《弱者的武器:农民反抗的日常形式》和《统治与抵抗的艺术:隐藏的文本》两部著作为我们提供了理解农民反抗与农民政治的灼见。介绍其富于洞察力的研究,对于关注农村社会与农民问题乃至整个社会结构的问题都是有重要意义的。

弱者的武器:农民反抗的日常形式 斯科特首先反思并批评了许多关于农民革命的研究只对那些在国家层面造成大规模结构性变迁的运动感兴趣。这类研究主要集中于有组织的、正式的、公开的抗议运动,因为它们显然对国家造成威胁,即使只有短暂的片刻。但就发生而言,所谓农民的真正的反抗是相当稀少的,它们大多被轻而易举地击败;即便是非常罕见地成功了,其达到的结果也很少是农民真正想要的。斯科特在此区分了所谓“真正的”反抗与象征的、偶然的甚至附带性的反抗行动,并且不同意将非正式反抗视为无足轻重和毫无结果的。不难理解,在历史中正式的、组织化的政治运动,即使是秘密的和革命性的,也通常为中产阶级和知识分子所拥有;若在这一领域寻找农民政治大半会徒劳无功。农民也因而被认为是政治上无效的阶级,除非他们被外来者加以组织和领导。

斯科特以自己在马来西亚农村的田野工作材料为证据,指出上述视角所遗漏的是这样一个简单的事实:公开的、有组织的政治行动对于多数从属阶级来说是过于奢侈了,因为那即使不是自取灭亡,也是过于危险的。有鉴于此,他认为更为重要的是去理解农民反抗的“日常形式”,即农民与从他们那里索取超量的劳动、食物、税收、租金和利益的那些人之间平常的却是持续不断的争斗。这些日常形式的反抗通常包括:偷懒、装糊涂、开小差、假装顺从、偷盗、装傻卖呆、诽谤、纵火、怠工等等。这些被称为"弱者的武器"的阶级斗争形式具有共同特点:它们几乎不需要事先的协调或计划,它们利用心照不宣的理解和非正式的网络,通常表现为一种个体的自助形式,而且避免直接地、象征性地对抗权威。

了解这些平凡的反抗形式更有利于理解农民长期以来为保护自己的利益和对抗统治秩序所做的一切。在第三世界,农民很少在税收、作物分配、发展政策或烦琐的新法律等问题上去冒险直接对抗权威;他们更可能通过不合作、偷懒和欺骗去蚕食这些治理策略。

这类反抗的技术长期以来是最有意义和最有效的。因为它们适合于农民的社会结构和社会特点:一个散布在广大乡村的阶级,缺少正式的组织和纪律,为了广泛的游击式的防御性斗争而装备起来。日常的反抗形式是一种没有正式组织、没有正式领导者、不需证明、没有期限、没有名目和旗号的社会运动。然而农民这些卑微的反抗行动不可小觑,大量的微不足道的小行动的聚集,就像成百上千万的珊瑚虫日积月累地造就的珊瑚礁,最终可能导致国家航船的搁浅或倾覆。仅此而言,理解这些无声的匿名的农民行为的颠覆性就是十分重要的。斯科特认为,无论国家会以什么方式做出反应,我们不能忽视这样一个事实,即农民的行动改变或缩小了国家对政策选择的范围。正是以这样一种非叛乱的方式,在法律的政治压力以外,农民经典性地表现出其政治参与感。因而,任何一种农民政治学的历史或理论若想证明农民作为历史行动者的正当性,必须掌握农民所使用的"弱者的武器"。

继农民的日常反抗形式"弱者的武器"之后,斯科特又推出了"隐藏的文本"(hidden transcript)这一概括农民行为选择和意识形态的分析性概念。通过这一概念斯科特进一步阐述底层群体的意识形态特征,并以此解释和理解底层群体的难以捉摸的政治行为。

这种在统治者背后说出的对于权力的批评是千百万人日常的民间智慧的重要部分，它们与“公开的文本”的比较为理解支配与反抗提供了根本性的新方法。

作为底层政治（infrapolitics）意识形态的隐藏的文本，不仅是一种话语、姿态和象征性表达，也是实践的依据。斯科特在东南亚一个小村庄的田野研究工作证明了农民的反抗实践与反抗话语的相互依存与相互维系。而且，支配与占有的紧密联系意味着不可能将从属的观念和象征从物质剥削过程中分离出来。同样，也不可能将对统治观念的隐藏的象征性反抗从反对或减轻剥削的实际斗争中分离出来。农民的反抗，一如统治者的支配，是在两条战线上作战。隐藏的文本不仅是幕后的恼怒和怨言，它也是为减少占有而在实际上被实施的计谋（偷窃、装傻、偷懒、逃跑、放火等）。关键在于，隐藏的文本不仅阐明或解释行为，它还有助于建构行为。

农民反抗与底层政治的特殊逻辑 “弱者的武器”与“隐藏的文本”使得底层政治的伪装逻辑扩展至它的组织和实质性方面。因为公开的政治活动代价过高，几乎是被排除的，因而反抗主要依托于非正式的亲属网络、邻里、朋友和社区而非正式的组织。非正式的市场、邻居、家庭和社区的集合既为反抗提供了结构，也为其提供了掩护。由于反抗是在小群体和个体层面进行的，即使规模稍大也会使用民间文化的匿名性或种种实际的伪装，因而适合于对付监视和镇压。在这种非正式反抗中，没有可供逮捕的领导人，没有可被调查的成员名单，没有可以指控的宣言，也没有吸引注意的公开活动。可以说它们是政治生活的元素化形式。这些元素化的形式也有助于解释底层政治经常不被注意的原因。底层政治的逻辑是在其经过之处几乎不留痕迹，通过掩盖痕迹不仅可使参与者的危险减至最小，而且消除了许多可能让社会科学家和历史学家相信现实政治正在发生的证据。

底层政治本身的性质及其对立面出于自身利益的默不作声共同造成一种“合谋的沉默”，几乎将这些日常反抗形式从历史记载中完全抹去。历史与社会科学由于是知识分子用文字书写的,它在很大程度上也是为有文化的官员所创造的,因而不可能揭示那些沉默的、匿名的代表农民的阶级斗争形式,这就是被斯科特比喻为红外线的底层政治。与那些公开的民主政治、目标明确声音宏亮的抗议示威不同,这些由从属群体日常使用的谨慎的反抗形式超出了政治活动光谱的可视范围。

就此而言,书写未被书写的反抗史并赋予其政治地位,理解和分析农民的"弱者的武器",就成为非常有意义的工作。斯科特将来自村庄研究的本土见解与更大的关于阶级的社会经验以及典型的阶级斗争语境联系起来。通过深入地分析象征性反抗的日常形式和经济反抗的日常行动的方法,达到对于阶级意识和意识形态霸权的理解。特别值得注意的是斯科特对于日常形式的反抗与统治意识形态之间微妙关系的探究,他并不否认马克思关于"统治阶级的意识形态就是统治的意识形态"的经典论断,但他更为强调的是,认清在何种程度上统治阶级能够将自己的公正社会秩序的想象,不仅强加给被统治阶级的行为,而且强加给他们的意识。他的底层视角使他能够重新思考霸权(hegemony)概念及与之相关的"虚假意识"(false consciousness)、"神秘化"(mystification)等经典概念:葛兰西的霸权概念虽然阐明了统治阶级不仅要支配物质生产方式,也要支配象征生产方式的要求,但是不能正确地解释现实中的阶级关系和大多数情境中的阶级冲突。原因在于,霸权概念忽略了大多从属阶级能够在其日常物质经验的基础上对主流意识形态进行洞察和去神秘化的程度。霸权理论还经常混淆何为不可避免与何为正当的区别,而这种错误从属阶级是很少会犯的。在强大的经济占有、政治统治和意识形态支配情境中,农民运用属于自己的"弱者的武器"和"隐藏的文本",以坚定而强韧的努力对抗无法抗拒的不平等。我们从这一切当中看到的是避免最坏的和指望较好的结果的一种精神与实践,而这恰恰构成了支配与反抗的历史和持久存在的张力。

从《农民的道义经济学》到《弱者的武器》和《统治与抵抗的艺术》,我们不难看到,斯科特对东南亚农民的行为选择和精神世界的探索在实践层次上是不断推进的。如果仅仅关注正式的反抗行动,或如果仅以"生存伦理"(subsistence ethic)来解释东南亚农民的行为,我们就无从理解为何当他们进入生存绝境时仍未有公开的反抗;而处于如此情境尚不反抗,真不知还有什么能够让他们奋起反抗了。对于农民的政治行动,仅用生存伦理的逻辑无法解释,还必须加上对压制制度、暴力强度和意识形态治理的考量。面对强大而严密的统治,对立的双方因力量强弱过于悬殊,无从形成真正可以称为对抗性的对立面,无从形成对垒的双方,因而弱势一方反抗的逻辑就会发生扭曲和畸变。这种反抗可能形成霍布斯所描述的"所有人反对所有人的战争",却不可能有助于改善他们的生存境遇,或使社会的制度安排变得比较合理。除此之外,反抗的伪装性,即以表面的顺从代替实际的反抗,有可能反而强化了统治权力,"弱者的武器"在上述扭曲的反抗逻辑中也有可能反而变成强者的工具。

介绍斯科特关于农民反抗和底层政治的研究,我们可以获知的不仅是非正式反抗与底层意识形态长久以来不被注意的实际存在,更有支配与反抗之间复杂和微妙的互动关系。而这些,如果没有对于农民社会与农民权利的真正关心和理解,没有自上而下与自下而上相结合的底层视角,是不可能达到的。

本书的翻译历经一年半而成。前言、第一章到第五章前半部分由郑广怀翻译,第五章后半部分、第六章到第八章、附录由张敏翻译,何江穗校对复译了第四、五章;郭于华、郇建立分别校对第六至八章和第一至五章,后又分别通校全书;索引由郇建立翻译。本书在清华大学社会学系"农村社会学"课程中列为必读书目,两位主要译者由研究兴趣所致也都曾反复阅读,但由于译者是第一次翻译学术著作,经验和翻译水平都尚欠缺;整个译、校过程其实也是艰难的学习过程，虽不敢言呕心沥血，却也是殚精竭虑，尽管如此，错误疏漏仍在所难免。加之斯科特教授这部著作堪称博大、精彩而深刻，以人类学细致入微的田野实证材料与关于支配与反抗的宏大理论紧密结合，论述方式铺陈细密，纵横捭阖，我们的阅读和理解也自然有不逮之处。所有缺撼不足，还望读者多予指正为盼。

在翻译过程中，南开大学政治学系研究生李利平、清华大学社会学系博士生史云桐帮助译校了部分内容。特别需提及的是本译丛主编刘东先生从选定书目、联系作者到译、校的各种细节问题都给予了不厌其烦的帮助指导，在此深表谢忱。

郭于华 2006 年 5 月于北京

人文与社会译丛

第一批书目

1.《政治自由主义》(增订版),[美]J. 罗尔斯著,万俊人译 48.00 元

2.《文化的解释》,[美]C. 格尔茨著,韩莉译 89.00 元

3.《技术与时间:1. 爱比米修斯的过失》,[法]B. 斯蒂格勒著,裴程译 62.00 元

4.《依附性积累与不发达》,[德]A. G. 弗兰克著,高铦等译 13.60 元

5.《身处欧美的波兰农民》,[美]F. 兹纳涅茨基、W. I. 托马斯著,张友云译 9.20 元

6.《现代性的后果》,[英]A. 吉登斯著,田禾译 45.00 元

7.《消费文化与后现代主义》,[英]M. 费瑟斯通著,刘精明译 14.20 元

8.《英国工人阶级的形成》(上、下册),[英]E. P. 汤普森著,钱乘旦等译 168.00 元

9.《知识人的社会角色》,[美]F. 兹纳涅茨基著,郏斌祥译 26.00 元

第二批书目

10.《文化生产:媒体与都市艺术》,[美]D. 克兰著,赵国新译 29.00 元

11.《现代社会中的法律》,[美]R. M. 昂格尔著,吴玉章等译 39.00 元

12.《后形而上学思想》,[德]J. 哈贝马斯著,曹卫东等译 35.00 元

13.《自由主义与正义的局限》,[美]M. 桑德尔著,万俊人等译 30.00 元

14.《临床医学的诞生》,[法]M. 福柯著,刘北成译 25.00元
15.《农民的道义经济学》,[美]J. C. 斯科特著,程立显等译 42.00元
16.《俄国思想家》,[英]I. 伯林著,彭淮栋译 35.00元
17.《自我的根源:现代认同的形成》,[加]C. 泰勒著,韩震等译 88.00元
18.《霍布斯的政治哲学》,[美]L. 施特劳斯著,申彤译 29.00元
19.《现代性与大屠杀》,[英]Z. 鲍曼著,杨渝东等译 59.00元

第三批书目

20.《新功能主义及其后》,[美]J. C. 亚历山大著,彭牧等译 15.80元
21.《自由史论》,[英]J. 阿克顿著,胡传胜等译 58.00元
22.《伯林谈话录》,[伊朗]R. 贾汉贝格鲁等著,杨祯钦译 23.00元
23.《阶级斗争》,[法]R. 阿隆著,周以光译 13.50元
24.《正义诸领域:为多元主义与平等一辩》,[美]M. 沃尔泽著,褚松燕等译 24.80元
25.《大萧条的孩子们》,[美]G. H. 埃尔德著,田禾等译 27.30元
26.《黑格尔》,[加]C. 泰勒著,张国清等译 118.00元
27.《反潮流》,[英]I. 伯林著,冯克利译 48.00元
28.《统治阶级》,[意]G. 莫斯卡著,贾鹤鹏译 98.00元
29.《现代性的哲学话语》,[德]J. 哈贝马斯著,曹卫东等译 78.00元

第四批书目

30.《自由论》(修订版),[英]I. 伯林著,胡传胜译 69.00元
31.《保守主义》,[德]K. 曼海姆著,李朝晖、牟建君译 16.00元
32.《科学的反革命》(修订版),[英]F. 哈耶克著,冯克利译 58.00元

33.《实践感》,[法]P. 布迪厄著,蒋梓骅译　52.00 元
34.《风险社会》,[德]U. 贝克著,何博闻译　17.70 元
35.《社会行动的结构》,[美]T. 帕森斯著,彭刚等译　80.00 元
36.《个体的社会》,[德]N. 埃利亚斯著,翟三江、陆兴华译　15.30 元
37.《传统的发明》,[英]E. 霍布斯鲍姆等著,顾杭、庞冠群译　21.20 元
38.《关于马基雅维里的思考》,[美]L. 施特劳斯著,申彤译　78.00 元
39.《追寻美德》,[美]A. 麦金太尔著,宋继杰译　35.00 元

第五批书目

40.《现实感》,[英]I. 伯林著,潘荣荣、林茂译　30.00 元
41.《启蒙的时代》,[英]I. 伯林著,孙尚扬、杨深译　35.00 元
42.《元史学》,[美]H. 怀特著,陈新译　89.00 元
43.《意识形态与现代文化》,[英]J. B. 汤普森著,高铦等译　68.00 元
44.《美国大城市的死与生》,[加]J. 雅各布斯著,金衡山译　29.50 元
45.《社会理论和社会结构》,[美]R. K. 默顿著,唐少杰等译　128.00 元
46.《黑皮肤,白面具》,[法]F. 法农著,万冰译　14.00 元
47.《德国的历史观》,[美]G. 伊格尔斯著,彭刚、顾杭译　58.00 元
48.《全世界受苦的人》,[法]F. 法农著,万冰译　17.80 元
49.《知识分子的鸦片》,[法]R. 阿隆著,吕一民、顾杭译　45.00 元

第六批书目

50.《驯化君主》,[美]H. C. 曼斯菲尔德著,冯克利译　68.00 元
51.《黑格尔导读》,[法]A. 科耶夫著,姜志辉译　45.00 元
52.《象征交换与死亡》,[法]J. 波德里亚著,车槿山译　45.00 元
53.《自由及其背叛》,[英]I. 伯林著,赵国新译　48.00 元

54.《启蒙的三个批评者》,[英]I. 伯林著,马寅卯、郑想译 48.00 元
55.《运动中的力量》,[美]S. 塔罗著,吴庆宏译 23.50 元
56.《斗争的动力》,[美]D. 麦克亚当、S. 塔罗、C. 蒂利著,李义中等译 31.50 元
57.《善的脆弱性》,[美]M. 纳斯鲍姆著,徐向东、陆萌译 55.00 元
58.《弱者的武器》,[美]J. C. 斯科特著,郑广怀等译 82.00 元
59.《图绘》,[美]S. 弗里德曼著,陈丽译 49.00 元

第七批书目

60.《现代悲剧》,[英]R. 威廉斯著,丁尔苏译 45.00 元
61.《论革命》,[美]H. 阿伦特著,陈周旺译 59.00 元
62.《美国精神的封闭》,[美]A. 布卢姆著,战旭英译,冯克利校 68.00 元
63.《浪漫主义的根源》,[英]I. 伯林著,吕梁等译 28.00 元
64.《扭曲的人性之材》,[英]I. 伯林著,岳秀坤译 22.00 元
65.《民族主义思想与殖民地世界》,[美]P. 查特吉著,范慕尤、杨曦译 18.00 元
66.《现代性社会学》,[法]D. 马尔图切利著,姜志辉译 32.00 元
67.《社会政治理论的重构》,[美]R. J. 伯恩斯坦著,黄瑞祺译 25.00 元
68.《以色列与启示》,[美]E. 沃格林著,霍伟岸、叶颖译 48.00 元
69.《城邦的世界》,[美]E. 沃格林著,陈周旺译 85.00 元
70.《历史主义的兴起》,[德]F. 梅尼克著,陆月宏译 48.00 元

第八批书目

71.《环境与历史》,[英]W. 贝纳特、P. 科茨著,包茂红译 25.00 元
72.《人类与自然世界》,[英]K. 托马斯著,宋丽丽译 35.00 元

73.《卢梭问题》,[德]E. 卡西勒著,王春华译 15.00 元
74.《男性气概》,[美]H. C. 曼斯菲尔德著,刘玮译 28.00 元
75.《战争与和平的权利》,[美]R. 塔克著,罗炯等译 25.00 元
76.《谁统治美国》,[美]W. 多姆霍夫著,吕鹏、闻翔译 35.00 元
77.《健康与社会》,[法]M. 德吕勒著,王鲲译 35.00 元
78.《读柏拉图》,[德]T. A. 斯勒扎克著,程炜译 28.00 元
79.《苏联的心灵》,[英]I. 伯林著,潘永强、刘北成译 59.00 元
80.《个人印象》,[英]I. 伯林著,林振义、王洁译 35.00 元

第九批书目

81.《技术与时间:2. 迷失方向》,[法]B. 斯蒂格勒著,赵和平、印螺译 59.00 元
82.《抗争政治》,[美]C. 蒂利、S. 塔罗著,李义中译 28.00 元
83.《亚当·斯密的政治学》,[英]D. 温奇著,褚平译 21.00 元
84.《怀旧的未来》,[美]S. 博伊姆著,杨德友译 38.00 元
85.《妇女在经济发展中的角色》,[丹]E. 博斯拉普著,陈慧平译 30.00 元
86.《风景与认同》,[美]W. J. 达比著,张箭飞、赵红英译 68.00 元
87.《过去与未来之间》,[美]H. 阿伦特著,王寅丽、张立立译 58.00 元
88.《大西洋的跨越》,[美]D. T. 罗杰斯著,吴万伟译 108.00 元
89.《资本主义的新精神》,[法]L. 博尔坦斯基、E. 希亚佩洛著,高铦译 58.00 元
90.《比较的幽灵》,[美]B. 安德森著,甘会斌译 48.00 元

第十批书目

91.《灾异手记》,[美]E. 科尔伯特著,何恬译 25.00 元

92.《技术与时间:3. 电影的时间与存在之痛的问题》,
[法]B. 斯蒂格勒著,方尔平译 65.00 元
93.《马克思主义与历史学》,[英]S. H. 里格比著,吴英译 78.00 元
94.《学做工》,[英]P. 威利斯著,秘舒、凌旻华译 68.00 元
95.《哲学与治术:1572—1651》,[美]R. 塔克著,韩潮译 45.00 元
96.《认同伦理学》,[美]K. A. 阿皮亚著,张容南译 45.00 元
97.《风景与记忆》,[英]S. 沙玛著,胡淑陈、冯樨译 78.00 元
98.《马基雅维里时刻》,[英]J. G. A. 波考克著,冯克利、傅乾译 108.00 元
99.《未完的对话》,[英]I. 伯林、[波]B. P. -塞古尔斯卡著,
杨德友译 65.00 元
100.《后殖民理性批判》,[印]G. C. 斯皮瓦克著,严蓓雯译 58.00 元

第十一批书目

101.《现代社会想象》,[加]C. 泰勒著,林曼红译 45.00 元
102.《柏拉图与亚里士多德》,[美]E. 沃格林著,刘曙辉译 54.00 元
103.《论个体主义》,[法]L. 迪蒙著,桂裕芳译 30.00 元
104.《根本恶》,[美]R. J. 伯恩斯坦著,王钦、朱康译 78.00 元
105.《这受难的国度》,[美]D. G. 福斯特著,孙宏哲、张聚国译 39.00 元
106.《公民的激情》,[美]S. 克劳斯著,谭安奎译 49.00 元
107.《美国生活中的同化》,[美]M. M. 戈登著,马戎译 35.00 元
108.《风景与权力》,[美]W. J. T. 米切尔著,杨丽、万信琼译 45.00 元
109.《第二人称观点》,[美]S. 达沃尔著,章晟译 69.00 元
110.《性的起源》,[英] F. 达伯霍瓦拉著,杨朗译 58.00 元

第十二批书目

111.《希腊民主的问题》,[法]J. 罗米伊著,高煜译　48.00 元
112.《论人权》,[英]J. 格里芬著,徐向东、刘明译　62.00 元
113.《柏拉图的伦理学》,[英]T. 厄温著,陈玮、刘玮译(即出)
114.《自由主义与荣誉》,[美]S. 克劳斯著,林垚译　62.00 元
115.《法国大革命的文化起源》,[法]R. 夏蒂埃著,洪庆明译　38.00 元
116.《对知识的恐惧》,[美]P. 博格西昂著,刘鹏博译　38.00 元
117.《修辞术的诞生》,[英]R. 沃迪著,何博超译　48.00 元
118.《历史表现中的真理、意义和指称》,[荷]F. 安克斯密特著,周建漳译　45.00 元
119.《天下时代》,[美]E. 沃格林著,叶颖译　78.00 元
120.《求索秩序》,[美]E. 沃格林著,徐志跃译　48.00 元

第十三批书目

121.《美德伦理学》,[新西兰]R. 赫斯特豪斯著,李义天译　55.00 元
122.《同情的启蒙》,[美]M. 弗雷泽著,胡靖译　48.00 元
123.《图绘暹罗》,[美]T. 威尼差恭著,袁剑译　58.00 元
124.《道德的演化》,[新西兰]R. 乔伊斯著,刘鹏博、黄素珍译 65.00 元
125.《大屠杀与集体记忆》,[美]P. 诺维克著,王志华译　78.00 元
126.《帝国之眼》,[美]M. L. 普拉特著,方杰、方宸译　68.00 元
127.《帝国之河》,[美]D. 沃斯特著,侯深译　76.00 元
128.《从道德到美德》,[美]M. 斯洛特著,周亮译　58.00 元
129.《源自动机的道德》,[美]M. 斯洛特著,韩辰锴译　58.00 元
130.《种族与文化少数群体》,[美]G. E. 辛普森、[美]J. M. 英格尔著,马戎、王凡妹译(即出)

第十四批书目

131.《城邦与灵魂:费拉里〈理想国〉论集》,[美]G. R. F. 费拉里著,刘玮编译 58.00元
132.《人民主权与德国宪法危机》,[美]P. C. 考威尔著,曹晗蓉、虞维华译 58.00元
133.《16和17世纪英格兰大众信仰研究》,[英]K. 托马斯著,芮传明、梅剑华译 168.00元
134.《民族认同》,[英]A. D. 史密斯著,王娟译 55.00元
135.《世俗主义之乐:我们当下如何生活》,[英]G. 莱文编,赵元译 58.00元
136.《国王或人民》,[美]R. 本迪克斯著,褚平译(即出)
137.《哲学解释》,[美]R. 诺齐克著,林南、乐小军译(即出)
138.《自由与多元论:以赛亚·伯林思想研究》,[英]G. 克劳德著,应奇等译 58.00元
139.《暴力:思无所限》,[美]R. J. 伯恩斯坦著,李元来译 59.00元
140.《中心与边缘:宏观社会学论集》,[美]E. 希尔斯著,甘会斌、余昕译 88.00元